BREAK OUT 벽돌 깨기 게임

게임을 만들며 배우는 C 언어

정기철 지음

홍릉과학출판사

차례

CHAPTER 5

게임 구현 실전: 벽돌 깨기 게임 ······ 203

CHAPTER

0

이 책은 어떻게 다른가?

'영어 회화'를 공부하는 상황을 생각해보자.

우리가 영어 회화를 공부할 때, 영어 회화 실력을 위해서 영어 문법을 모두 다 공부한 후에 말하기 연습을 하는 것이 아니라, 그때그때 알고 있는 문법 지식을 활용해 말하기 연습을 한다. 그리고 그와 동시에 또 다른 문법적인 지식도 계속 늘려간다.

컴퓨터 프로그래밍 언어를 공부할 때도 동일하다고 생각한다. 왜 우리는 C 언어의 문법을 다 공부한 후에야, 실전 프로그래밍을 하려고 할까? 이 책은 이러한 고민에서부터 출발한다.

이 책은 지금 현재 아는 C 언어 관련 지식을 최대한 활용해서 작은 것부터 차근 차근 프로그램의 규모를 키워가면서 관련 지식을 늘려간다.

이 책의 다른 점

컴퓨터 교육 현장에서 20년 넘게 컴퓨터 관련 강의를 하고 있지만, 언제나 생각하는 것은 "왜 컴퓨터 프로그래밍 언어는 재미있게 강의할 수 없을까?", "많은 사람이 프로그래밍 강의가 재미없다고 느끼는 이유는 뭘까? 라는 것이었다.

그 이유로 생각나는 첫 번째는 "프로그래밍이 원래 재미가 없고, 멋진 프로그램을 만들려면 아주 힘들고 시간이 많이 걸린다!"라고 생각하기 때문이다. 정말 그렇다. 요즘처럼 IT 관련 기술이 빨리 변하고, 또 아주 화려하고 재미있는 컴퓨터 프로그램을 많이 사용해 본 사람들에게는, 한 학기 동안 프로그래밍 언어를 배워도 본인이 스스로 그와 같은 멋진 프로그램을 만들어 내기에는 어렵다고 생각하기 쉽다.

대부분의 C 언어 서적에서 각 문법적인 요소를 설명할 때 사용하는 예제는 대부분 20줄 미만의 작은 코드 조각들이다. 프로그래밍을 처음 배우는 사람에게는 200~300줄 정도 규모의 프로그램을 직접 구현해 보는 경험이 아주 중요한데, C 언어의 세부 문법적인 설명을 단편적으로 하는 것으로는 이러한 경험으로 나아가도록 유도할 수 없다. 즉, 대부분의 교재에서 사용하는 구구단 출력, 배열의 덧셈 등과 같은 예제의 10~20줄의 프로그래밍은 호기심을 유발하기도 힘들고 성취감을 가지기도 쉽지 않다.

이점이 이 책에서 가장 중요한 점으로 생각하는 것이다. 프로그래밍 언어를 배운 후에 이를 이용해서 게임 제작을 하는 내용을 다룬 책들은 많지만, 이 책은 게임을 제작하면서 C 언어를 배운다는 점이 다르다. 이러한 모티브는 저자의 다른 서적 "게임을 만들며 배우는 프로세싱 언어"라는 책에서 먼저 시도하였었다.

이런 생각을 바탕으로, **"큰 프로그램 하나를 제작하는 것을 목표로 하고, 이를 하나씩 채워나가면서 프로그래밍 언어를 배우는 방식으로 교재를 기술할 수 없을까?"**라는 생각을 하게 되었다.

이 책은 이러한 생각들을 바탕으로 간단한 게임을 제작하는 전 과정을 통해서 C 언어의 기초 문법 설명부터 시작해서 차근차근 배워간다. 즉, C 언어를 모두 익힌 후에 게임 제작을 시작하는 것이 아니고, C 언어에 대한 문법적인 설명을 게임 개발하는 과정에서 하나하나 설명하는 방식이다.

0

텍스트 모드에서 게임을 만들수도 있겠지만, 개발된지 10년이 되는 openFrameworks라는 라이브러리를 이용하면 C 언어를 이용해서 쉽게 그래픽 프로그래밍을 할 수 있다. 이 책에서는 이 라이브러리를 이용해서 그래픽 환경에서 '미니 게임'을 만들면서 C 언어를 배운다.

openFrameworks 라이브러리를 이용해서 그래픽 출력을 해보자.

이 책에서는 C의 모든 것을 자세하게 전달하려고 하지는 않는다. 따라서 교재의 분량이 상대적으로 적어서 500쪽 미만이다. 최근에 출판되는 대부분의 C 언어 관련 서적이 600쪽~900쪽 정도의 분량인 것을 감안하면 짧은 책이다. 아마도 최근의 C 관련 서적 중에는 가장 얇은 책이 아닐까 한다. 따라서 C 언어의 여러 부분에 대한 설명이 간략하게 기술되고 넘어가는 부분이 있다. 지금 저자는 모든 문법을 아는 것 보다는 가장 기본적인 사항을 확실히 알고 넘어가는 것이 장기적인 관점에서 더 좋은 전략이라고 믿고 있다. 설명이 미진한 분야는 따로 목록으로 작성하였다. 이러한 분야는 다른 서적이나 인터넷을 참고하자.

C 언어의 모든 부분을 설명하지는 않는다. 핵심을 확실히 이해하자.

프로그래밍 언어를 배우는 가장 중요한 목적은, 꼭 어떤 프로그램을 만들자는 목표보다, 논리적인 생각, 문제 해결 능력 등을 훈련하는 기회로 삼아야 한다고 생각한다. 많은 샘플을 책에 담는 대신 많은 문제를 넣으려고 노력했다. 적더라도 스스로 문제를 풀어보며, 스스로 프로그래밍을 해보기 바란다.

연습 문제에서 '내 게임 만들기' 코너에서는 이 책의 진도와 동일한 스케쥴로 교재의 순서를 따라가면서 본인 만의 게임을 만들도록 유도하면서, 이론 강의와 실습, 또한 개인 프로젝트의 구현, 이 3가지를 동시에 진행할 수 있도록 내용을 꾸몄다. 또한 연습 문제의 중간 중간에 [Hint]로써 관련된 정보를 제시하고, 문제의 해결은 각자에게 맡기는 방법을 취함으로써 조금이나마 프로그래밍에의 흥미가 생기도록 유도하려고 시도하였다.

끝으로, 이 책이 C 프로그래밍이 재미있는 분야라는 생각을 알릴 수 있는 기회가 되기를 바란다.

2016년 여름 숭실대에서 정기철.

이 책에서 설명하지 않는 C 언어 부분

이 책에서는 대략 C 언어 문법의 80% 정도만을 자세히 소개한다. 나머지 20% 정도는 프로그래밍 입문자들은 많이 사용하지 않는 복잡하고 아주 세세한 부분인데, 이러한 부분들은 기본적인 내용만 소개하고 가급적 상세하게는 다루지 않았다. 그 이유는 다음과 같다.

» 많은 초급 프로그래머들이 C 언어의 고급 문법 기능에 지쳐서 프로그래밍을 중도에 포기하게 된다. 우리가 영어를 배울 때도 영어의 모든 문법을 다 배우고 나서 영어로 말하는 법을 배우지는 않는다. 그때그때 알고 있는 수준으로 영어를 구사하고, 조금씩 복잡하고 세련된 문장을 배워가면 되는 것이다. 저자는 C 언어를 배우는 과정도 그렇게 하는 것이 효과적이라고 생각한다.

» C 언어의 고급 문법을 모두 배우지 않아도, 이 책에서 소개하는 수준을 충분히 자신의 것으로 소화하면, 대부분의 프로그래밍은 가능하다.

교재의 중간 중간에 인터넷으로 정보를 검색하는 예시를 들어보인다. 이를 따라서 스스로 정보를 찾아서 학습하는 훈련을 하자.

이런 생각을 바탕으로 이 책을 출판하였지만, 이 책에서 상세하게 다루지 않는 부분이 무엇인지 명확하게 하는 것이 좋을 듯하다. 필요하다면 다른 책에서 또는 인터넷에서 관련 정보를 찾아서 스스로 공부해보자. 아래의 내용들은 문법적인 기본 사항만을 설명하고, 자세한 설명은 생략하였다.

» 포인터: 포인터는 C 언어의 핵심이라고도 할 수 있다. 포인터를 잘 사용하면 그 만큼 효과적인 프로그래밍을 할 수 있기 때문이다. 그러나 그 반대로 잘못된 포인터의 사용은 프로그램의 복잡도를 증가시키거나 에러를 수정하는 과정을 힘들게 할 수 있다. 간단한 포인터의 사용법, 포인터 배열, 함수 포인터 등은 설명하고 있지만, 더블 포인터 등은 생략하였다.

» 메모리의 동적 할당: 대용량의 데이터를 처리하기 위해서는 포인터 변수와 동적 메모리 할당(dynamic memory allocation)을 통해 효과적으로 메모리를 사용할 필요가 있다. 아주 유용한 기능이기는 하지만 이 책에서는 개념적인 소개만 하고 있다.

» 파일 분할과 헤더 파일 구성: 이 책이 목표로 하는 프로그램의 크기는 200줄 정도의 프로그램이기 때문에, 파일 분할의 필요성이 실감나지 않는다. 그러나 프로그램 크기가 커져서 파일을 나누어서 프로그래밍하려면 아래에 대한 자세한 내용을 알아야 한다. 이 책에서는 기본적인 파일 분할과 헤더 파일 구성에 대한 소개만 하였다. 더 자세한 사항은 아래와 같다.

- extern, static 등의 키워드의 의미를 알아야 한다.
- 전역 변수, 지역 변수 등을 효과적으로 활용할 수 있어야 한다.
- 헤더 파일의 체계적인 사용법을 알아야 한다.

» 기타 세부적인 사항으로 아래의 사항은 개념만 소개하고 자세한 설명은 생략하였다.

- 2차원 이상의 배열을 함수의 파라미터로 전달하는 방법
- 매크로와 전처리기에 대한 세부 설명 중 #ifdef 등은 간단하게만 설명하였다.
- 파일 입출력에 대한 기본적인 내용만을 소개하였다. 바이너리 파일의 사용에 대한 설명은 생략하였다.

강의 추천 진도

이 책은 혼자 스스로 공부하기에 충분하도록 기획하고 저술하였다. 따라서, 혼자서 스스로 공부할 수도 있지만, 이 책을 C 언어 수업의 교재로 사용할 경우에는 3~4 시간씩 13주 분량으로 수업을 진행하면 적당하다고 생각한다. 전체 16주 프로그래밍 수업일 경우는 전반 13주를 강의식으로 진행하고, 후반 3주는 개인별 또는 팀별 프로젝트 형식으로 수업을 하는 것도 대안이 될 수 있다.

주차	장(chapter)	내용
1주	1장 2장	1. 컴퓨터 기초 2. 프로그래밍 기초
2주	3장	3. 간단한 게임 프로그래밍(스무 고개)
3주		3. 간단한 게임 프로그래밍(스무 고개)-계속
4주		3. 간단한 게임 프로그래밍(스무 고개)-계속
5주	4장	4. Visual Studio와 openFrameworks 기초
6주	5장	5.1. 공 그리기(도형 그리기) 5.2. 공 수평 움직임 5.3. 공 좌우 벽과 충돌 체크(if문)
7주		5.4. 공의 2차원 움직임 5.5. 라켓으로 공 반사하기(마우스 움직임)
8주		5.6. 벽돌 배치하기(1차원 배열, 반복문)
9주		5.7. 벽돌 깨기 프로그램 완성(2차원 배열)
10주		5.8. 포인터
11주		5.9. 함수 총정리
12주	6장	6.1 키보드 입력: 총알 쏘기(구조체)
13주		6.2 벽돌 배치 맵(파일 입출력)
14주~16주	7장	프로젝트 실습 또는 심화 내용 학습

책의 목차 간략한 소개

» 1장: 컴퓨터 역사를 포함한 컴퓨터의 기초
» 2장: 컴퓨터 프로그래밍의 기초를 소개하고 가장 간단한 C 프로그램 예제를 통해 C 언어를 처음으로 소개한다.
» 3장: '스무 고개' 게임을 텍스트 모드에서 구현하면서 C 언어의 기본 문법 30% 정도를 소개한다. 조금은 더 복잡한 '벽돌 깨기' 게임의 그래픽 프로그래밍 이전에, 이를 통해서 C 언어에 익숙해지자. 이 부분이 아주 중요한 부분이다.
» 4장: 교재에서 사용할 C 컴파일러인 Visual Studio라는 프로그램과 그래픽 프로그래밍을 위한 openFrameworks 라이브러리의 설치 방법과 사용법을 소개한다.
» 5장: 이 교재의 핵심 부분이다. 벽돌 깨기 게임 구현과 함께 C 언어의 모든 문법이 소개된다.
» 6장: 총알쏘기나 게임 맵을 만들면서 구조체와 파일 입출력 부분을 공부한다.
» 7장: 아직까지 소개되지 않은 C 언어 내용을 모두 모아서 설명한다.

전반 13주 동안은 개인별 프로젝트의 세부 사항들을 관련된 각 챕터에서 소개되는 기술을 바탕으로 해당 연습문제에서 별도로 고민해보고 구현을 시도하는 기회를 가져보자. 이러한 생각을 바탕으로 후반 3주 동안 처음 기획 단계부터 다시 차근차근 밟아 보자.

본 책과 관련하여 아래의 인터넷 사이트에 최신의 정보로 업데이트하고 있다. 본 책에 있을 오타나 오류의 수정 사항과, 교재와 관련된 소스 프로그램, openFrameworks를 이용한 게임 제작 소스 등을 제공하고 있다.

URL https://sites.google.com/site/gamewithclanguage/

CHAPTER

1 컴퓨터 기초

컴퓨터(computers)를 포함한 자동 계산기의 발전 역사를 살펴보자.
컴퓨터는 '자동 계산기'인 셈이다. 인류가 사용하던 다양한 종류의 '계산기'를 그림으로 간략히 정리해보자.

이 부분은 'IT 개론' 등을 이미 접한 독자는 건너 뛰어도 무방한 부분이다.
수동식 계산기부터 전자식 컴퓨터까지의 변화를 가볍게 그림책을 보는 기분으로 읽어보자.

학습 목표

- 컴퓨터 역사를 통한 컴퓨터의 원리를 이해한다.
- 내장형 프로그램 개념을 이해한다.
- 하드웨어와 소프트웨어의 개념을 이해한다.

수동식 계산기

지금 우리가 사용하는 컴퓨터는 모두 전기를 사용하는 '전자식' 컴퓨터를 의미한다.

컴퓨터의 개념을 어떻게 정의하느냐에 따라 달라지겠지만, 컴퓨터를 '인간의 계산 과정을 도와주는 도구'라고 넓게 정의한다면, 조금만 생각을 과거로 거슬러 올라가면 전자식 컴퓨터 이전에 우리의 계산을 도와주는 도구는 여러 가지가 있었다는 것을 알 수 있다.

[경상북도 포항 호미곶의 조형물]

도구의 시초: 손가락

가장 먼저 생각나는 컴퓨터가 무엇일까? 그것은 바로 손가락이다. 어릴 때의 기억을 더듬어 보면 우리가 셈법을 처음 배울 때 사용했던 도구가 바로 손가락이었다는 것을 기억할 수 있다. 지금도 머리 속에서 암산으로 계산하기 힘든 경우에는 손가락이라는 '도구'를 사용한다.

역법을 다룰 때 '육십갑자'에서 '갑을병정…'이라고 하는 '천간'과 '자축인묘…'라고 하는 '지지'의 계산에서도 손가락 마디를 사용하여 셈을 하곤 한다.

또한, 손가락 개수와 더불어 손가락 마디 수를 셈에 사용하기도 하고, 인간의 신체의 다른 부분들을 숫자에 대응시켜서 계산하기도 한다. 우리나라에서도 사람의 몸의 특정 부분을 단위로 하는 '길이 측정 방식'이 많이 사용되고 있다. 한 뼘, 한 발, 한 길 등은 모두 몸의 특정 부분을 단위로 사용하는 것들이다. '한 뼘'은 손가락을 완전히 펼쳤을 때의 길이, '한 발'은 양팔을 펼쳤을 때의 길이, '한 길'은 어른 한 사람의 키를 말한다. 이와 유사하게 서양에서 사용하는 1인치(약 2.54cm)는 손가락 한 마디의 길이, 1피트(약 30cm)는 서양인들의 발 크기, 1야드(약 90cm)는 팔을 옆으로 벌렸을 때 몸의 중심으로부터 한 쪽 팔의 길이에서 유래했다고 한다.

그 당시에는 이와 같이 사람의 신체가 가장 쉽게 사용할 수 있는 계산이나 측정 도구였을 것이다. 그러면 이러한 신체를 이용한 계산 방법, 그 다음은 무엇이 있었을까? 바로 돌멩이나 나무 조각과 같은 도구들이다.

몸의 일부를 떠나서 도구를 이용하기 시작한 첫 시도로써 아주 중요한 단계이다. 인간이 구체적으로 어떠한 도구를 '만들어서 사용'한다는 점에서 큰 발전이라고 할 수 있다.

아래의 그림과 같이 돌멩이의 크기나 모양, 나무 조각의 개수나 조각에 새겨진 눈금 등을 이용하여 계산하였다. 요즘에도 아이들이 마당에서 셈을 할 때 자주 사용하는 도구가 돌멩이다. 돌멩이로 하나, 둘 셈을 하다가, 조금씩 이러한 도구의 모양과 사용법을 바꾸어 나간 것이 인간의 신체를 벗어난 도구의 유래일 것이다.

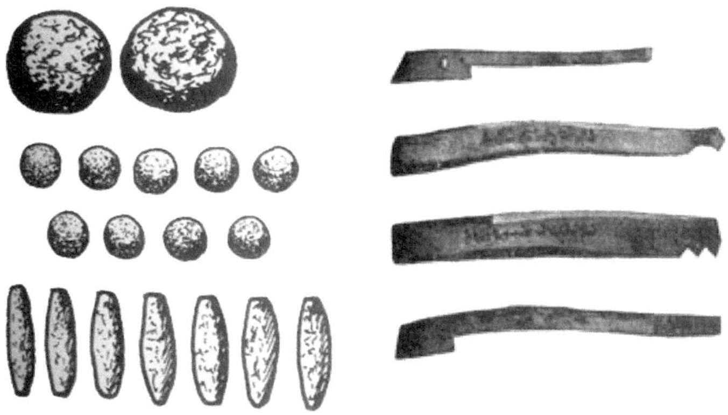

[셈의 도구로 사용된 돌과 나무 조각]

이러한 간단한 도구를 이용한 셈 법 이후에, 이제 정말 도구 같은 도구가 나타난다. 그것은 바로 옛날부터 요긴하게 사용되었던 계산 도구인 주판이다.

주판은 기원전 3000년경 바빌로니아인에 의해 발명되었다고 한다. 최초의 주판은 바닥에 그어진 선 위에 작은 돌멩이를 늘어 놓는 방식이었다고 한다. 이 점에서는 돌멩이를 계산에 사용하던 방법의 조금 개량된 방법이라고 생각할 수 있을 것 같다. 그러나 주판은 이후 기원전 500년경에 중국에서 획기적으로 개량되었다.

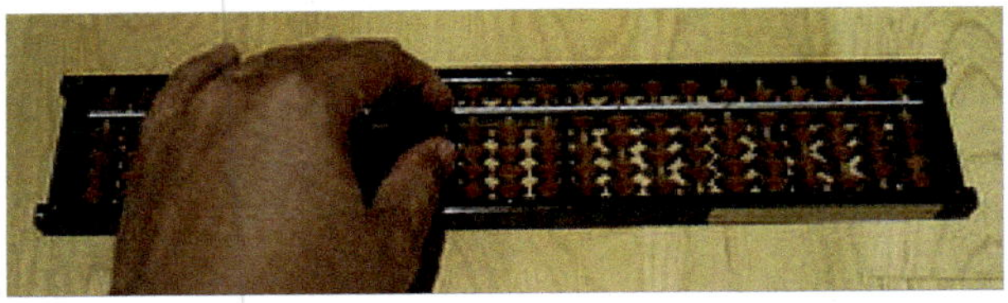

[한국식 주판]

주판은 아래 부분에 4개의 주판알이, 윗 부분에는 1개의 주판알이 있다. 아래의 4개의 주판알을 사용하여 숫자 1부터 4까지 표현하고, 숫자 5를 표현할 시점이 되면 윗 주판알 1개를 사용하는 방식(5진법)이다. 그리고 아래와 윗 주판알을 모두 사용해서 10을 표현할 시점이 되면 윗 자리수의 주판알을 사용하는 방식(10진법)이다. 그러니까 주판은 5진법과 10진법을 동시에 사용하는 구조라고 할 수 있다.

지금 우리가 일반적으로 사용하는 전자식 컴퓨터는 반도체의 도체 상태, 부도체 상태, 이 2가지 상태만을 표현할 수 있는 특성을 따라서 2진법을 사용한다. 이에 반해서 주판은 5진법과 10진법을 같이 사용하는 계산 도구이다.

주판은 참으로 신기한 도구다. 기본적으로는 숫자를 표현하거나 기억하는 도구이며, 거기서 간단한 계산도 가능하다는 점이다. 물론 계산은 사람의 손에 의해서 수행되는 수동식이기는 하지만 말이다.

주판알의 배치를 보면 숫자를 읽을 수 있다는 점에서 주판은 숫자를 표현하거나 기억하는 도구라고 볼 수 있다. 이러한 특징은 현대식 컴퓨터의 저장 장치인 레지스터(register)나 메모리(memory)에 해당한다고 할 수 있다.

주판을 이용할 때 우리는 주판 알의 배열을 머릿 속에서 그림으로 그려나가게 된다. 주판을 이용한 계산, 즉, 주산을 배우는 것 자체가 '연상 기억법'이라고 불리우는 머리 속에서 그림을 그려보는 좋은 훈련이 되는 셈이다.

숫자를 머리 속에서 그림으로 그려보는 훈련을 한다는 관점에서, 재미있게만 배울 수 있다면 주판은 두뇌 발전에 아주 효과적인 도구라고 생각한다.

반 자동식 계산기

주판을 포함하여 위에서 소개한 도구들은 모두 사람의 힘으로 계산이 수행되는 수동식 계산기이다.

그 이후로는 1642년 프랑스의 파스칼(Pascal)이 톱니바퀴를 이용한 수동 계산기를 발명하였는데, 이 최초의 기계식 수동 계산기는 기어로 연결된 바퀴판들을 이용하여 덧셈과 뺄셈을 수행하였다. 그 뒤로 라이프니쯔(Leibniz)의 2진법을 이용한 4칙 연산기도 개발되어 상품화되기도 하였다. 이러한 도구들은 동력원으로는 여전히 사람의 힘을 사용하지만 계산 과정이 자동으로 이루어진다는 의미에서 '반 자동식 계산기'로 분류하였다.

[Pascal의 계산기]

[Leibniz의 계산기]

[Babbage의 해석 기관]

[Pascal]

[Leibniz]

[Babbage]

이 기계는 완성하지 못하고 설계만 이루어졌다. 당시의 기술 수준으로는 정밀한 톱니바퀴의 제조가 어려웠기 때문이었다고 한다.

수학자 배버지(Babbage)는 1830년대에 방정식을 풀 수 있도록 고안된 기계식 계산기인 해석기관(Analytical Engine)을 설계하였다. 이 자동 계산기는 수를 저장하는 장치(기억 장치), 펀치 카드에 기반한 자동 제어를 통해 저장된 숫자들의 계산 및 제어를 하는 장치(연산 및 제어 장치), 데이터 입·출력을 하는 장치(입·출력 장치)로 이루어져, 오늘날 사용하는 자동 컴퓨터의 모든 기본 요소를 모두 갖춘 모양이었다.

전자식 컴퓨터

1942년에 개발된 ABC(Atanasoff-Berry Computer)는 미국 아이오와 주립대의 John Atanasoff 교수가 개발한 컴퓨터로써 세계 최초의 전자식 컴퓨터로 알려져 있다.

많은 사람들이 세계 최초의 전자식 계산기를 ENIAC으로 알고 있으나, 1973년 법정 소송에서 ABC가 세계 최초의 전자식 계산기로 인정받았다.

[Atanasoff–Berry Computer: ABC]

[MARK I]

1944년에 개발된 Mark-I은 '전기 기계식'으로써 Babbage의 해석 기관이 실제적으로 구현된 형태로 여겨지고 있으며, 이후로 수 년동안 수학이나 과학 문제를 해결하는데 큰 공헌을 하였다.

MARK-I은 동력원으로써는 전기에 의해서 작동되지만 기계적으로 연산이 수행된다는 의미에서 전기 기계식으로 분류하였다.

1946년에 ENIAC(Electronic Numerical Integrator And Computer)이라는 다용도 전자식 컴퓨터가 개발되었다. 이것은 18,000여 개의 진공관과 6,000여 개의 스위치로 이루어졌으며, 무게가 30톤이나 되는 거대한 기계로써, 2차 세계대전 중에 탄도 거리 계산 등을 위해 개발이 시작되었다. ENIAC은 프로그램을 배선판에 일일이 배선하는 '외부 프로그래밍' 방식으로써 작업에 따라 배선판을 일일이 교체해야만 하는 방식이었다. ENIAC은 탄도 계산에서 기존의 전기 기계식 계산기보다 평균 처리속도가 1,000배 정도 빨라짐을 보임으로써 전자식 컴퓨터의 성능 및 가능성을 보였다.

다용도(General Purpose): 특정한 목적의 계산을 수행하기 위한 것이 아닌 일반적인 다양한 계산을 수행할 수 있다는 의미. ABC 컴퓨터는 제한된 기능만 수행할 수 있었다.

ENIAC은 다용도(General Purpose) 전자식 컴퓨터다.

ENIAC 그림에서 왜 선들이 너저분하게 앞에 나와 있는 것일까? 이러한 선들의 연결이 프로그램이었다. 일명 hard-wired programming. 이때는 소프트웨어의 개념이 없었다.

[ENIAC]

John von Neumann

ENIAC에서의 전선의 연결을 이용한 프로그래밍, 즉 하드-와이어드(hard-wired) 프로그래밍이라는 외부 프로그래밍 방식의 단점을 보완하기 위해, 존 폰 노이만(John von Neumann)이 메인 메모리에 컴퓨터의 명령이나 데이터를 모두 기억시키는 '프로그램 내장방식(Stored-Program Concept)'을 제안하였다.

이는 프로그램을 외부로부터 그때그때 전선의 연결을 통해서 입력받는 것이 아니라, 기억 장치에 프로그램을 저장해놓고, 명령어를 순서대로 꺼내어 해독하여 실행하는 방식인데, '프로그램 내장 방식'은 지금은 자연스럽게 받아들여지는 개념이지만 당시에는 컴퓨터의 획기적인 발상으로써, 지금의 '소프트웨어(software)'라는 개념의 시초이다. 지금은 소프트웨어라는 개념을 사용하여 소프트웨어 프로그램을 메인 메모리 상에 로드(load)하여 사용하지만, 이전까지는 전선 또는 스위치를 연결하는 작업이 바로 프로그래밍이었다.

프로그램 내장 방식을 처음으로 구현한 컴퓨터는 1949년에 만들어진 EDVAC(Electronic Discrete Variable Automatic Computer)이 최초의 내장형 프로그램 컴퓨터이다. 또한 최초의 상용 컴퓨터인 UNIVAC-I이 1951년에 만들어지게 된다. 이 컴퓨터는 대통령 선거의 결과를 예측하는 데 사용된 최초의 컴퓨터였다.

이 시기만 하여도 컴퓨터의 발전이 우리 사회의 모든 것을 바꾸어 놓으리라고는 예상하지 못하였다. 이와 같은 컴퓨터 분야에서의 틀린 예측들이 여러 개 있다.

- "전 세계의 컴퓨터 시장에는 5대의 컴퓨터가 있을 것이다(1943년)" - IBM 사장 Thomas Watson
- "모든 사람들이 컴퓨터를 집에서 소유하기를 원할 이유는 없다(1977년)" - DEC 사장 Ken Olson
- "인터넷은 초신성과 같아서 1996년에 대 재앙을 일으키며 붕괴될것이다(1995)" - 3Com의 창시자 Bob Metcalfe

[EDVAC]

[UNIVAC-I]

그 뒤로도 당시의 컴퓨터 기술의 단점들을 조금씩 해결한 많은 종류의 컴퓨터가 제작되었다. 이처럼 반도체 기술과 전자기술 등의 컴퓨터 제작 관련 기술이 빠른 속도로 발전함에 따라 컴퓨터의 크기는 점점 작아지고 연산 속도도 피코(ps) 단위로 빨라졌으며 저장 용량은 테라(tera) 단위로 올라가고, 이용 범위도 확대되어 가정은 물론 산업사회의 여러 분야에서 다양하게 이용되게 되었다.

P: peta-, 10^{15}
T: tera-, 10^{12}
G: giga-, 10^{9}
M: mega-, 10^{6}
K: kilo-, 10^{3}
m: milli-, 10^{-3}
μ: micro-, 10^{-6}
n: nano-, 10^{-9}
p: pico-, 10^{-12}

컴퓨터의 구성

오늘날의 컴퓨터는 아래의 그림과 같이 하드웨어(hardware)와 소프트웨어(software)로 이루어져 있다.

하드웨어는 각종 전자 회로와 물리적인 장치로 이루어진 기계 부분을 말하며, 소프트웨어는 하드웨어를 활용할 수 있도록 해주는 프로그램을 말한다. 따라서 하드웨어는 볼 수 있고 만질 수 있고, 소프트웨어는 하드웨어의 기능을 원활하게 수행하기 위한 '명령들의 묶음'이라고 생각할 수 있다. 소프트웨어는 조금 더 세부적으로 '시스템 소프트웨어(system software)'와 '응용 소프트웨어(application software)'로 나눌 수 있다.

우리가 배울 프로그래밍이라는 분야가 바로 이러한 소프트웨어를 제작하는 과정을 의미한다.

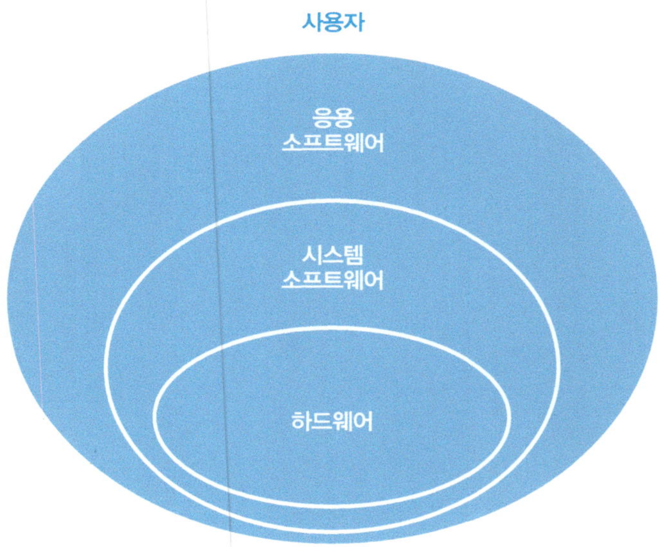

[컴퓨터 시스템의 계층 구조]

1. 하드웨어(hardware): 다양한 기계, 전자 기기, 반도체 등이 사용되는 부분으로써, 만질 수 있고 눈에 보이는 외형을 가진 전기, 기계적인 장치를 말한다. 하드웨어는 소프트웨어와 다르게 한번 제작/설치되면 수정이나 변경이 쉽지 않다.
2. 시스템 소프트웨어(system software): 컴퓨터를 관리하기 위한 소프트웨어 또는 사용자에게 편이 기능을 제공하는 소프트웨어를 포함하는 컴퓨터 사용에 필수적인 프로그램들을 의미한다. 일반적으로 대표적인 시스템 소프트웨어로는 운영체제(operating system)나 컴파일러(compiler) 등이 있다.
3. 응용 소프트웨어(application software): 일반적인 사용자가 직접 사용하는 워드 프로세서, 웹 브라우저, 게임 소프트웨어 등의 프로그램들로써, 실제로 컴퓨터 사용자가 밀접하게 자주 사용하는 소프트웨어다.

펌웨어(firmware)라는 용어도 자주 사용된다. 이는 하드웨어를 제어하는 것과 아주 밀접한 관련이 있는 작은 프로그램을 의미하는데, 하드웨어와 소프트웨어 사이에 위치하는 작은 프로그램이라고 생각하면 된다.

예를 들어 어떤 하드웨어를 만드는 경우, 이를 제어하는 모든 회로를 하드웨어로만 만들면 구조도 복잡해지고 구현/수정하기 어렵기 때문에, 이러한 부분을 펌웨어로 구현함으로써 향후 기능의 추가나 업그레이드가 쉬워지는 장점이 있다.

시스템 소프트웨어와 응용 소프트웨어의 구분을 위한 명확한 기준이 있는 것은 아니다. 다만 시스템 내부와 관련이 더 많은 것을 시스템 소프트웨어라고 지칭할 뿐이다.

CHAPTER

2

C 프로그래밍 기초

프로그래밍이라는 것이 무엇인지 기본적인 개념을 익히고,
C 언어를 이용한 가장 간단한 프로그램 예제를 살펴보자.
본 장에서는 간단한 컴파일러를 이용하여 예제 프로그램을 실행해본다.

학습 목표

- 프로그래밍의 기본적인 원리와 절차를 이해한다.
- 기계어, 어셈블리어, 고급 언어의 대략적인 차이를 이해한다.
- C 언어의 기본적인 윤곽을 이해한다.
- C 언어를 이용한 가장 간단한 프로그래밍을 시작한다.

프로그래밍 기초

1장에서 프로그램, 소프트웨어의 의미를 살펴보고 '프로그램 내장 방식' 또는 '내장형 프로그램(stored-program concept)'이라는 개념을 소개하였다.

프로그래밍(programming)이란 "컴퓨터에서 사용하는 언어를 이용하여 구체적인 컴퓨터 프로그램(program), 즉 소프트웨어(software)를 구현하는 과정"을 말한다.

컴퓨터는 2진수를 사용한다. 즉, 0과 1로 모든 정보를 표현한다. 이처럼 컴퓨터 내부에서 수행되는 기계어(machine language)는 2진수 형태로 되어있지만, 대부분의 프로그래머는 기계어보다 사용하기 편리한 형태의 고급 프로그래밍 언어(high-level programming language)를 사용한다.

기계어와 고급 언어

컴퓨터의 초창기(1960년대 즈음까지)에는 기계어를 이용하여 프로그래밍을 하였지만, 지금은 고급 언어로 프로그래밍을 하는 것이 일반적이다. 프로그래머가 고급 프로그래밍 언어로 작성한 프로그램을 기계어로 바꾸는 과정을 컴파일(compile)이라고 하고, 컴파일 해주는 프로그램을 컴파일러(compiler)라고 하는데, 고급 언어를 이용해서 작성된 프로그램을 소스 프로그램(source program)이라고 하고, 이를 컴파일러를 통해서 번역한 기계어 프로그램을 오브젝트 프로그램(object program)이라고 한다.

기계어와 고급 언어를 비유해서 설명하자면, 고급 언어는 '포크레인'에, 기계어는 '호미'에 비유할 수 있다.

물론 호미로 땅을 어떻게든 파거나 공사를 진행할 수 있겠지만, 포크레인을 사용하면 훨씬 빨리, 그리고 쉽게 할 수있는 장점이 있다. 고급 언어를 사용하는 장점이다.

[소스 프로그램] [오브젝트 프로그램]

아래는 많은 사람들이 사용하는 C와 Python이라는 프로그래밍 언어를 이용해서 화면에 "Hi"라는 메시지를 출력하는 프로그램이다. 실제로 고급 언어를 사용한 프로그램은 아래의 예에서 볼 수 있듯이 직관적으로 프로그램의 내용을 이해하기 쉽다.

Python(파이썬)은 1991년 프로그래머인 '귀도 반 로섬'이 발표한 고급 프로그래밍 언어다. 쉽고 간결한 문법 구조 덕분에 배우기 쉽고 높은 생산성을 가진 언어라서 최근에 많이 사용되고 있다.

2

C 언어	Python 언어

`#include <stdio.h>`
 	
`int main( ) {`
`        printf("Hi");`
`        return 0;`
`}`
	`print 'Hi'`

위와 동일한 기능, 즉 "Hi"를 출력하는 어셈블리어 프로그램과 기계어 프로그램은 아래와 같다(Introduction to Computer Systems, 4th Edition, J. Stanley Warford, Jones and Bartlett 출판사 참고). 아래의 왼쪽은 위와 동일한 기능을 수행하는 어셈블리어(assembly language) 프로그램이고, 오른쪽은 이를 어셈블(assemble)하여 기계어(machine language)로 변환한 기계어 프로그램이다.

어셈블리어(assembly language): 기계어와 유사하면서 조금 더 읽기 편한 형태의 언어를 의미한다.

이 예제들을 살펴보면 고급 언어와 어셈블리어, 기계어의 차이점을 분명히 확인할 수 있다. 고급 언어로 작성된 프로그램은 쉽게 읽을 수 있는 반면에, 어셈블리어와 기계어는 한 눈에 의미를 파악하기는 쉽지 않다. 기계어나 어셈블리어는 사람에게 적합한 언어가 아니고 컴퓨터에게 적합한 언어이기 때문이다.

지금은 어셈블리어 프로그램과 기계어 프로그램을 이해하는 것이 목표가 아니다. 어셈블리어 프로그램은 기계어보다 조금 읽기 쉬운 언어다라는 정도의 느낌만 가지자.

어셈블리어 프로그램 소스의 예	기계어 프로그램의 예

`CHARO 0x0007, d`
`CHARO 0x0008, d`
`STOP`
`.ASCII "Hi"`
`.END`
	`0101 0001 0000 0000 0000 0111`
	`0101 0001 0000 0000 0000 1000`
	`0000 0000`
	`0100 1000`
	`0110 1001`

고급 언어는 자연어(사람들이 일상적으로 쓰는 언어)와 유사한 형태라서 문법을 익히기가 쉽다. if(만약), while(~동안) 등 사람이 보고 바로 이해할 수 있는 단어들로 대부분 구성되어 있기 때문이다. 이러한 고급 언어들은 컴파일러(compiler)와 인터프리터(interpreter)를 통해 기계어로 번역되거나 실행된다.

컴파일러(compiler): 일상 생활에서의 서적의 '번역'에 해당한다.

인터프리터(interpreter): 일상 생활에서의 실시간 '통역'에 해당한다.
고급 언어로 작성된 소스 프로그램의 명령어를 하나씩 시뮬레이션 해준다. 즉, 실제로 기계어로의 번역 과정을 수행하지 않고, 동일한 동작을 시뮬레이션 해준다.

현재 수 천 개의 컴퓨터 프로그래밍 언어가 있다고 한다. 이처럼 많은 고급 언어가 있지만 대표적인 것은 다음과 같다. 우리는 이 중에서 C 언어를 배우려고 하는 것이다. 아래에 많은 고급 언어에 대한 간단한 소개를 하자.

고급 프로그래밍 언어를 새롭게 만든다는 것은 해당하는 '컴파일러'를 만든다는 것인데, 요즘은 컴파일러 제작을 지원하는 소프트웨어가 많기 때문에 새로운 프로그래밍 언어를 만드는 것이 그리 어려운 일만은 아니다.

» C: 1970년대에 Bell 연구소에서 만들어진 언어. 저급 언어와 고급 언어의 장점을 모두 가지고 있고 주로 시스템 소프트웨어 제작을 위한 언어.

» C++: 1980년대 중반에 C를 객체 지향 프로그래밍을 지원하기 위해 확장한 언어.

객체 지향 프로그래밍(Object-Oriented Programmin): 최근에 사용되는 대부분의 고급 언어는 객체 지향 프로그래밍 언어이다. 자세한 내용은 각자 찾아보자.

» C#: C++의 객체 지향 언어의 특성과 Visual Basic 언어가 가지고 있는 프로그래밍 과정에서의 편의성을 결합한 언어. .NET(닷넷) 환경에서의 컴포넌트 기반의 소프트웨어 개발 환경을 제공한다.

» Java: 1990년대 초반에 선 마이크로시스템즈(Sun Microsystems)사에서 C++의 대부분의 기능을 지원하면서도 C++의 복잡함 등의 단점을 개선한 언어로써 웹 프로그래밍을 위해 널리 사용되고 있다.

» Processing: 시각적인 출력을 쉽게 생성할 수 있는 장점으로 미디어 아티스트들에 의해서 많이 사용되는 Java 기반의 언어.

» PHP(Personal Hypertext Preprocessor): 동적(dynamic)인 웹 문서를 빠르게 작성할 수 있도록 별도의 실행 파일 없이 HTML 문서 안에 직접 포함시켜 사용하는 서버 측 스크립트 언어.

스크립트 언어는 보통 그 자체로 하나의 응용 프로그램을 만들지 않고, 어떠한 응용 프로그램 안에서만 돌아가는 언어이다. ASP, JavaScript, ActionScript들이 대표적인 스크립트 언어로써, 다른 응용 프로그램 내에 삽입되어 동작하거나, 응용 프로그램을 제어하기 위해서 사용되는 언어이다. 이 중에서 '서버 측 스크립트 언어'는 웹 서버에서 구동되는 언어라는 의미이다.

» Javascript: HTML 문서 내부에서 사용되는 객체 기반의 스크립트 언어.

» Objective-C: C 언어에 스몰토크(SmallTalk) 프로그래밍 언어 형식의 구문을 추가한 객체 지향 언어로써 프로그래밍하기 쉽고, 단일 상속을 지원하기 때문에 C++보다 문법이 단순하다. 현재 이 언어는 애플의 운영체제인 iOS에서 사용되고 있다.

» Python: Ruby, Perl과 함께 대표적인 3세대 객체 지향형 스크립트 언어의 하나로써 문법 구조가 간단하고, 시스템 언어와 스크립트 언어의 중간에 위치한 성격의 언어로써, C, C++를 사용하여 새로운 모듈을 쉽게 만들 수 있는 등 다른 언어와 잘 융합되는 특징이 있다.

» Basic(Beginner's All-purpose Symbolic Instruction Code): 초보자들의 프로그래밍 교육용 언어. 이후에 Visual Basic 등으로 발전되어 현재에도 사용되며 GWBasic, QBasic, QuickBasic 등 다양한 파생 언어들이 있다.

» Perl(Practical Extraction and Reporting Language): 주로 웹 상에서 자료를 추출하여 그 정보를 바탕으로 새로운 문서를 작성하기 위해 사용되는 스크립트 언어.

» Fortran(Formula Translation): 과학 계산용 언어. 현재에도 우주 항공, 기상 예측 등 복잡한 계산을 필요로 하는 공학 등의 분야에서 사용된다. C 언어 등의 등장으로 인하여 과학 기술 분야에서도 Fortran 이외의 새로운 언어가 많이 사용되고 있지만 기능 확장을 통해서 여전히 널리 사용되고 있다.

» COBOL(Common Business Oriented Language): 사무 처리용 언어. 영어 문장에 가까운 표기법을 가지며, 회계 업무나 조직의 사무 자동화를 위한 언어이다. COBOL로 개발된 시스템이 여전히 많은 기업에서 사용되고 있기 때문에, 기존 COBOL 프로그램의 유지 보수와 관련된 COBOL 프로그래머의 수요는 여전히 높다.

» Lisp(List Processing): 인공 지능 지향의 언어로써 리스트 형식으로된 데이터를 처리하도록 고안된 언어.

» Prolog(Programming in Logic): 추론 시스템 구축시 필연적으로 사용되는 기능들을 용이하게 사용할 수 있는 장점이 있는 언어로써 지식 처리(knowledge processing)가 편하도록 만들어진 인공지능용 언어.

프로그래머로 활동하기 위해서는 이런 많은 언어를 다 배워야 할까? 일상 생활에서 우리가 외국어를 배우는 경우와 똑같이 생각할 수 있다. 영어를 배우고, 중국어를 배우고, 일본어를 배우고, 프랑스어를 배우고… 배우는 언어의 개수가 많아짐에 따라 편한점이 있지만 모든 언어를 다 알 필요가 있는 것은 아니다. 주력으로 하는 언어 1, 2개 정도만 알고 있으면 다른 언어의 사용법은 필요하다면 쉽게 배울수도 있다.

이러한 고급언어로 작성된 소스 프로그램을 기계어 형태로 바꿔주는 변환 프로그램이 필요한데, 크게 2가지로 종류로 나눌 수 있다.

» 컴파일러(compiler): 일상 생활에서의 서적의 '번역'에 해당한다. 컴퓨터는 2진수를 사용한다. 즉, 0 또는 1로 모든 정보를 표현한다. 이처럼 컴퓨터 내부의 기계어는 2진수 형태로 되어있지만, 프로그래머는 대부분 사용하기 편리한 형태의 고급 프로그래밍 언어(high-level programming language)를 사용한다.

컴파일러는 사용 용도에 따라 다양한 종류가 있다.

- trans compiler
- cross compiler

조금은 다르기는 하지만 compiler compiler이라는 것도 있다. 이러한 용어들의 정확한 개념은 스스로 찾아보자.

컴파일러 중에서 특이한 경우로써, 자바는 기계어로 번역하지 않고, 자바 가상 머신 상에서 수행 가능한 '자바 바이트 코드'로 변경한다.

고급 프로그래밍 언어로 작성된 프로그램을 기계어로 바꾸는 과정을 컴파일(compile)이라고 한다.

» 인터프리터(interpreter): 일상 생활에서의 실시간 '통역'에 해당한다. 고급 언어로 작성된 소스 프로그램의 명령어(statement)를 하나씩 시뮬레이션 해준다. 즉, 실제로 기계어로의 번역 과정을 수행하지 않고, 동일한 동작을 시뮬레이션을 통해 실행한다.

천공 카드: 데이터를 표현하기 위해 규칙에 따라 직사각형 모양의 구멍을 뚫어 사용하는 종이 카드로서 초기의 저장매체이다. 천공 위치에 구멍을 뚫거나 뚫지 않음으로써 하나의 비트를 나타낼 수 있다.

프로그래밍 언어는 지속적으로 발전되어 왔다. 천공 카드에 구멍을 내는 방식(기계어)에서 시작하여 어셈블리어, 포트란, C, C++, Python, Java, Scala 등 여러 패러다임을 보여주며 변화해 왔다. 그리고 지금은 깊은 수준의 컴퓨터 공학 지식 없이도 간단한 프로그램이나 애플리케이션을 만들 수 있게 되었다.

앞으로 프로그래밍 언어는 더욱 빠르게 진화할 것이다. 하지만 최근에 나온 언어가 가장 좋은 언어를 뜻하는것은 아니라는 것을 명심해야 한다. 가장 빠르거나 혹은 가장 간결한 것만 좋은 언어는 아니다. 프로그램에 따라 개발 환경, 개발 목표가 전부 다를 것이다. 따라서 프로그램이 구동될 환경과 목표에 맞춘 적합한 언어를 선택해야 하며 다양한 언어의 특징을 알고 그에 맞춰 가장 최적화된 언어를 선택하여 사용하여야 한다.

C 언어 기초

요즘은 프로그래밍을 처음 접하는 사람들이 Python 등의 언어를 먼저 배우기도 하지만, 컴퓨터 관련 학과에서 처음 배우는 언어는 대부분이 C 언어다. C는 현재 가장 많은 사용자를 가진 프로그래밍 언어로써, 시스템 개발, 하드웨어 제작 등에 여전히 아주 많이 사용되고 있기 때문이다.

C 언어는 B라는 언어를 모태로 하고 있다. B 언어 다음의 언어라는 의미에서 C라고 이름을 지었다고 한다. 이후에 C 언어는 객체 지향 개념을 반영하여 C++(즉 D)라고 이름 짓게 된다.

C 언어는 1970년대 초에 Bell Laboratories의 Dennis Ritchie와 Ken Thomson에 의해 개발된 프로그래밍 언어로써, 시스템간의 호환성이 좋고 풍부한 연산자를 지원하며, 바로 뒤에서 소개될 C++이나 C#에 비해 가볍고 빠르다.

좌측이 Ken Thomson,
우측이 Dennis Ritchie

[C 언어 개발자인 Dennis Ritchie가 저술한 C 언어 교재. C 언어의 바이블]

두껍지 않으며 C 언어의 핵심을 잘 정리한 책이다. 역시 C 언어 개발자가 정리한 책이라서 다르다.

C 언어를 사용하기 전에는 기계어(machine language)나 어셈블리 언어(assembly language)로 운영체제가 만들어졌었다. 기계어와 어셈블리 언어가 가진 하드웨어를 다루기 쉽다는 장점도 있고 사용하기도 편리한 새로운 언어인 C 언어가 만들어짐으로써, 유닉스(Unix), 리눅스(Linux) 등의 새로운 운영체제가 개발될 수 있었고, 이러한 환경을 바탕으로 컴퓨터 프로그래밍 환경이 급속히 성장할 수 있었던 아주 중요한 언어가 바로 C 언어이다.

또한 C 언어는 C++나 C# 등의 언어로 진화하고, Java 등의 언어들도 C 언어와 기본적인 문법 구조가 비슷해서, C 언어 공부는 향후의 프로그래밍 언어의 학습 시에 많은 도움이 될 수 있다.

C 언어는 오랜 기간 동안 사용되어 오면서 표준화(standardization)의 필요성이 대두되었다. 1989년에 ANSI(American National Standards Institute)라는 표준화 기구에서 C 언어에 대한 표준을 정하고 이를 'ANSI C' 또는 'C89'라고 정했으며, 그리고 1999년에 추가된 기능을 반영한 표준안이 'C99'이다. 가장 최근에는 'C11'이 2011년에 표준안으로 정해졌다.

C라는 이름이 B라는 언어 다음이라는 의미에서 작명되었듯이, C++라는 표현은 C 언어에서 'C에 1을 더하라'는 의미로 D를 의미한다. 그래서 C++ 언어가 C 언어의 업그레이드된 언어라는 의미를 나타낸다.

C 언어에 객체 지향(object-oriented) 개념을 추가하여 만든 언어가 C++이다. 1979년도에 Bell Laboratories의 Bjarne Stroustrup에 의해서 개발되었으며, 현재 대규모 응용 프로그램을 만드는데 많이 사용되고 있다. '객체 지향'이라는 말은 어떤 객체(사물, 물건, 대상)와 그 객체를 사용하는 명령어들을 체계적으로 묶어서 프로그래밍하는 방법을 말한다.

C 언어를 배운후 대부분 객체 지향 언어인 C++ 언어를 배우게 된다.

[C++ 언어 개발자인 Bjarne Stroustrup가 저술한 C++ 언어 교재]

C++ 언어가 웹 환경에서 동작하기에는 제한적인 요소가 많아서 Java보다 열세를 보이자, 이를 해결하기 위해서, 2001년도에 Microsoft에 의해서 C++에 기반을 두고 Visual Basic 등의 프로그래밍 언어가 지니는 프로그래밍의 편의성을 결합하여 만든 객체 지향 언어가 C# 언어이다. 비주얼 프로그래밍 언어의 특성인 사용자 편의성, C++의 객체 지향성, 자바의 분산 환경 처리에의 적합성 등을 모두 포함하는 .NET(dot net) 환경에서의 컴포넌트 기반의 소프트웨어 개발 환경을 제공한다.

이러한 C 계열의 언어는 오랜 역사를 가진 언어라는 장점이 있는 반면에, C 언어는 객체 지향 개념이 없다는 점, C++ 언어는 너무 방대하고 복잡한 구조로 인한 안정성의 저하, 그리고 C 언어와의 호환성을 유지하기 위해서 새로운 기능을 추가시키는 것의 어려움 등의 단점들이 있다.

프로그래밍 절차

> 이러한 절차는 비단 컴퓨터 프로그래밍을 위한 절차라기보다는 일반적인 문제 해결의 방법이라고 할 수 있다.

컴퓨터를 사용하는 주된 목적은 문제 해결이다. 이 문제가 게임 제작일 수도 있고, 실제 과학 계산에 필요한 문제일 수도 있다. 이러한 문제를 컴퓨터로 해결하기 위해 프로그램을 작성할 때는 보통 아래와 같은 구현 절차를 따른다.

1. 문제를 분석하고:
   해당하는 문제의 입력이 어떠한 형태의 어떠한 값인지, 어떠한 출력을 제공해야 하는지 등을 분석.
2. 머리 속에서 가상의 솔루션을 그려보고:
   머리 속에서 이렇게, 저렇게 프로그램을 작성하면 되겠다는 그림을 그려봄.
3. 프로그래밍 과정에서 사용할 '자료구조(data structure)'와 '알고리즘(algorithm)'을 정한 후:
   조금 더 자세하게 어떻게 프로그래밍을 할 지 구체적으로 정하는 과정.
4. 실제 프로그래밍을 시작한다:
   - 프로그래밍 언어를 이용하여 작성된 결과물을 소스 프로그램(source program)이라고 한다. 이를 컴파일하면 오브젝트 파일(object file)이 생성된다.
   - 이 오브젝트 파일과 라이브러리(library)를 연결하여 최종적인 실행파일을 만드는 단계가 링크(link) 단계이다.

> '자료구조(Data Structure)'와 '알고리즘(Algorithm)'이라는 용어는 생소할 수 있다. 자료구조는 프로그램에서 사용하는 데이터를 체계적으로 관리하는 방법을 말하며, 알고리즘은 문제 해결의 순서를 기술하는 방법을 말한다.

> 라이브러리: 자주 사용하는 기능을 미리 작성해둔 프로그램

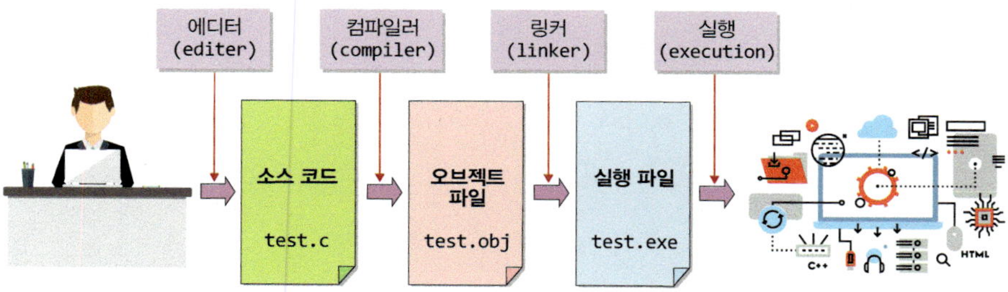

5. 오류를 수정한다: 컴파일 또는 링크 단계에서 오류가 있으면 프로그래밍의 정확성을 검증하고, 오류가 있으면 수정해서 완성한다.

소프트웨어 공학(Software Engineering)

프로그래밍이라는 작업은 소프트웨어 생명 주기(Software Life Cycle) 또는 소프트웨어 개발 주기(Software Development Cycle) 중의 한 단계이다.

소프트웨어 제작에 소요되는 비용을 사용자 요구 분석 단계에서 유지 보수 단계에 이르는 각 단계가 차지하는 비율로 보면 아래와 같다.

- 요구 분석 및 명세 기술 단계: 10%
- 설계 단계: 10%
- 프로그래밍 단계: 10%
- 테스트 및 디버그 단계: 20%
- 유지 보수: 50%

놀랍다! 유지 보수 단계에 절반 정도의 비용을 사용한다는 의미이다. 유지 보수 단계의 비용을 줄이려면 초반의 설계가 아주 중요하다. 집을 지을 때 유지 보수에 드는 비용이 많아지면 리모델링을 하거나 재건축을 하는 것과 같은 이치이다.

프로그램의 규모가 작은 시절에는 프로그래밍 단계가 강조되었으나, 프로그램의 규모가 커지면서 위와 같은 소프트웨어의 '라이프 사이클'을 인식하고 이를 개선하고자 하는 분야가 '소프트웨어 공학(software engineering)'이다.

소프트웨어 공학(software engineering)이란 소프트웨어 작성과 관련된 일을 기계 공학, 건축 공학 등의 '공학적인 접근법'으로 좀 더 체계화하려는 시도이다.

실제로는 전체 소프트웨어 제작 과정에서 프로그램 코딩(coding) 단계는 넓게 보아도 30~40% 정도만을 차지하는 단계이다. 즉, 소프트웨어 작성을 위해서는 프로그래밍 코딩 작업 이외에도 더 많은 다른 작업이 필요하다는 의미이다. 그래서 지금부터는 소프트웨어 제작의 모든 단계를 고민하는 '소프트웨어 공학'에 대해 알아보자.

이 책의 초반에 이야기했던 컴퓨터의 역사를 이야기하던 부분에서, 컴퓨터 역사의 초창기에는 외부에서 선을 연결하는 것 자체가 프로그래밍이었던 때가 있었다고 했다. 이때는 프로그램을 저장한다는 의미도 있을 수 없었기 때문에 그때그때 필요할 때마다 소규모의 프로그램을 제작하는 것이 고작이었을 것이다.

그런데, 폰 노이만(von Neumann)의 내장형 프로그램이라는 방식을 사용하면서 점점 소프트웨어의 크기가 커지게된다. 또한 기계어 프로그래밍 방식에서 발전하여 고급 언어의 출현으로 인하여 프로그래밍의 편의성이 증대됨에 따라 점점 더 대규모의 소프트웨어가 제작되게 된다. 이에 따라 전체 컴퓨터 시스템의 제작 비용에서 점점 소프트웨어가 차지하는 비율이 높아지게 되는데, 소프트웨어의 크기가 작았을 때에는 만드는 것, 고치는 것 등에 대한 부담감이 적었지만, 점점 대형화되면서 이를 효과적으로 관리하기 위해서 체계적인 소프트웨어 개발 방법론이 필요하게 되었다.

이와 같이, 소프트웨어는 점차 복잡해지는 반면, 그것에 대처할 수 있는 소프트웨어 기술(개발기술 및 관리기술)이 뒤따르지 못하기 때문에 '소프트웨어의 위기'라는 말이 생기게 되었다. 그 원인으로써 전통적인 공학 분야에서 사용되는 기본적인 설계 절차를 밟지 않고 주먹 구구식으로 소프트웨어를 제작하고 있었다는 의견이 제시되고, 소프트웨어의 개발에 구조적 프로그래밍(structured programming)과 같은 공학적 접근 방법이 도입되기에 이르렀다. 이를 소프트웨어 공학이라고 한다.

이러한 흐름에 따라서, 소프트웨어 공학은 점점 고객의 요구분석과 설계에 더 많은 시간과 인력을 투자하게 된다. 프로그램을 잘 만든다는것은 고객의 요구를 잘 파악하고 유지 보수까지 신경을 써서 설계한 것이라고 말할 수 있기 때문이다. 또한 프로그램은 특성상 자주 수정해야 할 일이 생기는데, 설계 단계에서 이를 신경쓰지 않았더라면 당시에는 좋은 프로그램이 될 수 있을지라도 급변하는 하드웨어와 다른 소프트웨어하고는 경쟁이 될 수 없다.

단계	내용
요구 분석	• 개발할 소프트웨어의 기능, 목표, 조건 등을 소프트웨어 사용자와 함께 정의한다. • 소프트웨어의 성격과 목적을 정확히 이해하고 필요한 자원과 예산을 예상한다.
시스템 명세	• 소프트웨어의 입력, 처리 내용, 결과를 정의한다. 이를 시스템 명세라고 한다.
설계	• 소프트웨어가 정의된 기능을 잘 수행할 수 있도록 소프트웨어의 수행 과정을 논리적, 체계적으로 결정한다. • 이 단계는 시스템 구조 설계와 사용자 인터페이스 설계로 나눌 수 있다.
구현	• 실제의 프로그래밍 언어로 프로그램을 작성하는 단계이다. • 프로그래밍 언어 선정, 프로그래밍 기법 및 순서 등을 결정한다.
테스트	• 구현된 소프트웨어의 기능을 테스트하는 단계이다. • 시스템의 요구 사항을 만족하는지, 실행 결과가 정확한지 등을 검사하여 시스템의 완성도를 높이는 단계이다.
유지보수	• 시스템이 설치된 후 일어나는 모든 활동을 의미한다. • 일반적으로 소프트웨어의 생명 주기 중에서 가장 긴 기간이 소요되는 단계이다. • 시스템 개발 초기에 유지 보수에 대한 면밀한 계획을 세우지 않았더라면 유지 보수 비용이 개발 비용보다 더 소요될 수도 있다.

[소프트웨어 개발 주기]

알고리즘과 자료구조

프로그래밍에 대해서 조금 더 구체적으로 이야기해보자. '적합한 순서대로 수행되면 제한된 시간 내에 주어진 문제를 해결할 수 있는 명령어들의 집합'을 '알고리즘(algorithm)'이라고 한다. '프로그램(program)'과는 의미상으로는 조금 다른데, 엄밀히 말하면 '프로그램'은 '컴퓨터에서 실제 수행될 수 있도록 구현된 알고리즘'이라고 할 수 있다.

요리에서 '요리법'이 '알고리즘', '요리 재료'들이 '자료구조'라고 생각하면 된다.

프로그램을 작성할 때는 적합한 '자료구조'가 필요하다. 자료구조란 '프로그래밍에 필요한 여러 데이터를 저장하는 모양과 사용하는 방법을 정의하는 기법'을 말하는데, 위에서 말한 '알고리즘'과 '자료구조'는 일심동체처럼 서로가 서로에게 영향을 주는 아주 중요한 개념들이다. 이 두 분야를 잘 익혀두면 프로그래밍 작업이 아주 효과적으로 이루어질 수 있다.

실제로 컴퓨터는 하드웨어를 기반으로 만들어지지만, 이 하드웨어를 구동하는 두뇌 역할을 하는 부분은 소프트웨어(프로그램)이고, 이를 위해서는 소프트웨어의 알고리즘이 명확히 제시되어야 하기 때문에 알고리즘은 프로그래밍에서 아주 중요한 부분이다. 컴퓨터 프로그래밍을 위해 알고리즘을 기술하는 방법은 여러 가지가 있다.

예)

아버지가 방에 들어가신다.
아버지 가방에 들어가신다.

- **자연어**: 사람이 사용하는 자연 언어를 통하여 표현할 수 있다. 사람이 친숙하게 사용하는 자연 언어를 사용하기 때문에 쉽게 작성할 수 있다는 장점이 있으나, 자연 언어가 가지고 있는 특성으로 인하여 오해가 발생하지 않도록 명확하게 표현하는 것이 쉽지 않은 단점이 있다.

교재 3장에서 순서도에 대해 자세히 알아보자.

- **순서도**: 순서도(flow chart)를 이용하여 그림으로 표현할 수 있다. 그러나 복잡한 알고리즘을 표현할 때는 순서도의 그림이 아주 복잡해질 수 있기 때문에 효과적이지 못하다.
- **의사 코드**: 의사 코드(pseudo-code)를 이용하여 표현할 수 있다. 특정한 프로그래밍 언어로 작성된 코드는 아니지만 이에 준하는 형태의 표현 방법을 의사 코드라고 한다.

우리나라의 모든 사람들은 라면 끓이는 방법을 알고 있을 것이다. 아래의 형태는 적혀진 명령들을 순서대로 실행하면 유한한 시간 안에 라면 요리가 완성되기 때문에 알고리즘의 정의에 적합한 구조라고 할 수 있다.

그럼, 라면 끓이는 상황에서의 알고리즘을 한번 정리해보자.

어떤 시스템을 만들기 위해서 필요로 하는 재료를 '자료구조'라고 할 수 있다.

그리고 시스템을 구현, 실행하는 순서, 방법을 체계적인 말로 설명하는 것을 '알고리즘'이라고 한다.

» 자연어: 물이 끓으면 라면과 스프를 넣고 3분 기다린다. 면이 어느 정도 익으면 계란과 파를 넣는다. 면이 다 익으면 그릇에 담는다.

» 순서도: 오른쪽 참고

» 의사 코드:

1. 물을 끓인다.
2. 라면과 스프를 넣고 3분 기다린다.
3. 스프, 계란, 파등을 넣는다.
4. 라면의 면발이 잘 익었는지 확인한다.
5. 불을 끄고, 그릇에 담는다.

[라면 끓이는 일의 의사 코드 형태의 알고리즘]

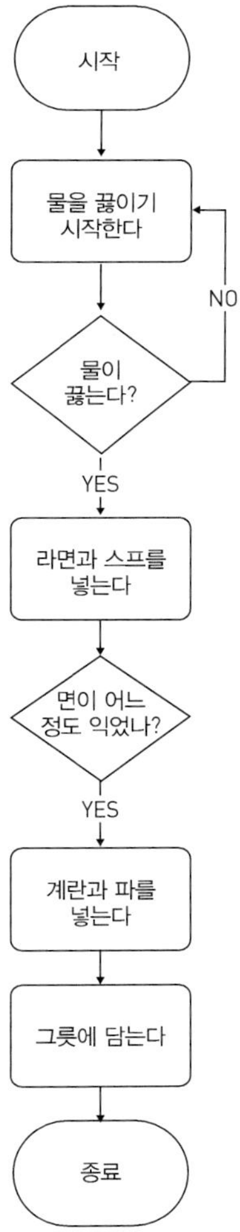

가장 간단한 C 프로그램

지금부터 C 프로그래밍 시작이다. 처음에는 이해되지 않더라도 코드 전체 모양을 외우자.

이제부터 C 언어를 이용한 컴퓨터 프로그래밍의 전반적인 부분에 대해 공부해보자. 프로그래밍을 처음 접하는 사람은 이 부분을 시간을 들여서 찬찬히 읽어보도록 하자.

아래는 가장 간단한 C 프로그램 예제로써…

» 이 프로그램은 아무 일도 하지 않는다.

» 즉, 이 프로그램은 프로그램 실행 즉시 종료한다.

```
int main() {

    // 함수 본문(body)
    // 여기가 함수의 body로써 명령어(statement)를 적는 곳이다.

    return 0;
}
```

int: main 함수가 int(integer, 정수) 값을 반환함을 알리는 부분

함수(여기에서는 main이라는 이름의 함수)는 중괄호로 시작과 끝을 표시한다.

//로 시작하는 문장은 주석(comment)이다. 주석은 컴파일러와는 상관없는 문장으로 사람에게 코드를 설명할 필요가 있을 때 기입하는 정보이다.

C 언어에서는 모든 명령문의 마지막에 세미콜론(semicolon)을 붙인다. 특별한 경우를 제외하고는 중괄호 뒤에는 붙일 필요가 없다.

함수의 결과를 반환한다. 이 예에서는 숫자 0을 반환한다.

» 위의 프로그램은 C 프로그램의 가장 단순한 형태로써 현재는 아무일도 하지 않는 프로그램이다.

» C 언어 프로그램은 위와 같은 형식이 가장 기본된 형식이다. { }(중괄호) 내부를 함수 본문(몸체, body)이라고 한다.

» main( )은 'main 함수(function)'라고 읽는다. '함수'라는 단어는 수학의 삼각 함수에서의 사인 함수(sin)와 동일한 의미라고 생각하면 된다. C 언어에서 main 함수는 프로그램 시작점을 의미하며 '필수적'으로 있어야하는 함수로써, C 프로그램의 전체적인 구성은 이 main() 함수가 다른 함수들을 호출하는 형식으로 구성되는데, main 함수의 본문에 하고 싶은 일을 적어주면 된다.

C 언어에서 main( ) 함수는 필수로 있어야하는 함수이다.

» 모든 함수는 값을 반환(return)할 수 있다. 반환되는 값의 종류(형식)를 미리 적어줘야 하는데, 이 main 함수는 int 값, 즉, 정수값(integer)을 반환한다.

» return 0: 마지막의 return 0; 문장은 main( ) 함수를 실행시켜준 프로그램(여기서는 운영 체제)에게 0이라는 값을 반환하면서 프로그램을 종료하는 문장이다. 지금 이 프로그램에서 0을 반환하는 것은 프로그램이 정상적으로 종료하였음을 운영체제에게 알리려는 것이다. 0이 아닌 값을 반환하면 일종의 에러 상황임을 운영체제에게 전달하는 의미로 이미 약속이 되어 있다.

처음이라 어렵고 힘들다. 지금까지의 내용이 이해되지 않더라도 다음 절을 계속 읽어보자.

한 줄을 출력해보자: printf( ) 함수

"printf(프린트 에프)"라고 읽는다. print formatted 라는 의미이다. 형식(format)을 지정해서 출력할 수 있는 함수이다.

이제 조금씩 명령어들을 추가해보자. 아래의 프로그램은 C 언어에서 가장 기본적인 출력문인 printf( ) 함수의 사용 예이다. 아래의 프로그램은 "Hello, World"라는 문자열(string)을 출력한다.

대부분의 프로그램은 위에서 아래로 문장(명령어)들이 순차적으로 수행된다. 따라서 아래의 프로그램은 printf( ) 함수를 실행하고, return 문이 실행되는 순서이다.

전 처리 명령어

```
#include <stdio.h>

int main(){

     printf("Hello, World \n");

     return 0;

}
```

위의 프로그램을 한 줄씩 설명해보자.

```
#include <stdio.h>
```

C 언어에서 '#'으로 시작되는 문장은 전 처리기(pre-processor)에게 명령하는 문장(컴파일러 지시자, compiler directive)이다. C 컴파일러는 소스 프로그램을 컴파일하기 전에 전 처리기가 작동하는데, 전 처리기는 C 소스 파일이 컴파일러로 전달되기 전에 해당 파일에 대한 필요한 다양한 준비 작업을 수행한다.

'포함하다'라는 뜻

물론 이 과정은 프로그래머에게 보이지는 않는다. 컴파일러가 컴파일 전에 내부적으로 수행하는 기능이기 때문이다.

그 중에서 #include는 '파일 삽입'을 위한 전 처리문이다. #include <stdio.h>는 'stdio.h 파일을 삽입하라'는 뜻이다. 파일명의 좌우에 < > 기호를 적어준다. <stdio.h>와 같이 파일 확장자가 '*.h'인 파일을 헤더 파일(header file)이라고 하는데, #include 문에 의해서 전 처리기를 거치면, 다음의 그림과 같이 stdio.h라는 파일이 해당하는 부분에 삽입되게 된다.

```
#include <stdio.h>

int main() {
    printf("Hello, World\n");
    return 0;
}
```

stdio.h

```
#endif  /* __STDC_WANT_SECURE_LIB__ */
__DEFINE_CPP_OVERLOAD_SECURE_FUNC_0_0(char *, gets_s, char, _Buffer)
__DEFINE_CPP_OVERLOAD_STANDARD_FUNC_0_0(char *, __RETURN_POLICY_SAME, _CRTIMP, gets, _Pre_notnull_ _Pos
_Check_return_ int __cdecl _getw(_Inout_ FILE * _File);
#ifndef _CRT_PERROR_DEFINED
#define _CRT_PERROR_DEFINED
_CRTIMP void __cdecl perror(_In_opt_z_ const char * _ErrMsg);
#endif  /* _CRT_PERROR_DEFINED */
#ifdef _CRT_USE_WINAPI_FAMILY_DESKTOP_APP
_Check_return_opt_ _CRTIMP int __cdecl _pclose(_Inout_ FILE * _File);
_Check_return_ _CRTIMP FILE * __cdecl _popen(_In_z_ const char * _Command, _In_z_ const char * _Mode);
#endif  /* _CRT_USE_WINAPI_FAMILY_DESKTOP_APP */
_Check_return_opt_ _CRTIMP int __cdecl printf(_In_z_ _Printf_format_string_ const char * _Format, ...);
#if __STDC_WANT_SECURE_LIB__
```

stdio.h 헤더 파일의 내부는 아주 복잡해보인다. 지금 이 내용을 하나하나 볼 필요는 없다.

stdio.h라는 헤더 파일에는 stdio 즉, STanDard Input/Output(표준 입출력)과 관련된 라이브러리(library)의 정보가 적혀있다. 즉, 우리가 사용하려고 하는 printf( ) 함수는 stdio.h에 선언되어 있기 때문에, 소스 파일을 컴파일하기 전에 stdio.h 헤더 파일을 해당하는 위치에 포함(include)해야 printf( ) 함수를 사용할 수 있다. 이 말은 printf( ) 함수가 C 언어 자체에 포함되어 있는 명령어가 아니고 표준 입출력 라이브러리에서 별도로 제공된다는 의미이다.

자주 사용하는 유용한 프로그램들의 묶음. 특정한 기능을 프로그래밍하고 싶을 때 해당하는 라이브러리를 이용해서 프로그래밍을 하면 효율성을 기할 수 있다.

비교해서 설명하면, return이라는 명령어는 C 언어 자체적으로 제공되는 명령어이기 때문에 그냥 사용할 수 있는 것이다.

```
int main( )
```

이 부분을 함수(function)라고 한다. main()은 'main 함수'라고 읽는데, main 함수는 C 프로그램에서는 꼭 필요한 함수이다.

```
int  main( ){

    printf("Hello, World \n");
    return 0;
}
```

파라미터(parameter, 매개 변수): 괄호속에 적어주는 것을 파라미터라고 한다. 함수를 호출할 때 넘겨주는 값을 의미한다. 지금은 파라미터가 없는 경우이다. 파라미터를 사용하지 않을 경우는 공백으로 비워두거나 void라고 써준다.

함수 바디의 시작과 끝은 중괄호로 표시

```
printf("Hello, World \n");
```

호출이라는 의미는 해당 하는 함수를 실행한다는 의미이다.

위의 문장은 C 언어가 제공하는 printf( ) 함수를 호출(call)하는 문장이다. 즉, printf( ) 함수에게 출력할 메시지를 괄호 속에 매개 변수로 전달해서, 해당 메시지를 표준 출력 장치인 모니터에 출력해달라는 의미이다.

함수를 호출할 때는, 위와 같이 괄호 안에 매개변수(parameters)를 사용한다. 즉, 이 경우에는 큰 따옴표로 묶여진 문자열(string)이 매개 변수이다. printf( ) 함수는 파라미터로 문자열(C에서는 큰 따옴표로 문자열을 표현한다)을 받고, 그 문자열을 화면에 출력해주는 함수이다.

따라서 C 언어에서 제공하는 함수의 기능을 하나씩 배워가는 것이 프로그래밍 공부라고 할 수 있다.

'\n'은 '확장 문자' 혹은 '특수 문자'(Escape character)의 하나이다. C에서의 '\n'(백슬래쉬 다음에 문자 n)은 줄바꿈을 뜻하는 문자 즉, 줄 바꿈 문자(new line character)이다.

백 슬래쉬: 줄 바꿈 문자로 \와 ₩ 형태로 키보드마다 다르게 적여있을 수 있다. 키보드의 우측 상단에 있는 키이다.

[백 슬래쉬]

그러므로, 위의 프로그램과 아래의 프로그램의 출력결과는 동일하다. 아래의 프로그램은 "Hello, World"라는 문자열을 두 명령어로 나누어서 출력하였다. 이렇게 하더라도 한 줄로 출력된다.

```
#include <stdio.h>
main(){
   printf("Hello, ");
   printf("World \n");
}
```

세미콜론(;)은 문장(statement)의 마침을 표현한다. C 언어에서는 모든 명령어의 끝에 세미콜론을 붙여야 한다. 중괄호 뒤에는 보통 붙이지 않는다. 명령어의 끝에 세미콜론을 붙이지 않으면 아래 그림과 같이 컴파일 에러가 발생한다.

어떤 경우에는 중괄호 뒤에도 세미콜론을 붙이는 경우도 있기는 하다. 나중에 자세히 설명한다.

아래 화면의 에러 메시지를 잘 읽어보고 무슨 의미인지 이해해보자.

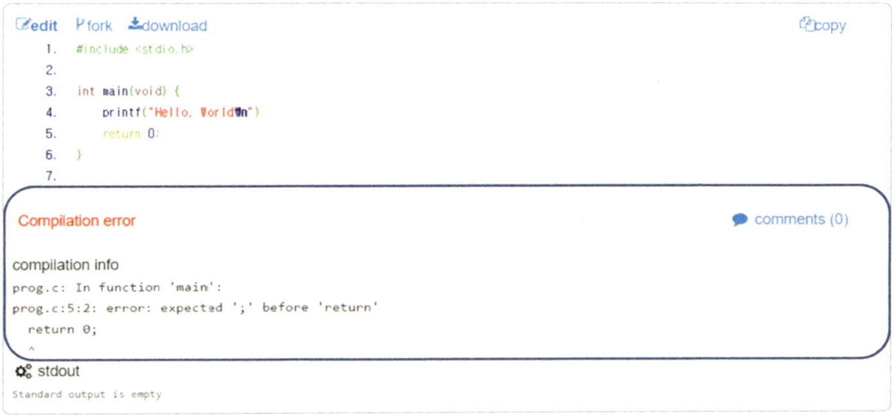


```
return 0;
```

return은 함수 실행을 종료하는 키워드이다. 여기서 main( ) 함수가 종료된다는 의미는 전체 프로그램이 종료된다는 의미이다. main( ) 함수가 가장 먼저 실행되는 함수이기 때문이다. C 언어에서의 함수도 삼각 함수의 sin(30)과 같이 계산된 값을 반환할 수 있다. return 문이 이 역할을 한다. 여기서는 main( ) 함수를 실행시켜준 프로그램(운영 체제)에게 0이라는 값을 반환하면서 프로그램을 종료하는 문장이다.

키워드(keyword)는 C 언어에서 미리 정의된 명령어이다. int, main, return 등이 예약된 키워드들이다.

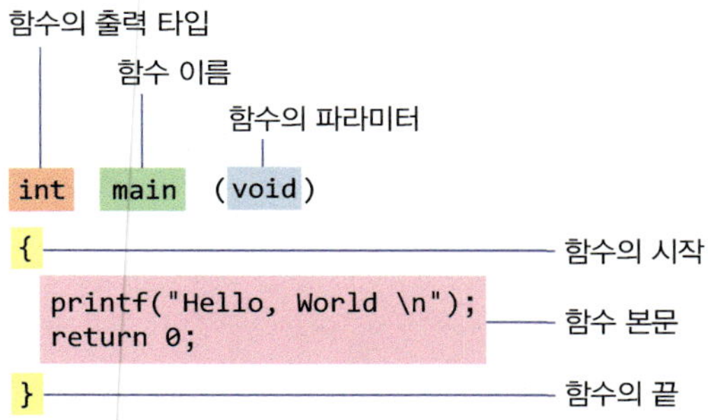

[C 프로그램의 전체적인 구조]

이제 간단한 프로그램 하나가 완성되었다. 이것을 실행(run)시켜 보자. 실행하기 위해서는 컴파일러가 필요하다. 이제 컴파일러를 사용해보자.

코딩 스타일 조언 #1: 한줄에는 하나의 문장만…

이 책의 중간 중간에 코딩 스타일에 대한 팁이 주어진다. 코딩 스타일은 아주 중요하다. 효율적인 코딩도 중요하지만 읽기 쉬운 코드도 중요한 요소이다.

1. 한 줄에는 하나의 문장만 쓰라.

재미있는 것은 위에서 소개한 프로그램을 아래와 같이 길게 한 줄로 입력해도 에러 없이 수행된다는 점이다. 즉, 줄을 바꾸는 것은 프로그래머가 보기 좋게 하는 기능일 뿐 프로그래밍 언어의 문법과는 상관없다.

그러나, 아래와 같은 코드는 도대체 무슨 내용의 프로그램인지 전혀 알 수 없게 된다. 그래서 각 명령어마다 줄을 바꾸어주고, 또한 적절한 위치에 들여쓰기(indent)를 하면서 가독성을 높이고 있다.

코딩할 때 들여쓰기의 중요성

```
#include <stdio.h> int main() { printf("Hello, World \n"); return 0; }
```

2. 띄어쓰기와 인덴트(들여쓰기)를 통일성 있게 하라.

실제로 아래와 같이 코딩(coding)해도 된다. 실제로 이렇게 하는 경우는 없겠지만… 단지 이 예제는 프로그램 소스 코드를 체계적으로 정리할 필요가 있다는 사실을 역으로 강조하기 위해서이다.

```
#   include <stdio.h>
int
main(
        ) {
                printf
        ("Hello, World \n");
return
0
;
}
```

프로그램의 전체적인 모양에 특히 주의하자. 중괄호 { }의 위치와 중괄호 내부 문장들의 들여쓰기(indent)를 통해서 문장들을 묶음으로 표현하는 모양을 유심히 살펴보자. 중괄호 내부를 중괄호의 바디(body)라고 하고, 바디가 한 묶음인 것을 쉽게 확인하기 위해서 들여쓰기를 한다.

```
#include <stdio.h>

int main( ) {
    printf("Hello, World \n");
    return 0;
}
```

이 부분이 중괄호의 바디이다.

Tab 키를 이용한 들여쓰기

코드를 읽기 편하게 하기 위한 들여쓰기(indent)는 보통 탭(Tab) 키를 이용하는데, 들여쓰기를 함으로써, 해당하는 줄들이 내부의 한 블록(block)임을 한 눈에 확인할 수 있도록 하는 것이다.

```
#include <stdio.h>

int main(void) {
        printf("여기가 하나의 블록입니다.\n");
        printf("이렇게 들여쓰면 한 묶음인 것을 쉽게 확인할 수 있습니다.\n");
        printf("왜 이렇게 하면 좋은지는 차차 알게 됩니다.\n");

        return 0;
}
```

void: 함수의 파라미터가 없는 경우는 괄호 내부를 비워두거나, 이렇게 void를 써도 된다.

중괄호의 위치는 문법적으로는 어느 곳에 써도 상관없지만 일반적으로는 위와 같은 스타일을 권장한다. 아래와 같이 중괄호의 위치를 설정하기도 하는데, 위의 스타일과 아래의 스타일 중 본인이 좋은 스타일을 선택하면 된다.

```
#include <stdio.h>

int main()
{
    printf("Hello, World \n");
    return 0;
}
```

여는(opening) 중괄호가 다음 줄에 있다.

[중괄호를 적는 또 다른 방법]

프로그래밍: 컴파일러의 종류

이제 간단하게나마 C 언어로 작성된 프로그램 소스를 가지게 되었다. 이제 이 소스 프로그램을 오브젝트 프로그램(기계어 프로그램)으로 변환해야 한다. 즉, 컴파일러가 필요하다.

C/C++ 컴파일러는 종류가 아주 많다. 컴파일러가 생성해 내는 기계어는 특정 CPU와 운영체제(operating system)에서만 동작하기 때문에, 컴파일러는 본질적으로 플랫폼에 종속적이다. 매킨토시용 컴파일러로 인텔 계열 CPU에서 동작하는 프로그램을 작성할 수 없다는 의미이다.

지금 여러분이 사용하고 있는 윈도우나 맥 같은 것이 운영체제이다.

플랫폼은 소프트웨어를 사용하기 위해 기반되는 하드웨어와 소프트웨어의 결합이다. 플랫폼은 하나의 운영 체제 또는 컴퓨터 아키텍처라고 단순히 말할 수 있으며 그 두 가지를 통칭해서 말할 수도 있다.

같은 컴파일러라도 버전에 따라 기능과 사용 방법, 지원하는 문법 수준이 다르므로 사용할 컴파일러를 선택하는 것은 아주 어려운 일이다. 무료로 사용할 수 있는 공개용 컴파일러도 있지만, 대부분의 컴파일러는 돈을 주고 구입해야 하는 상용 프로그램이다. 물론 이것저것 다 설치해 놓고 상황에 따라 컴파일러를 바꿔 가며 쓸 수도 있겠지만 지금 막 문법을 배우기 시작한 사람들은 여러 가지 컴파일러를 동시에 사용하기 어려울 것이다.

C 컴파일러는 여러 가지 종류가 있는데 리눅스 운영체제의 경우 gcc 컴파일러를 많이 사용한다. gcc를 윈도우 운영체제에서는 사용할 수가 없지만, 시그윈(cygwin) 프로그램을 사용하면 윈도우에서도 gcc 컴파일러를 사용할 수 있다.

gcc는 GNU C Compiler의 의미이다.

http://gcc.gnu.org/

시그윈은 윈도운 운영체제 환경에서 리눅스에서 사용하는 프로그램들을 사용할 수 있게 해준다.

http://www.cygwin.com/

윈도우 운영체제의 경우 보통 마이크로소프트사의 Visual Studio를 많이 사용하는데, 프로그램이 너무 크고 기능이 많아서 초보자에게는 부담이 될 수 있다.

C 언어: 웹 컴파일러 이용

우리는 위의 간단한 C 프로그램 예제를 실행시키기 위해, 웹 컴파일러를 사용할 것이다. 웹 컴파일러는 웹 브라우저에서 사용할 수 있는 컴파일러를 의미한다.

웹 컴파일러는 간단한 코드 작성을 할 때 유용하며, 웹 환경에서 컴파일을 하기 때문에 컴파일러를 따로 설치할 필요가 없다는 장점이 있다. 그래서 이 교재의 초반 부분(3장까지)에서는 아래의 웹 컴파일러(web compiler)를 사용할 것이다.

URL http://ideone.com/

URL 주소에 ide라는 단어는 Integrated Development Environment(통합 개발 환경)라는 의미이다. 비슷한 기능의 웹 컴파일러들이 많이 있다.

http://www.codepad.org

http://www.tutorialspoint.com/codingground.htm

1. 위 사이트를 한번 접속해보자. 아래와 같은 화면을 웹브라우저에서 볼 수 있을 것이다.

이 사이트는 C, C++, Java 등의 언어들에 대한 무료 컴파일러/인터프리터를 제공해준다. 실제로 이러한 인터넷 상의 무료 컴파일러/인터프리터는 '무한 반복문'이라든지 해킹을 목적으로 하는 어떤 파괴적인 명령문들로부터 사이트를 보호해야 하기 때문에, C나 C++ 언어의 scanf, cin 등의 입력을 받아들이는 함수들은 보통 지원하지 않는다(이런 함수는 웹 컴파일러에서는 보통 사용할 수 없다). 따라서 웹 컴파일러는 큰 프로그램을 작성하기에는 적합하지 않고, 짧게 잠시 테스트 하는 용도로 적합하다.

우리가 사용할 ideone.com 사이트는 scanf( ) 같은 입력 함수도 사용할 수 있다.

2. 이 웹 사이트는 다양한 언어를 지원하기 때문에, 왼쪽 하단의 버튼에서 C 언어를 선택하고 코딩 창에서 프로그램을 하면 된다.

Java 옆의 화살표를 누르고 C 언어로 컴파일러를 변경한다.

3. 그러면, 기본적으로 C 프로그래밍에 필수적인 main 함수와 stdio.h가 이미 추가 되어 있다.

이제 main( ) 함수의 바디에 printf("Hello, World \n");와 return 0;을 추가하자. 코드를 다 작성하였으면, 오른쪽 하단의 [Run] 버튼을 클릭한다. [Run]은 작성된 코드를 컴파일한 후, 실행하라는 의미이다.

ideone.com 컴파일러는 main(void)라고 자동으로 나온다. 여기서 void는 일단 무시하고 넘어가자. void 를 써도 되고, 쓰지 않아도 상관없다. 지금은 중요하지 않다.

Run은 작성된 코드를 바탕으로 프로그램을 실행하라는 의미이다.

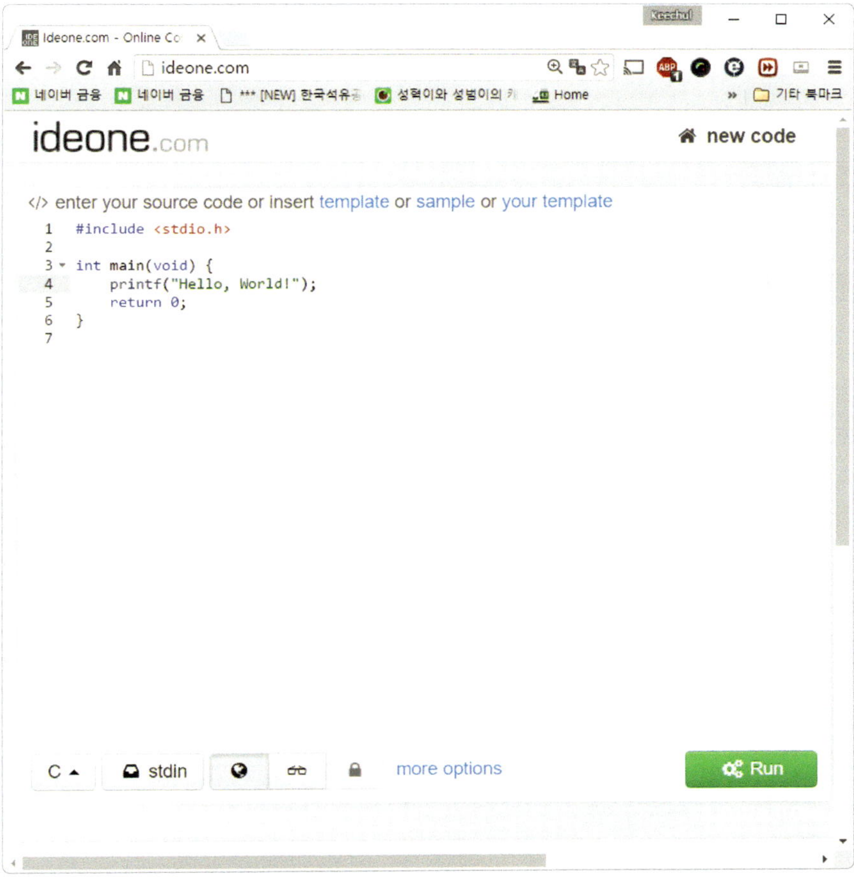

실행 결과 확인. 실행이 되지 않는다면 오타가 없는지 다시 한번 확인하자.

4. 바뀌어진 화면에서 프로그램의 실행 결과를 확인할 수 있다. 화면 아래의 stdout(standard output) 창을 보면, 프로그램에서 출력된 문자열인 "Hello, World!"를 볼 수 있다.

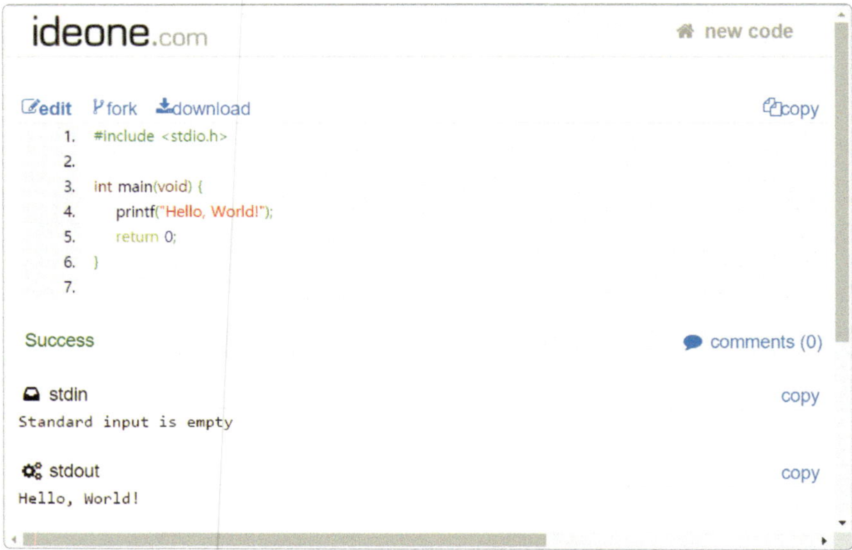

5. 혹시나 실행되지 않고 아래와 같은 유사한 화면이 나온다면, 오타 등의 실수가 없었는지 확인해보자. 오타를 수정하려면 왼쪽 상단의 [edit]을 누르면 된다.

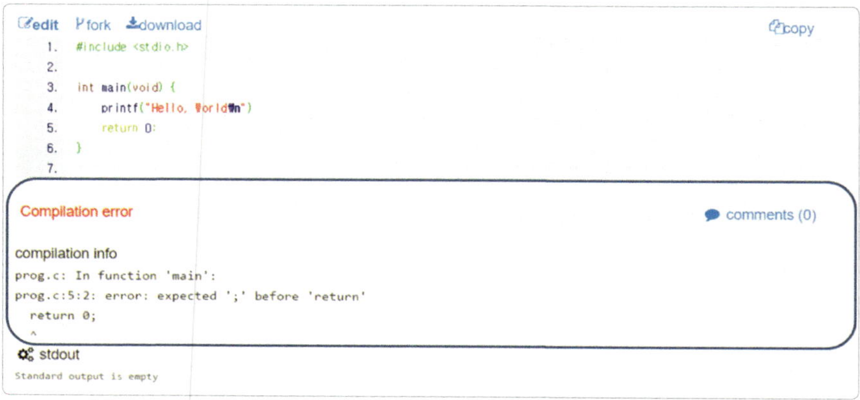

6. 편의 기능으로, 우측 하단의 "syntax highlight"라는 기능이 체크되어 있으면, C 문법에 따라서 예약어 등이 색깔로 구분되고, 인덴트 기능이 자동 제공되어서 편하게 코딩할 수 있다.

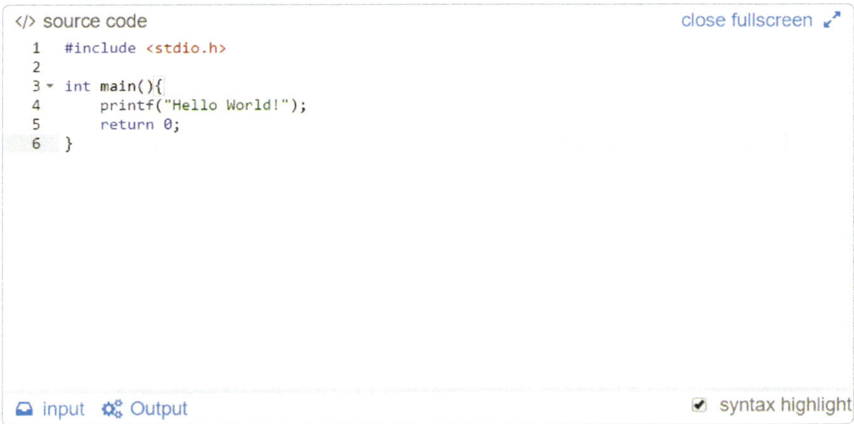

축하한다. 이제 첫 C 언어 프로그래밍을 마쳤다. 큰 관문 하나를 넘었다. 계속 차근 차근 배워 보자.

C 언어: 디버깅하는 방법

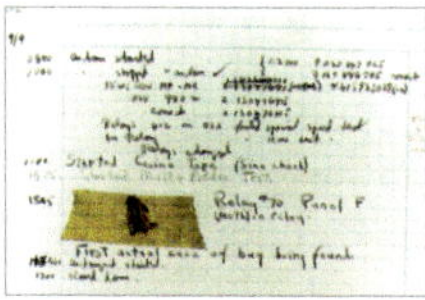

'디버깅(debugging)'이라는 단어는 초창기의 컴퓨터 중 Mark II 컴퓨터 내부에 실제로 벌레(bug)가 들어가서 회로를 고장 낸 사건에서 유래하였다고 한다.

이 세상 모든 일이 한번만에 아무 오류도 없이 끝낼 수 있다면 얼마나 좋을까? 그러나 실제는 그렇지 않다. 프로그래밍도 동일하다. 내가 알든 모르든, 실수(mistake)이든 그렇지 않든 잘못된 부분이 있을 수 있고, 프로그래밍을 시작하면서 기본적인 프로그램의 윤곽과 알고리즘들을 잘 설정했다고 하더라도, 프로그래밍 과정 중에 오타를 입력할 수도 있고, 또 다른 실수를 할 수 있다. 이러한 것들을 찾아서 수정하는 과정을 디버깅(debugging)이라고 한다.

에러 메시지는 아주 다양하다. 처음에는 이 에러 메시지의 의미를 이해하기 어려울 것이다. 그렇지만, 잘 읽어보고 그 의미를 잘 유추한 후에 프로그램을 수정하는 것을 시도해보자.

처음은 어렵다! 그러나 할 수 있다!

프로그램 작성을 완료하면, 실행 버튼을 눌러서 컴파일을 하고 실행하게 된다. 이 단계에서 프로그램에 오류가 있으면 컴파일러가 오류 메시지를 표시하고, 이 정보를 바탕으로 디버깅을 한다. 그러면, 에러가 발생했을 때 어떻게 에러를 찾아낼 수 있을까? 그 방법을 생각해보자.

프로그램을 만드는 과정 중에 발견할 수 있는 에러는 여러 종류가 있다. 아래의 4가지 에러는 '에러의 발생 시점'에 따른 구분이라고 할 수 있다.

프로그래밍 과정에서의 에러의 종류

에러 종류	발생시점	설명
논리(semantic) 에러	알고리즘 설계 과정에서 발생	i = i + 1;과 같이 i를 1 증가해야 하는데, i = i – 1;와 같이 빼기를 했다면, 이는 컴파일러가 찾아낼 수 없다. 이 같은 에러를 '논리 에러(semantic error)'라고 한다. 잘못된 조건 검사로 인하여 무한 반복을 한다든가 하는 경우도 논리 에러의 일종이다.
문법(syntactic) 에러	컴파일 순간에 발생	소스 파일을 컴파일하는 과정 중에 발생하는 문법적인 에러(syntactic error)를 말한다. 아래의 문장은 마지막에 세미콜론을 빼먹어서 문법적인 오류이다. 예) i = i + 1
링크(link) 에러	링크(link) 순간에 발생	큰 프로그램을 작성하기 위해서 여러 개의 소스 파일로 나누어서 프로그래밍하는 경우가 많은데, 각 소스 파일들의 컴파일한 오브젝트 파일을 뭉치는(linking) 과정을 링킹(linking)이라고 한다. 이러한 링킹 과정에서 발생하는 오류이다.
런타임(run-time) 에러	프로그램 실행 시에 발생	프로그램 실행 중에 발생하는 에러로써, 프로그램 실행 시에 허가되지 않은 메모리를 사용한다든지, 0으로 나눗셈을 하는 등의 경우에 발생하는 오류이다.

변수의 값을 변경하는 문장이다. 이 예제는 i 변수의 값을 1 증가시키는 것이다.

에러는 그 에러의 '경중(輕重)'에 따라, 에러(fatal error)와 경고(warning)로 나눌 수 있다.

종류	설명
fatal error (치명적 에러)	중요한 에러이다. 꼭 수정을 해야 프로그램이 실행되는 에러를 말한다. 일반적으로 그냥 줄여서 에러(error)라고 한다.
warning error (경고성 에러)	수정을 하지 않아도 컴파일이 완료되고 실행도 가능한 종류의 에러이다. 그렇지만 향후에 심각한 문제로 커질 수 있으므로, 가급적 경고성 에러도 수정을 하도록 하자. 일반적으로 경고(warning)라고 한다.

프로그래밍 초보자의 경우는 컴파일러가 말하는 오류 메시지가 어떤 의미인지를 파악하는 것이 쉽지 않을 수도 있다. 프로그래밍을 시작하는 초반부터 컴파일러의 에러 메시지를 많이 보고 적응하는 시간을 가져야 한다.

그래서 참고로 아래에 C 언어에서 접할 수 있는 몇 가지 오류 예를 모아 보았다. 프로그램을 실행(또는 컴파일)하였는데, 아래와 같은 메시지가 나오면서 프로그램이 실행되지 않는다면 오류(에러)가 있는 것이고, 이 에러의 종류를 파악한 후에 이를 잡아(de-bug)보자.

아래의 에러는 http://ideone.com 사이트에서 프로그래밍을 하는 상황이다. 아래는 에러가 없는 프로그램이다.

컴파일러마다 동일한 사안에 대해서 에러 메시지가 조금씩 다를 수 있다.

```
#include <stdio.h>

int main(){
        printf("Hello World!");
        return 0;
}
```

input Output

Success time: 0 memory: 2160 signal:0
Hello World!

return 1: main 함수 내의 return 1이라는 문장은 운영 체제에게 프로그램이 비정상 종료임을 나타내는 약속이다.

아래는 main( ) 함수의 return 값을 1로 변경한 경우이다. main( ) 함수를 호출한 프로그램(운영 체제)에게 main( ) 함수가 비 정상적으로 종료되었다고 보고하는 경우에는 return 값을 0 아닌 숫자로 하면 된다. 이 경우에는 운영 체제는 프로그램이 비정상 종료라고 판단하고 필요한 경우 이에 대처하게 된다. 따라서 프로그램은 실행을 마치지만 운영 체제는 프로그램이 비정상적으로 종료되었다고 판단하고 "Runtime error"라고 메시지를 출력하는 것이다.

```
#include <stdio.h>

int main(){
      printf("Hello World!");
      return 1;
}
```

이 부분이 0에서 1로 바뀌었다.

```
Runtime error time: 0 memory: 2156 signal:-1
Hello World!
```

아래와 같이 문장 끝에 세미콜론(;)을 생략하는 경우에는 컴파일 에러 메시지(문법 에러)에 해당하는 에러가 발생한 줄 번호와 에러 이유가 설명되어 있다. 이 에러 메시지를 잘 보고 수정해야 한다.

```
#include <stdio.h>

int main(){
	printf("Hello World!")
	return 1;
}
```

```
Compilation error time: 0 memory: 2156 signal:-1
prog.c: In function 'main':
prog.c:5:2: error: expected ';' before 'return'
  return 0;
  ^
```

세미콜론을 빼 먹은 경우 아래와 같이 "return 문 앞에 ;이 필요하다"는 의미의 에러 메시지가 나온다. 에러 메시지가 영어로 나오지만 대부분의 형식이 비슷하기 때문에 자주 보면 적응된다.

C 프로그래밍에서 기본적으로 일어날 수 있는 오류들을 간략히 정리해보자. 아래의 내용들은 C 프로그래밍을 하면서 자주 나올 수 있는 오류들이다. 지금 아래의 내용들이 다 이해되지는 않겠지만 한번씩 읽어두자.

» 0으로 나눗셈을 하려는 경우
» 자료형이 다른 변수들 사이에 연산하려는 경우
» 배열의 범위를 넘어선 곳을 사용하려는 경우
» 문자열의 끝에 NULL 문자를 넣지 않는 경우
» 반복문의 종료 조건이 명확하지 않은 경우
» 변수를 초기화하지 않고 사용하는 경우
» 포인터와 주소 관련 다양한 기타 오류 등

프로그래밍을 하다보면 내 생각에는 아무런 오류도 없어보이는데 원하는 결과가 나오지 않는 경우가 많다. 그런 경우에는 중간 중간의 결과값을 화면으로 출력해서, 내가 원하는 방식으로 프로그램이 수행되는지를 눈으로 확인해보는 것이 좋다.

C 언어: 고의로 에러를 만들어보자!

에러 메시지는 아주 다양하다. 처음에는 이 에러 메시지의 의미를 이해하기 어려울 것이다.

그렇지만, 잘 읽어보고 그 의미를 잘 유추한 후에 프로그램을 수정하는 것을 시도해보자.

처음은 어렵다! 그러나 할 수 있다!

프로그래밍 초보자의 경우는 컴파일러가 말하는 오류 메시지가 어떤 의미인지를 파악하는 것이 쉽지 않을 수도 있다. 프로그래밍을 시작하는 초반부터 컴파일러의 에러 메시지를 많이 보고 적응하는 시간을 가져야한다.

프로그래밍이라는 작업은 본인의 생각이나 의도를 컴퓨터 언어로 표현하는 과정을 의미한다. 프로그래밍을 계속 진행하기 전에 고의로 에러를 만들어보자. 고의로 에러를 만들어보면, 에러의 원인을 미리 알고 있기 때문에 에러 메시지에 익숙해지는데 도움이 많이 된다.

» 아무거나 생략해본다. 세미콜른, 괄호, 따옴표 등 아무거나 생략해보자. 각각의 경우에 어떤 에러 메시지가 발생하는지 봐두자. 에러의 원인을 이미 알고 있기 때문에 에러 메시지에 적응하는데 도움이 된다.
» 글자를 대소문자를 바꾸거나 일부러 오타를 만들어보자.

아래의 사이트에 자주 발생하는 에러들의 예를 모아두었다. 참고하자. 많은 도움이 될 것이다.

URL https://sites.google.com/site/gamewithclanguage/

CHAPTER

3

간단한 게임 프로그래밍 (스무 고개 게임)

이제 C 프로그래밍의 가장 기본적인 틀은 배웠다. 본격적으로 '벽돌 깨기' 게임을 만들기 전에, C 언어의 문법들을 배우며 간단한 게임을 먼저 만들어보자.

우리가 만들 게임은 '스무 고개' 게임이다. 숫자를 이용한 스무 고개 게임은 상대방이 '1'에서 '100' 사이의 숫자 중 하나를 정한 상태에서, 질문자가 몇 번의 연속된 질문으로 그 숫자를 맞추는 게임이다. 숫자를 마음 속으로 정한 상대방은 질문자가 말한 숫자가 자신이 생각한 숫자와 같은지 다른지를 답해주어야 한다.

실제로는 숫자가 큰지 작은지를 말해줘야 하지만, 문제를 간단하게 만들었다.

스무 고개 게임 예

» 상대방: 질문하세요.(72를 생각하고 있음)
» 질문자: 32인가요?
» 상대방: 아니요.
» 질문자: 80인가요?
» 상대방: 아니요.
» 질문자: 72인가요?
» 상대방: 정답입니다.

순서도

프로그래밍은 문제 분석부터 최종 결과인 프로그램 소스 코드를 얻기까지의 모든 과정을 포함한다.

> 굳이 지금 순서도를 이야기 하려는 이유는, 프로그래밍을 처음하는 사람은 지금 막막한 기분일 수 있으리라고 생각이 들기 때문이다.
>
> 프로그래밍을 시작하는 단계에서, 내가 작성할 프로그램의 전체적인 구조를 머리 속에서 그려보는 단계가 필요한데, 순서도를 그려보면 머리속의 아이디어를 정리하기 쉽기 때문이다.

문제 분석이 끝나면 순서도(flow chart)를 그리는 작업이 아이디어를 구체화할 때 도움이 되는데, 순서도란 "정해진 데이터를 입력하여 원하는 정보를 얻기 위한 처리 방법과 순서를 나타낸 그림"을 말하며, 아래와 같은 심볼들을 이용해서 프로그램의 수행 절차를 표시한다.

순서도에서 자주 쓰는 기호

기호	이름	의미
	터미널	순서도의 시작과 끝
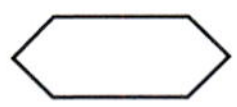	준비	변수 선언 및 변수의 초기값 설정 등
	흐름선	순서도 기호 사이의 연결 및 흐름 표시
	프로세스	변수의 값을 바꾸는 등의 실제 연산 표시
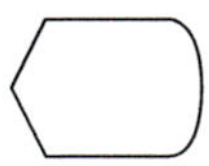	메시지 표시	화면에 메시지 출력: 안내 메시지 등을 출력
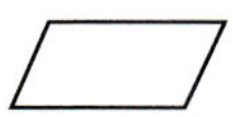	입·출력	데이터의 입·출력시 사용: 계산에 사용되는 데이터의 입력이나 계산 결과 출력
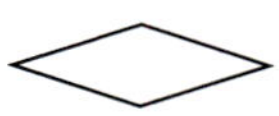	비교, 판단	비교 및 판단에 의한 논리적 분기를 할 경우 사용

프로그래밍을 처음 접하는 사람에게는 C 언어의 문법에 대한 이해와 적응 이전에, 문제의 해결 순서를 순차적으로 기술하는 훈련이 필요한 경우가 많이 있다. 이런 경우에는 다음과 같은 장점이 있는 순서도 작성이 많은 도움이 될 수 있다.

» 소스 프로그램의 작성을 용이하게 하여 코딩 작업이 간단해진다.
» 논리적인 오류를 쉽게 파악할 수 있고, 도식화된 기호를 이용함으로써 다른 사람이 프로그램을 쉽게 이해할 수 있다.
» 프로그램의 흐름을 단순화하여 표현하기 때문에 프로그램의 분석이 명확해진다.

지금부터는 스무 고개 게임을 위한 순서도를 그려보자. 프로그래밍을 하면서 순서도가 꼭 필요한 것은 아니지만, 프로그램 기획 단계에서 순서도를 그려보면 프로그램의 흐름을 정리하는 과정에 많이 도움된다.

1. 순서도를 위해서 아래의 사이트를 이용하자. 아래의 사이트는 직관적으로 꽤 사용하기 쉽게 만들어져있다.

URL https://www.draw.io/

2. 위 사이트를 접속하면, 화면에서 Google Drive라고 하는 Google에서 운영하는 클라우드에 본인이 작성할 순서도를 저장할지 묻는다. 그렇다면 상단의 [Create New Diagram]을 클릭하자. 그렇지 않고, 자신의 컴퓨터 등 다른 곳에 저장하고 싶으면 하단의 [Not Using Google Drive?]를 클릭하자.

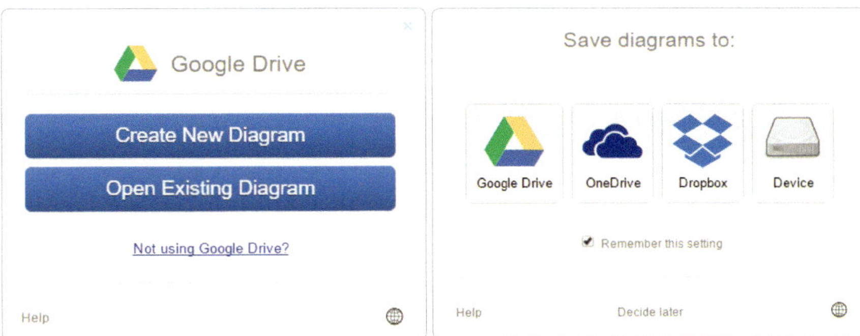

이 사이트는 순서도 이외의 다양한 형식의 그림을 그릴 수 있다. 우리는 Flowcharts 템플릿을 선택한다.

3. 아래 그림에서 좌측 상단에 작성할 다이어그램(Diagram)의 이름을 적고, 우측 상단의 템플릿(Templates)을 순서도(Flowcharts)로 선택하고, [Create] 클릭.

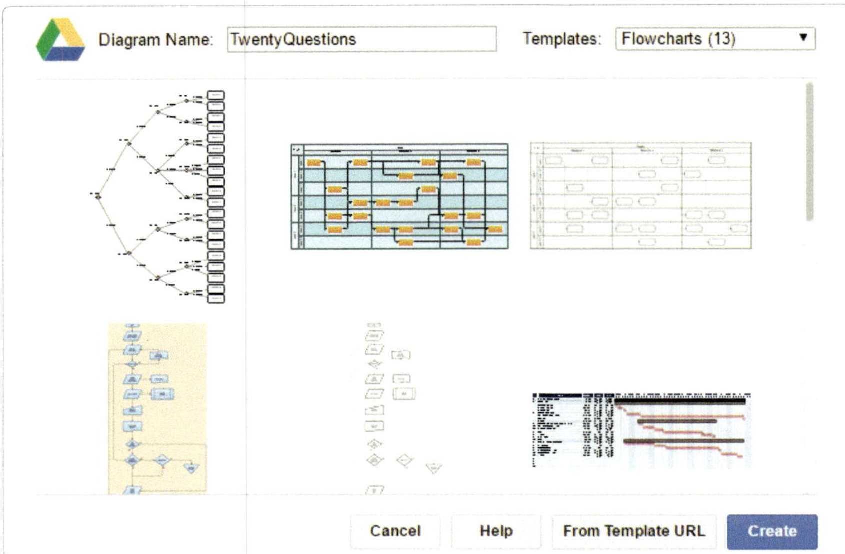

4. 이제 순서도를 그리자. 순서도의 각 도형의 의미에 따라서 그리면 된다. 좌측 "메뉴"의 'Flowchart'에서 원하는 도형을 클릭(click) 또는 드랙앤드랍(Drag&Drop)하자. 놓여진 도형을 더블 클릭하면 각 도형의 내부에 텍스트를 입력할 수 있다.

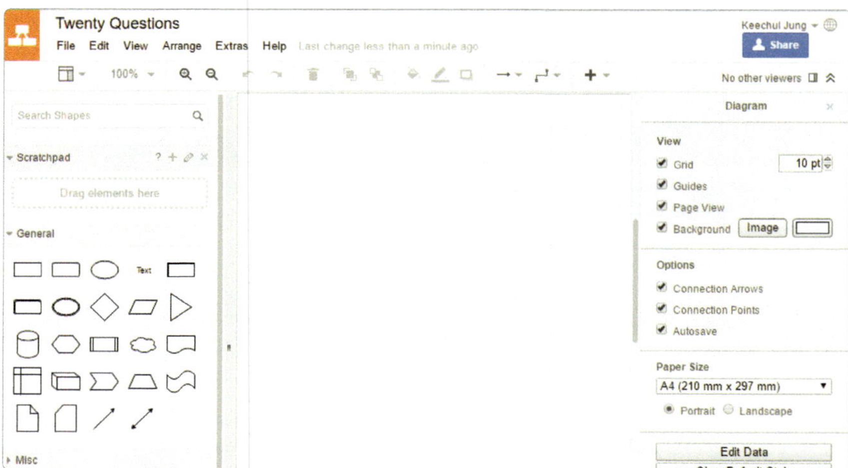

5. 도형을 클릭하면 상·하·좌·우에 화살표가 나오고, 화살표 위에 마우스를 올리면 인접한 도형들을 연결하거나, 도형을 복사하거나 하는 원하는 작업을 할 수 있다. 아래의 그림이 나오면 나타나는 풍선 도움말을 유심히 살펴보자.

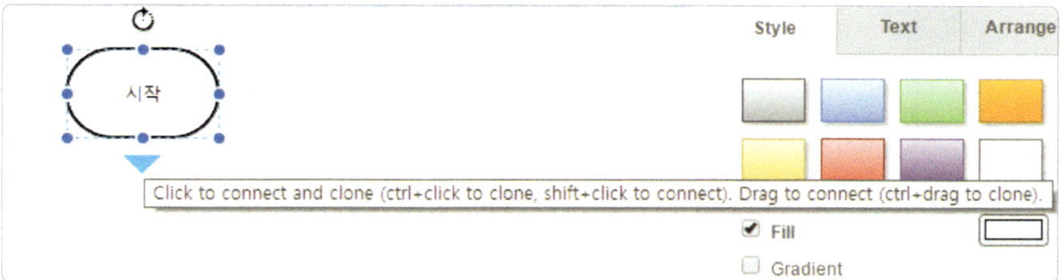

6. 완성된 순서도: 2가지 버전의 순서도를 그렸다(간단한 것과 자세한 것). 순서도가 프로그래머의 생각의 정리를 위한 것이므로, 먼저 간단한 것을 그린 후, 조금 더 상세한 것을 그려보았다.

아래의 순서도의 실행 과정을 살펴보자.

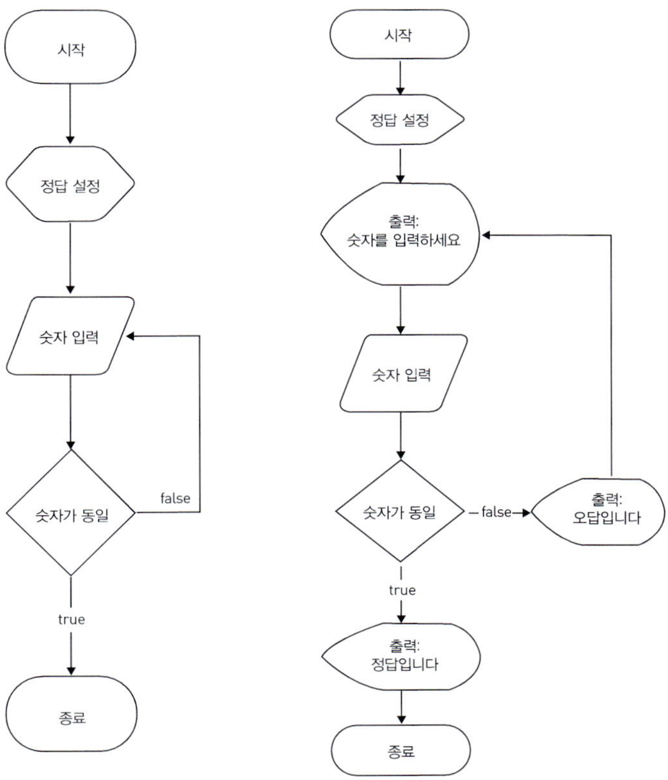

이 단계가 실제 프로그래밍의 시작이다. 지금 독자들은 C 언어의 문법적 기능을 아직 알지 못하지만, 하나씩 배워가면서 순서도의 각 단계에 해당하는 기능을 떠올릴 수 있을 것이다.

7. 이제 순서도를 보면서, 각각의 기호 부분에서 C 언어로 어떻게 구현해야 할지를 생각해보자. 이 단계에서 대략적인 C 코드의 형태를 머리 속에서 정하게 된다.

   A. 정답 설정: 대입문

   B. 메시지 출력: printf 함수

   C. 숫자 입력: scanf 함수

   D. 숫자의 동일 여부 판단: while 문의 조건을 통한 반복

스무 고개 게임 만들기 과정

위에서 작성한 순서도를 머리에 떠올려보자. 이제부터는 위의 기능들을 프로그래밍하기 위해 필요한 C 문법을 알아볼 텐데, 아래의 내용들을 하나씩 추가하면서 '스무 고개'를 만들어갈 것이다.

1. 메시지를 출력하는 프로그램 작성
2. 숫자를 입력 받는 기능 추가
3. 입력 받은 숫자와 비교하는 기능 추가
4. 정답까지 여러 번 질문할 수 있는 기능 추가
5. 함수를 이용하여 좀 더 체계적인 코드 형식으로 변경해서 완성

이 과정을 통해서 여기 3장에서 C 언어 문법의 30% 정도를 간략하게 소개할 예정이다. 이 정도의 문법만으로도 간단한 프로그래밍은 충분히 가능하다. 차근차근 공부해보자.

C 언어의 모든 문법을 공부한다는 것과 완전히 이해한다는 것은 다르다. 문법을 다 공부하더라도 완전히 이해하지 못하면 도움이 되지 않는다. 기본적인 문법을 익숙하게 하는 것이 우선이다.

시도 #1: 숫자를 '출력'하는 프로그램

ideone.com은 간단한 컴파일러라서 검출하지 못하는 에러도 있는 등 아직 불완전한 면이 있지만 간단한 프로그래밍 실습에는 편하다. 복잡한 컴파일러는 나중에 사용하고, 일단 C 언어 그 자체에 집중해보자.

지금은 일단 http://ideone.com 웹 컴파일러를 사용할 것이다. 이 책에서 본격적으로 사용할 'Visual Studio 2015 C 컴파일러'는 너무 많은 기능이 있어서 초보자에게는 복잡하기 때문이다.

화면에 글자를 출력하는 프로그램을 작성해보자. 아래는 3을 출력하는 프로그램이다. 아래의 코드를 웹 컴파일러를 이용하여 작성하고 실행해보자.

```
#include <stdio.h>

int main() {
    printf("3\n");
    printf("%d", 3);

    return 0;
}
```

```
3
3
```

printf( ) 함수를 이용한 문자열 "3" 출력. 출력 후 줄바꿈 문자도 함께 출력.

printf( ) 함수를 이용한 숫자 3 출력. "%d"는 10 진수 정수(decimal) 형식으로 값을 출력하라는 포맷 문자(format letter)이다. 이 위치에 뒤따르는 값(여기서는 3)이 출력된다.

프로그램의 출력 결과 화면이다.

그런데 우리는 위와 같이 정해진 숫자나 문자(상수: constant)만 출력하는 것이 아니라, 그때그때 변하는 값을 출력할 필요가 있는 경우도 있다. 이때 변수(variables)라는 기능을 사용한다.

```c
#include <stdio.h>
int main() {
        int no;

        no = 3;
        printf("%d", no);

        return 0;
}
```

```
3
```

no 변수의 값을 10진수로 출력하라는 의미

변수 선언(declaration). 여기서 no를 변수(variable)라고 한다. 변수는 정해진 데이터 형식(여기서는 정수형(integer))의 값을 보관하는 공간이다.

대입문(assignment statement)이다. = 기호의 우측의 값을 좌측의 변수에 대입하라는 의미이다. 이로써 no 변수는 3이라는 값을 가진다.

위에서 '문자열(string)' "3"과 '숫자' 3, '변수' no의 값 3은 같은 모양으로 3이 출력되기는 하지만 내부적으로는 서로 다른 데이터 형(data type), 즉 다른 형태(하나는 문자열, 다른 하나는 숫자 상수, 나머지는 3을 가진 변수)라는 것을 주의하자.

C 언어: 변수(variables) #1

이제 본격적으로 C 언어의 문법을 설명하는 부분이다. 먼저 '변수(variables)'라는 것으로 시작하자.

이 내용들은 www.tutorialspoint.com 사이트에서 인용하였다.

다시 한번 강조하자. 지금부터 소개되는 C 언어의 문법 요소의 의미를 암기하지 말고, '이해'하도록 노력하자.

그리고, 이제 부터는 세부 섹션의 앞 부분에, 관련된 C 언어 내용에 대한 문법적 정의(definition)를 먼저 기술한다. 본 교재에서는 C 언어의 많은 문법들을 예제를 통해서 최대한 자세하게 설명한다. 그러나 '문법의 정의'를 이해할 수만 있다면, 많은 예제로 일일이 설명할 필요가 없다. 먼저 각각의 정의를 확실히 이해하자는 의미에서 아래와 같이 '정의'를 간략하게 먼저 기술하려고 하였다.

```
A 'variable declaration' tells the compiler a data type and where and
how much storage to create for the variable:

                    type variable_name;
```

변수(variables)란 컴퓨터의 주기억 장치(main memory)에 저장된 데이터의 위치를 추상적으로 표현하는 방법을 말하며, 아래와 같이 변수를 선언하고, 사용할 수 있다.

```
int no;
no = 3
```

int는 integer라는 의미로써, 정수형 변수를 선언할 때 사용한다. 이로써 no 변수는 향후에 정수값을 저장할 수 있게 된다. 변수의 이름은 프로그래머가 임의로 정하면 된다.

변수 no에 3을 대입한다. =은 대입 연산자라고 한다.

위의 예에서 사용된 정수형 변수 'no'는 주기억 장치의 특정한 곳을 가리키는 역할을 한다. 3이라는 숫자 값은 주기억 장치에 저장되어 있고, 이 값을 변수 'no'라는 이름으로 사용하는 것이다. 아래의 그림을 참고하자.

내장형 프로그램 개념(stored-program concept)에서 이야기한 바와 같이 모든 명령어나 데이터는 주기억 장치에 있다. 변수는 주기억 장치에 있는 데이터를 사용할 수 있도록 하는 그릇이라고 생각할 수 있다.

CPU에 의해서 실행되는 프로그램	주기억 장치(main memory)

```
#include <stdio.h>

int main() {
    int no;

    no = 3;
    printf("%d", no);

    return 0;
}
```

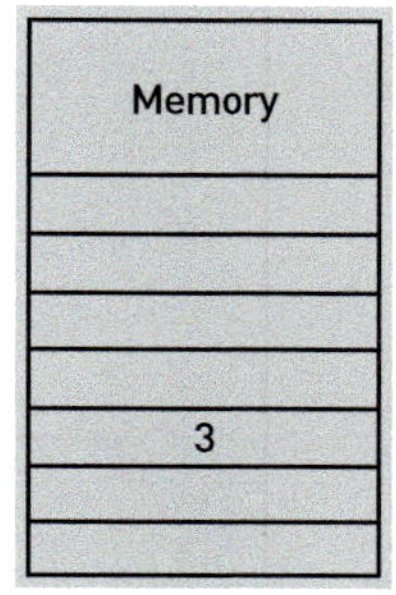

프로그램은 CPU(Central Processing Unit: 중앙 처리 장치)에 의해서 실행된다. 그렇지만 사용하는 데이터는 주기억 장치(main memory)에 있다. 그런데, 주기억 장치에 저장된 데이터를 사용하기 위해서 일일이 데이터의 주소를 기억할 수 없기 때문에, 주기억 장치의 데이터를 변수(variables)라는 형식으로 이름을 지어 사용하도록 하는 것이다.

변수는 사용하기 전에 '어떤 이름의 변수를 어떤 타입(type, 형)으로 사용할 것인지'를 명시해야 한다. 이것을 변수를 '선언한다(declare)'라고 한다.

변수 선언
(variable declaration)

그리고 C 언어에서는 변수 선언을 블록(중괄호로 묶인 영역)의 시작 부분에서 모두 모아서 선언해야한다. 아래와 같이 변수 선언을 중간 중간에 하면 안된다.

변수 선언은 블록의 첫 부분에 모아서 한다.

```
#include <stdio.h>

int main() {
        int a;

        a = 3;
        printf("%d", a);

        int b;

        b = 5;
        return 0;
}
```

블록의 중간에 이렇게 변수를 선언하면 안된다. 그러나 이러한 규정은 C 표준 안에서 권고하는 규정임에도 불구하고, 컴파일러에 따라서 중간에 변수를 선언해도 되는 경우도 있다. 그러나 사용하는 변수를 블록의 첫 부분에 함께 모아서 선언하는 것이 좋은 습관이다.

아래에 정수형 변수를 선언하는 다양한 예를 보인다.

C 언어에서 주석(comment)을 표시하는 방법이다.

많이 하는 실수가 변수를 초기화하지 않고 그냥 사용하는 경우가 있다. 꼭 초기화하는 버릇을 들이자. 초기화하지 않으면 쓰레기 값이 들어있을 수 있다.

실제로는 콤마(,)도 일종의 연산자이다.

```
int x;   // x라는 이름의 정수형 변수를 사용하겠다는 변수 선언

int x;
x = 10;  // 변수 선언 후, 값을 대입

int x = 10;  // 변수의 선언과 초기화를 동시에 할 수 있다.

int i;  // 동일한 타입의 변수를 줄을 나누어서 선언
int j;

int i, j;  // 동일한 타입의 변수를 콤마(,)로 구분하여 한 줄에서 선언

int i=10, j=10; // 동일한 타입의 변수를 여러 개 선언과 초기화를 동시에
```

일단은 여기까지는 정수형 변수만을 사용하는 방법을 배웠다. C 언어에는 정수형 값 뿐만 아니라 실수, 문자 등의 다양한 타입의 변수들을 사용할 수 있다. 이들은 차근차근 배우게 될 것이다. 예를 들어, 실수형 변수는 아래와 같이 float를 이용하여 선언한다.

```
float f;
f = 3.14;
```

C 언어에는 위에서 사용한 대입 연산자 뿐만 아니라 다양한 산술 연산자가 있다. +, −, *, /과 같은 연산자는 아래와 같이 수학에서의 의미와 동일하게 사용할 수 있다.

```
int x, y, sum;
x = 10;
y = 20;
sum = x + y;
```

코딩 스타일 조언 #2: 변수(심볼)의 이름을 짓는 법

프로그램은 명령어(instruction)와 데이터(data)들의 집합이다. 명령어와 데이터들을 기술할 때 정해진 규칙을 지켜야하는데, 컴파일러가 하는 일이 바로 이 규칙들에 맞게 프로그램이 적혀 있는지를 체크하고, 오류가 없으면 소스 코드를 기계어로 변환해 주는 것이다.

아래에서 변수 이름과 같은 식별자(identifier)의 이름과 관련된 기본적인 규칙을 알아보자.

이 내용은 변수에만 해당하는 것은 아니고, 함수나 레이블 이름 등에도 모두 적용되는 사항이다. 변수, 함수, 레이블 이름, 예약어 등을 통칭해서 식별자(identifier)라고 한다.

» 필수 규칙

- 변수의 이름은 영문자와 숫자, 밑줄 문자(_)로 이루어진다. 공백과 특수문자(*, !, ? 등) 등은 사용할 수 없다.
- 변수의 첫 글자는 반드시 영문자나 밑줄 문자여야 한다. 즉, 변수의 이름이 숫자로 시작할 수 없다.
- 대소문자를 구분한다. 'no'와 'No'는 다른 변수이다.
- C 언어에서 사용하는 '예약어(reserved words)'는 변수 이름으로 사용할 수 없다. int, main, return 등과 같이 C 언어에서 특별한 의미로 사용되도록 미리 약속되어 있는 단어들이 예약어인데, 이런 단어들은 변수 이름으로 사용할 수 없다.
- 변수 이름의 길이는 표준 C에서는 최대 32 문자까지만 유효하다. 그러나 컴파일러에 따라서 달라질 수 있다.

» 권장 규칙

- 변수 이름, 함수 이름 등의 심볼은 직관적으로 기억하기 쉬운 이름을 고른다.

  예) aaa, bbb 등의 이름은 기억하기 좋지 않다. 대신 name, count 등과 같이 상황에 맞게 기억하기 좋은 이름을 사용하자.
- 변수나 함수의 이름을 지을 때는 해당하는 기능을 연상할 수 있는 단어를 선택한다.

예) printSum, getNumber( )

- 2개의 단어를 조합해서 사용할 경우, 앞의 단어는 소문자로 시작하고 뒤의 단어는 대문자로 시작하는 것이 일반적이다. 이와 같은 형식으로 이름짓는 것을 '낙타 등(camel-back) 스타일'이라고 한다. 낙타 등 모양으로 튀어나온 것처럼 변수명을 설정하면 읽기 쉽기 때문이다.

  예: mouseX, currentColor, noOfStudent

- 비슷한 변수 이름을 섞어서 사용하지 마라.

  예) number, digit 등의 변수 이름을 섞어서 사용하면 혼동하기 쉽다.

C 언어: printf( ) 출력 함수

```
The C library function int printf(const char *format, ...) sends formatted output to stdout.
```

C library function: C 언어에서 기본적으로 제공해주는 함수를 의미한다.

여기서는 가장 기본적인 C 언어의 출력 함수인 printf( ) 함수를 자세히 살펴보자.

main도 함수이고 printf도 함수이다.

- printf( ) 함수는 파라미터로 전달 받은 큰 따옴표(" ")로 표시되는 포맷 스트링(format string) 내부의 문자열을 표준 출력 장치로 출력하는 함수이다.
- printf( ) 함수의 기능은 막강하다. 그렇지만 기본적으로는 문자열을 출력하는 함수이다. 그래서 정수형 변수 등을 문자열로 바꾸기 위해서 "포맷 스트링(format string)" 내부에 %d와 같은 "포맷 문자(formatting letter)"를 사용한다.
- 포맷 스트링 내에는 이스케이프 시퀀스(escape sequence)를 사용하여 특수한 모양의 문자를 출력할 수 있다.

표준 출력 장치(standard output: stdout): 기본적으로 설정되어 있는 출력 장치. 일반적으로 모니터이다.

특수 문자: 줄 바꿈, Tab 등의 문자는 키보드로 입력하기 어렵기 때문에 특수하게 표시해야 한다.

printf 함수의 파라미터에는 큰 따옴표 안에 포맷 스트링(format string)을 적어주면 된다. 포맷 스트링에는 포맷 문자와 이스케이프 시퀀스를 사용할 수 있다.

- 포맷 스트링: 예) " Hello, World\n" 또는 "Sum is %d"
- 포맷 문자: 예) %d
- 이스케이프 시퀀스: 예) \n

포맷 스트링, 포맷 문자, 이스케이프 시퀀스, 이렇게 3가지의 용어가 나오는데 이들의 구분을 확실히 하자.

아래에서 printf( ) 함수에서 포맷 스트링, 포맷 문자, 이스케이프 시퀀스 등을 사용하는 예를 살펴보자.

```
#include <stdio.h>
// This is a comment.
/* if you need to explain many items
you can use this comment style. */

int main(){
    printf("정수형 숫자 출력은 %d\n", -10);
    printf("실수형 숫자 출력은 %f\n", 3.14);
        return 0;
}
```

주석(comment)이다. //은 줄(line) 단위 주석 표시 /* */은 영역 단위 주석 표시

%d: 뒤따르는 -10이라는 정수값을 이 위치에 출력하라는 의미의 포맷 문자. d는 decimal로써 10진수 정수라는 의미.

\n: 줄 바꿈을 의미하는 이스케이프 시퀀스

%f: 뒤따르는 3.14를 여기에 출력하라는 의미의 포맷 문자. f는 float로써 실수라는 의미.

```
정수형 숫자 출력은 -10
실수형 숫자 출력은 3.140000
```

3.14 뒤에 0이 몇 개 자동으로 출력되었다. 실수를 출력하면 기본적(default)으로 정해진 소수점 이하 자릿수를 채워서 출력한다.

아래의 프로그램에서 변수 선언 부분, 명령어 부분, return 문장 사이에 빈 줄을 한줄씩 띄움으로써 코드를 쉽게 읽을 수 있도록 하였다.

이제 조금 더 복잡한 출력 프로그램을 만들어 보자. 아래는 두 숫자의 합을 출력하는 프로그램이다.

```
#include <stdio.h>

int main() {
   int sum, small, large;

   small = 0;
   large = 300;
   sum = small + large;
   printf("%d + %d = %d \n", small, large, sum);

   return 0;
}
```

int형, 즉 정수형 변수를 선언한다. 여러개의 정수형 변수를 한꺼번에 선언하려면, 각 변수를 콤마로 구분하면 된다.

+ 기호는 덧셈 연산자, = 기호는 대입 연산자(assignment operator)이다. 이 문장은 두 수를 더한 결과를 sum에 대입하라는 문장이다.

이 예제는 정수형 변수 3개를 포맷 스트링 내의 적절한 위치에 정수값으로 출력한다.

```
0 + 300 = 300
```

이스케이프 시퀀스(escape sequence)는 아래와 같이 사용할 수도 있다. 아래는 이스케이프 시퀀스 중에서 '줄 바꿈 문자'인 '\n' 문자를 포맷 스트링의 중간 중간에 사용함으로써 원하는 곳에서 줄을 바꾸는 효과를 보였다.

```
#include <stdio.h>

int main(){
        printf("이렇게 \n복잡하게\n\n 숫자 %d을 출력할 수도 있어요\n", 10);
        return 0;
}
```

```
이렇게
복잡하게

숫자 10을 출력할 수도 있어요
```

이스케이프 시퀀스는 종류가 다양한데, 기본적으로는 백 슬래쉬('\') 뒤에 출력할 문자의 의미를 나타내는 문자를 적는 방식이다. 즉, 이스케이프 시퀀스는 포맷 스트링 안에서 특수한 용도로 예외적인 문자를 표현하는 방법인 셈이다.

Escape sequence라고 하는 이유는, \ 다음에 오는 문자의 원래의 의미에서 탈출해서 다른 의미로 사용한다는 뜻이다. 즉, \n은 n이라는 문자를 출력하지 않고 줄 바꿈 문자를 출력하게 한다.

Escape Sequence	의미
\n	개행(줄바꿈)
\"	" 출력
\'	' 출력
\\	백 슬래쉬 출력
\t	수평 탭
\a	경고음
\?	물음표 출력

예를 들어서 큰 따옴표를 출력하려고 할때는 어떻게 하면 될까?

\ 뒤에 "를 붙여서 아래와 같이 하면된다.

예) printf(" \" "); 아래와 같이 사용하면 안된다. 어떤 따옴표가 닫는 따옴표인지 애매하기 때문이다.

printf(" " ");

이외에 %u, %e, %g, %i 등 몇 개의 포맷 문자가 더 있다. 여기서는 자주 사용하는 것만을 자세히 설명한다.

위에서 설명한 printf( ) 함수에서 주로 사용되는 포맷 문자(format letter)에 대해 몇 가지만 더 알아두자. 아래의 의미를 잘 이해하고 용도에 맞게 사용해야 한다.

포맷 문자(format specifier)	의미
%d	10진수(decimal) 정수 출력
%o	8진수(octal) 정수 출력
%x	16진수(hexadecimal) 정수 출력(a, b, c, d, e, f 소문자로 출력)
%X	16진수(hexadecimal) 정수 출력(A, B, C, D, E, F 대문자로 출력)
%f	실수 출력. float의 약자로 실수 출력
%e 또는 %E	실수를 지수와 가수의 곱의 표현으로 출력. exponential (지수 승)의 약자
%c	문자 출력. character의 약자로 문자 1 글자 출력
%s	문자열 출력. string의 약자로 문자열 출력
%p	주소 출력

문자(character)란 영어 대·소문자와 특수 문자(~!@# 등) 등을 의미하는데, C 언어에서는 작은 따옴표로 문자를 표시한다.

예) 'a ', '1', '*' 같은 것들이 문자이다.

문자열은 큰 따옴표로 표현한다.

예) "Hello World", "message", "a", "1"와 같은 것들이 문자열이다.

'a'는 문자, "a"는 문자열

변수는 기억 장소의 주소라서 변수의 주소를 출력할 때 사용할 수 있다. 포인터 변수를 설명할 때 자세하게 설명한다.

이러한 포맷 문자를 이용해서 "% 기호와 문자 사이"에 자릿수와 관련된 포맷 지정을 하면 출력 결과를 다양하게 배치(alignment)할 수 있는데, 아래의 프로그램들로 실습해보자. 아래의 출력 결과를 바탕으로 각 포맷들의 의미를 유추해보자.

```c
#include<stdio.h>
int main()
{
        printf("%d\n", 25);
        printf("%5d\n", 25);
        printf("%05d\n", 25);

        printf("%4.2f\n", 3.141592);
        printf("%5.2f\n", 3.141592);
        printf("%05.2f\n", 3.141592);
        printf("%7.5f\n", 3.141592);

        printf("%c\n", 'A');
        printf("%s\n", "A");
        printf("%d\n", 'A');

        printf("%s\n", "문자열입니다");
        printf("25 + 25 = %d\n", 25 + 25);
        printf("%f\n", 3.1415 + 10.21);

        return 0;
}
```

```
25
   25
00025

3.14
 3.14
03.14
3.14159

A
A
65

문자열입니다
25 + 25 = 50
13.351500
```

- %5d: 정수를 총 5자리로 표현하라. 앞 부분의 빈 자리는 공백으로 메워진다.
- %05d: 정수를 총 5자리로 표현하라. 앞부분의 빈 자리는 0으로 채운다.
- %4.2f: 실수를 총 4자리의 문자로 표현하는데, 소수점 뒤에 2자리를 출력한다. 이 경우에 출력되는 소수점도 문자에 해당한다(소수점도 자릿수에 계산한다). 자릿수가 모자라면 소수점 뒷부분은 출력되지 않는다.
- %05.2f: 실수를 총 5자리, 소수점 뒤 2자리로 출력하며, 앞 부분에 빈자리는 0으로 메운다.
- %c: 문자 출력
- %s: 문자열 출력. "A"는 하나의 문자이기는 하지만 큰 따옴표 " "로 묶었기 때문에 문자열이다.
- printf("%d\n", 'A');: 문자 'A'를 %d로 출력하면 해당 문자의 ASCII 코드 값이 출력된다. 문자도 내부적으로는 숫자로 표현된다. ASCII 코드 값에 대한 자세한 이야기는 나중에. 일단은 문자도 내부적으로는 숫자로 표현된다고 알아두자.
- printf("25 + 25 = %d\n", 25 + 25);: printf( ) 함수의 파라미터에서도 연산을 수행할 수 있다. 최종 연산 결과가 출력된다.

아래와 같이 숫자들을 자릿수를 지정하지 않고 출력하면, 왼쪽 정렬로 출력된다.

```
#include <stdio.h>

int main() {
        printf("%d\n", 25);
        printf("%d\n", 125);
        printf("%d\n", 4323);
        printf("%d\n", 7);
        printf("%f\n", 3.141592);
        printf("%f\n", 123.456);
        printf("%f\n", 3.123456);
        printf("%f\n", 13.1);

        return 0;
}
```

```
25
125
4323
7
3.141592
123.456000
3.123456
13.100000
```

여러 데이터를 출력할 때는 출력 데이터의 정렬 형태가 중요하다.

연속된 숫자 출력을 오른쪽 정렬로 해보자. 출력되는 숫자들의 최대 자릿수를 동일하게 하면 오른쪽으로 정렬된 결과를 얻을 수 있다. 숫자를 오른쪽 정렬해서 출력하면 숫자들의 대·소 관계를 쉽게 확인할 수 있는 장점이 있다.

```
#include <stdio.h>

int main() {
        printf("%5d\n", 25);
        printf("%5d\n", 125);
        printf("%5d\n", 4323);
        printf("%5d\n", 7);

        printf("%9.4f\n", 3.141592);
        printf("%9.4f\n", 123.456);
        printf("%9.4f\n", 3.123456);
        printf("%9.4f\n", 13.1);

        return 0;
}
```

```
   25
  125
 4323
    7

   3.1416
 123.4560
   3.1235
  13.1000
```

정해진 자릿수로 잘리면서 반올림됨

이제 문자를 출력해보자. 문자를 %c로 출력하면 문자 모양으로 출력되고, %d로 출력하면 해당하는 문자가 숫자로 출력된다. 이때 출력되는 숫자 값을 해당하는 문자의 "ASCII 코드 값"이라고 한다. ASCII 코드 값은 문자를 내부적으로 숫자값으로 표현하는 방식이다.

자세한 설명은 5장에서 하자.

```
#include <stdio.h>

int main() {
	printf("%c %c %c %c\n", 'A', 'B', 'a', 'b');
	printf("%d %d %d %d\n", 'A', 'B', 'a', 'b');
	return 0;
}
```

```
A B a b
65 66 97 98
```

문자 'A' 의 ASCII 코드 값: 65

문자 'B'의 ASCII 코드 값: 66

코딩 스타일 조언 #3: 줄을 구분하라

단락을 구분하라. 변수 또는 함수 선언(declaration) 부분과 실행문(명령문) 부분을 문단으로 구분하고, 그 사이에 빈 줄을 띄어라. 이와 같이 관련 있는 부분들 사이에 빈 줄을 적절하게 삽입하면 프로그램이 읽기 쉬워진다. 아래의 예에서는 변수 선언 부분과 함수의 바디, 그리고 return 문 사이에 빈 줄로 띄어서 구분하였다. 함수의 바디 내부에서도 관련있는 부분들끼리 나누면 읽기 쉬워진다.

글을 쓸때도 문단으로 나누어서 쓰면, 하나의 문단의 중심 아이디어를 찾기 쉬워지는 것과 같은 이치이다.

```
#include <stdio.h>

int main() {
        int no;

        no = 3;
        printf("%d", no);

        return 0;
}
```

변수를 선언할 때는 가급적 관련있는 변수들을 같은 줄에 선언하라. 아래와 같이 입력 변수와 출력 변수를 줄을 나누어서 선언하라.

```
#include <stdio.h>

int main() {
        int in1, in2;
        int out1, out2;

        return 0;
}
```

실전 연습 문제 #1(변수, printf)

1. http://www.ideone.com 웹 컴파일러 상에서 printf( ) 함수를 이용하여 2줄 이상의 문장을 출력하시오.

2. printf( ) 함수를 잘 이용하여 자신의 소개를 출력하시오. 최소 5줄 이상을 출력하시오. Escape sequence 문자를 잘 활용하세요. 인터넷을 찾아보면 여러 Escape sequence들을 찾아볼 수 있을 겁니다. 예를 들면 \r \n \t \' \" \\ \a 등이 있으니 골고루 사용해보세요. 각 문자들의 의미도 알아야 합니다. 주석(// 또는 /* */)도 적절하게 기입하기 바랍니다.

3. 여러 개의 정수와 실수들을 왼쪽 정렬 또는 오른쪽 정렬로 출력해보자. 정수 또는 실수들을 다양한 자리수의 숫자들을 출력 대상으로 해보자.

4. 다양한 포맷 문자를 사용하여 정수를 10진수, 8진수, 16진수로 출력해보자.

5. 여러 개의 정수(int)형 변수를 선언하고, 각 변수에 다양한 값을 대입(assignment)하거나 연산(+, –, *, /)을 수행한 결과를 printf( ) 함수를 이용해서 출력하시오.

6. [중요] 프로그램을 컴파일하면서 발생하는 다양한 에러를 만들어보세요. 즉, 일부러 코드를 틀리게 입력해서 에러를 발생시켜 보세요. 발생하는 에러 메시지를 잘 보고, 어떤 경우에 어떤 에러 메시지가 출력되는지 확인하세요. 이후에 실제 프로그래밍 단계에서 많은 도움이 될 겁니다.

7. 문자 'A' ~ 'Z', 문자 'a'~'z' 사이의 문자들의 ASCII 값을 printf( ) 함수를 이용해서 출력해서 비교해보자. 이를 통해서 대문자와 소문자의 값의 차이의 규칙성을 알아보자.

8. 수학의 함수, 예를 들면 $y = 2x^2 + 3x + 1 = 0$을 이용하여 [–10..10] 사이의 특정 x 값에 대한 y 값을 출력하시오. 즉, x가 10일 때의 y 값을 계산해서 출력해 보시오.

시도 #2: 숫자를 '입력'받는 프로그램

이제 질문자로부터 숫자를 입력받자. 아래의 방법은 질문자로부터 질문을 한번만 받을 수 있다. 아래의 프로그램을 http://ideone.com 사이트에서 실행해보자.

```
#include <stdio.h>

int main() {
        int opponent = 72;
        int guess;

        printf("Guess what between 1 to 100 ?\n");
        scanf("%d", &guess);
        printf("Your guess is %d\n", guess);

        return 0;
}
```

```
Guess what between 1 to 100 ?
```

변수 선언과 동시에 초기화(initialization) 수행.

사용자로부터 입력받을 숫자를 저장할 변수 선언.

입력 함수 scanf( ): scanf는 printf의 반대 기능, 즉 입력 기능을 수행한다. 값을 입력 받기 위해서는 변수 앞에 & 기호를 붙여야한다. C에서 &(앰퍼선드) 기호는 주소(address)를 의미하며, & 연산자를 "주소 구하기 연산자(address-of operator)"라고 부른다.

scanf( ) 함수에 의해서 숫자를 입력할 때는 숫자를 입력하고 Enter 키를 입력하면 된다.

```
// 이 프로그램은 숫자를 입력 받고 출력하는 프로그램입니다.

#include <stdio.h>

int main() {
    int opponent = 72;
    int guess;

    printf("Guess what between 1 to 100 ? \n");
    scanf("%d", &guess);
    printf("Your guess is %d\n", guess);

    return 0;
}

```

input　Output

55

웹 컴파일러마다 입력을 위한 환경이 조금씩 다른데, ideone.com 사이트는 scanf( ) 함수를 이용해서 입력받을 때는, 입력 값을 미리 아래와 같이 "Input 탭"에 적어둔 상태에서 프로그램을 '실행'해야 한다.

꼭!!! 기억하자. 웹 컴파일러에서는 입력 값을 미리 적어두어야한다.

C 언어: scanf( ) 입력 함수

> The C library function **int scanf(const char *format, ...)** reads formatted input from stdin.

출력 함수인 printf( ) 함수의 반대 기능, 즉 입력 기능을 수행하는 scanf( ) 함수를 살펴보고 넘어가자. scanf( )는 표준 입력 장치로부터 데이터를 입력받을 때 사용하는 함수이다.

일반적으로 표준 입력 장치(standard input: stdin)는 키보드다.

아래의 프로그램은 두 수를 입력받고 합을 출력하는 프로그램인데, 이 경우에도 웹 컴파일러를 이용하는 경우에는 숫자 2개를 미리 "input 탭"에 입력해두고 실행해야 한다. 숫자들은 빈 칸(또는 Tab 키)으로 구분하거나 Enter Key로 구분하면 된다.

예) 23 14 또는 23 Enter Key 14

```
#include <stdio.h>

int main() {
    int sum, small, large;

    scanf( "%d", &small);
    scanf( "%d", &large);

    sum = small + large;

    printf("%d + %d = %d\n", small, large, sum);

    return 0;
}
```

입력

```
10
20
```

출력

```
10 + 20 = 30
```

scanf( ) 함수로 사용자로부터 2개의 정수를 입력받는다.

아래와 같이 한꺼번에 2개의 숫자를 입력받을 수도 있다.

scanf("%d%d", &small, &large);

scanf( ) 함수에서도 printf( ) 함수에서 사용하는 포맷 문자를 유사하게 사용하면 된다.

scanf( ) 함수를 이용해서 여러 개의 값을 입력받을 수도 있다. 그런데 아래 2개의 scanf( ) 함수는 동작이 조금 다르다. scanf( ) 함수의 포맷 스트링에 있는 문자들이 변수들의 구분자(sentinel)가 된다.

이렇게 포맷 스트링을 정의하면 입력할 때 숫자 사이에 콤마를 입력해야 한다.

빈 칸으로 숫자를 구분해야 한다.

	입력 형식
`int a, b;`	
`scanf("%d,%d", &a, &b);`	10,20
`scanf("%d %d", &a, &b);`	10 20
`scanf("%d%d", &a, &b);`	10 20

빈 칸으로 숫자를 구분해야 한다.

실전 연습 문제 #2(scanf)

1. 사용자로부터 하나의 정수를 입력받아서 그 숫자를 다시 화면에 출력하는 프로그램.

2. 사용자로부터 하나의 정수를 입력받아서 그 숫자에 10을 곱한 값을 화면에 출력하는 프로그램.

3. 2개의 정수를 입력받아서 아래와 같이 두 수의 합, 차, 곱, 몫을 출력하는 프로그램.

   A. printf( ) 함수로 "2개의 숫자를 입력하세요"라고 출력하고, scanf( ) 함수로 입력 받으시오.

   B. 합, 차, 곱, 몫을 저장할 변수를 선언하고, 각 연산 결과를 해당하는 변수에 저장하시오. C 언어에서 1/3(1 나누기 3)은 0이 된다. 왜냐하면 정수형 변수의 연산 결과는 정수이기 때문에 1/3이 0.3333이 될텐데, 정수로 변환하면 소수 부분(소수점 뒷부분)은 잘려서 없어져 버리기 때문이다. 일단은 나눗셈의 몫만 생각하자.

   C. 아래의 예와 같은 형식으로 출력하시오.

   예)

   2개의 정수를 입력하세요.

   입력하신 숫자는 5와 3입니다.

```
Sum = 8
Difference = 2
Multiplication = 15
Division = 1
```

합, 차, 곱, 몫을 위한 연산자는 순서대로 +, −, *, / 이다.

10/3은 3이다. 정수의 나눗셈 결과는 정수를 반환하기 때문이다.

반면, 실수끼리의 나눗셈 10.0/3.0은 3.333333이 된다.

4. scanf( ) 함수로 입력받은 숫자 하나를 원의 반지름으로 생각하고, 원의 면적과 원주(원 둘레)를 출력하시오. 파이(π) 값은 3.14로 하세요. 반지름을 r이라고 했을 때 원의 면적은 πr^2, 원의 둘레는 $2\pi r$이다.

예)

```
Enter the radius 5.0
Area = 78.539749
Peri = 31.415899
```

5. scanf( )를 통해서 입력받은 두 개의 숫자를 직사각형의 가로, 세로 길이라고 생각하고, 직사각형의 둘레와 면적을 출력하시오.

입력받을 5개의 값을 위해서 정수형 변수를 5개 사용해서 문제를 해결할 수 있습니다.

그리고 숫자 입력을 위한 변수를 1개만 사용해서도 문제를 해결하는 방법도 있을 수 있습니다. 원하는 방법으로 해결하세요.

6. [심화] 5개의 정수를 scanf( )로 입력받아서 이 숫자들의 합을 출력하시오. scanf( ) 함수를 이용해서 '숫자를 연속해서 여러 개를 입력'할 때는 숫자 하나를 입력하고 Enter 키를 입력하거나, 숫자를 빈 칸(또는 탭 키)등을 이용해서 구분해야 한다.

예)

5개의 숫자를 입력하세요.

```
1
2
4
5
10
```

입력하신 숫자의 합은 22입니다.

7. [심화] 위의 코드를 수정해서 입력한 숫자들의 평균도 함께 출력하시오.

시도 #3: 1번만 질문을 비교할 수 있는 프로그램

이제 사용자로부터 질문을 받을 수 있다. 다음 구현 단계로 입력받은 숫자가 정답인지 아닌지를 비교하는 부분을 추가해보자.

```
#include <stdio.h>

int main() {
        int opponent = 72;
        int guess;

        printf("Guess what between 1 to 100 ? \n");
        scanf("%d", &guess);

        if (guess == opponent) {
                printf("Your guess %d is Correct!\n", guess);
        }
        else{
                printf("Your guess %d is Incorrect!\n", guess);
        }

        return 0;
}
```

```
Guess what between 1 to 100 ?
예) 입력값이 55인 경우
Your guess 55 is Incorrect!
```

조건 비교를 위한 if ( ) 문이다. "if ( ) 문"의 문법적인 자세한 설명은 다음 페이지에 설명한다.

if 문의 괄호 안의 ==는 두 값이 같은 지를 비교하는 연산자(관계 연산자)이다. C 언어에서 =는 대입 연산자이고 ==는 관계 연산자이다. 초보자에게는 이 두 연산자가 무척 헷갈린다. 주의하자. 이 예제는 두 값이 동일하면 '정답', 다르면 '오답'을 출력한다.

if ( ) 문을 어떻게 사용하는지, 위의 예에서 괄호와 중괄호를 쓰는 위치를 잘 보자. if 문의 괄호 ( ) 안에 조건을 쓰고, 조건을 만족하는 경우와 만족하지 않는 경우에 할 일을 중괄호 부분에 나누어서 기입한다. 자세한 설명은 아래 설명을 보자.

C 언어: 제어문(조건문)

대부분의 프로그램은 값의 비교를 통해서 작업의 수행을 분할하는 일을 수행한다. 이때 조건문이 사용된다.

예를 들면, 입력된 값이 양수인지 음수인지 비교해서, 비교 결과에 따라서 일을 나눌 필요가 있을 때 조건문을 사용할 수 있다.

C에는 크게 2가지의 조건문이 있다. 각각을 세분화해서 설명해보자.

- if 문
- switch 문

■ 조건문: if

> An **if statement** consists of a boolean expression followed by one or more statements.

참 또는 거짓으로 판단할 수 있는 식

아래에서 C 언어의 if 문의 형식을 기억하자. 아래의 순서도에서 'test'는 참 또는 거짓으로 판정할 수 있는 값이나 식(boolean expression)을 의미하고, if-body는 조건이 만족하는 경우 실행될 명령어들을 의미한다.

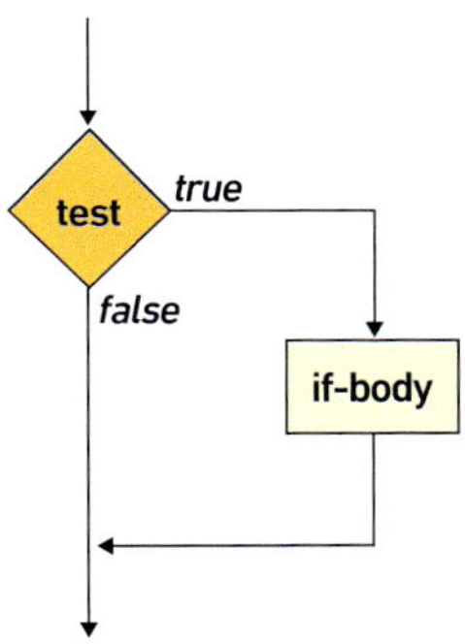


```
if ( test ) {
        if-body;
}

next statement;
```

[if 문의 실행 구조]

다음은 2개의 정수형 변수를 만들고, 이 두 변수의 값이 같은 지 비교하는 프로그램이다. 이를 실행시키면 어떻게 될까?

```
int a = 1;
int b = 2;

if( a==b ){
   printf("same");
}
```

```
int a = 1;
int b = 2;

if( a==b )
   printf("same");
```

위의 예제에서는, a와 b는 값이 다르기 때문에 아무것도 출력되지 않는데, 앞의 좌·우 프로그램은 동일한 의미이다. if 문의 바디가 하나의 문장(statement)일 경우에는 중괄호로 묶을 필요가 없기 때문이다. 그렇지만 하나의 문장인 경우에도 중괄호를 사용하는 것이 향후에 if 문의 바디에 문장이 추가되는 경우를 생각하면 더 안전하다.

C 언어에서 중괄호 { }의 역할은 다양하다.

- 지금의 경우처럼 중괄호로 묶인 문장들을 하나의 문장으로 병합하는 효과가 있다.
- 함수의 시작과 끝: main( ) 함수의 모양을 생각해보자.
- 블록(block)의 시작과 끝: 중 괄호로 묶인 부분은 하나의 블록이다. 이 내용은 변수의 범위(scope) 부분에서 나중에 자세하게 설명한다.

그러나, 아래의 1번째 프로그램과 2번째 프로그램은 다른 것이다. C 언어에서 중괄호 { }는 묶여진 여러 개의 명령어(statement)를 하나의 명령어(블록)로 묶어주는 역할을 한다. 따라서 2번과 3번이 동일한 프로그램인 셈이다.

1	2	3

`int a = 1;`
`int b = 2;`
 	
`if( a==b ){`
`    printf("same");`
`    a=a+1`
`}`
	`int a = 1;`
	`int b = 2;`
	
	`if( a==b )`
	`   printf("same");`
	`   a=a+1;`
		`int a = 1;`
		`int b = 2;`
		
		`if( a==b ) {`
		`   printf("same");`
		`}`
		`a=a+1;`

'test' 부분은 참 또는 거짓을 의미하는 식(변수, 상수, 연산식 등 모두 포함)이 올 수 있다. C 언어에서는 숫자 0이면 false, 그 외의 값은 true로 판단한다. 즉, 0은 거짓, 나머지는 참으로 조건을 판단한다. 아래의 예에서 감을 익히자.

0은 false로 간주한다. 따라서 이 문장은 아무것도 출력되지 않는다.

대문자와 소문자는 다르다.

```
#include <stdio.h>

int main(   ) {
       if ( 0 ) printf("0\n");
       if ( 'a'=='A' ) printf("a==A\n");
       if ( 2 > 4 ) printf("2>4\n");

       if ( 'a'=='a' ) printf("a==a\n");
       if ( 2 <= 2 ) printf("2<=2\n");
```

```
a==a
2<=2
```

```
    if ( 1 ) printf("1\n");                    1
    if ( -1 ) printf("-1\n");                  -1
    if ( 'a' ) printf("a\n");                  a
    if ( "string" ) printf("string\n");        string
    return 0;
}
```

C 언어에서는 true/false를 값으로 가지는 부울(boolean) 자료형이 없다. 따라서 아래와 같이 쓸 수 없다.

그러나, 요즘 대부분의 언어는 boolean 자료형의 표현이 가능하다.

```
if ( true ) printf("true\n");
```

아래의 코드의 좌·우는 동일한 의미이다. 저자는 더 명확한 표현을 위해서 좌측과 같은 방식을 선호한다.

```
int x;                                  int x;

x = 10;                                 x = 10;

if ( x != 0) printf("true");            if ( x ) printf("true");
if ( x == 0) printf("false");           if ( !x ) printf("false");
```

!= 연산자는 '다른지(different)'를 체크하는 연산자이다.

!는 not 연산자이다. 참과 거짓을 바꾸어준다.

조건을 적을 때 등호나 부등호를 여러 개 사용할 때는 다음과 같이 하면 된다. 아래는 변수 i가 0이상 10이하인 경우에 해당하는 숫자를 출력하는 부분이다.

```
if ( i>=0 && i<=10 ) printf("%d\n", i);
```

>=, <=, ==, <, > 등을 관계 연산자라고 한다. 값의 대소 비교와 동일성 여부를 체크하는 연산자로써, 참 또는 거짓을 반환한다. 이러한 기호의 모양이 수학에서 사용하는 모양과 조금 다르다.

&&는 논리 연산자의 일종이다. &&는 '논리곱 연산자'로써 좌우의 값이 모두 참일 경우에 참을 반환한다.

즉 이 경우는 i가 0 이상, 그리고 10 이하인 경우에 조건 전체가 참이 된다.

우리가 수학 시간에 사용하는 방식으로 아래와 같이 사용할 수는 없다. 위의 코드 처럼 관계 연산자인 &&나 ||을 사용해야 한다.

```
if ( 0<=i<=10 ) printf("%d\n", i);
```

주의하자. 이런 표기법은 허용되지 않는다.

■ 조건문: if··· else ···

```
An if statement can be followed by an optional else statement, which
executes when the Boolean expression is false.
```

if 문의 조건이 만족하는 경우와 만족하지 않는 경우, 이 2가지 경우 모두 실행할 명령어가 있는 경우는 if··· else 문을 사용할 수 있다.

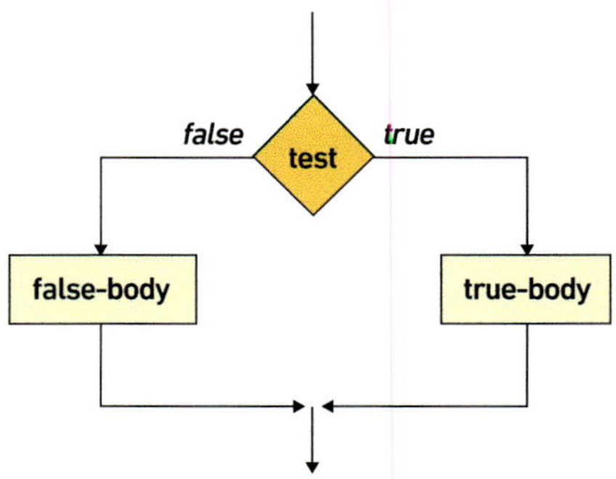


```
if ( test ) {
        true-body;
}
else {
        false-body;
}
next statement;
```

[if ··· else 문의 실행 구조]

if ··· else 문은 아래와 같이 사용할 수 있다. 아래는 두 변수의 값이 동일하면 same을, 다르면 different를 출력한다. if 문의 바디와 else 문의 바디의 중괄호 위치에 유의하자.

```
int a = 1;
int b = 2;

if( a==b ){
   printf("same");
}
else{
   printf("different");
}
```

```
different
```

■ 조건문: if… else if… else …

An **if** statement can be followed by an optional **else if...else statement**, which is very useful to test various conditions using single if...else if statement.

이제까지는 하나의 조건만을 체크하였다. 만약에 조건이 여러 개의 경우의 수가 있는 경우는 어떻게 해야할까?

예를 들면 입력된 2개의 숫자 중 하나가 '큰지, '작은지, '같은지'를 구분해야 하는 것처럼, 여러 개의 조건 비교가 필요하다면 어떻게 해야 할까?

이와 같이 다양한 조건을 순차적으로 검사할 필요가 있을 경우는 if ... else if .. else ... 문을 사용할 수 있다.

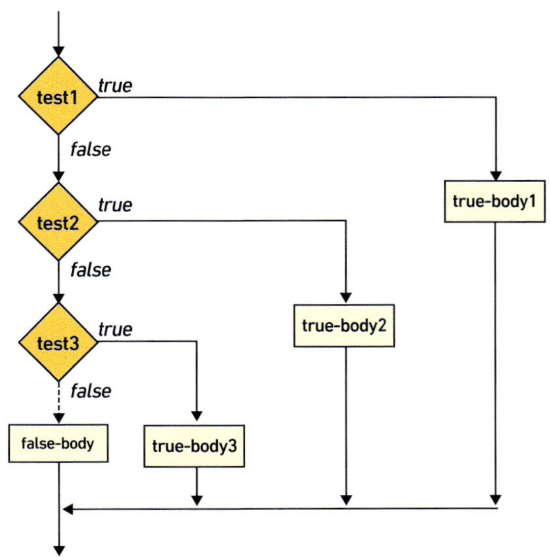


```
if ( test1 ) {
    true-body1;
}
else if ( test2 ) {
    true-body2;
}
else if ( test3 ){
    true-body3;
}
else {
    false-body;
}
next statement;
```

[if ... else if .. else ... 문의 실행 구조]

즉, 여러 다양한 경우에 다양한 일을 처리하고 싶다면, 아래와 같이 if 문 뒤에 else if 문을 사용하면 된다.

% 연산자는 나머지 연산자이다. 2로 나눈 나머지가 0이면 짝수라는 조건식.

```
int i = 10;

if ( i % 2 == 0 ) {
        printf("짝수입니다");
}
else if ( i % 2 == 1 ) {
        printf("홀수입니다.");
}
```

else 문과 else if 문은 다르다.

else 문은 상단의 if 문이 만족하지 않으면 무조건적으로 실행되고, else if 문은 다시 한번 조건을 검사하게 된다.

사실, 위의 코드는 아래와 동일한 결과를 보인다. 그렇지만 저자는 위와 같은 코드 스타일을 좋아한다. 모든 조건 비교가 명확하기 때문이다. 그러나 위의 코드는 비교 동작이 한번 더 있기 때문에 실행 시간이 조금은 더 걸릴 수 있다.

```
int i = 10;

if ( i % 2 == 0 ) {
        printf("짝수입니다");
}
else {
        printf("홀수입니다.");
}
```

3

또 다른 예를 보자. 마지막의 else 문은 윗 부분의 조건이 모두 만족하지 않는 경우에 실행되는 부분이다.

```
a = 10;
b = 20;

if( a > b ){
   printf("above");
}
else if ( a < b ) {
  printf("below");
}
else{
  printf("same");
}
```

```
below
```

아래의 예는 중요한 예제이다. 주의 깊게 보자. 아래의 코드는 논리상의 오류(logical error)가 있다. 입력으로 5를 입력하면, 3개의 조건문이 모두 '참'이 된다.

if 문을 사용할 때는 아래와 같이 논리적인 흐름을 잘 고민하자.

```
#include <stdio.h>

int main() {
       int input;

       scanf("%d", &input);

       if ( input<10 ) printf("10보다 작아요.\n");
       if ( input<20 ) printf("20보다 작아요.\n");
       if ( input<30 ) printf("30보다 작아요.\n");

       return 0;
}
```

```
입력:
5

출력:
10보다 작아요.
20보다 작아요.
30보다 작아요.
```

따라서 위의 프로그램은 아래와 같이 고쳐야 한다. 3개의 if 문의 조건을 더 명확히 적어주어야 한다는 말이다.

```
#include <stdio.h>

int main() {
	int input;

	scanf("%d", &input);

	if ( input<10 ) printf("10보다 작아요.\n");
	if ( input>=10 && input<20 ) printf("20보다 작아요.\n");
	if ( input>=20 && input<30 ) printf("30보다 작아요.\n");

	return 0;
}
```

```
입력:
5

출력:
10보다 작아요.
```

여러 개의 if 문과, if… else if 문의 차이점이다. 확실히 이해하자.

또는 아래와 같이 하나의 if… else if… 문으로 적는 방법도 있다. 저자는 아래 방법을 선호한다. 왜냐하면 위의 프로그램은 모든 경우에 대해서 3개의 if 문을 모두 검사하지만, 아래는 하나의 조건이 만족되는 경우 나머지 조건문은 검사하지 않기 때문에 속도면에서 더 효율적이다.

```
#include <stdio.h>

int main() {
	int input;

	scanf("%d", &input);

	if ( input<10 ) printf("10보다 작아요.");
	else if ( input<20 ) printf("20보다 작아요.");
	else if ( input<30 ) printf("30보다 작아요.");

	return 0;
}
```

```
입력:
5

출력:
10보다 작아요.
```

■ 조건문: 중첩(이중) if 문(nested if)

It is always legal in C programming to **nest** if-else statements, which means you can use one if or else if statement inside another if or else if statement.

아래와 같이 if 문 안에 또 다른 if 문을 쓸 수 있다. 이를 '중첩 if 문(nested if statement)'이라고 한다.

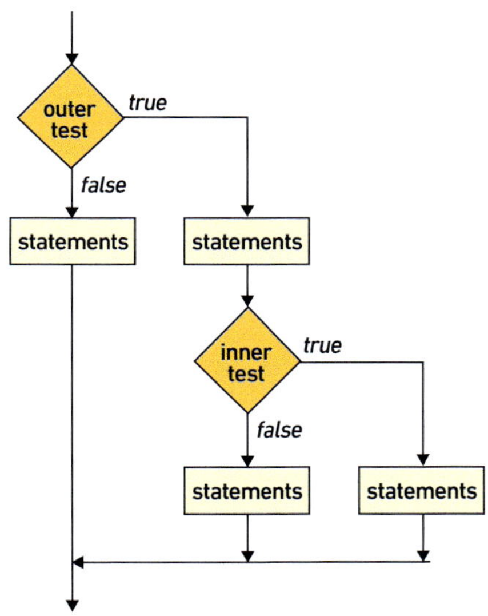


```
if ( outer-test ) {
    statements;
    if ( inner-test ) {
        statements;
    }
    else {
        statements;
    }
}
else {
     statement;
}

next statement;
```

이 부분이 중첩 if 문이다.

[중첩 if 문의 실행 구조]

중첩 if 문의 예를 살펴보자. 중첩 if 문을 사용할 때는 중괄호에 더욱 신경을 써야 한다.

중첩 if 문에서 중괄호의 유무 여부는 아주 중요하다. 아래의 코드를 잘 보자.

```
if ( num < 0 ) {
    printf("음수입니다\n");
}
else {
    if ( num <= 10 ){
        printf("0 이상 10 이하의 숫자입니다\n");
    }
    else {
        printf("10 초과 숫자입니다\n");
    }
}
```

위에서 예제로 설명한 if 문의 사용법을 모두 정리해서 한꺼번에 살펴보자.

if 문의 구조

조건 하나가 만족하는지 여부를 검사	`if (condition)` `    expression1;`

조건을 만족하는 경우와 만족하지 않는 경우를 구분하는 경우	`if (condition)`
	`    expression1;`
	`else`
	`    expression2;`

여러 가지 경우를 각각 검사하는 경우. 마지막의 else 문은 위의 모든 조건이 만족하지 않는 경우를 의미	`if (condition)`
	`    expression1;`
	`else if (condition)`
	`    expression2;`
	`[else if (condition) expressionN ...]`
	`else`
	`    expressionN+1;`

if 문, if … else 문, if … else if ... else ... 문 등 여러 번 나누어서 설명했지만, 사실은 모두 비슷비슷한 구조이다. 각 문장의 구조를 명확하게 알고 적절하게 사용하면 된다.

조건문: switch

A **switch** statement allows a variable to be tested for equality against a list of values. Each value is called a case, and the variable being switched on is checked for each **switch case.**

마지막 남은 조건문인 switch 문은 조건을 많이 나열해야 하는 경우에 주로 사용한다.

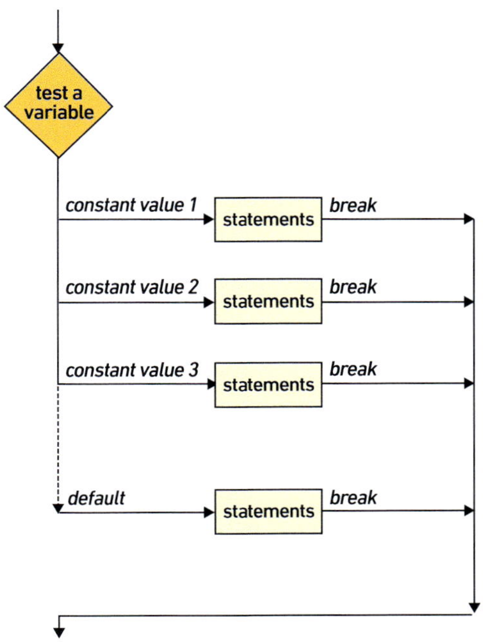


```
switch( 정수값 ) {
      case 상수값-1:
            statement;
            break;
      case 상수값-2:
            statement;
            break;
      case 상수값-3:
            statement;
            break;
      default:
            statement;
}
```

다양한 값이 올 수 있다. 그렇지만 원칙은 정수값이어야 한다.

[switch 문의 실행 구조]

다음의 예를 보자. 비교할 조건이 많은 경우는 if… else if … 문보다 switch 문이 더 읽기 쉽다.

```
#include <stdio.h>

int main() {
  int input;
  scanf( "%d", &input);

  switch( input % 2 ) {
        case 0:
              printf("짝수입니다");
              break;
        case 1:
              printf("홀수입니다");
              break;
        default:
              printf("default");
  }
  return 0;
}
```

switch 문에는 괄호에는 조건이 아니라 특정한 정수형 '값'이 와야 한다. 즉, 괄호 안의 값에 따라서 case 문이 선택적으로 실행된다. 여기서는 input % 2, 즉 "2로 나눈 나머지 값"을 사용한다.

break: switch 문이나 반복문을 탈출하는 문장으로써 여기서는 해당하는 case 문을 탈출한다.

default: 위에서 제시한 경우 이외의 경우는 모두 default 부분을 실행. 경우에 따라서는 default 문은 없어도 무방하다.

switch 문에서 break를 잊고 사용하지 않아서 오류가 발생하는 경우가 상당히 많다.

break 문의 의미를 이해하기 위해서, 아래와 같이 각 case 문에 break를 없애보자. 그러면 짝수를 입력하는 경우에 case 0, case 1, default 부분이 모두 실행된다. 그 이유는 아래의 예에서는 해당하는 case 문의 바디를 실행한 후, break하지 않기 때문에, 다음 case 문의 바디도 실행하기 때문이다.

```
#include <stdio.h>

int main() {
  int input;
  scanf( "%d", &input);

  switch( input % 2 ) {
        case 0:
              printf("짝수입니다");
        case 1:
              printf("홀수입니다");
        default:
              printf("default");
  }
  return 0;
}
```

```
입력:
2

출력:
짝수입니다
홀수입니다
default
```

break 문의 의미를 이해한다면, 아래와 같이 여러 줄에 존재하는 case 레이블을 한꺼번에 묶어서 사용해도 된다는 점을 알수 있을 것이다. 아래의 코드는 2, 3, 5, 7이 소수(prime number)임을 판별한다.

```
case 2:
case 3:
case 5:
case 7: printf("1 이상 10 미만의 소수입니다\n);
        break;
```

즉, 이 경우는 값이 2, 3, 5, 7인 경우 모두 동일하게 수행된다.

실전 연습 문제 #3(if and if … else)

1. 1개의 숫자를 입력 받아서 그 절대값을 출력하시오. 양수이면 그대로 출력, 음수이면 이를 양수로 바꿔서 출력하면 됩니다.

2. 2개의 숫자를 입력받아서 큰 수를 출력하시오.

대문자는 A~Z가 ASCII 코드값이 65~90, 소문자는 a~z가 ASCII 코드값이 97~122이다.

3. 1개의 문자를 입력받아서 대문자인지 소문자인지를 출력하시오. 문자의 ASCII 값에서 아이디어를 얻으세요.

4. 1개의 문자를 입력받아서 모음(vowel)인지 아닌지를 출력하시오.

5. 전기 요금이 다음과 같이 계산된다고 가정할 때(사용량에 따른 누진 요금 체계). if 문을 사용하여 입력받은 전기 사용량에 따른 요금을 출력하시오.

   예를 들어, 사용량이 300인 경우는 100 × 30 + 100 × 100 + 100 × 200이 된다. 전기 사용량을 scanf( ) 함수를 이용해서 입력받고, 출력 메시지는 "사용한 **kWh 용량의 전기 요금은 **입니다" 형식으로 출력하시오.

전기 사용 요금 (원/kWh)	
100 kWh 이하	30
101~200 kWh	100
201~300 kWh	200
301 kWh 초과 사용	300

6. switch 문을 사용하여 여러 가지의 식당 메뉴의 가격을 출력하는 프로그램을 작성하시오.

시도 #4: 정답까지 여러 번 질문할 수 있는 프로그램: goto 문

```
A goto statement in C programming provides an unconditional jump from
the 'goto' to a labeled statement in the same function.
```

이제 정답을 맞힐 때까지 계속 질문할 수 있도록 고쳐보자. 이제 완전한 '스무 고개' 프로그램이다. 아래와 같이 goto 문을 사용할 수 있다.

아래의 프로그램을 보면 if 문에서 정답일 경우에는 정답임을 출력한 후, return 문을 실행해서 프로그램이 종료하고, 오답이면 오답임을 출력하고 goto start;에 의해서 start 레이블에서 다시 시작한다.

```
#include <stdio.h>

int main(  ) {
        int opponent = 72;
        int guess;

start:
        printf("Guess what between 1 to 100 ? \n");
        scanf("%d", &guess);

        if (guess==opponent) {
                printf("Your guess %d is Correct!\n", guess);
        }
        else{
                printf("Your guess %d is Incorrect!\n", guess);
                goto start;
        }

        return 0;
}
```

goto 문을 사용하기 위해서는 '목적지(타겟)'를 설정해야한다. 이를 위해서 레이블(label)을 사용한다. 레이블을 설정할때는 심볼(symbol) 뒤에 콜론(:)을 붙이면 된다.

start라는 레이블로 옮겨서 실행하라는 goto 문. 즉, 정답이 아닌 경우는 계속 새로운 입력을 받게 된다.

```
입력: 55  72
출력:
Guess what between 1 to 100 ?
Your guess 55 is Incorrect!
Guess what between 1 to 100 ?
Your guess 72 is Correct!
```

C 언어: goto 문

프로그램은 기본적으로는 위에서 아래로 순차적으로 명령어들이 실행된다. goto 문은 프로그램이 실행되는 순서를 바꾸는 기능이다.

goto 문의 형식은 아래와 같다. 목적지가 순방향이든 역방향이든 상관없이 해당하는 레이블로 실행 위치를 옮기는 것이다.

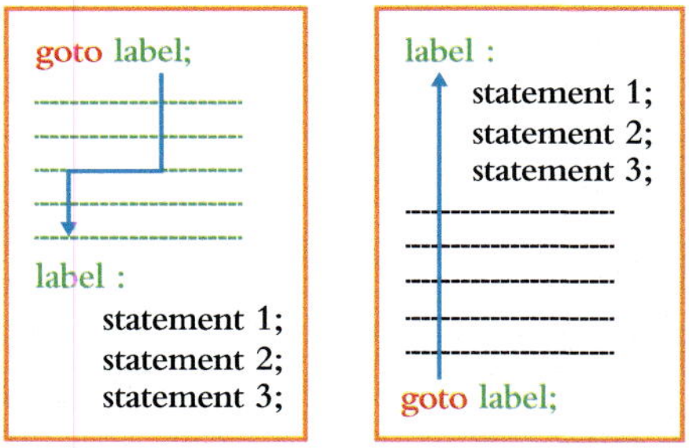

[goto 문의 실행 구조]

일반적으로 실제적인 프로그래밍에서는 가능하면 goto 문을 사용하지 않기를 권한다. 그 이유는 goto 문을 많이 사용하면 프로그램 수행의 전체적인 흐름이 복잡하게 엉킬수 있기 때문이다.

앞의 goto 문의 정의에서도 언급되었지만 goto 문은 동일한 함수 내에서만 점프가 가능하다. 아래와 같은 경우는 컴파일시 에러 메시지가 출력된다.

아래의 프로그램은 main( ) 함수 이외에 test( )라는 함수도 사용되고 있다. 함수에 대한 이야기는 이 교재의 중반부에 자세하게 설명하겠지만, 아래의 예제는 main( ) 함수에서 다른 함수로 goto 할 수 없다는 것을 보이는 예이다.

향후에 함수의 실행 과정을 이해하면 다른 함수로 goto 할 수 없는 이유를 자연스럽게 이해할 수 있을 것이다.

```
#include <stdio.h>

int test(){
      int i;

      i = 10;

here: printf("%d", i);

      return 0;
}

int main() {

      goto here;

      return 0;
}
```

이 예제는 main( ) 함수에서 test( )라는 다른 함수로 goto하라는 문장인데, goto 문은 자신의 함수 내부에서만 goto 할 수 있다.

```
prog.c:8:1: warning: label 'here' defined but not used [-Wunused-
label]
 here: printf("%d", i);
 ^
prog.c: In function 'main':
prog.c:15:3: error: label 'here' used but not defined
   goto here;
   ^
```

시도 #5: 정답까지 여러 번 질문할 수 있는 프로그램: 반복문

goto 문을 사용한 이전 프로그램을 잘 살펴보자. 정답을 맞히면 프로그램의 흐름이 어떻게 되나? 프로그램의 실행 순서가 한 눈에 보이는가? 프로그램의 규모가 커지면 논리적인 흐름이 복잡해 질 수 있는데, goto 문을 많이 사용하면 프로그램의 실행 순서가 더욱 복잡하게 얽히게 되곤 한다. 그래서 goto 문은 가급적 사용하지 말라는 것이 주된 의견이다.

goto 문은 가급적 사용하지 말자.

이제 goto 문을 사용하지 않고 동일한 기능을 구현해보자. 정답을 맞힐 때까지 계속 반복하면 되기 때문에, 아래와 같은 do… while 반복문을 사용할 수 있다.

!=이라는 연산자는 '다르면'이라는 의미. 연산자 좌우의 값이 '다르면' 조건이 true가 된다.

do … while 문은 조건이 만족하는 동안 계속적으로 body 를 반복한다. while( )의 끝에 세미콜른을 잊지말자!

즉, do … while 문은 while 문의 바디를 수행한 후 조건을 검사하게 되고, 조건을 만족하면 while 문의 바디를 계속 반복 수행한다.

```
#include <stdio.h>

int main() {
        int opponent = 72;
        int guess;

        do {
                printf("Guess what between 1 to 100 ? \n");
                scanf("%d", &guess);
                if (guess == opponent) {
                        printf("Your guess %d is Correct!\n", guess);
                }
                else{
                        printf("Your guess %d is Incorrect!\n", guess);
                }
        } while( guess != opponent );

        return 0;
}
```

```
입력: 55  72
출력:
Guess what between 1 to 100 ?
Your guess 55 is Incorrect!
Guess what between 1 to 100 ?
Your guess 72 is Correct!
```

C 언어: 제어문(반복문)

C 프로그램은 소스 프로그램에 있는 각 명령어들이 기본적으로는 위에서부터 아래로(top-down) 순차적으로 실행된다.

이 수행 순서를 바꾸고 싶으면 '조건문(condition statement)'이나 '반복문(repetition statement)'을 사용할 수 있다. 이러한 문장을 '제어문(flow of control statements)'이라고 한다.

제어문의 일종인 조건문과 goto 문(branch statement)은 위에서 이미 설명하였다.

앞에서 조건문(if)과 반복문(do… while)문의 사용법을 간단하게 배웠었다. 이제 본격적으로 배워보자.

화면에 글자를 출력할 때는 printf("%d\n", 3);처럼 하면 된다. 그렇다면, 숫자를 1부터 100까지 화면에 출력하려면 어떻게 하면 될까? 아래와 같이 하면 된다.

```
printf("%d\n", 1);
printf("%d\n", 2);
printf("%d\n", 3);
…
printf("%d\n", 99);
printf("%d\n", 100);
```

그런데, 이건 너무 무식하지 않은가? 다 똑같은 printf( ) 함수 호출이고, 파라미터로 주어지는 숫자 하나만 달라지는데 이것을 100줄을 입력해야 한다면, 이건 더 이상 프로그래밍이 아닌 셈이다.

컴퓨터 프로그래밍은 근본적으로 일 처리의 '자동화'가 목적이다. 따라서 당연히 반복되는 일이 많고, 이것들을 하나 하나 나열하는 것은 비효율적이다. 프로그래밍은 업무에서 반복성을 찾고 이를 자동으로 구현하는 것이 필수적이다.

일에 숨어있는 반복되는 패턴을 찾자.

아래의 while 문의 형태를 살펴보자. 어디에 괄호가 있고, 어디에 중괄호가 있는지, 그리고 while 문의 조건에 사용된 변수 i의 값이 어떻게 변화하는지…

반복문은 아주 중요하다. 반복문을 사용하는 패턴을 잘 익혀둬야한다. 정말 중요하다.

그래서 만든 명령문이 '반복문'이라는 것이다. 아래를 보자. 너무 깔끔하지 않은가? 아래의 문장은 이렇기 읽으면 된다. "변수 i를 1부터 10까지 1씩 증가시키면서 i를 출력한다".

```
#include <stdio.h>

int main() {
	int i = 1; // 반복 횟수 시작값

	while( i <= 10) {  // 반복의 종료 체크
		printf("%d\n", i);
		i++;  // 반복 횟수 카운트
	}

	return 0;
}
```

지금보는 while 문은 앞에서 소개한 do … while 문과 다른 것이다. do … while 문과 다르게 while 문의 끝은 중괄호로 끝난다. 중괄호 뒤에는 별도의 세미 콜론이 필요없다.

또한 while 문은 조건을 먼저 검사하기 때문에, 경우에 따라서는 while 문의 바디가 전혀 실행되지 않을 수도 있다.

C 언어에는 총 3가지 종류의 반복문이 있다. 그 중에 while 반복문과 do… while 반복문은 간단하게 소개되었었다. 이제 아래의 3가지 반복문을 자세히 살펴보자.

» while 문
» do … while 문
» for 문

■ 반복문: while

A **while** loop repeatedly executes a loop body statement as long as a given condition is true.

이제부터 본격적으로 반복문을 하나씩 알아보자. C 언어의 3가지 반복문 구조 중에 첫번째로 while( ) 반복문을 살펴보자. while( ) 문은 아래와 같이 조건을 먼저 검사한다. 조건이 만족하면 반복문을 수행한 후, 다시 조건을 검사한다. 따라서 처음에 조건을 만족하지 않으면 반복문의 바디가 수행되지 않을 수도 있다.

```
while( loop test ) {
   loop body;
}
```

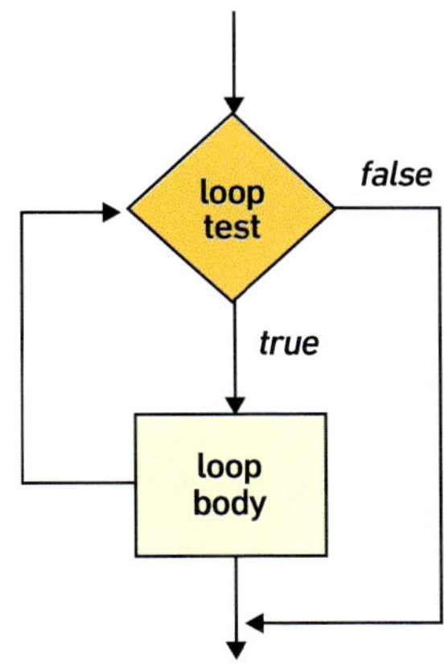

[while 문의 실행 구조]

아래의 프로그램은 1부터 100까지 출력하는 while 문이다. while 문의 바디에서 출력문과 반복문 제어를 위한 변수 i를 증가시키고 있다.

```
int i = 1;

while( i <= 100) {
   printf("%d\n", i);
   i=i+1;
}
```

아래는 1부터 10까지의 합을 계산하는 프로그램이다.

```
printf("%d", 1+2+3+4+5+6+7+8+9+10);
```

위와 같이 작성할 수도 있다. 그러나 이렇게 작성하면 문제를 조금 바꾸어서 '1부터 1000까지의 합'을 계산하는 경우를 작성해야 한다면, 입력해야 하는 글자 수도 많아질 뿐 아니라, 프로그램의 확장성에 많은 불편함이 따르게 된다. 이런 경우를 위해서, 아래와 같이 반복문을 사용해보자.

while 문을 이용하여 1부터 100까지의 합을 출력하고 싶다면 아래와 같이 하면 된다.

sum: 합한 결과를 저장할 변수이다. 초기값을 0으로 설정한다.

+= 연산자: C 언어에서의 대입 연산자로써 sum = sum +1과 동일한 문장. sum에 i 값을 더해 넣는다.

저자는 이 연산자를 "더해서 넣기를"이라고 읽는다.

```
int sum = 0;
int i=1;           i의 초기값을 1로 설정한다.

while( i <= 100 ) {
    sum+=i;
    i=i+1;         i를 1 증가시킨다.
}
printf("Sum: %d\n", sum);
```

■ 반복문: do-while

```
A do...while loop checks its condition at the bottom of the loop,
which is unlike for and while loops testing the loop condition at the
top of the loop. A do...while loop is similar to a while loop, except
the fact that it is guaranteed to execute at least one time.
```

두번째 반복문으로 do … while( ) 반복문을 살펴보자. 'do … while ( )' 문은 아래와 같은 구조로써 반복문의 조건 검사가 끝에 있기 때문에 반복문의 바디가 최소 1번은 수행된다. 아래의 코드 구조와 흐름도(flow chart)를 잘 살펴보자.

```
do {

    loop body;

} while( loop test );
```

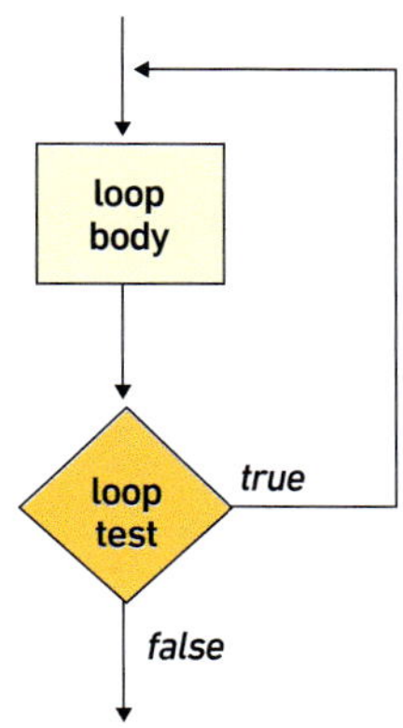

do… while 문의 바디를 수행한 후에 조건을 체크하며, 조건이 만족(true)되면 계속적으로 반복되는 구조이다.

[do while 문의 실행 구조]

do … while 반복문은 최소 1회 이상의 실행을 해야 하는 상황에서 사용할 수 있다. 아래는 사용자가 숫자 0을 입력할 때까지 계속 숫자를 입력받는 프로그램이다.

```c
#include <stdio.h>

int main(){
	int num;

	do {
		printf("Enter one inter number(enter 0 to quit\n");
		scanf("%d", &num);
		printf("You entered %d\n", num);
	} while( num != 0);

	return 0;
}
```

세미콜론(;)으로 끝나는 것에 유의하자. do… while ( ) 문은 꼭 끝에 세미콜론을 붙여야한다!

모든 문장이 중괄호로 마치거나 세미콜론으로 마치는 것이 약속이다.

```
Enter input digit
You entered 1
Enter input digit
You entered 2
Enter input digit
You entered 3
Enter input digit
You entered 0
```

아래는 어떻게 될까?

```c
#include <stdio.h>

int main(){
	do {
		printf("Hello World !\n");
	} while( 1 );

	return 0;
}
```

```
Hello World !
Hello World !
Hello World !
Hello World !
…
…
…
```

위의 프로그램에서 while(조건)에 숫자 1이 있다. C 언어에서는 숫자 0이 false를 의미하고, 그 이외의 값(주로 1을 사용)은 모두 true를 의미하기 때문에, 위의 프로그램은 무한 반복(infinite loop)이다. 즉, 끝나지 않는다.

아래는 어떻게 될까?

```
#include <stdio.h>

int main(){
        int i=10;

        do {
              printf("Hello World !\n");
              i=i-1;
        } while( i=0 );

        return 0;
}
```

```
Hello World !
```

이 문장은 최종적으로 0을 반환한다. 조건문에는 반환값이 있는 모든 문장(statement)를 사용할 수 있다. 심지어 printf( )와 같은 함수도 값을 반환하기 때문에 문법적으로는 조건문 부분에 사용해도 된다.

위에서 "i=0"이라는 문장은 대입문이다. 대입문은 결과값으로 "대입되는 값"을 반환(return)한다. C 언어에서의 모든 연산자(operators)들은 값을 반환하기 때문이다. 대입 연산자도 값을 반환하는데, 최종적으로 대입된 값을 반환한다. 그래서 이 조건은 언제나 0이 되기 때문에 이 반복문은 한번만 수행된다.

이 프로그램은 실제로는 10번 반복하려는 프로그램이었으나, 실수로 !=을 =으로 입력한 상황을 가정한 것이다.

■ 반복문: for

> A **for** loop is a repetition control structure that allows you to efficiently write a loop that needs to execute a specific number of times.

이제 마지막 남은 for(; ;) 문은 구조가 조금 복잡하다. 3개의 반복문 중에 가장 마지막에 소개하는 이유이다.

for(; ;) 문은 아래와 같이 실행된다. 아래의 코드 구조와 순서도를 잘 보자.

» loop initialization 실행

» 아래를 반복

- loop test 실행
- loop body statement 실행
- loop update 실행

```
for(loop initialization; loop test; loop update) {
      loop body;
}
```

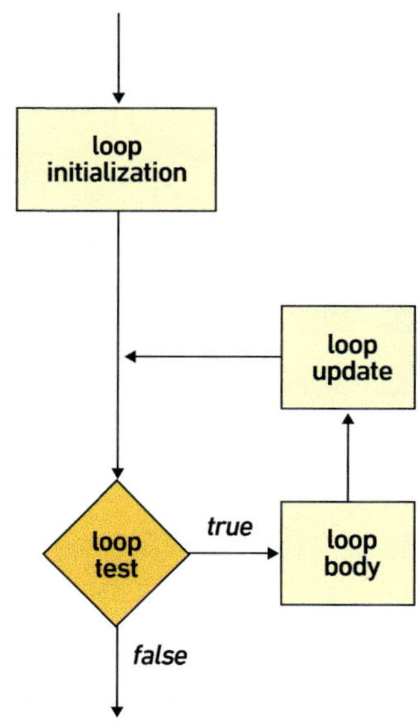

[for 문의 실행 구조]

아래는 for 반복문을 이용하여 1부터 10까지의 합을 출력하는 코드이다.

```
int i;
int sum  = 0;

for(i=1; i<=10; i=i+1){
    sum = sum + i;
}
printf("Sum from 1 to 10 : %d\n", sum);
```

sum: 합한 결과를 저장할 변수이다. 초기값을 0으로 설정한다.

1번째 실행

2번째 실행, 조건이 false이면 반복문 종료

3번째 실행

4번째 실행

실제로 for( ) 문은 정말 다양한 방식으로 사용할 수 있다. for( ) 문 자체가 원래 복잡한 구조이기 때문에 다양하게 활용할 수 있는데, 아래의 예를 통해서 for( ) 문의 다양한 사용법을 알아보자.

```
#include <stdio.h>

int main(){
        int i, j, sum;

        for(i=5; i>0; i--){
                printf("Hi 1\n");
        }

        for(i=0, sum=0; i<5; i++){
                sum += i;
        }

        for(i=0, j=0, sum=0; i<5 && j<5; i++, j+=2){
                sum += i;
        }
```

```
Hi 1
Hi 1
Hi 1
Hi 1
Hi 1
```

i--는 i의 값을 1 빼라는 의미이다. i = i – 1과 동일한 의미

i를 5부터 1까지 1씩 감소해가면서 출력.

for( )문의 초기화 부분에 2개 이상의 문장을 콤마를 이용해서 사용할 수 있다.

i++는 i의 값을 1 더하라는 의미이다. i = i + 1과 동일한 의미

조건문 부분에 여러 문장(statement)를 쓸 수 있다. &&는 'and'의 의미로 써 2개의 조건이 모두 만족해야 true가 된다(이후에 연산자 부분에서 설명한다)

update 부분에도 2개 이상의 문장을 콤마로 구분해서 사용할 수 있다.

프로그램이 잠시 대기할 필요가 있을 때 쉽게 사용할 수 있는 기법이다. for( ) 문의 body 없이 아무일을 하지 않고 시간만 보내는 코드.

무한 반복: for( ) 문의 조건을 비워두면 무한 반복한다.

```
        for(i=0; i<100000; i++);

        for(;;){
                printf("Hi 2\n");
        }

        return 0;
}
```

```
Hi 2
Hi 2
Hi 2
Hi 2
Hi 2
Hi 2
...
...
```

그럼 언제 for(;;) 문을 사용하고 언제 while이나 do··· while 문을 사용할까? 세 명령어가 조금 다른 특성이 있기는 하지만, 각자 사용하기 편한 것을 선택해서 사용하면 된다. for(;;) 문을 이용한 프로그램을 while 문과 do while 문을 이용해서 동일하게 프로그래밍을 다 할 수 있다.

저자는 for 문을 주로 사용하기는 한다.

■ 반복문: 이중 반복문(nested loop)

```
C programming allows to use one loop inside another loop.
```

조건문 내부에 또 다른 조건문을 사용할 수 있었던 것처럼, 반복문 내부에 또 다른 반복문을 (당연히) 사용할 수 있다. 이러한 문장을 '중첩 반복문' 또는 '이중 반복문'이라고 한다.

아래의 문장은 printf( ) 문이 총 100번(10번 × 10번) 수행된다.

```
int i = 1;
int j = 1;

while(i <= 10) {
     j = 1;
     while(j <= 10) {
         printf("[i]:%d [j]:%d\n", i, j);
         j++;
     }
    i++;
}
```

이 이중 반복문의 구조는 아래와 같이 수행된다.

i를 1에서 10까지 증가시키는 각 단계에 j를 1에서 10까지 증가시키면서 출력한다.

출력 결과는 아래와 같다. i 값과 j 값의 변경 순서를 이해하자.

```
[i]:1 [j]:1
[i]:1 [j]:2
[i]:1 [j]:3
[i]:1 [j]:4
[i]:1 [j]:5
[i]:1 [j]:6
[i]:1 [j]:7
[i]:1 [j]:8
[i]:1 [j]:9
[i]:1 [j]:10
[i]:2 [j]:1
[i]:2 [j]:2
[i]:2 [j]:3
[i]:2 [j]:4
[i]:2 [j]:5
[i]:2 [j]:6
[i]:2 [j]:7
[i]:2 [j]:8
[i]:2 [j]:9
[i]:2 [j]:10
[i]:3 [j]:1
[i]:3 [j]:2
…
…
```

■ 반복문과 조건문 같이 사용하기

반복문과 조건문은 같이 자주 사용된다. 1에서 10사이의 숫자 중 짝수만을 출력하려면 아래와 같이 하면 된다.

```
int i;

for(i=2; i<=10; i=i+2) {
    printf("%d\n", i);
}
```

그렇지만 위와 같은 코드는 좋지 않다. 왜냐하면 '짝수'임을 판정하는 부분이 "i가 2에서 시작해서, i=i+2라는 인덱스를 증가하는 부분"에 암묵적으로 존재하기 때문이다. 이러한 코딩 방식은 명확하게 짝수임을 판명하는 부분이 없어서, 향후 코드 수정 시에 오류가 생기기 쉬운 형식이다.

아래는 1에서 10사이의 숫자 중 짝수만을 출력하는 다른 형태의 프로그램이다. 조건문을 사용해보자. 아래와 같이 if 문 안에서 원하는 조건을 적어주면 된다.

% 연산자는 나머지 연산자이다. 2로 나눈 나머지가 0이면 짝수라는 조건식.

```
int i;

for(i=1; i<=10; i++) {
    if ( i % 2 == 0) printf("%d\n", i);
}
```

for 반복문을 이용하여 1부터 10까지의 홀수의 합을 출력하고 싶다면 아래와 같이 할 수도 있다.

```
int i;
int sum  = 0;

for(i=1; i<=10; i+=2){
    sum += i;
}
printf("Sum of odd numbers from 1 to 10 : %d\n", sum);
```

1부터 시작해서

이 부분이 수정된 부분.

i+=2와 i=i+2는 동일한 의미.

sum+= i는 sum=sum+i와 동일한 의미.

그러나 아래와 같이 조건문을 사용하는 것이 좋다. 위의 프로그램과는 다르게 홀수임을 판정하는 부분이 명확하게 드러나기 때문이다.

```
int i;
int sum = 0;

for(i=1; i<=10; i++) {
    if ( i % 2 == 1) {
       sum += i;
    }
}
printf("Sum of odd numbers from 1 to 10 : %d\n", sum);
```

이 if 문은 아래와 같이 중괄호를 사용하지 않아도 되기는 한다.

if (i % 2 == 1) sum += i;

그럼, 1에서 100사이의 숫자 중 짝수이면서 3의 배수이기도 한, 즉 2의 배수이면서 3의 배수(즉 6의 배수)인 수를 출력하려면? 아래와 같이 하면 된다. 즉, 원하는 조건이 여러 개라면 논리 연산자를 이용해서 나열하면 된다.

&& 연산자는 두 조건이 'AND' 관계로 두 조건이 모두 만족하는 경우를 말한다. 이러한 연산자를 논리 연산자라고 한다. 논리 연산자는 참/거짓을 가지는 값(boolean)을 피 연산자로 사용한다.

```
int i;

for(i=1; i<=100; i++){
    if ( i % 2 == 0 &&  i % 3 == 0) printf("%d\n", i);
}
```

위의 프로그램은 당연하게도 아래와 같이 할 수 있다. 2의 배수이면서 3의 배수인 숫자는 6의 배수(즉 2와 3의 공배수는 6의 배수)이기 때문이다.

```
int i;

for(i=1; i<=100; i++){
    if ( i % 6 == 0) printf("%d\n", i);
}
```

그럼, 이번은 2의 배수와 3의 배수를 모두 출력하고 싶으면?

|| 연산자는 조건이 'OR'인 경우로 2개의 조건중에 하나 이상의 조건을 만족하는 경우를 말한다.

이 기호는 키보드 상에서 백스페이스 왼쪽에 있다. shift 키를 누른 상태에서 눌러야한다. 향후에 연산자 부분에서 종합해서 살펴보자.

```
int i;

for(i=1; i<=100; i++){
    if ( i % 2 == 0  ||  i % 3 == 0) printf("%d\n", i);
}
```

실전 연습 문제 #4(반복문)

1. 아래의 코드는 어떻게 실행될지 생각해보자. while( )문의 바디에 주의하자. while 문의 바디가 없는 코드이다.

```
#include <stdio.h>

int main() {
        int i=1;

        while( i <= 10) ;

        return 0;
}
```

while 문의 바디가 없기 때문에 실제로는 계속 while 문의 조건만 검사하게된다. 이 프로그램은 종료되지 않는다.

2. 반복문을 사용해서 1에서 10까지 숫자를 출력하는 프로그램을 작성하시오. 출력문의 형식을 아래와 같이 하시오.

```
[  1 th ] :    1
[  2 th ] :    2
[  3 th ] :    3

…
…
[ 10 th ] :   10
```

3. 위의 프로그램의 출력 결과를 아래와 같이 수정하시오. 즉, 1~3까지의 숫자는 1st, 2nd, 3rd로 출력되도록 하시오.

```
[  1 st ] :    1
[  2 nd ] :    2
[  3 rd ] :    3

…
…
[ 10 th ] :   10
```

4. 반복문을 사용하지 않고 goto 문을 사용해서, 1에서 10까지 숫자를 출력하는 프로그램을 작성하시오. goto 문을 가능하면 사용하지 말라고 하지만, 프로그래밍의 원리를 배우기에는 goto 문을 써보는 것도 좋다.

5. 아래와 같이 출력하시오. 2번째 칼럼은 1번째 칼럼에 출력되는 숫자의 제곱이다.

```
1    1
3    9
5    25
7    49
9    81
```

반복문은 작업에서의 규칙성을 찾아야한다.

6. 아래의 그림과 같이 각각의 칼럼에 해당하는 출력을 각각 프로그래밍하시오. 출력되는 숫자값을 변수를 사용하여서 출력하시오. 예를 들어 printf("0");이라는 방식이 아니라 printf("%d\n", i); 같은 형식을 말한다. 아래의 3개 상황에 해당하는 프로그램들을 각각 작성하고 이들을 조금씩 응용해보세요. 출력되는 갯수를 늘리거나, 조금 다른 형태의 출력을 생성하는 방식으로 프로그래밍 연습을 해보세요.

```
-4
-3
-2
-1
0
1
2
…
…
```

```
0
2
4
8
10
…
…
```

```
0
0
1
*1
2
**2
3
***3
4
****4
…
…
```

7. 반복문을 사용해서 1부터 10까지의 곱을 계산하는 프로그램을 작성하시오. 10에서 10까지의 곱, 즉 1 × 2 × 3 × … × 9 × 10을 출력하시오.

8. 위의 프로그램을 수정해서, 사용자에게 scanf( )를 이용해서 숫자를 입력받고, 1부터 그 숫자까지의 곱의 결과를 출력하시오.

9. 'A' 부터 'Z'까지 출력하는데, 모음을 출력하지 않는 프로그램을 작성하시오. 아래의 프로그램을 응용해보자. 아래의 프로그램은 for 반복문의 제어를 위해서 문자형 변수를 사용하였다. 아래의 2가지 서로 다른 방법으로 구현하시오.

   (1) if 문을 사용하는 프로그램

   (2) switch 문을 사용하는 프로그램

```
#include <stdio.h>

int main() {
    char ch;

    for(ch='A'; ch<='Z'; ch++) {
        printf("%c ", ch);
    }

    return 0;
}
```

[A부터 Z까지 출력하는 프로그램]

10. 아래와 같이 출력하시오. 반복문에 대한 연습입니다. 문제에 포함된 규칙성을 찾으세요. 아래 그림에서 왼쪽 칼럼은 1씩 증가되고, 오른쪽 칼럼은 1씩 감소합니다.

```
1       10
2       9
3       8
4       7
5       6
6       5
7       4
8       3
9       2
10      1
```

11. 아래 코드는 어떤 일이 발생하는지 확인해보세요. 그 이유는 뭘까요?

```
#include <stdio.h>

int main(){
    int i;

    for(i=0; 1; i++) {
           printf("%d\n", i);
    }

    return 0;
}
```

이 경우에 나눗셈을 할 때 int 형 숫자의 나눗셈을 하면 안된다. float 나 double 형의 변수를 사용해서 나눗셈을 해야한다.

12. $\frac{1}{1}+\frac{1}{1+2}+\frac{1}{1+2+3+4}+\cdots+\frac{1}{1+2+3+4+\cdots+100}$을 계산하는 프로그램을 반복문(for, while, do… while)을 사용하여 각각 프로그램하시오.

실전 연습 문제 #5(반복문 계속)

1. 숫자를 입력받고 해당하는 숫자의 구구단을 출력하시오. 예를 들어, 사용자가 3을 입력하면 3단을 아래와 같이 칼럼을 예쁘게 맞추어서 출력하시오.

   3 × 1 = 3
   3 × 2 = 6
   …
   …
   3 × 9 = 27

2. 모든 단의 구구단을 옆과 같은 형식으로 출력하시오.

   2 x 1 = 2
   2 x 2 = 4
   2 x 3 = 6
   2 x 4 = 8
   2 x 5 = 10
   2 x 6 = 12
   2 x 7 = 14
   2 x 8 = 16
   2 x 9 = 18
   3 x 1 = 3
   3 x 2 = 6
   3 x 3 = 9
   3 x 4 = 12
   3 x 5 = 15
   3 x 6 = 18
   3 x 7 = 21
   3 x 8 = 24
   3 x 9 = 27

3. [고급] 모든 단의 구구단을 아래와 같은 형식으로 출력하시오.

2 x 1 = 2	3 x 1 = 3	4 x 1 = 4	5 x 1 = 5	6 x 1 = 6	7 x 1 = 7	8 x 1 = 8	9 x 1 = 9
2 x 2 = 4	3 x 2 = 6	4 x 2 = 8	5 x 2 = 10	6 x 2 = 12	7 x 2 = 14	8 x 2 = 16	9 x 2 = 18
2 x 3 = 6	3 x 3 = 9	4 x 3 = 12	5 x 3 = 15	6 x 3 = 18	7 x 3 = 21	8 x 3 = 24	9 x 3 = 27
2 x 4 = 8	3 x 4 = 12	4 x 4 = 16	5 x 4 = 20	6 x 4 = 24	7 x 4 = 28	8 x 4 = 32	9 x 4 = 36
2 x 5 = 10	3 x 5 = 15	4 x 5 = 20	5 x 5 = 25	6 x 5 = 30	7 x 5 = 35	8 x 5 = 40	9 x 5 = 45
2 x 6 = 12	3 x 6 = 18	4 x 6 = 24	5 x 6 = 30	6 x 6 = 36	7 x 6 = 42	8 x 6 = 48	9 x 6 = 54
2 x 7 = 14	3 x 7 = 21	4 x 7 = 28	5 x 7 = 35	6 x 7 = 42	7 x 7 = 49	8 x 7 = 56	9 x 7 = 63
2 x 8 = 16	3 x 8 = 24	4 x 8 = 32	5 x 8 = 40	6 x 8 = 48	7 x 8 = 56	8 x 8 = 64	9 x 8 = 72
2 x 9 = 18	3 x 9 = 27	4 x 9 = 36	5 x 9 = 45	6 x 9 = 54	7 x 9 = 63	8 x 9 = 72	9 x 9 = 81

4. [고급] 1, 1, 2, 3, 5, 8, 13, … 좌측과 같은 숫자열을 '피보나치수'라고 한다. 피보나치수는 자신의 앞에 있는 두개의 숫자의 합을 계속 구해가는 순열이다. 이와 같은 형태로 증가하는 순열에서 처음 20개의 숫자의 합을 구하시오.

5. [고급] 입력된 숫자의 각 자릿수의 합을 출력하시오. 즉, 숫자 하나를 입력받아서 각 자릿수의 합을 구하는 문제입니다.

   "Enter a number"
   12358

   모든 자릿수의 숫자의 합은 19입니다.

즉, 예제를 보면 입력된 숫자가 12358이면 1+2+3+5+8 해서 19를 출력하는 문지입니다.

10으로 나누어가면서 나머지를 계속적으로 더하면 됩니다.

실전 연습 문제 #6(반복문): 패턴 만들기

> 옆의 출력 패턴은 오른쪽 칼럼으로 갈수록 문제가 조금씩 어려워진다.

1. 아래와 같은 패턴을 출력하시오. 특정 문자를 반복적으로 출력하면 된다. 소규모의 출력은 반복문을 사용하지 않고 한줄 한줄 printf( ) 함수를 사용하면 된다. 그러나 그 방법은 줄 수가 많아지면 융통성이 없다. 출력 모양의 규칙성을 찾아서 반복문을 사용하는 프로그램으로 각각 작성하시오.

* ** *** ***** ******	1 22 333 4444 55555	1 12 123 1234 12345	A BB CCC DDDD EEEEE	A AB ABC ABCD ABCDE

2. 위 문제의 조금의 응용이다. 아래의 패턴을 반복문을 사용해서 만드시오.

***** **** *** ** *	55555 4444 333 22 1	12345 1234 123 12 1	EEEEE DDDD CCC BB A	ABCDE ABCD ABC AB A

> 이 문제에서 3번째와 4번째 패턴은 쉽지 않다.

3. [고급] 아래와 같은 패턴을 반복문을 사용해서 만드시오.

* *** ***** ******* *********	********* ******* ***** *** *	* *** ***** ******* *********	********* ******* ***** *** *

4. [고급] 아래와 같은 패턴을 반복문을 사용해서 만드시오. 문제가 점점 어려워진다. 많은 생각이 필요한 문제들이다.

> 마지막 삼각형은 파스칼의 삼각형입니다. 이항 정리 등에 나오는 내용입니다.
>
> 문제의 규칙성을 찾아보세요.

1 2 3 4 5 6 7 8 9 10 11 12 13 14 15	1 232 34543 4567654 567898765	1 1 1 1 2 1 1 3 3 1 1 4 6 4 1

C 언어: 반복문과 관련된 특별한 명령문: break, continue ···

C 언어에서는 goto 문과 유사한 동작 형태를 보이는 명령어들이 몇 개 있다. 이들을 알아보자.

■ break

> When a **break** statement is encountered inside a loop, the loop is immediately terminated and the program control resumes at the next statement following the loop.

break 문의 작동 방식은 아래 그림과 같다.

```
while (test)
{
    if (condition for break)
    {
        break;
    }

}
```

```
for (init, condition, update)
{
    if (condition for break)
    {
        break;
    }

}
```

아래의 프로그램을 살펴보자. 이 프로그램은 break 문의 사용 예제로써 좋은 예제는 아니다. 단순히 break 문의 동작 방식을 설명하려는 코드이다. break는 가장 가까운 반복문(이중 반복문일 경우에도 반복문 하나)이나 switch 문을 탈출하는 명령어이다.

switch 문에서의 break의 역할은 이미 설명했었다.

break: 즉 이 경우에는 i가 6이 되면서 for(; ;) 문을 탈출한다.

```
int i;

for(i=0; i<20; i++) {
      if( i > 5) {
         break;
      }
      printf("i : %d\n", i);
}
```

```
i : 0
i : 1
i : 2
i : 3
i : 4
i : 5
```

이제 어떤 경우에 break 문을 사용하면 좋은지 알아보자.

아래의 프로그램은 do…while( ) 문을 설명하면서 사용한 예제로써, 사용자가 0을 입력할 때까지 입력된 숫자를 다시 화면에 출력하는 프로그램이다.

```
#include <stdio.h>

int main(){
        int num;

        do {
                printf("Enter one integer number(enter 0 to quit)\n");
                scanf("%d", &num);
                printf("You entered %d\n", num);
        } while( num != 0);

        return 0;
}
```

```
Enter one integer number(enter 0 to quit)
You entered 10
Enter one integer number(enter 0 to quit)
You entered 20
Enter one integer number(enter 0 to quit)
You entered 0
```

이 프로그램은 사용자가 0을 입력하면 "You entered 0"라는 문장을 마지막으로 출력하고 종료된다. 0을 입력하였을 경우는 바로 프로그램을 마치는 것이 더 자연스러워 보이기 때문에, 이 마지막 문장을 출력하지 않게 수정하려면 어떻게 하면 될까? 아래와 같이 goto 문을 사용하면 된다.

```
#include <stdio.h>

int main() {
        int num;

        do {
                printf("Enter one integer number(enter 0 to quit)\n");
                scanf("%d", &num);
                if (num == 0) goto quit;
                printf("You entered %d\n", num);
        } while(num != 0);
quit:
        return 0;
}
```

if 문을 추가하면서 입력 값이 0이면 goto 문으로 반복문을 탈출하도록 하였다.

```
Enter one integer number(enter 0 to quit)
You entered 10
Enter one integer number(enter 0 to quit)
You entered 20
Enter one integer number(enter 0 to quit)
```

그러나 goto 문으로 제어 흐름을 바꾸게 되면, 프로그램이 이해하기 어려워질 수 있다. 위와 동일하게 작동하는 다른 형태의 프로그램을 보자. 아래는 do ... while( ) 문을 무한 반복하면서, 종료 체크를 위해서 break 문을 사용하였다.

break 문은 배열(array)을 사용할 때 아주 요긴하게 사용할 수 있다. 이에 대한 이야기는 배열을 공부할 때 알아보자.

```
#include <stdio.h>

int main() {
        int num;

        do {
                printf("Enter one integer number(enter 0 to quit)\n");
                scanf("%d", &num);
                if (num == 0) break;
                printf("You entered %d\n", num);
        } while(1);

        return 0;
}
```

break 문.

위의 두 프로그램(goto 문을 사용하는 경우와 break 문을 사용하는 경우)의 차이점은 무엇일까? goto 문을 사용하면 goto 문의 목적지가 어디인지 별도로 명시를 해야 하는 불편함이 있다. break 문을 사용함으로써 이러한 단점이 없어진다.

아래의 소수(prime number)를 구하는 프로그램을 한번 보자.

소수란 1보다 큰 자연수 중에 1과 자신만으로 나누어 떨어지는 수를 의미한다. 즉, 2부터 자신보다 1 작은 수로 나누어가면서 한 번이라도 나누어서 떨어지면 소수가 아니다.

```
#include <stdio.h>

int main() {
        int sample = 11;
        int isPrime;
        int i;

        if ( sample==1 ) isPrime = 0;
        else {
                isPrime = 1;
                for(i=2; i<sample; i++){
                        if ( sample % i == 0 ){
                                isPrime = 0;
                                break;
                        }
```

1은 소수가 아니다.

자신보다 작은 수로 한번이라도 나누어지면 소수가 아님.

```
        }
    }

    if (isPrime==1) printf("%d is prime number\n", sample);
    else printf("%d is not prime number\n", sample);

    return 0;
}
```

```
7 is prime number
```

goto 문을 사용하는 경우와 break 문을 사용하는 경우는 어떻게 다른 것일까?

goto 문은 함수 내의 코드의 어느 곳으로나 실행 위치를 옮길 수 있다. 그러나 break 문은 반복문을 하나만 벗어나도록 어느 정도 제한을 하는 명령문이다. 즉, break 문은 goto 문의 성격을 지니면서 어느 정도 행동에 제약을 둠으로써 goto 문의 단점을 어느 정도 완화한 명령어이다.

continue

The **continue** statement works somewhat like the **break** statement. Instead of forcing termination, it forces the next iteration of the loop to take place, skipping any code in between.
For the **for** loop, **continue** statement causes the conditional test and increment portions of the loop to execute. For the **while** and **do... while** loops, **continue** statement causes the program control to pass to the conditional tests.

반복문의 구조에 제어 변수가 없는 while 문이나 do…while 문은 for 문과는 방식이 조금 다르게 continue 문이 동작한다.

이 차이점을 차근 차근 알아보자.

for 문에서의 continue의 동작 방식은 아래와 같다. continue 뒤의 문장은 skip 하고, loop update를 실행해서 for 반복문의 다음 반복을 수행한다.

```
for (init, condition, update){
    statements…
    if( test expression) {
        continue;
    }
    statements…
}
```

1부터 10까지의 홀수의 합을 구하는 다양한 방법을 살펴 보자.

```
int i;
int sum = 0;

for(i=1; i<=10; i++) {
    if ( i % 2 == 1) sum += i;
}
```

아래는 1부터 10까지의 홀수의 합을 구하는 다른 방법으로써, continue 문을 사용하고 있다.

```
int i;
int sum  = 0;

for(i=1; i<=10; i++){
    if( i%2 == 0) continue;
    sum += i;
}
printf("Sum of odd numbers from 1 to 10 : %d\n", sum);
```

이 부분이 수정된 부분이다.

continue라는 단어는 for 반복문을 다음 순서로 skip하게 한다. skip한다는 의미는 반복문의 바디에서 continue 이후의 문장들을 실행하지 않고, 다음 반복을 수행한다는 말이다. 즉, 이 경우는 짝수인 경우는 아무일도 하지 않는다.

아래는 1부터 10까지의 합을 계산하면서 5는 제외하는 프로그램이다.

```
#include <stdio.h>

int main(){
       int i;
       int sum  = 0;

       for(i=1; i<=10; i++){
              if( i==5 ) continue;
              printf("%d added...\n", i);
              sum += i;
       }
       printf("Sum of numbers from 1 to 10 excepting 5: %d\n", sum);
}
```

```
1 added...
2 added...
3 added...
4 added...
6 added...
7 added...
```

```
8 added...
9 added...
10 added...
Sum of numbers from 1 to 10 excepting 5: 50
```

continue 문을 사용할 때는 continue 문의 줄 위치가 중요하다. 아래와 같이 반복문의 마지막에 사용하면 continue 문을 사용하는 의미가 없다.

```
for(i=1; i<=10; i++){
        printf("%d added...\n", i);
        sum += i;
        if(i==5) continue;
}
```

아래의 코드와 continue 문을 사용하는 코드 중에서 어느 것이 이해하기 쉬운가?

위와 동일하게 1부터 10까지의 합(5를 제외한)을 구하는 프로그램인데, 아래는 continue 문을 사용하지 않았다.

```
#include <stdio.h>

int main(){
        int i;
        int sum  = 0;

        for(i=1; i<=10; i++){
                if(i !=5 ){
                        printf("%d added...\n", i);
                        sum += i;
                }
        }
        printf("Sum of numbers from 1 to 10 excepting 5: %d\n", sum);
}
```

for 문과 다르게 while 루프에서 continue를 사용하면, 루프의 맨 처음 조건으로 돌아가기에 무한 루프(infinite loop: 무한 반복)가 될 수도 있다. 즉, while 문에는 별도로 반복을 제어하는 변수가 없기 때문에, continue 문을 사용할 때는 유의해야 한다.

```
#include <stdio.h>

int main(){
        int i;
        int sum  = 0;

        i=1;
        while( i<=10 ){
                if( i==5 ) continue;
                printf("%d added...\n", i);
                sum += i;
                i++;
        }
        printf("Sum of numbers from 1 to 10 excepting 5: %d\n", sum);
}
```

이 코드는 변수 i가 5가 되면, continue 문에 의해서 이 3문장이 실행되지 않기 때문에 절대 i가 6으로 증가될 수 없다. 그래서 while 문은 무한 반복된다.

이점이 for 문에서의 continue와의 다른 점이다.

break 문과 continue 문은 많이 사용하지는 말자. 구조적 프로그래밍(structured programming)과 절차적 프로그래밍(procedural programming)을 구분하는 대표적인 특징이, 구조적 프로그래밍에서는 goto 문을 가급적 사용하지 말자는 것인데, break와 continue 문은 기본적으로는 goto 문과 비슷한 성질을 가지고 있기 때문이다.

C 언어: 잔소리 #1

유치원부터 영어 회화 학원을 다녔다고 하더라도, 성인이 되어서 영어 회화를 유창하게 하는 사람은 그리 많지 않다. 왜 그럴까?

내 생각에는 연습, 훈련이 부족했기 때문이다. 영어 문장, 영어 표현을 조금만 알고 있다고 하더라도, 계속 반복 훈련해서 내 것으로 만들어야 한다.

이제까지 아주 간단한 C 언어 문법을 배웠다. 이제 차차 조금씩 복잡한 C 언어 문법을 배우겠지만, 그 전에 지금까지 배운 내용을 몸에 익혀야 한다.

연습문제는 인터넷에서 정답을 찾지 말고 혼자서 풀어보자.
직접 프로그래밍해보지 않으면 절대 실력이 늘지 않는다.

3

시도 #6: 입력, 연산, 처리 부분을 함수로 나누어 프로그래밍하자

A **function** is a group of statements that perform a task. Every C program has at least one function, which is **main()**. You can also divide up your code into separate functions.

```
return_type function_name( parameter list ) {
   body of the function
}
```

지금부터는 관련 있는 코드 부분들을 함수(function)라는 단위로 나누어서 프로그래밍 해보자. 지금은 전체 프로그램이 20줄 미만이라서 효과는 적지만, 프로그램이 길어지면 관련있는 부분들을 함수로 나누어서 프로그래밍할 필요가 있다.

이제부터 함수(function)라는 개념이 소개된다. 아주 중요한 개념이다. 잘 공부하자. 지금부터 함수 사용의 간단한 경우부터, 복잡한 경우까지 단계별로 설명한다.

» 단순한 반복 작업의 묶음 기능
» 함수에 값을 전달하는 기능
» 함수의 결과값을 전달 받는 기능
» 모든 기능의 통합

C 언어: 함수 #1: 반복되는 일의 단순 묶음(가장 간단한 함수)

함수의 기능은 음악 악보에서 '후렴'이라고 생각하면 된다.

예를 들어, 애국가 1절을 부르고, (후렴)을 부르고, 또 2절을 부르고 (후렴)을 부르는 경우, 매번 후렴을 반복해서 악보에 쓰기 귀찮으니까, 후렴이라고 뭉쳐놓고, (후렴) 부르세요… 라고 말만하면 되는 것처럼, 함수의 기본적인 역할은 반복되는 부분의 재 사용성을 높이는 역할이다.

함수 호출(function call)

printf( )와 같이 이미 C 언어에서 지원하는 함수를 '라이브러리 함수'라고 하고, 우리가 직접 만든 함수를 '사용자 정의 함수'라고 한다.

함수는 반복되는 작업에 의한 불필요한 작업을 줄이고, 프로그램의 재 사용성을 높일 수 있도록 해주며, 또한 긴 프로그램을 작성할 때, 연관된 부분끼리 함수라는 단위로 묶음으로써 긴 소스 코드들을 효율적으로 관리할 수 있다.

앞의 C 언어 기초 부분에서 함수에 대한 개략적인 설명을 main( ) 함수와 printf( ) 함수 부분에서 이미 했었다. main( ) 함수에서 printf( ) 함수를 사용하는 경우에 printf( ) 함수를 호출(call)한다고 하고, main( ) 함수를 caller, printf( ) 함수를 callee라고 한다.

이제 우리가 직접 함수를 만들어보자.

함수의 개념을 설명하기 위해서, 아래의 프로그램을 살펴보자. 아래에서 삼각형 모양을 그리기 위해서 3개의 printf( ) 함수 호출이 묶음으로 2번 반복 수행하고 있다. 즉, 동일한 일을 반복하고 있다.

```
#include <stdio.h>

int main() {
      printf("  *\n");
      printf(" ***\n");
      printf("*****\n");

      printf("  *\n");
      printf(" ***\n");
      printf("*****\n");

      return 0;
}
```

```
  *
 ***
*****
  *
 ***
*****
```

위와 동일한 일을 수행하는 함수를 만들어보자. 아래와 같이 반복적으로 수행되는 부분을 함수로 뭉칠수 있다. 함수의 전체적인 모양은 main( ) 함수와 동일하다.

```
#include <stdio.h>

void printStars(){
        printf("  *\n");
        printf(" ***\n");
        printf("*****\n");
}

int main() {
        printStars();
        printStars();
        return 0;
}
```

함수의 반환 자료형: void는 반환값이 없음을 의미함.

함수 이름

이 부분을 함수의 정의(definition)라고 한다.

printStars ( ) 함수 호출

```
  *
 ***
*****
  *
 ***
*****
```

위의 경우는 함수가 어떤 동작만 취하고 값을 반환(return)하지 않는 경우로써, 함수의 반환형(return type)을 "void 타입"으로 선언한다. 함수의 반환형이 void라는 것은 함수가 값을 반환하지 않는다는 말이다. 따라서 이 경우에는 함수의 바디에서도 return 문을 사용할 필요가 없다.

void 타입 함수

C 언어에서는 프로그램을 실행하면 main( ) 함수가 가장 먼저 실행된다. main( ) 함수에서 다른 함수를 호출하는 문장을 만나면, 지금까지 실행하던 문장의 위치를 저장해두고 호출된 함수로 실행 위치가 변경되고, 호출된 함수가 끝나면 다시 원래의 함수 호출 문장 다음으로 돌아와서 계속 실행된다.

C 언어: 함수 #2: 값을 전달받아 동작하는 함수(파라미터)

수학에서 사용하는 삼각 함수 중에서 사인 함수는 sin(30)과 같이 괄호에 숫자로 값을 전달한다. 그러면 sin( ) 함수는 전달받은 값에 해당하는 sin 값을 반환한다.

C 언어에서도 함수에 값을 전달하고 싶은 경우가 있다. 우리가 사용한 printf("Hello, World"); 함수 호출은 printf( ) 함수에게 문자열을 넘겨준 것이다. 이렇게 함수에 전달하는 값을 매개 변수(parameter, 파라미터)라고 한다.

매개 변수: 파라미터(parameter)라고도 한다. 함수를 사용할 때 괄호 속에 적어서 넘겨주는 값을 말한다. 매개 변수라는 용어는 호출하는 함수(caller)와 호출되는 함수(callee) 사이에 데이터를 연결(매개)해준다는 의미.

아래와 같이 함수에 매개 변수를 사용할 경우에는, 함수를 "정의"할 때 매개 변수의 개수, 종류, 이름 등을 정해야 한다.

조금 전의 프로그램을 약간 수정하였다. 아래와 같이 출력할 삼각형의 개수를 파라미터로 전달할 수 있게 하였다.

이 매개 변수는 삼각형 모양을 몇 개 출력할지를 전달한다.

이때 변수 i를 지역 변수(local variables)라고 한다. 여기서 변수 i는 printStars ( ) 함수 내부에서만 사용할 수 있다. 5장에서 자세히 설명하자.

```
#include <stdio.h>

void printStars(int count) {
	int i;

	for(i=0; i<count; i++) {
		printf("  *\n");
		printf(" ***\n");
		printf("*****\n");
	}
}

int main() {
	printStars(2);
	return 0;
}
```

```
  *
 ***
*****
  *
 ***
*****
```

3

기본적으로 함수의 파라미터는 호출하는 함수(caller)가 호출당하는 함수(callee)에게 값을 '복사'해서 넘겨준다. 이를 call-by-value라고 한다. caller가 전달하는 값(위의 예에서는 숫자 2)을 "실 매개 변수(actual parameter)", callee가 전달받는 값(위의 예에서는 count 변수)을 "형식 매개 변수(formal parameter)"라고 한다.

» 실 매개 변수(actual parameter): caller가 부르는 매개 변수의 이름
» 형식 매개 변수(formal parameter): callee가 부르는 매개 변수의 이름

call-by-value로 파라미터를 넘겨주는 경우에는 '실 매개 변수(actual parameter)'의 값을 '형식 매개 변수(formal parameter)'로 복사(copy)한다. 따라서 호출된 함수(callee)에서 형식 매개 변수의 값을 수정하더라도 실 매개 변수의 값은 변하지 않는다.

위의 프로그램을 아래와 같이 조금 바꾸었다. call-by-value 방식의 값 전달 방식을 이해하기 위해서다.

```
#include <stdio.h>

void printStars(int count) {
        int i;

        for(i=0; i<count; i++) {
                printf("  *\n");
                printf(" ***\n");
                printf("*****\n");
        }
        count = count + 10;
}

int main() {
        int no = 2;

        printStars(no);
        printf("no: %d", no);

        return 0;
}
```

```
  *
 ***
*****
  *
 ***
*****
no: 2
```

파라미터로 값을 넘겨받아서 보관하는 변수(여기서는 count)를 '형식 매개 변수(formal paramter)'라고 한다.

형식 매개변수 count 값을 "일부러" 10 증가시켰다. "일부러"라는 말은 이 프로그램에서 의미는 없지만 call-by-value 개념을 설명하기 위해서 추가한 코드라는 의미이다.

넘겨주는 값을 '실 매개 변수(actual parameter)' 라고 한다. 이 값이 실제 넘겨주는 값이기 때문에 이렇게 부른다.

이 부분을 유심히보자. no 값은 여전히 2이다. 12가 아니다. 그 이유는 파라미터를 넘겨주는 과정에서 no 값을 count에 '복사'해 주었기 때문에 count 값을 변경하더라도 no는 영향을 받지 않기 때문이다. 이러한 파라미터 전달 방식을 call-by-value 라고 한다.

C 언어: 함수 #3: 수행 후 값을 반환(return)하는 함수

어떤 함수는 파라미터를 전달받지 않고, 자신의 연산 결과를 반환하기만 하는 함수도 있다.

아래의 rand( ) 함수가 대표적이다. rand( ) 함수는 랜덤수(random number)를 반환하는 C 라이브러리 함수로써 stdlib.h 헤더 파일을 include 해야 한다.

랜덤한 숫자를 반환하는 rand( ) 함수가 선언되어 있는 헤더 파일

```
#include <stdio.h>
#include <stdlib.h>

int main() {
        int i;

        for(i=0; i<100; i++) {
                printf("%d\n", rand() );
        }

        return 0;
}
```

```
1804289383
846930886
1681692777
1714636915
…
…
…
```

아래의 경우도 살펴보자. 아래 코드에서 input( ) 함수는 정수를 입력받아서 이를 반환하는 함수이다. 아래와 같이 전달할 매개 변수가 없는 경우는 ( )를 비워두면 된다.

no 변수는 input( ) 함수에서만 사용할 수 있는 지역 변수이다.

```
#include <stdio.h>

int input(){
        int no;

        printf("Enter a integer number\n");
        scanf("%d", &no);
        return no;
```

```
}

int main() {
        int no;

        no = input();
        printf("%d", no);

        return 0;
}
```

input( ) 함수가 반환하는 값을 no 변수에 대입한다.

no 변수는 main( ) 함수에서만 사용할 수 있는 지역 변수이다.

input( ) 함수에서 선언된 no 변수와 이름이 동일하지만 사용되는 범위가 다르기 때문에 문제없다. 지역 변수와 전역 변수는 5장에서 자세하게 이야기하자.

C 언어: 함수 #4: 함수 정리

이제 사용자 정의 함수, 즉 프로그래머가 직접 함수를 구현/사용하는 방법에 대해 정리해보자. 함수에 대해서는 교재의 앞 부분 여러 곳에서 나누어서 설명했었다. 이 내용들을 총 정리해보자.

함수의 기본적인 모양은 다음과 같다. C 언어의 main( ) 함수의 모양을 떠올려 보자.

```
반환형 함수이름 (매개 변수…) {
        변수 선언문……

        함수의 바디

        return 값;
}
```

- 반환형: 함수의 리턴값(반환값)의 데이터 형. 함수가 어떤 동작만 취하고 값을 반환(return)하지 않는 경우는 void 타입으로 선언한다. 이 경우에는 함수의 바디에서도 return 문을 사용할 필요가 없다.
- 함수이름: 함수 이름은 자신이 원하는 이름으로 설정한다. 동일한 이름의 함수를 2개 이상 사용할 수 없다. 함수의 이름 또한 변수 이름을 설정할 때 지켜야 하는 조건들을 지켜야 한다.
- 매개 변수: 함수로 넘겨주는 파라미터(매개 변수) 리스트, 여러 개의 매개 변수를 사용하려면 콤마(,)를 이용해서 나열하면 된다.
- 변수 선언문: 함수 내에서 사용할 지역 변수를 선언한다.
- 함수의 바디: 함수의 기능을 구현하는 부분이다.
- return: 함수의 값을 되돌려준다. 반환값은 1개만 가능하다.

함수를 이해하기 위해서 예제를 하나 더 보자. 아래는 "1부터 10까지의 합"과 "1부터 100까지의 합"을 순차적으로 구하는 프로그램이다.

```
#include <stdio.h>

int main() {
	int i, sum;

	sum=0;
	for(i=1; i<=10; i++){
		sum += i;
	}
	printf("sum of 1 to %d: %d\n", 10, sum);

	sum=0;
	for(i=1; i<=100; i++){
		sum += i;
	}
	printf("sum of 1 to %d: %d\n", 100, sum);

	return 0;
}
```

```
sum of 1 to 10: 55
sum of 1 to 100: 5050
```

위의 프로그램을 함수를 이용하는 코드로 수정해보자. 아래의 sum(num) 함수는 "1부터 num"까지의 합을 반환하는 함수이다. 함수를 사용함으로써 전체적인 코드가 한결 간결해진 것을 알 수 있다. 이것이 함수를 사용하는 이유이다.

함수의 반환 자료형

함수의 이름

매개 변수의 자료형과 이름

함수의 반환 값

printf( ) 함수의 파라미터에서도 함수를 호출할 수 있다. 호출된 함수의 반환 값이 출력된다.

```
#include <stdio.h>

int sum(int num){
	int i, sum;

	sum=0;
	for(i=1; i<=num; i++){
		sum += i;
	}

	return sum;
}

int main() {
	printf("sum of 1 to %d: %d\n", 10, sum(10) );
	printf("sum of 1 to %d: %d\n", 100, sum(100) );
	return 0;
}
```

```
sum of 1 to 10: 55
sum of 1 to 100: 5050
```

아래의 add() 함수를 살펴보자. 이 함수는 2개의 int형 값을 파라미터로 받아서 합을 반환하는 함수이다. 이렇게 덧셈을 계산하는 함수를 만들고 나서, main( ) 함수에서

```
add(i, j);
```

라고 사용하면, 두 값의 합을 계산하는 과정은 생각할 필요없이 우리는 결과값만 사용하면 된다. 즉, 두 수를 더하는 add( ) 함수를 구현한 후에는, 이제 프로그래머는 함수의 기능과 파라미터 전달 방법만 기억하면된다. 이제 프로그래머에게는 내부적으로 어떻게 add( ) 함수가 구현되었는지는 더 이상 중요하지 않다. 이것이 함수(function)를 사용하는 이유이다.

```
#include <stdio.h>

int add(int a, int b){
   return (a + b);
}

int main() {
   int num1=3, num2=4;
   int sum;

   sum = add(num1, num2);
   printf("Sum of %d and %d is %d\n", num1, num2, sum);

   return 0;
}
```

함수 이름 앞의 int라는 데이터 형은 이 함수의 결과값이 int 형이라는 말이다. 이 sum( ) 함수는 두 정수값의 합을 돌려주는 함수이다.

return 문장은 함수 내부에서 계산된 값을 돌려줄 때 사용한다. 즉, 이 예제에서는 함수 내부에서 계산된 덧셈값을 돌려주는 역할을 한다.

return (a+b)에 괄호가 없어도 되지만, 괄호를 하는 것이 더 의미 전달이 명확하다.

```
Sum of 10 and 20 is 30
```

위에서 함수를 호출하고 출력하는 2개의 문장을 아래와 같이 한 줄로 쓸 수도 있다. 아래의 코드에서 printf( )도 함수고, add( )도 함수이다. 이처럼 함수의 파라미터로 수식이나 다른 함수의 호출문을 사용할 수도 있다.

```
   sum = add(i, j);
   printf("Sum of %d and %d is %d\n", i, j, sum);
```

```
   printf("Sum of %d and %d is %d\n", i, j, add(i, j) );
```

함수 호출 결과를 바로 출력한다. 즉, printf( ) 함수가 호출되기 전에 add( ) 함수가 호출되고 그 결과가 printf( ) 함수의 파라미터로 넘어간다.

여러 개의 샘플 프로그램으로 함수 사용에서의 주의할 점을 알아보자. 아래의 프로그램은 2개의 정수 값을 파라미터로 받아서, 큰 값을 출력하는 함수를 포함하고 있다.

```
#include <stdio.h>

int main() {
    int a, b;

    printf("숫자 2개를 입력하세요 : ");
    scanf("%d%d", &a, &b);

    printf("큰 수 : %d\n", maximum(a, b));

    return 0;
}

int maximum(int a, int b) {
    if (a>b) return a;
    else return b;
}
```

컴파일러는 소스 코드를 위에서부터 차례로 번역한다. 이 지점을 컴파일하는 순간에 컴파일러는 maximum( ) 함수가 무엇인지, 어떻게 생겼는지 알 방법이 없다. maximum( ) 함수가 뒷 부분에 정의되어 있기 때문이다.

2개의 파라미터 중 큰 값을 반환하는 함수

```
에러 메시지
'maximum': identifier not found
```

위와 같이 구현하면 컴파일 타임에 오류가 발생한다. 컴파일러는 위에서 아래로 순서대로 컴파일을 한다. 컴파일러가 main( ) 함수 내부를 컴파일할 때, maximum( ) 함수를 호출하는 부분에서 컴파일러는 maximum( ) 함수가 무엇인지, 어떻게 생겼는지 알 방법이 없다. maximum( ) 함수가 뒷 부분에 정의(definition)되어 있기 때문이다.

이런 경우에는 maximum 함수를 main 함수 앞에 정의(definition)하거나, 아니면 아래와 같이 maximum 함수의 선언(declaration)을 main 함수 앞에 해주면 된다. 함수의 선언은 아래의 예와 같이 함수 선언의 첫줄과 동일한 모양 (정확한 표현으로는 비슷한 모양)이다. 기본적으로 함수의 반환형, 함수의 이름, 파라미터의 타입 정보를 적어주면 된다. 아래와 같이 소스 코드의 앞 부분에 함수 선언을 기술하는 방식이 일반적이다.

```
#include <stdio.h>

int maximum(int a, int b);

int main() {
    int a, b;

    printf("숫자 2개를 입력하세요 : ");
    scanf("%d%d", &a, &b);
    printf("큰 수 : %d\n", maximum(a, b));
    return 0;
}

int maximum(int a, int b) {
    return ((a > b)? a : b);
}
```

함수의 선언(declaration)

함수의 정의(definition)

함수의 선언(declaration)과 함수의 정의(definition)의 차이를 명확하게 구분하자.

위에서 보았던 두 수의 합을 구하는 함수 예제를 아래와 같이 함수 선언을 추가해서 프로그래밍할 수 있다. 이와 같이 함수 선언을 프로그램의 앞부분에 하는 형식이 일반적인 방식이다.

```
#include <stdio.h>

int add(int a, int b);

int main() {
   int num1, num2, result;

   num1 = 10;
   num2 = 20;

   result = add(num1, num2);
   printf("Sum of %d and %d is %d\n", num1, num2, result);

   return 0;
```

이 부분이 추가된 부분이다. 이 문장을 함수의 선언(function declaration)이라고 한다.

컴파일러가 아래의 main( ) 함수 부분을 컴파일할 당시는 main( ) 함수 뒷 부분에 정의(definition)된 함수들이 어떤 것들이 있는지 아직 보지 않아서 알 수 없기 때문에, 미리 함수의 전체적인 모양에 대한 정보를 적어두는 것을 말한다. 이런 방식이 일반적인 코딩 방식이다.

```
}

int add(int a, int b){
    return (a + b);
}
```

sum( ) 함수가 main( ) 함수의 뒷 부분에 있다. 이 부분을 함수의 정의(definition)이라고 한다.

```
Sum of 10 and 20 is 30
```

아래의 프로그램에서 함수의 호출에서 일어나는 일의 순서를 생각해보자.

1. 함수가 호출되면
2. 매개변수를 전달하고
3. callee 함수를 수행한 후에 값을 반환하고
4. caller는 반환된 값을 사용한다.

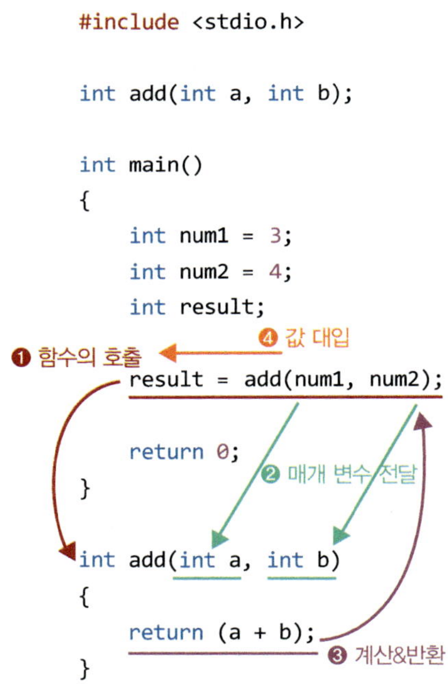

함수 선언에는 매개 변수의 자료형만 적어주고 매개 변수의 이름은 생략해도 된다. 컴파일러의 입장에서는 함수의 선언에서는 매개 변수의 개수와 자료형이 중요한 정보이기 때문이다. 즉 아래와 같은 함수 선언은 모두 동일한 의미이다. 함수의 선언에서는 매개 변수의 이름은 중요하지 않다.

```
int add(int, int);
int add(int a, int b);
int add(int data1, int data2);
```

그런데 왜 함수의 선언이 필요할까?

위의 프로그램에서 2개의 용어 '함수의 정의(definition)'와 '선언(declaration)'을 잘 구분하자. 이렇게 프로그래밍하는 이유는 프로그램이 길어지면 main( ) 함수 이외에 아주 많은 함수를 '정의'해서 사용하게 되는데, 이들의 '선언'을 프로그램의 앞 부분에 모아두면 훨씬 관리하기 편하기 때문이다.

실제의 프로그래밍에서 많게는 수 백, 수 천개의 함수를 사용할 것이다. 이런 상황에서는 함수들 사이의 호출 관계가 아주 복잡하게 얽힐 것인데, 위치 상에서 어떤 함수를 먼저 정의해야 하는지 판단하는 것은 어렵다. 그래서 모든 함수의 선언을 코드 파일의 앞부분에 모아서 선언하는 것이다.

우리가 include하는 헤더 파일(예를 들어 stdio.h)에 표준 입·출력과 관련된 함수의 선언이 모여있다.

따라서 대부분의 C 프로그램 소스는 아래와 같은 구조를 지닌다.

아래에서 전역 변수와 지역 변수는 5장에서 설명한다.

```
#include …
---
함수 선언(function declarations)
---
전역 변수(global variables)
---
int main( ){
   지역 변수(local variables)

   return 0;
}
---
함수 정의(function definition)
```

C 언어에서 동일한 이름의 변수를 동일한 블록(또는 함수)에서 사용할 수 없듯이, 동일한 이름의 함수도 두 개 이상을 사용할 수 없다. 그래서 아래의 예에서 int 형과 float 형을 별도로 add하는 함수를 구현하려고 하였지만, 컴파일 시점에 에러가 발생한다.

C++나 Java와 같은 객체 지향 언어에서는 동일한 이름의 함수라고 하더라도, 파라미터의 개수나 종류, 반환값의 자료형이 다르면 사용할 수 있다. 이를 다형성(polymorphism)이라고 한다.

```
#include <stdio.h>

int add(int a, int b) {
        return (a+b);
}

float add(float a, float b) {
        return (a+b);
}

int main() {
        printf("%d\n", add(1,2));
        printf("%f\n", add(1.1, 2.2));
        return 0;
}
```

에러 메시지

```
prog.c:7:7: error: conflicting types for 'add'
 float add(float a, float b) {
       ^
prog.c:3:5: note: previous definition of 'add' was here
 int add(int a, int b) {
```

따라서 이와 같은 경우에는 위의 함수의 이름을 서로 다르게 해야한다.

예를 들어,

- add((int a, int b) → addInt(int a, int b);
- add(float a, float b) → addFloat(float a, float b);

함수의 사용법을 알기 위해서 다양한 예제 프로그램을 살펴보자. 아래의 프로그램은 2^5과 같이 어떤 숫자의 지수승을 구하는 프로그램이다.

```
#include <stdio.h>

int power(int a, int b);

int main( ) {
   int result;

   result = power(2, 5);
   printf("%d to the %d is %d", 2, 5, result);
```

함수를 호출하는 caller 입장에서 보는 파라미터를 actual parameters(실 매개 변수)라고 한다.

```
}

int power(int base, int n) {
    int i, p;

    p = 1;
    for(i=1; i<=n; i++) {
        p = p * base;
    }

    return p;
}
```

함수 내부에서 사용하는 파라미터를 formal parameter(형식 매개변수)라고 한다. power(base, n) 함수는 base를 n번 곱한 값을 반환하는 함수이다.

아래의 프로그램은 2개의 정수값을 파라미터로 받아서 각각 큰 값과 작은 값을 출력하는 함수들을 포함하고 있다.

```
#include <stdio.h>

int maximum(int a, int b);
int minimum(int a, int b);

int main() {
        int a, b;

        printf("숫자 2개를 입력하세요 : ");
        scanf("%d%d", &a, &b);

        printf("큰 수 : %d\n", maximum(a, b));
        printf("작은 수 : %d\n", minimum(a, b));

        return 0;
}

int maximum(int a, int b) {
        return ((a > b)? a : b);
}
```

함수의 선언(declaration) 부분

함수의 정의(definition)

? 연산자는 조건 연산자이다.

(a > b)? a : b

위의 의미는 아래와 같다.

if (a>b) return a;
else return b;

조건 연산자는 5장에서 자세하게 다룬다.

```
int minimum(int a, int b) {
        return ((a < b)? a : b);
}
```

함수의 파라미터는 기본적으로 call-by-value로 값이 복사된다는 점에 주의하자.

여기서 이제 실 매개변수와 형식 매개 변수에 대한 이야기를 하나 더 하자. 이 부분은 중요한 부분이다. 아래의 프로그램을 한번 살펴보자. 아래의 프로그램에서 swap(a, b) 함수는 전달 받은 파라미터 값을 서로 바꾸려는 함수다.

```
#include <stdio.h>

void mySwap(int a, int b)

int main() {
   int x1, x2;

   x1 = 10;
   x2 = 20;

   mySwap(x1, x2);
   printf("x1=%d\n x2=%d", x1, x2);

   return 0;
}

void mySwap(int a, int b) {
   int temp;

   temp = a;
   a = b;
   b = temp;
}
```

```
x1=10
x2=20
```

그러나 main( ) 함수에서 출력한 값들을 확인해 보면, 두 값이 바뀌지 않았다.

mySwap( ) 함수는 파라미터로 넘겨 받은 두 값을 바꾸려는 함수이다.

그러나 형식 매개변수 a, b의 값만 서로 바뀌는 것이지, 실 매개 변수의 값이 바뀌는 것은 아니다.

mySwap(,) 함수에서 분명히 값을 서로 바꾸었는데, main( ) 함수에서 출력된 값은 왜 바뀌지 않았을까? 그 이유는 함수 호출 시에 파라미터 값을 넘겨줄 때 변수를 넘겨주는 것이 아니라 '실 매개변수의 값을 복사'해서 넘겨주기 때문이다. 즉, call-by-value로 파라미터를 넘겨준다.

그렇기 때문에 mySwap(,) 함수에서 형식 매개 변수를 값을 변경하더라도 호출한 함수의 매개 변수(실 매개 변수)는 영향을 받지 않는다. 따라서 위의 프로그램은 의도하는 대로 숫자값이 서로 바뀌지(swap) 않는다. 그러면 어떻게하면 두 값을 바꾸는 함수를 작성할 수 있을까?

call-by-value로 파라미터를 전달하는 방식으로는 구현할 수 없다. 차후에 call-by-reference라는 방법으로만 구현할 수 있다. 포인터 부분에서 설명한다.

함수를 이용한 스무 고개 프로그램

이제 '스무 고개' 프로그램을 함수로 나누어보자. 입력받는 부분을 별도의 함수로 나누었다. 이와 같이 함수를 사용함으로써, 코드의 중복없이 코드가 간결해지고, 프로그램을 기능별로 나누어서 코딩하기 때문에 코드의 재 사용성이 쉬워지고 코드를 수정하기도 쉬워진다.

함수 선언

함수 호출

함수 정의:
함수 userInput( )은 숫자를 하나 입력받아서 반환하는 함수이다.

```
#include <stdio.h>

int userInput();

int main() {
        int opponent = 72;
        int guess;

        do {
                guess = userInput();
                if (guess == opponent) {
                        printf("Your guess %d is Correct!\n", guess);
                }
                else{
                        printf("Your guess %d is Incorrect!\n", guess);
                }
        } while( guess !=  opponent);

        return 0;
}

int userInput(){
        int guess;

        printf("Guess what between 1 to 100 ? \n");
        scanf("%d", &guess);

        return guess;
}
```

C 언어: 함수 #5: 함수의 반환값(return value)에 대한 고찰

'스무 고개'에서 작성한 아래의 userInput( ) 함수를 다시 살펴보자. 만약 어떠한 상황 때문에 scanf( ) 함수가 키보드로부터 입력을 받아들이지 못하는 상황이라면 어떻게 될까?

예를 들면, 정수를 입력받아야 하는데 문자열을 입력하면 입력이 정상적으로 되지 않을 수 있다.

그렇다 하더라도 현재 구현된 userInput( ) 함수는 '어떤' 값을 반환(return)한다. 비록 그것이 의미없는 값이라고 할지라도…. 이것은 정상적인 상황이 아니다.

```
int userInput(){
        int guess;

        printf("Guess what between 1 to 100 ? \n");
        scanf("%d", &guess);

        return guess;
}
```

그럼 어떻게 위의 함수를 수정해야할까? scanf( ) 함수가 정상적으로 동작했는지를 언제나 체크해야 한다. 필수적으로!

그런데, scanf( ) 함수가 정상적으로 동작했는지를 어떻게 알 수 있을까?

아래의 사이트를 각자 한번 찾아보자.

URL http://www.cplusplus.com/reference/cstdio/scanf/

이 페이지는 scanf( ) 함수에 대한 설명을 한다. 이 내용 중 중요한 일부만 아래에 발췌하였다. 아래와 같이 scanf( ) 함수는 입력을 완료한 후에 어떤 값을 반환한다. 아래에서 scanf( ) 함수의 반환값(return value)이 무엇인지 찾아보자.

이렇게 인터넷에서 관련된 정보를 찾아보도록 이야기하는 이유는 앞으로 조금씩 스스로 정보를 찾는 습관을 만들기 위해서다.

```
int scanf ( const char * format, ... );
```

```
Read formatted data from stdin
Reads data from stdin and stores them according to the parameter format
into the locations pointed by the additional arguments.

The additional arguments should point to already allocated objects of
the type specified by their corresponding format specifier within the
format string.

Return Value
On success, the function returns the number of items of the argument
list successfully filled. This count can match the expected number of
items or be less (even zero) due to a matching failure, a reading error,
or the reach of the end-of-file.

If a reading error happens or the end-of-file is reached while reading,
the proper indicator is set (feof or ferror). And, if either happens
before any data could be successfully read, EOF is returned.
```

즉, scanf( ) 함수는 입력을 정상적으로 성공하였을 때는 '입력된 아이템의 개수'를 반환한다. 즉, 위의 프로그램은 아래와 같이 수정하는 것이 바람직하다.

```
#include <stdio.h>

int userInput();

int main() {
        int opponent = 72;
        int guess;

        do {
                if ( (guess = userInput()) == -1 ) {
                        printf("illegal input");
                        break;
                }
```

수정된 부분

```
        if (guess == opponent) {
            printf("Your guess %d is Correct!\n", guess);
        }
        else{
            printf("Your guess %d is Incorrect!\n", guess);
        }
    } while( guess !=  opponent);

    return 0;
}

int userInput(){
    int guess;

    printf("Guess what between 1 to 100 ? \n");

    if ( scanf("%d", &guess)==1 ) return guess;
    else return -1;
}
```

이 부분이 변경된 부분이다. 숫자 하나를 입력받는 함수이니까 scanf( ) 함수의 반환값이 1인지를 체크해야 한다.

userInput( ) 함수는 특수한 경우(입력 실패)를 표시하기 위해서 임의로 '–1'이라는 값을 반환하는 것으로 구현하였다.

영어와 같은 언어 뿐만 아니라 프로그래밍 언어의 문법적인 설명의 '원리'를 이해해야 한다. 이 교재에서는 예제를 통해서 원리를 설명하려고 하고 있지만, 더 깊은 설명은 본인이 스스로 찾아봐야 한다. 이와 같이 프로그래밍 언어를 새롭게 배울 때는 모든 문법적인 정의(definition)을 정확히 알아두어야 활용할 때 실수하지 않는다.

실전 연습 문제 #7(함수)

1. 형식 매개 변수를 a, b라는 이름으로, 실 매개 변수를 x, y라는 이름으로 하는 함수를 작성하고, main( ) 함수에서 이 함수를 호출해서 main( ) 함수에서 결과를 출력하세요. 이 함수는 2개의 정수를 파라미터로 받아서 2수의 평균을 반환하는 함수입니다.

2. 형식 매개 변수를 a, b라는 이름으로, 실 매개 변수를 x, y라는 이름으로 하는 함수를 작성하고, 호출해서 결과를 출력하세요. 이 함수는 2개의 정수 x, y를 파라미터로 받아서 x + y가 짝수이면 1을, 홀수이면 0을 반환하는 함수입니다.

3. 문자(char) 하나를 파라미터로 받아서 이를 대문자로 변환해서 반환하는 함수를 작성하고, main( ) 함수에서 이 함수를 호출한 결과를 출력하시오. 문자의 입력과 출력은 main( ) 함수에서 수행하고, 입력된 문자는 이 함수에게 파라미터로 넘겨주세요.

4. 위의 3번 문제와 유사한 문제입니다. 정수 숫자(int)를 파라미터로 받아서 이를 양수(+)로 변환해서 반환하는 함수를 작성하고, main( ) 함수에서 이 함수를 호출한 결과를 출력하시오. 숫자의 입력은 main( ) 함수에서 받으세요. 입력된 숫자가 양수이면 그대로 출력하고, 음수이면 양수로 변환해주면 됩니다.

함수 내부에서 if 문을 사용하거나 switch 문을 사용해보자.

5. 문자 하나를 파라미터로 받아서 모음(vowel)인지 아닌지를 반환하는 함수를 구현하시오. 파라미터로 받은 문자가 모음이면 1을, 자음이면 0을 반환하는 함수입니다.

C 언어: 잔소리 #2

스무고개 프로그램은 길지 않은 프로그램이지만, 이 소스 코드에는 많은 기능들이 들어있다. 조건문, 반복문, 입·출력문, 함수. 이 정도의 기능만 알아도 많은 프로그램을 작성할 수 있다. 기본을 충실히 하도록 하자.

"이게 무슨 게임이냐…"

라고 생각할것 같다.

"시작이 반이다(Well begun is half done)".
모든 프로그램은 1줄에서 시작한다.

지금까지 C 언어 문법의 30% 정도가 소개되었다.

물론 향후에 다룰 부분은 이미 소개된 부분들을 조금 더 자세하게 설명될 것이고, 조금 더 복잡한 새로운 문법적인 부분들이 소개될 것이다.

이제부터 차근차근 C 언어를 배워가자.

코딩 스타일 조언 #4: 주석에 써야하는 것들

1. 여러 줄 주석(/*　*/)을 이용하여 프로그램의 시작 부분에 아래와 같은 내용들을 기입한다.

```
/**********************************************************/
/*
목적: 이 프로그램은 질문자와 스무고개 게임을 수행합니다.
작성자:
최초 작성일: 2016년 5월 5일
제 1차 수정일:
최종 수정일:
제약 사항:
...

프로그램의 입력 방식과 출력 방식:
...
프로그램의 기본 원리:
...
*/
/**********************************************************/

#include <stdio.h>

int main() {

       return 0;
}
```

2. 프로그램 중간 중간에 표기하는 한줄 주석(//)은 코드에서 바로 확인 가능한 정보는 쓰지 않는 것이 좋다. 즉, 코드에서 바로 확인할 수 없는 정보를 주석으로 달아야 한다. 즉, 아래와 같은 주석은 필요없다.

```
int a, b, sum;
sum = a + b;  // a와 b의 합을 구한다.
```

C 언어: 보기에는 이상하지만 정상적으로 수행되는 C 프로그램

코딩 스타일의 중요성을 강조하기 위해서, 알아보기 힘든 코드 예제를 몇 개 살펴보자. 아래는 인덴트(들여쓰기)나 코드 정렬이 되어 있지 않은 코드이다. 그러나 이 코드는 에러 없이 컴파일되고 실행은 된다.

```
#   include <stdio.h>
int
main(
        ) {
              printf
        ("Hello, World\n");
return
0
;
}
```

```
Hello, World
```

실제로 이렇게 알아보기 힘든 코드를 작성하는 경진 대회도 있다. 아래의 사이트를 방문해보자.

URL https://www.cise.ufl.edu/~manuel/obfuscate/obfuscate.html

URL http://www.ioccc.org/

아래의 프로그램은 정말 이해하기 힘들다. 별도의 설명은 하지 않겠다. 찬찬히 보면 이해할 수 있을지도…

출력 결과:

```
O
P
Q
R
S
T
U
V
W
X
Y
Z
[
\
]
^
_
`
a
b
c
d
e
f
g
h
i
j
k
l
m
n
```

```
#include <stdio.h>

void _(int O, int _O, char _0) {
    for (; O<_O; ++O) {
        printf("%c\n",_0);
        _0++;
    }
}

int main() {
    _('O','o','O');
    return 0;
}
```

[대문자 'O'에서 ASCII 순서로 소문자 'o' 이전까지 출력하는 코드]

이러한 예제를 소개하는 이유는 프로그램은 읽기 좋은 코드가 절대적으로 좋은 코드라는 것을 강조하기 위해서이다.

CHAPTER

4

Visual Studio와 openFrameworks 기초

이제 C 언어 기초는 대부분 배웠다. 다음 챕터인 5장부터는 C 언어를 이용해서 '벽돌 깨기' 게임을 만들어볼 것인데, 4장에서는 이를 위한 2개의 새로운 프로그램 개발 환경에 대해서 소개한다.

먼저 Visual Studio라는 통합 개발 환경(Integrated Development Environment: IDE)이다. Visual Studio는 MicroSoft사의 프로그램으로써 C 언어 이외에 C#, Visual Basic, F#, JavaScript, C++, Python 등의 다양한 언어로 프로그래밍하는 것을 지원하는 개발 환경이다. Visual Studio는 윈도우 운영체제에서 PC용 소프트웨어 개발뿐만 아니라, 모바일 등 다양한 장치를 대상으로 앱을 개발할 수도 있다.

라이브러리라는 것은 향후에 많이 사용하는 것을 목적으로 중요한 프로그램 부분들을 모아서 미리 프로그래밍해둔 코드 모음을 의미한다.

두번째는 openFrameworks라는 C++ 언어를 이용한 보다 재미있는 프로그래밍을 위한 라이브러리(library)이다.

openFrameworks 라이브러리는 "창의적인 코딩"을 위한 C++ 오픈 소스 라이브러리로써, C++ 언어를 이용한 그래픽 기반 인터랙션(interaction, 상호 작용)을 쉽게 구현할 수 있도록 해주는 라이브러리이다.

openFrameworks처럼 조금 더 편하고 효과적으로 그래픽 프로그래밍을 할 수 있는 환경이나 프로그래밍 언어의 개발에 대한 시도가 계속되고 있다. 대표적인 예가 Processing이라는 언어이다(http://www.processing.org). 이 언어는 Java의 복잡한 문법 구조를 숨기고 쉽게 그래픽 기반 인터랙티브한 프로그램을 제작할 수 있는 구조를 제공한다.

관련 정보는 저자의 웹 사이트를 참고하자.

https://sites.google.com/site/gamewithprocessing

openFrameworks는 Processing과 거의 동일한 구조이면서 C++ 언어를 사용하는 환경이며, Windows, Mac OSX, Linux, Android, iOS 등에서도 실행할 수 있는 프로그램을 개발할 수 있다.

이 교재는 C 언어를 위한 교재인데, openFrameworks 는 C++ 언어를 위한 라이브러리이다. C 언어가 C++ 언어의 온전한 부분 집합(subset)은 아니지만, 대부분의 C 언어 문법을 같이 사용할 수 있기 때문에 이 교재에서 이를 사용한다.

또한 자바 기반인 Processing 언어, Flash AS3.0, Cinder 등에 비해서, openFrameworks는 C++ 기반이기 때문에 빠른 속도와 다른 라이브러리와 결합이 쉽다는 장점이 있다.

C 언어를 이용한 윈도우 운영 체제에서 그래픽 출력

지금까지 이 교재에서는 웹 컴파일러를 이용하였었다. 따라서 실제적으로 본인이 사용하고 있는 운영 체제에서 바로 사용 가능한 형태의 프로그램을 제작할 수는 없었다. 다만 웹 브라우저 상에서 시뮬레이션 결과 만을 확인하였던 것이다.

이제 윈도우 운영 체제 상에서 프로그램을 개발해보자. 이 교재의 최종 목적지는 윈도우 운영 체제 상에서 멋진 그래픽 출력이 되고 마우스 등으로 인터랙션할 수 있는 결과물이다.

윈도우 운영 체제에서 화면에 그림을 그리기 위해서는 일반적으로 OpenGL이나 DirectX 등을 사용하는데, 이러한 라이브러리 대부분이 C 언어로 작성되어 있다. 그러나 C 언어를 처음 배우는 단계에서는 이들을 쉽게 사용할 수 없다. 보통 C 언어를 다 배운 후에 부가로 더 공부하는 단계가 필요하기 때문이다.

이러한 이유로 이 교재에서는 openFrameworks 라이브러리를 사용하기로 결정하였다. openFrameworks를 사용하면 openGL과 같은 어려운 라이브러리를 공부할 필요가 없고, 운영 체제에 대한 지식도 그렇게 많이 필요하지 않아서 초보자가 쉽게 배울 수 있기 때문이다.

openFrameworks와 Visual Studio 설치

이제 openFrameworks와 Visual Studio 프로그램을 설치해보자. openFrameworks는 다운받고 압축만 풀면 된다. 그에 반해서, Visual Studio는 다운받고, 설치하고, 기타 몇 가지 설정 작업이 필요하다.

[교재를 보는 법]

이 책에서는 다양한 실전 경험을 위해서 그림을 통해서 여러 조작 방법을 설명한다. 이때 세부적으로 여러 번의 메뉴 클릭 동작을 설명하기 위해서 아래와 같은 형식으로 설명하였다.

- 예) [Tools] → [Extensions and Updates]: [Tools] 메뉴를 클릭하고, 그 다음 화면에서 [Extensions and Updates]라는 메뉴를 클릭하라는 설명이다.
- 예) [Name: 프로그램 이름 입력]: [Name] 필드에 프로그램 이름을 입력하고 진행한다.

openFrameworks 설치

오픈프레임웍스는 파일을 다운받고 압축을 풀면 된다. 어렵지 않다.

1. 먼저 openFrameworks를 설치해보자. 아래의 사이트에서 openFrameworks의 최신 버전을 다운받을 수 있다.

   URL http://openframeworks.cc/

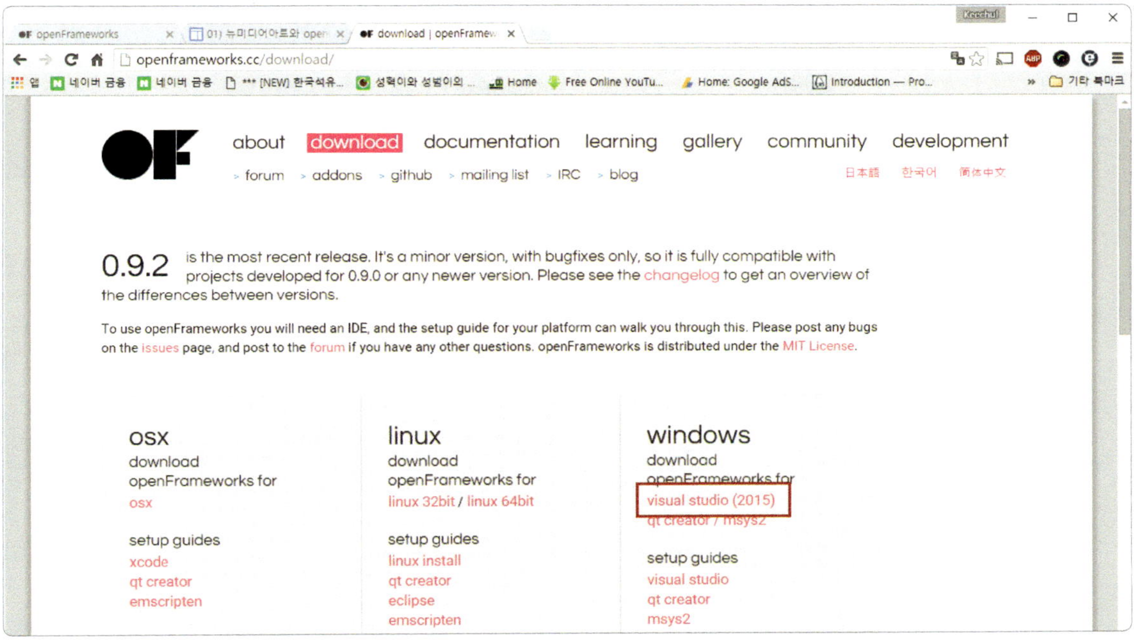

2. openFrameworks는 osx, linux, windows, ios, android 등 다양한 운영 체제에서 사용할 수 있다. 이점이 강점이다. 한번의 프로그래밍으로 다양한 운영 체제에서 수행되는 프로그램을 제작할 수 있다. 따라서 자신의 운영 체제에 맞는 openFrameworks 파일을 다운받자. Windows 운영체제를 사용하는 경우라면 화면의 “windows” 부분의 “visual studio(2015)” 링크를 눌러 다운받으면 된다.

visual studio 2015 프로그램에서 사용할 수 있는 openFrameworks를 다운받는다. 다운받을 파일이 300 Mbytes 이상으로 상당히 크다.

3. 다운받은 파일의 압축을 풀고, 압축을 푼 폴더의 위치를 잘 기억하자. openFrameworks 라이브러리의 위치는 향후에 Visual Studio에서 간단한 추가 설정 작업이 필요하기 때문이다.

openFrameworks는 설치 작업(install)이 필요 없다.

라이브러리 전체가 소스 코드 형태로 배포되고 사용되기 때문이다. 어느 폴더에 압축을 풀었는지만 잘 기억하자.

openFrameworks 폴더 구조

이제 openFrameworks의 폴더 구조를 알아보자. 압축을 풀면, libs, addons, examples 같은 일련의 하위 폴더들을 발견할 수 있다. 각 폴더의 내용은 다음과 같다.

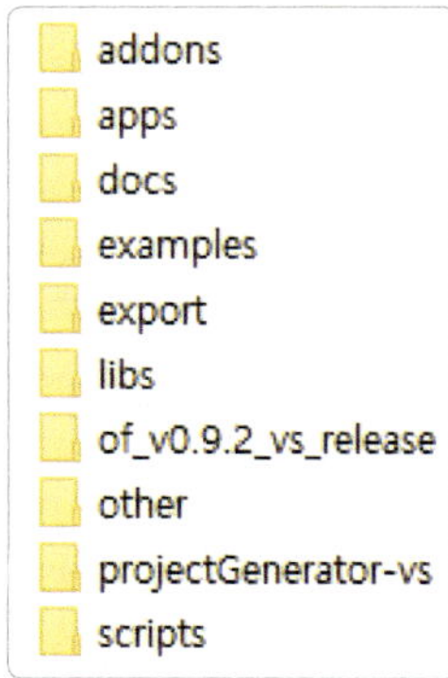

- addons: 오픈프레임웍스(openFrameworks)에서 제공되는 다양한 추가 기능이 담겨 있는 폴더
- apps: 프로그래머가 직접 작성한 응용 프로그램이 저장되는 폴더. 우리가 작성할 프로그램도 이 폴더에 저장해야 한다.
- libs: 오픈프레임웍스가 사용하는 코어(core) 라이브러리와 함께 다양한 라이브러리가 있는 폴더

오픈프레임웍스를 사용할 때 위의 폴더들의 계층 구조를 유지하는 것이 매우 중요하다.

즉, 새로운 프로그래밍을 위해서는 apps 폴더 안의 myApps 폴더에 소스 파일을 저장해야 한다.

우리가 작성할 프로그램을 어디에 저장해야하는지 폴더 구조를 이해하자.

apps > myApps > 프로젝트 이름 > 프로젝트 파일들

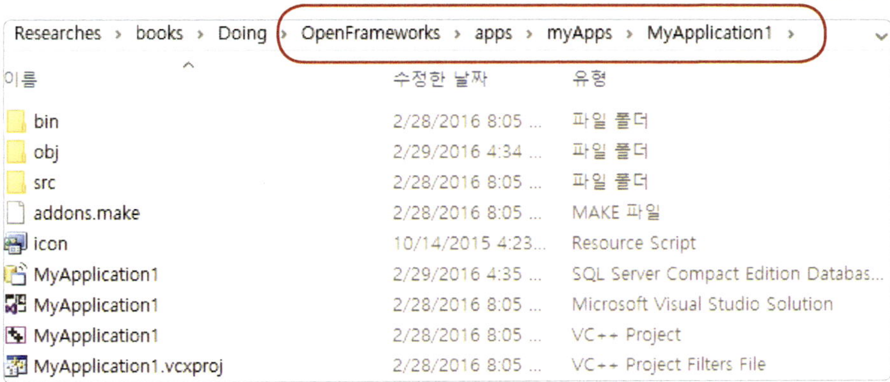

[Visual Studio를 이용하여 작성한 프로그램이 저장된 폴더]

중요! 꼭 폴더 구조를 지키자. apps → myApps 폴더 내부에 우리의 프로그램을 저장하자.

아래의 그림은 MyApplication1이라는 프로젝트 이름으로 개발하고 있는 과정의 파일들을 보인다. 이 폴더의 설명은 Visual Studio를 설명할 때 다시 이야기하자.

즉, 이제부터 여러분이 작성하는 프로그램은 아래의 폴더 구조를 가진다.

- apps
  - myApps
    - 프로젝트 폴더
      - src: 프로그램 소스 프로젝트 파일
      - bin: 컴파일된 응용 프로그램
        - data: 프로그램에서 사용할 사진/폰트 등 저장

오픈프레임웍스는 컴파일된 라이브러리 형태로 제공되는 것이 아니라 소스 코드 형태로 제공되기 때문에, 개발하는 소프트웨어가 내부 폴더들과 지역적으로 링크(link)될 수 있도록 구성되어 있다. 만약 폴더들을 옮기거나, 변경하게 되면 컴파일이 되지 않을 수 있다. 주의하자.

링크: 여러 개의 소스 파일로 코딩된 파일들을 각각 컴파일하고 이들을 최종적으로 하나의 실행 파일로 묶는 작업을 링크라고 한다.

■ openFrameworks 소스 코드 구조

오픈프레임웍스를 사용하기 위해서는 몇 가지 규칙을 지켜야한다. 이를 위해서 오픈프레임웍스의 소스 코드 구조를 알아야 한다.

오픈프레임웍스에서는 기본적으로 3개의 파일을 사용한다.

C 언어의 소스 파일은 확장자가 *.c이지만, 오픈프레임웍스는 C++ 언어로 작성되었기 때문에 확장자가 *.cpp이다.

ofApp.h는 ofApp.cpp 파일의 헤더 파일이다.

물론 자신이 원하는 함수를 정의해서 사용할 수도 있다. 또한 별도의 소스 파일(*.c)을 만들수도 있다.

- **main.cpp**: main.cpp 파일은 C++ 컴파일러에게 어떠한 리소스(resource)를 프로그램 내에서 사용할 것인지를 알려주고, 프로그램을 실행시키는 역할을 한다. 우리는 이 교재에서 소개되는 내용을 배우기 위해서는 이 파일의 내용을 변경할 필요는 없다.
- **ofApp.cpp와 ofApp.h**: 실제 코딩은 ofApp.h와 ofApp.cpp 파일 내에서 이루어지게 된다. 사용자는 기본적으로 ofApp.cpp 파일의 setup( ), update( ), draw( ) 함수를 사용할 수 있다. 이 3개의 함수는 오픈프레임웍스에서 미리 정의되어 있고, 우리는 이 함수의 바디를 채우는 방식으로 프로그래밍한다.
  - setup( ): 프로그램이 실행되는 첫 순간에 한번만 실행되며, 변수 초기화나 업데이트가 필요하지 않은 초기 설정을 하는 부분이다.
  - update( ): 매 프레임별로 반복적으로 수행된다. 이 함수는 주로 변수 값을 변경하는 역할을 하며, 내부에서 드로잉 함수(그림을 그리는 함수)를 호출할 수 없다.
  - draw( ): 매 프레임별로 반복적으로 수행되며, 매 프레임에서 그림을 그리는 명령어들을 포함한다.

프레임(frame): 프로그램이 계속 수행되면서 화면을 그리는 일을 하기 때문에 계속 바뀌는 화면 하나하나를 프레임이라고 한다.

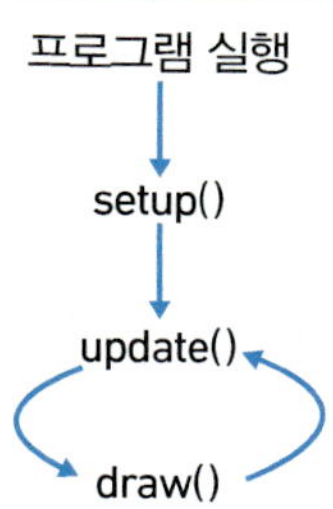

이 3개의 함수는 옆의 그림 같은 순서로 동작한다. 즉, 프로그램이 실행되면, setup( ) 함수가 1번 수행되고, 그 다음에 update( ) 함수와 draw( ) 함수가 반복적으로 수행된다.

오픈프레임웍스를 이용한 프로그래밍은 바로 다음의 Visual Studio 컴파일러를 설치한 후에 자세히 살펴보자.

Visual Studio 2015 Community 버전 설치

이제 Visual Studio 프로그램을 설치하자.

실무에서 가장 많이 사용되는 C 컴파일러는 마이크로소프트(Microsoft)사의 Visual Studio 프로그램으로써, 윈도우즈 전용 컴파일러로써 프로그램 개발 작업 환경이 편리하다. 또한 코드를 자동으로 생성해주는 위저드(wizard, 마법사) 기능과 MSDN이라는 방대한 도움말, 편리한 프로젝트 관리 기능 등 개발자를 위한 많은 지원 기능들이 포함되어 있다.

그러나 Visual Studio는 막강한 기능으로 인해서 너무 복잡하기 때문에 초보자에게 혼란을 줄 수 있는 소지가 많다는 단점도 있다.

Visual Studio 인스톨(install, 설치) 과정은 어렵지 않다. 인스톨 파일을 다운로드한 후, 설정 작업을 그대로 따라가면 된다.

세부 내용을 꼭 자세히 알 필요는 없지만 각 과정에 출력되는 화면은 천천히 읽어보는 것도 나름의 의미가 있을 것이다.

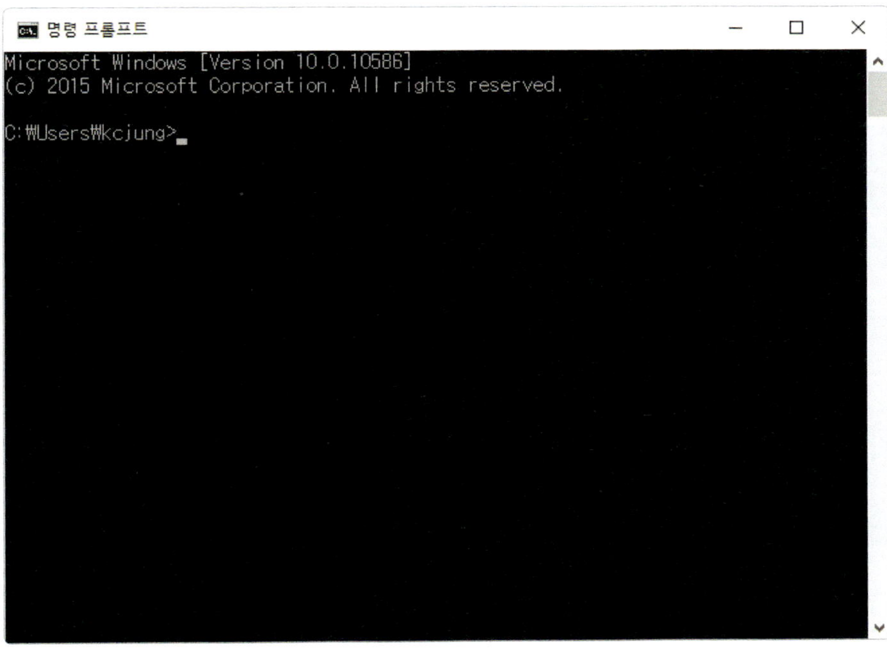

[콘솔 화면]

Visual Studio는 윈도우즈 전용의 컴파일러이기 때문에 텍스트 기반의 프로그램을 위해 콘솔(console) 환경을 지원하는데, 콘솔에서는 기본적인 텍스트 기반의 입·출력만 가능하기 때문에, 프로그래밍 실습의 재미가 적고 예제도 빈약할 수 밖에 없다는 단점이 있다. 그렇지만 일단은 콘솔 화면에서 프로그래밍을 시작해서, 오픈프레임웍스를 이용한 그래픽 프로그래밍으로 진행해볼 것이다.

다운로드를 시작하고, 설치 과정을 따라가면서 교재를 읽어가는 것을 병행하자.

이제부터 Visual Studio를 설치하자.

1. 최신 버전인 Visual Studio Community 2015 버전을 다운하자. 기존에 Visual Studio 프로그램을 사용하고 있더라도, 이 교재에서는 "Community 2015" 버전으로 설명하기 때문에 새롭게 업데이트하자. 아래의 사이트를 가면 'Visual Studio Community' 버전을 무료로 다운받을 수 있다. 각자 다운받고 설치하자. 아래의 화면에서 화면의 왼쪽을 클릭하면 된다. 전체적인 설치 작업은 인터넷 다운로드 속도에 따라 다르겠지만 20~30분 정도 소요된다.

URL https://www.visualstudio.com/

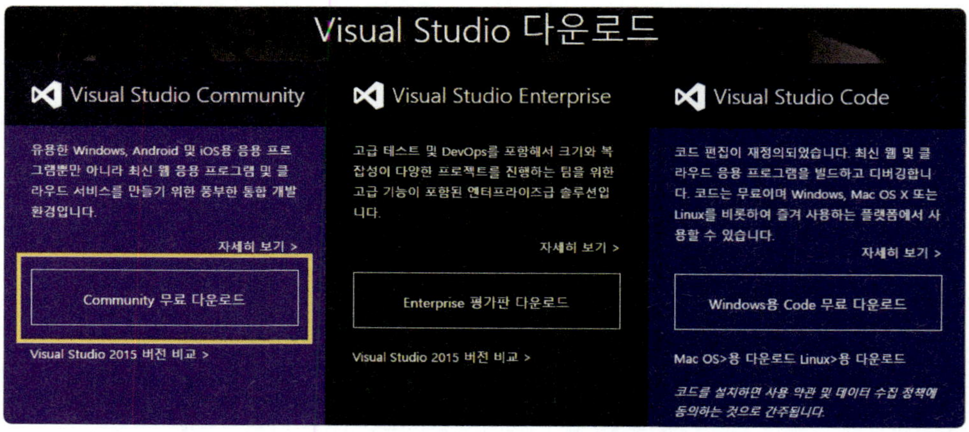

인스톨러: 실질적인 설치용 파일을 다운받을 수 있는 초기 설치 작업용 프로그램

2. 해당하는 다운 로드 링크를 클릭하면 인스톨러(installer)가 다운되고, 인스톨러를 실행하면 관련된 파일을 자동으로 다운로드하고 설치된다.

아래에 많은 그림으로 단계별 설명이 있지만, 대부분 설치 작업을 스스로 진행할 수 있을 것이다.

3. 지금부터는 기본적(default)인 설치 작업을 따라가면 된다. 몇 가지 옵션들을 선택해야 하는 상황이 올 수 있는데, 대부분의 옵션은 무시하고 [다음] 버튼을 눌러서 계속 진행해도 된다.

4

Visual Studio
Community 2015
업데이트 1 포함
설치 위치를 선택하세요.
C:\Program Files (x86)\Microsoft Visual Studio 14.0
설치하려면 모든 드라이브에 최대 10GB가 있어야 합니다.
[다음] 단추를 클릭하면 사용 약관 및 개인 정보 취급 방침 페이지로 이동합니다.
취소(C)
다음(N)

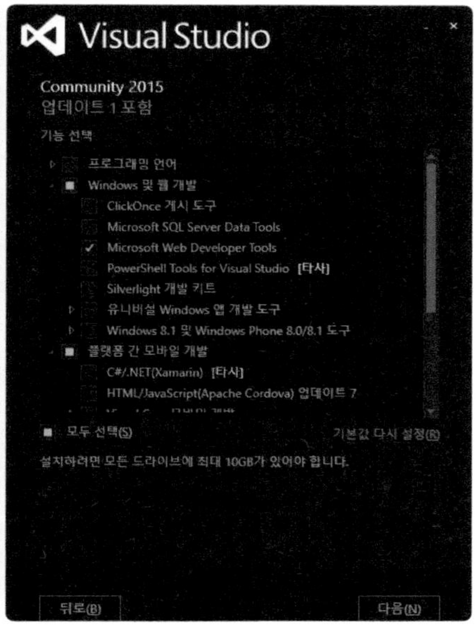
Visual Studio
Community 2015
업데이트 1 포함
기능 선택
프로그래밍 언어
Windows 및 웹 개발
ClickOnce 게시 도구
Microsoft SQL Server Data Tools
Microsoft Web Developer Tools
PowerShell Tools for Visual Studio [타사]
Silverlight 개발 키트
유니버설 Windows 앱 개발 도구
Windows 8.1 및 Windows Phone 8.0/8.1 도구
플랫폼 간 모바일 개발
C#/.NET(Xamarin) [타사]
HTML/JavaScript(Apache Cordova) 업데이트 7
모두 선택(S)
기본값 다시 설정(R)
설치하려면 모든 드라이브에 최대 10GB가 있어야 합니다.
뒤로(B)
다음(N)

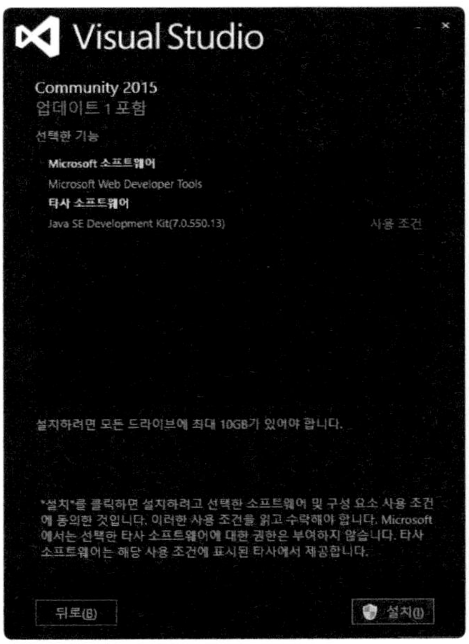
Visual Studio
Community 2015
업데이트 1 포함
선택한 기능
Microsoft 소프트웨어
Microsoft Web Developer Tools
타사 소프트웨어
Java SE Development Kit(7.0.550.13)
사용 조건
설치하려면 모든 드라이브에 최대 10GB가 있어야 합니다.
"설치"를 클릭하면 설치하려고 선택한 소프트웨어 및 구성 요소 사용 조건에 동의한 것입니다. 이러한 사용 조건을 읽고 수락해야 합니다. Microsoft에서는 선택한 타사 소프트웨어에 대한 권한은 부여하지 않습니다. 타사 소프트웨어는 해당 사용 조건에 표시된 타사에서 제공합니다.
뒤로(B)
설치(I)

Visual Studio
Community 2015
업데이트 1 포함
가져오는 중:
적용 중:
시스템 복원 지점을 만드는 중...
취소(C)

4. 설치 과정 중에 Microsoft의 계정을 만들어야 한다. 화면의 [로그인] 버튼을 눌러서 자신의 계정을 직접 만들자.

Visual Studio 2015 첫 사용

지금까지는 Visual Studio 프로그램의 전체 틀을 설치하였고, 이제 C 언어에 개발 환경에 대한 세부 설치 작업이 남았다.

1. 이제 Visual Studio 2015 Community를 실행하자. Visual Studio가 설치된 폴더를 모르는 경우는 운영 체제의 검색 기능을 이용해서, "Visual Studio 2015 Community"라는 키워드로 검색하면 된다. 아래가 설치 후 처음 실행했을 때 보게 되는 화면이다. 화면의 오른쪽 상단에 본인의 아이디(또는 이름)을 확인할 수 있을 것이다.

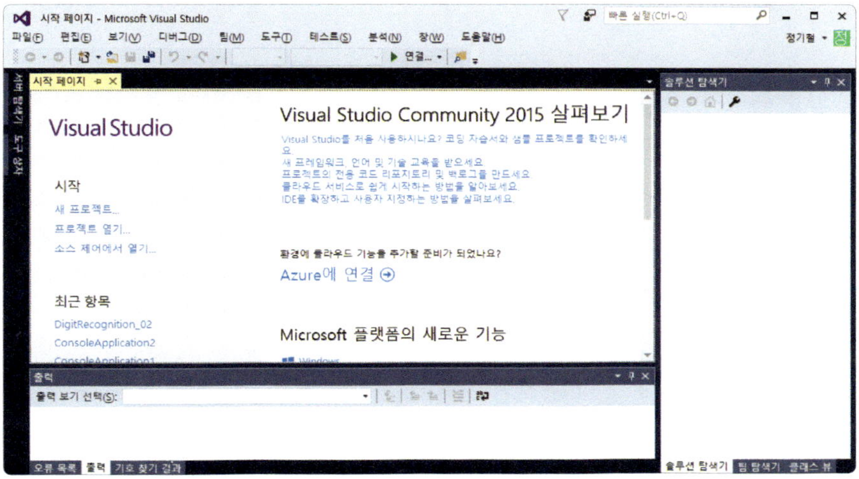

2. [파일] → [새로만들기] → [프로젝트]를 선택한다.

새로운 프로그래밍 작업을 시작한다. Visual Studio에서는 프로젝트가 프로그램 개발의 단위이다. 하나의 프로젝트 안에 여러 개의 소스 파일들로 나누어서 개발할 수 있다.

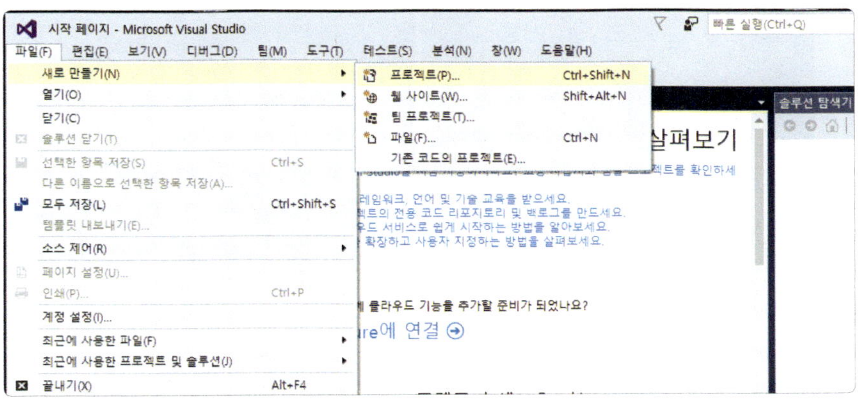

3. Visual Studio는 다양한 언어의 개발 환경이다. C나 C++ 언어를 이용하려면 그와 관계된 설정 작업을 처음에 한번 해야 한다. 이 작업은 이번 한번만 수행하면 된다. 아래의 화면에서, [템플릿] → [Visual C++] → [Windows 데스크톱용 Visual C++ 2015 도구 설치]를 선택한다. 이후의 작업은 어렵지 않다.

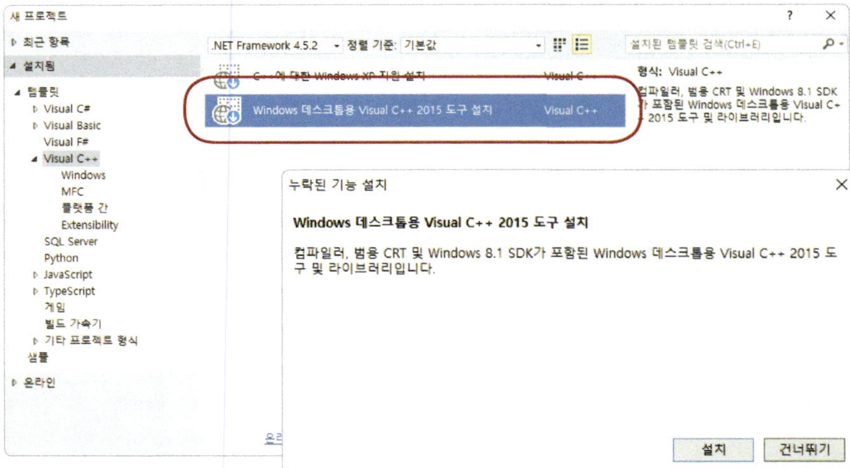

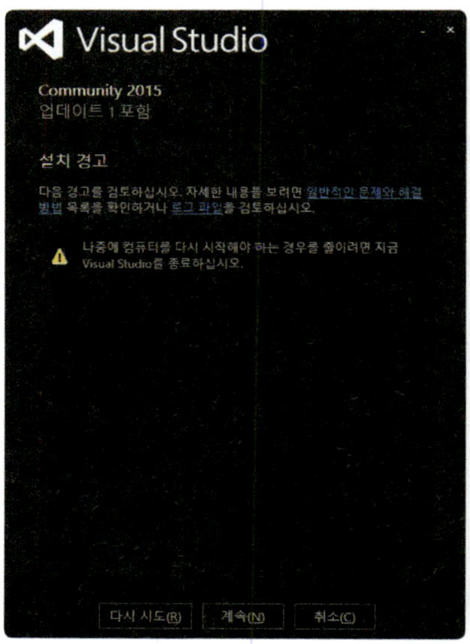

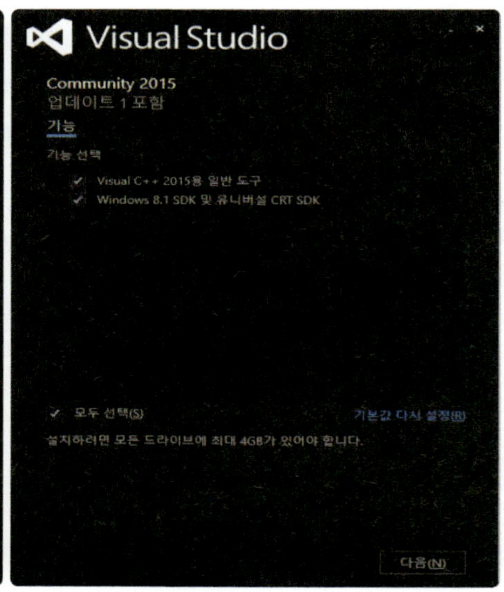

4. 설치가 완료되면 Visual Studio 2015를 다시 시작한다. 이제 Visual Studio의 모든 설치 작업을 마쳤다. 다음부터는 진짜 C 프로그래밍을 시작해보자.

Visual Studio에서의 C 언어를 이용한 콘솔 프로그래밍

이제 Visual Studio를 이용한 콘솔 화면에 출력하는 프로그래밍 방법을 알아보자. Visual Studio에서는 '프로젝트(project)' 단위로 하나의 실행 파일을 만들며, 여러 개의 프로젝트를 하나의 '솔루션(solution)' 단위로 관리한다. 즉, 하나의 솔루션 안에 여러 개의 프로젝트를 구성할 수도 있다.

소규모 작업에서는 일반적으로 하나의 솔루션에 하나의 프로젝트를 만든다.

우리도 하나의 솔루션에 하나의 프로젝트를 사용할 것이다.

Visual Studio를 이용한 C 프로그램의 개발 과정은 아래와 같다.

1. [파일] → [새로 만들기] → [프로젝트]를 선택하자.
2. 아래와 같은 창이 나타난다. [설치됨] → [템플릿] → [Visual C++] → [Win32]를 선택하자.
3. 화면 상단의 [Win32 콘솔 응용 프로그램] 클릭 → 하단의 [이름: 솔루션 이름 입력] → [위치: '찾아보기' 버튼을 눌러서 저장할 폴더 선택] → [솔루션용 디렉터리 만들기: check하기] → [확인] 클릭

프로그램을 어느 폴더에 저장할지를 선택하는 것이다.

지금은 자신이 원하는 아무 폴더를 지정해도 된다.

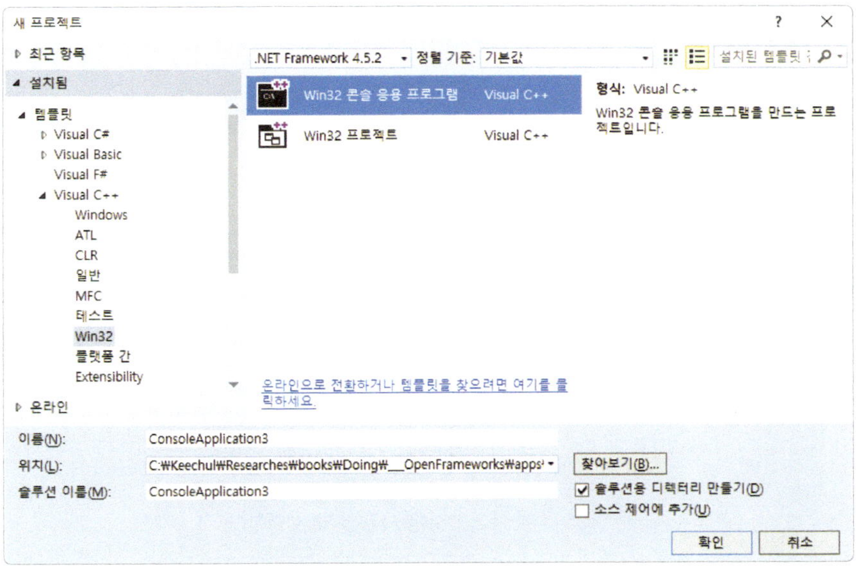

4. 아래 창이 뜬다. [다음] 클릭.

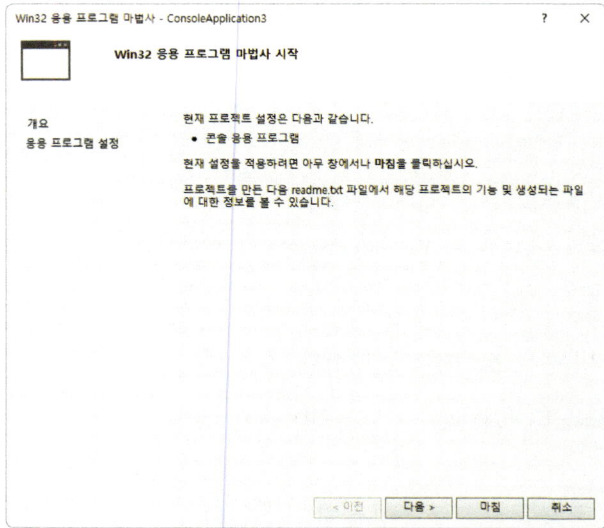

5. 아래의 창에서 그림과 같이 설정하고 [마침] 클릭. '콘솔(Console) 응용 프로그램'을 작성하겠다는 것이고, 별도의 코드 마법사 기능을 사용하지 않고 '빈 프로젝트(Empty Project)'로 시작하겠다는 설정이다.

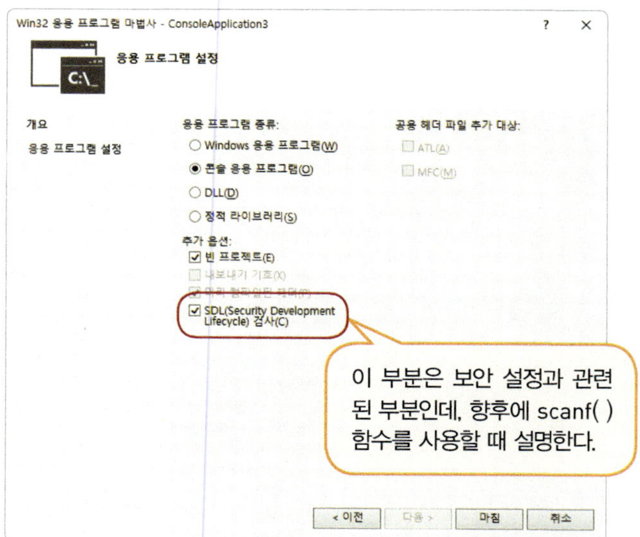

6. 아래의 창이 프로그래밍을 시작할 수 있는 순간이다. 아래의 화면은 전체적으로 천천히 직접 살펴보자.

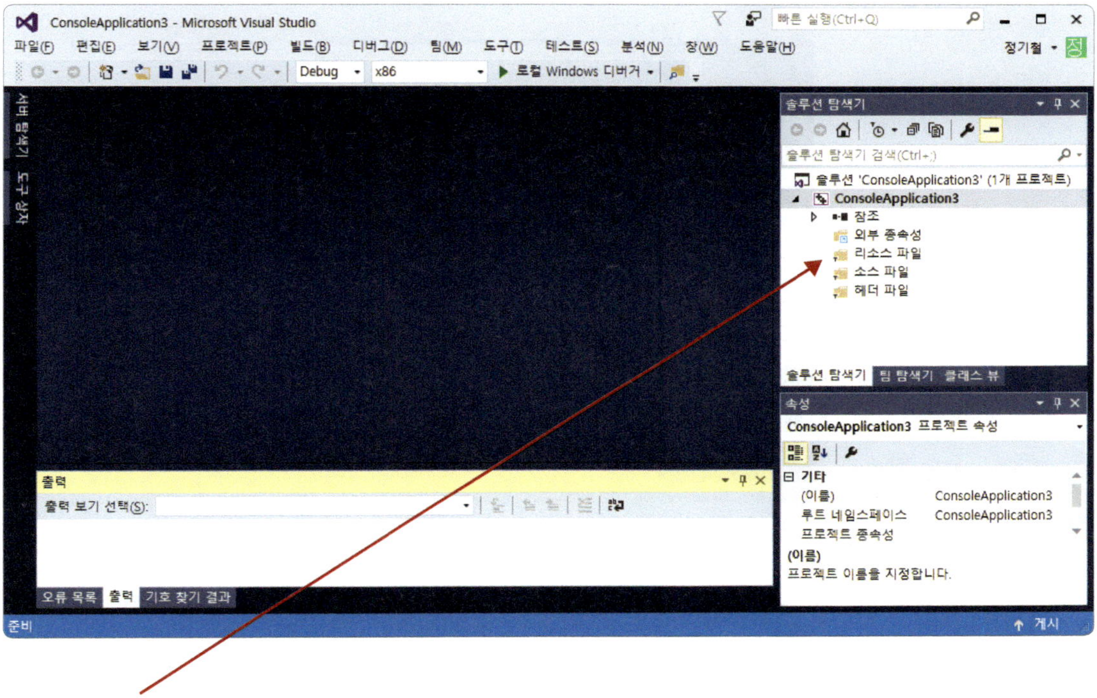

화면 우측 상단의 [솔루션 탐색기(Solution Explorer)]는 솔루션(즉 프로젝트의 모임)의 구조를 나타낸다.

- 리소스 파일(resource files): 프로젝트에서 사용할 user interface(.rc파일), 비트맵 파일 등의 모음
- 소스 파일(source files): 소스 파일들의 모음
- 헤더 파일(header files): 헤더 파일들의 모음

7. 이제 C 프로그래밍을 시작하기 위해서 소스 파일을 생성하자. [솔루션 탐색기] → [소스 파일]에서 마우스 오른쪽 클릭 → [추가] → [새 항목] 선택한다.

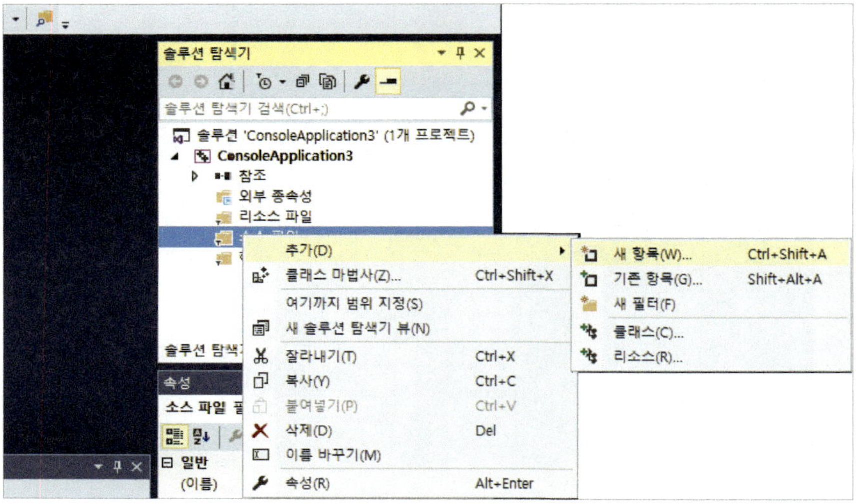

컴파일러는 확장자에 따라 C++ 문법으로 컴파일할지, C 문법으로 컴파일할지를 결정하기 때문에 확장자가 중요하다.

소스 파일의 이름은 파일 이름을 보고 이 파일이 어떠한 기능을 하는지 알 수 있도록 하자. 만약 이 소스가 더하기, 빼기, 곱셈, 나눗셈을 하는 기능이 있다면 이름으로 calculator가 알맞을 것이다.

8. 상단의 [C++ 파일(cpp)] 선택, 하단에 소스 파일의 이름을 입력하고 [추가] 버튼 클릭. 파일명은 기본적으로 확장자가 *.cpp로 지정되어 있는데, 확장자를 *.c로 바꿔준다. *.cpp는 C++ 컴파일러를 사용하기 때문이다. 우리는 C컴파일러를 사용하기 위해서 확장자를 *.c로 변경한다.

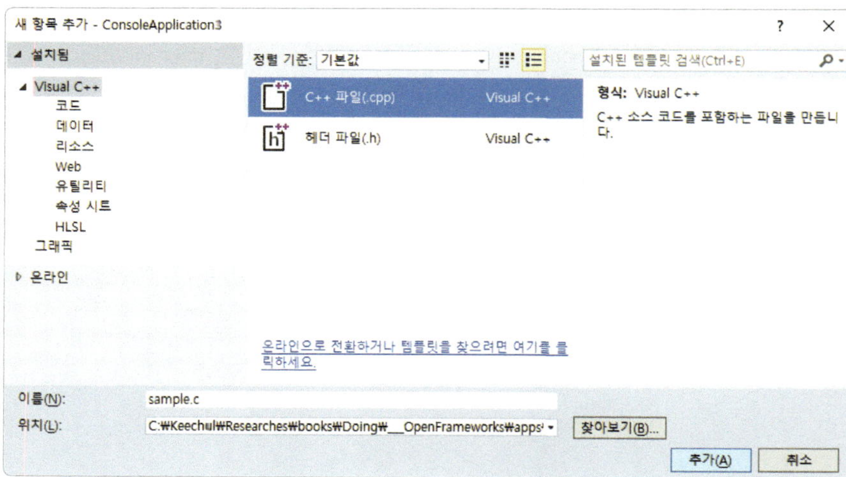

4

9. 이제 소스를 작성한다. 솔루션 탐색기에서 방금 만든 sample.c 파일을 선택하고 화면에 코드를 입력해서, 아래와 같이 "Hello World"를 출력해보자. 소스를 코딩하면서 웹 컴파일러에서 제공되지 않는 코드 입력 자동화 기능을 경험해보자. 숙달되면 아주 편리한 기능들이 아주 많다.

코드를 입력할 때 화면에서 자동으로 생성되는 코드 도움 기능을 살펴보자.

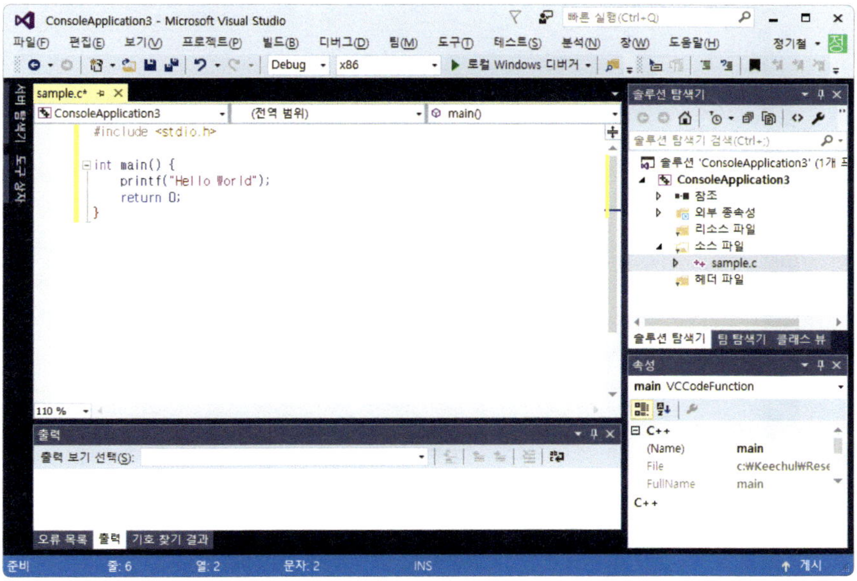

10. 컴파일한다(컴파일과 링크를 모두 수행한다). [빌드] → [솔루션 빌드]를 클릭.

지금의 예제는 솔루션에 하나의 프로젝트만 있기 때문에 특정한 프로젝트를 선택해서 '빌드'할 필요가 없다.

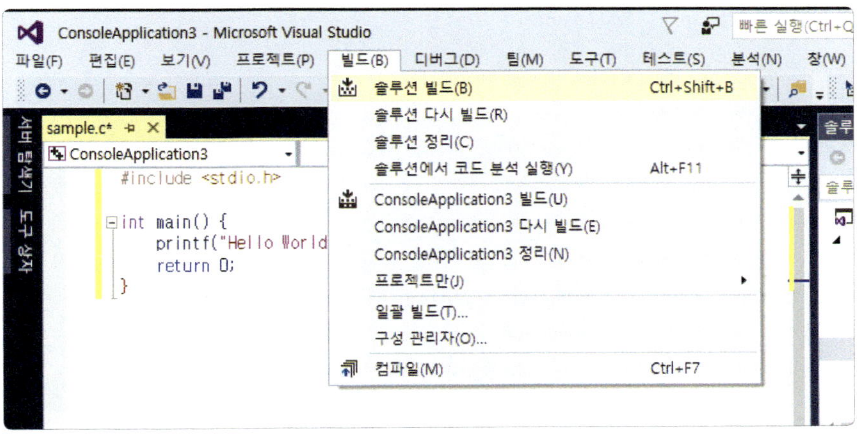

11. 실행한다. [디버그] → [디버그하지 않고 시작]을 선택한다. Visual Studio에서 프로그램을 실행시키면 콘솔창이 바로 종료된다. Hello World를 출력 후 프로그램이 바로 끝나기 때문에 출력 결과를 확인하기 어렵다.

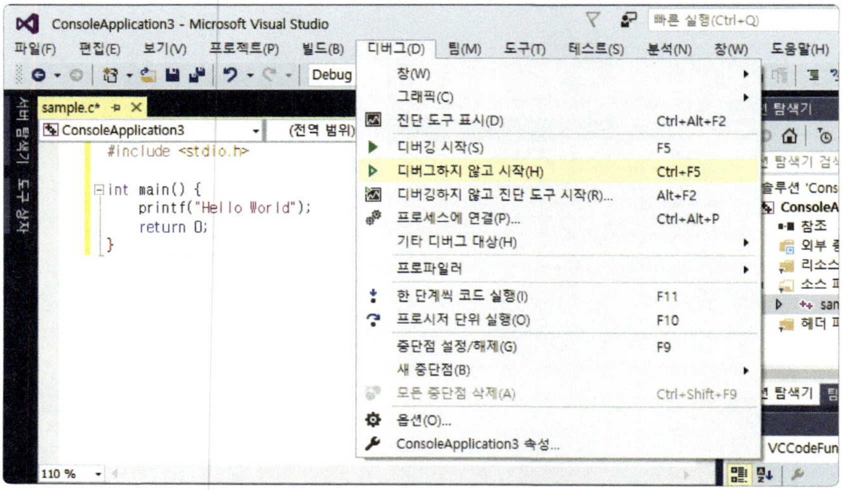

12. 다음 과정은 이러한 문제를 해결하는 방법이다. 코드에 한줄을 추가하자.

```
#include <stdio.h>

int main() {
        printf("Hello World !");
        getchar();
        return 0;
}
```

추가된 줄이다. 실제로 getchar( ) 함수는 키보드로부터 문자를 하나 입력받는 C 함수이다.

프로그램 실행 결과를 확인하기 위해서, 사용자의 응답을 기다리게 하는 일종의 트릭이다.

13. 위에서는 [디버그하지 않고 시작]으로 프로그램을 실행했었다. 프로그래밍 과정에서 특정 변수값의 변화를 추적하고 싶다면 [디버그] → [프로시저 단위 실행]을 클릭하자. 단축키는 [F10] 키이다. [F10] 키를 누를때마다 한 줄씩 실행하면서 하단에 변수들의 값의 변화를 눈으로 확인할 수 있는 편리한 기능이다.

이 내용은 프로그래밍에 어느 정도 익숙해지면 사용해보도록 하자.

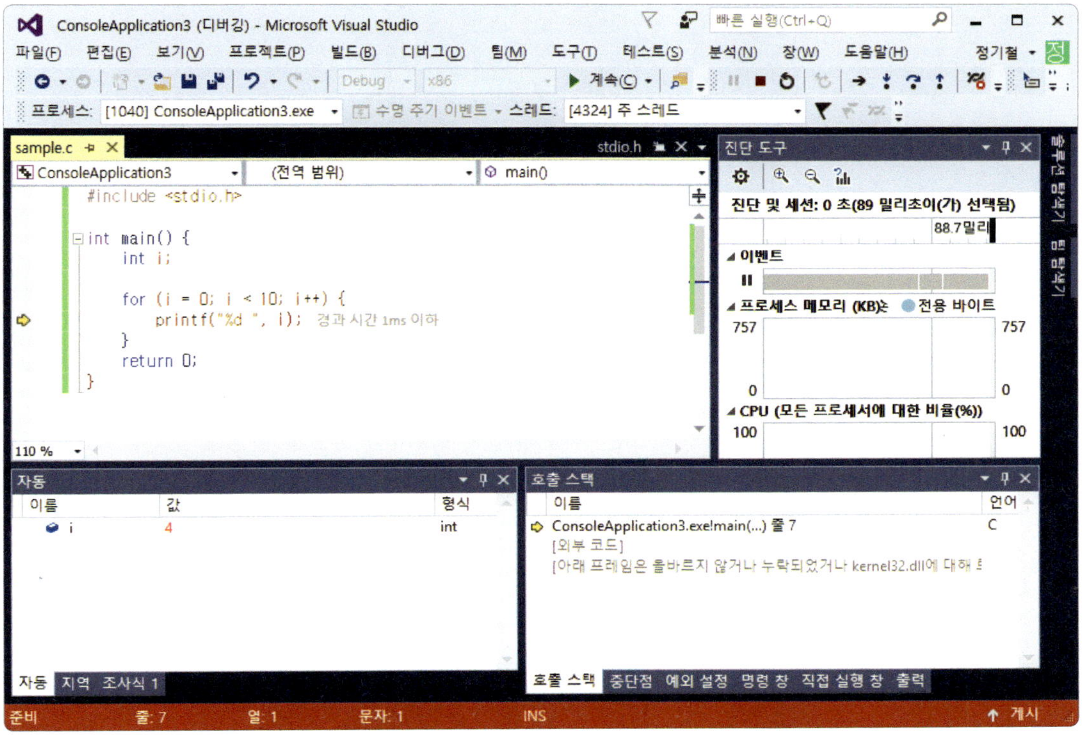

이외에도 다양한 디버깅 방법이 있다. Visual Studio에 차근차근 적응하면서 알아가도록 하자.

저장 메뉴를 살펴보면 파일 하나를 저장하거나 프로젝트 파일 모두를 저장하거나 할 수 있다.

14. 이제 프로그래밍 작업이 끝났다. 파일을 저장하자. [파일]에서 저장 메뉴를 찾아서 파일을 저장하자. 이때 어느 폴더에 저장하는지도 잊지 말고 살펴보자.

이제까지의 과정을 아래의 그림으로 정리해보자.

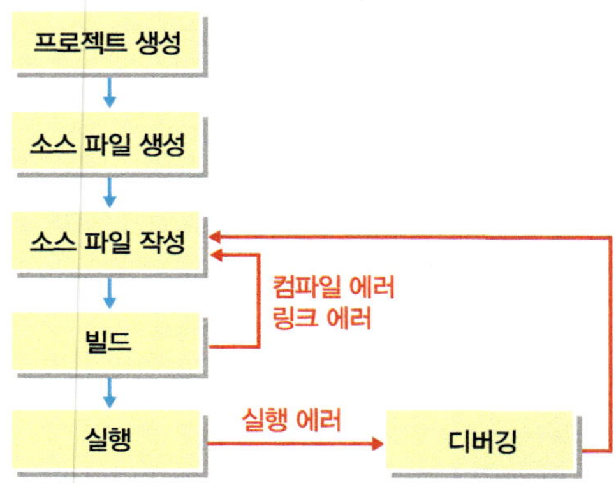

15. 이제 코드를 조금 수정해보자. scanf( ) 함수를 사용할 것이다. Visual Studio에서 아래의 프로그램을 작성해보자.

```
#include <stdio.h>

int main() {
        int no;

        printf("Enter a number: ");
        scanf("%d", &no);
        printf("You entered %d\n", no);
        getchar();
        return 0;
}
```

Visual Studio에서 scanf( ) 함수를 사용하면 컴파일할 때 아래와 같이 에러가 나온다.

	코드	설명	프로젝트	파일	줄
✖	C4996	'scanf': This function or variable may be unsafe. Consider using scanf_s instead. To disable deprecation, use _CRT_SECURE_NO_WARNINGS. See online help for details.	ConsoleApplication7	소스.cpp	6

위의 에러 메시지의 의미는 "scanf( ) 함수는 보안상 안전하지 않기 때문에 scanf_s( ) 함수를 사용하라"는 것이다. 보안상 scanf_s( ) 함수를 사용하려면 다음과 같이 하면 된다. 아래와 같이 수정하고 컴파일하면 에러 없이 실행된다.

```
int no;
scanf_s("%d", &no);
```

주의 사항

이제 C 컴파일러를 Visual Studio 2015를 사용할 것이다. 계속 강조하지만 사용하는 컴파일러 환경에 익숙해져야 한다. 세부적으로 C 표준안이 조금씩 변경되어 왔고, 컴파일러마다 또한 조금씩 다른 점이 있기 때문이다.

그중에 먼저 scanf( ) 함수에 대해서 알아보자.

C의 입·출력 함수들은 실제적으로는 운영체제가 입·출력을 대신하는 형식이다. 실제로 모든 프로그램들은 입·출력을 운영체제가 대신해준다. 그래야만 시스템을 안정적으로 운영체제가 관리할 수 있기 때문이다.

그런데 scanf( )와 같은 입력 함수들은 시스템의 내부로 어떠한 값을 입력하는 기능이 있기 때문에 보안에 문제가 될 수 있다. 이러한 문제를 보통 '버퍼 오버플로우(buffer overflow)'라고 하고, 해킹에 사용되고 있다.

그래서 Visual Studio 컴파일러에서는 scanf( ) 함수 대신 scanf_s( )라는 보안이 강화된 함수를 사용하기를 권한다. 사용법은 아래와 같다.

- 숫자를 입력받을 때는 scanf( ) 함수와 동일하게 사용하면 된다.

주의 사항

- 문자나 문자열을 입력받을 경우는 입력받을 크기(바이트 수)를 파라미터로 알려줘야 한다.
  예)

```
char ch;
scanf_s("%c", &ch, 1);

char ch1, ch2;
scanf_s("%c", &ch1, 1, &ch2, 1);

char name[100];
scanf_s(%s", name, sizeof(name));
```

뒤에오는 대상의 크기를 바이트로 알려주는 연산자. 뒤에서 자세히 설명한다.

그럼에도 불구하고 여전히 scanf( ) 함수를 사용하려면, 프로젝트를 생성할 때 아래와 같이 하면 된다. 프로젝트 생성 과정의 나머지 부분은 동일하고 아래의 화면에서 "SDL(Security Development LifeCycle)검사" 부분을 "체크를 지우"면 된다. 그러면 scanf( ) 함수를 사용할 수 있다.

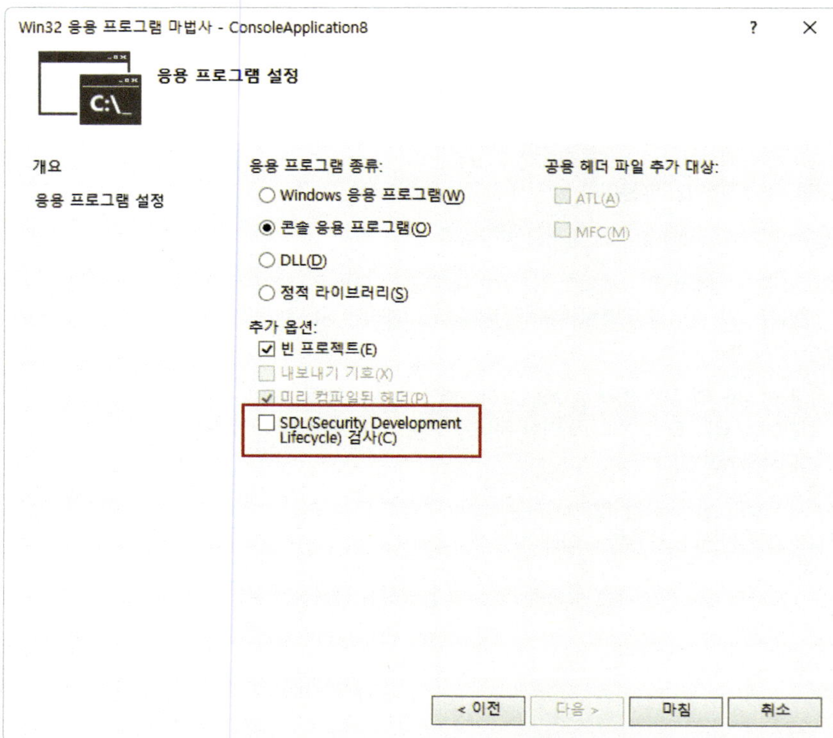

openFrameworks 시작

Visual Studio에서 간단한 콘솔 프로그래밍을 마쳤다. 이제 오픈프레임웍스 라이브러리를 이용하여 Visual Studio에서 프로그래밍을 해보자. 본격적인 그래픽 프로그래밍이다. 아래의 3가지 단계로 프로그래밍을 시작하자.

- 오픈프레임웍스를 이용해서 empty 프로그램을 작성한다. 아무 일도 하지 않는 프로그램이다.
- 오픈프레임웍스를 이용하여 텍스트를 출력하는 프로그램을 작성한다.
- 오픈프레임웍스를 이용하여 그래픽 상태에서 원을 하나 그린다.

openFrameworks 시작 #1: empty 프로그램 제작

이제는 openFrameworks를 이용해서 C 프로그래밍을 시작해보자. 아직 초기 설정 작업이 조금 남아있다. Visual Studio와 openFrameworks를 서로 연결해줘야 하는데, Visual Studio에게 openFrameworks가 저장된 폴더 위치를 알려줘야 한다.

1. Visual Studio를 실행하고, 메뉴에서 [도구] → [확장 및 업데이트] → [온라인]에서 openFrameworks plugin을 찾아서 설치하자. 화면의 스크롤바를 움직여서 찾아보거나, 화면의 우측 상단에서 검색하면 된다.

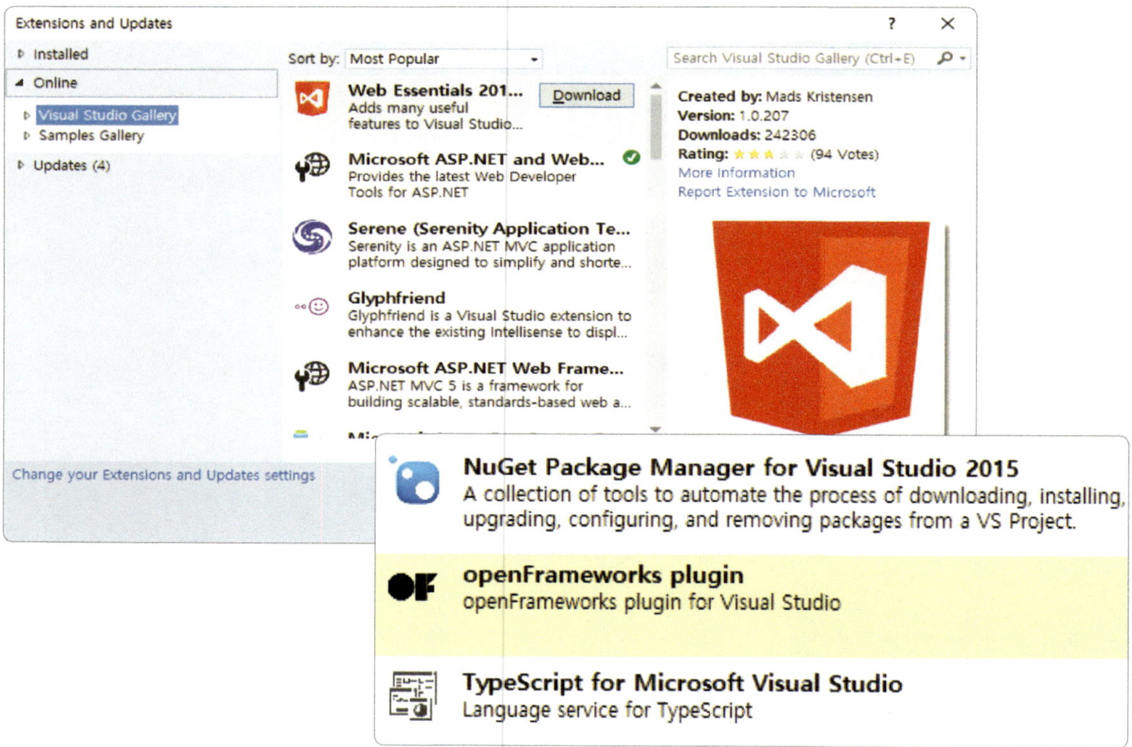

2. 이제 오픈프레임웍스를 이용해서 간단한 프로그래밍을 해보자. Visual Studio 2015 실행 → [파일] → [새로 만들기] → [프로젝트…] 클릭.

3. 좌측 화면에서 [설치됨] → [템플릿] → [Visual C++] → [openFrameworks] 선택 → [이름: 솔루션 이름 입력] → [위치: '찾아보기' 버튼을 클릭해서 openFrameworks > apps > myApps 폴더 찾기] → [솔루션용 디렉터리 만들기: check 지우기] → [OK]

앞에서 이야기하였었다. 오픈프레임웍스를 이용할 때는, 꼭 이 폴더에 자신의 소스 코드를 저장하자. 프로그램을 저장할 폴더의 위치가 중요하다. 다운받았던 openFrameworks \ apps \ myApps \ 아래에 저장하자.

openFrameworks를 이용해서 프로그래밍을 할 때는, "솔루션용 디렉토리 만들기"를 "지워야한다".

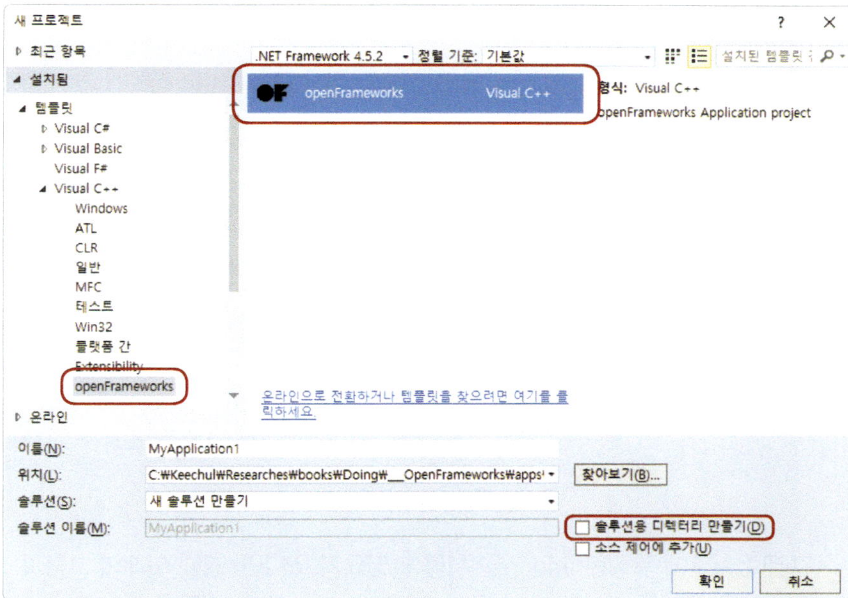

4. 아래와 같은 화면이 나타날 수 있다. 이 경우에는 화면 오른쪽의 " … 버튼"을 눌러서 openFrameworks가 있는 폴더를 찾아주자. Visual Studio에게 openFrameworks 라이브러리가 있는 곳의 위치를 알려주는 과정이다.

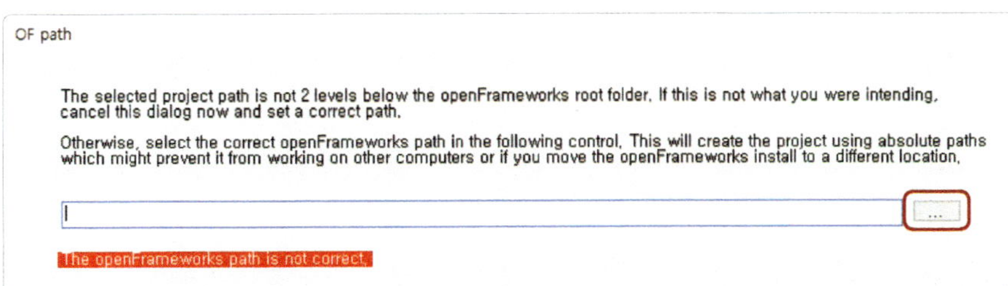

5. 아래의 그림과 같이 사용할 addon을 체크하라는 화면이 나온다. addon이라는 것은 openFrameworks에서 제공하는 다양한 기능을 사용할 때 쓰는 기능인데, 지금은 기본 프로그램이니까 별도의 addon은 선택하지 않는다. [OK] 클릭.

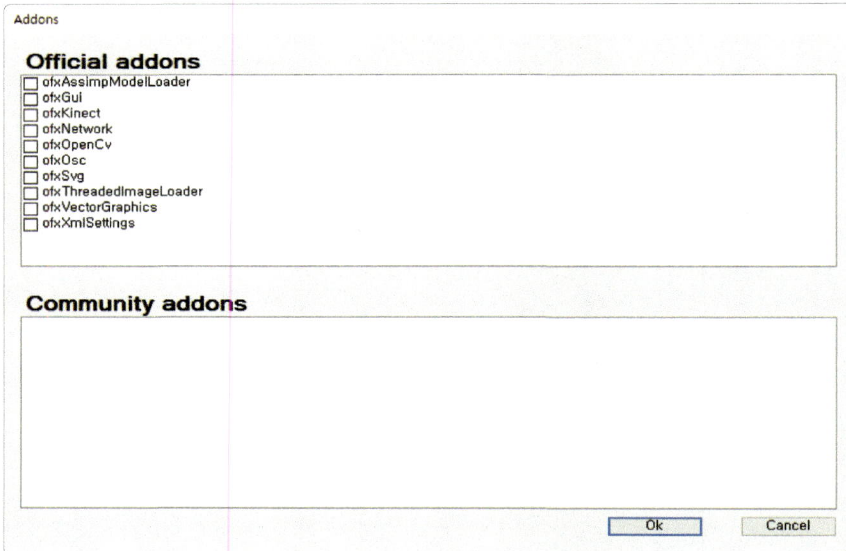

그러나 향후에 특정한 addon을 사용할 필요가 있다면, 그때 아래의 그림과 같이 addon을 추가할 수 있다. [솔루션 탐색기]-[프로젝트 이름]에서 마우스 오른쪽 버튼 클릭해서 [openFrameworks addons] 메뉴 선택.

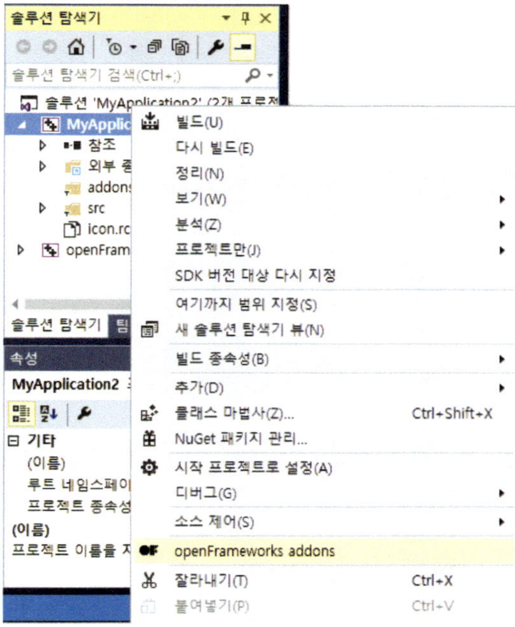

6. 이제 코드 마법사 기능에 의해서 기본 프로그램이 구성되었다. 화면 오른쪽의 [솔루션 탐색기] 창에서, [src]라는 '폴더'를 클릭하면 3개의 파일(main.cpp, ofApp.cpp, ofApp.h)을 볼 수 있다. 각 파일을 클릭하면 소스 코드를 확인할 수 있다.

> 코드 마법사(code wizard) 기능은 이제까지의 메뉴 클릭으로 향후의 프로그래밍에 필요한 기본적인 프로그램 구조를 자동으로 만들어주는 것을 말한다.

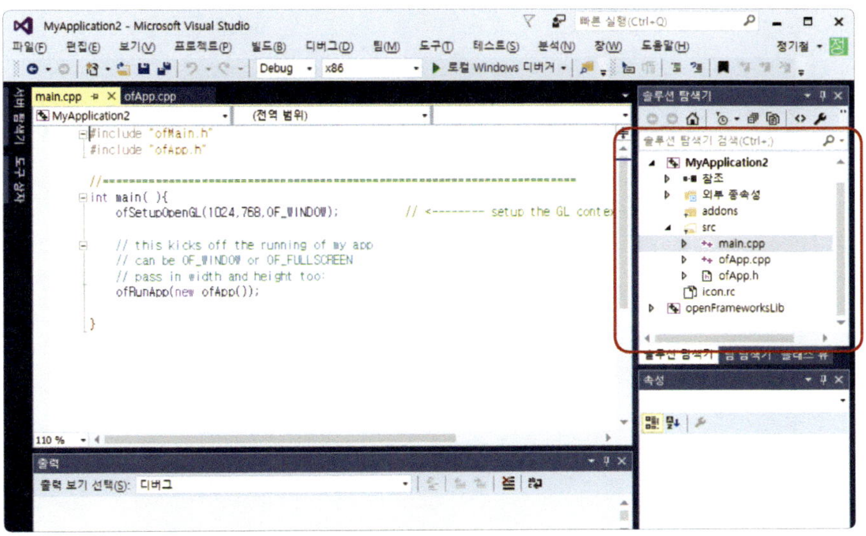

이 단계에서 오류가 있으면 창의 하단에 오류 메시지가 출력된다. 그러나 지금까지는 코드 마법사만 실행하고, 별도의 코딩 작업을 하지 않았으므로 오류가 없을 것이다.

7. 실행해보자. 메뉴에서 [빌드] → [솔루션 빌드]를 클릭한다. 컴파일이다. 컴파일에서 오류가 없으면 [디버그] → [디버그하지 않고 시작] 메뉴로 프로그램을 실행하자.

8. 오른쪽 그림처럼 빈 화면이 출력되면 성공이다. 지금까지는 코드 마법사 기능으로 빈 프로그램(empty program)을 만들었다. 이제 이 비어있는 화면에 그림을 그리면 된다.

소스 파일이 저장된 폴더의 구조를 다시 한 번 더 설명하자.

apps > **myApps** > **솔루션 폴더** >

솔루션 폴더에는 확장자가 *.sln인 솔루션 파일(파일 유형이 "Microsoft Visual Studio Solution")이 있다. 향후에 이 파일을 더블 클릭하면 Visual Studio를 이용해서 프로그램을 수정할 수 있다. 해당 폴더 내부에는 솔루션 이름과 동일한 이름의 프로젝트 파일(*.vcxproj)이 있다(파일 유형이 "VC++ Project").

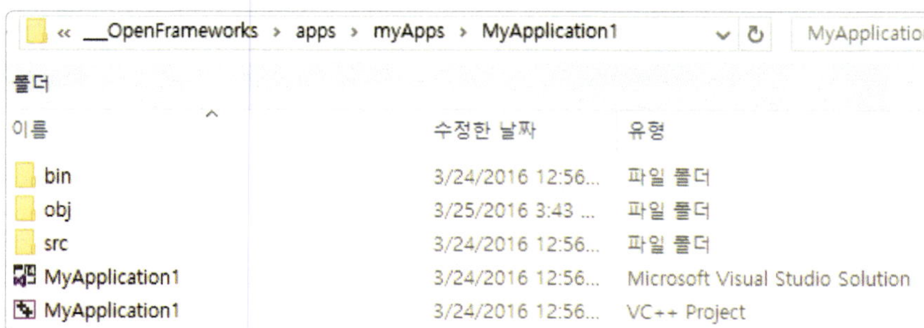

[MyApplication1이라는 솔루션 폴더]

openFrameworks 시작 #2: 텍스트 모드 프로그램 제작 ·····

3장에서 만들었던 '스무 고개' 프로그램을 openFrameworks를 이용해서 구현해보자. 콘솔 화면에서 수행되는 프로그램을 작성해 볼 것이다.

물론 앞에서 이야기했던 Visual Studio에서의 콘솔 프로그래밍 방식을 사용해도 되지만, 여기에서는 openFrameworks를 사용하는 환경에서의 콘솔 프로그래밍을 소개한다.

이제부터는 주의하자!

openFrameworks는 기본적으로 객체 지향 언어인 C++ 언어를 위한 라이브러리이다. 그래서 중간 중간에 C++ 언어와 관련된 설명이 나온다. C 언어를 배우는 프로그래머의 대부분은 차후에 C++ 언어를 배우게 되는데, 아직 C++을 배우지 않은 사람을 위해서 필요할 경우 C++에 대한 기초적 지식은 조금씩 별도로 설명한다.

1. 지금까지 작성했던 empty 프로그램을 이용하자. Visual Studio 화면 우측의 [솔루션 탐색기]에서 ofApp.cpp 파일을 클릭해서 열어보자.
2. ofApp.cpp 파일 내부의 setup( ) 함수를 아래와 같이 수정해서 실행해보자. 이 프로그램은 앞에서 작성했던 명령어 모드에서의 프로그램(웹 컴파일러를 사용한 경우)과 동일하다. 이와 같이 마우스나 키보드 등을 이용한 인터랙션이 빈번하지 않은 프로그램은 setup( ) 함수 내에 코딩하면 된다.

일단은 setup( ) 함수만을 이용한다. setup( ) 함수 내부에 코딩한다.

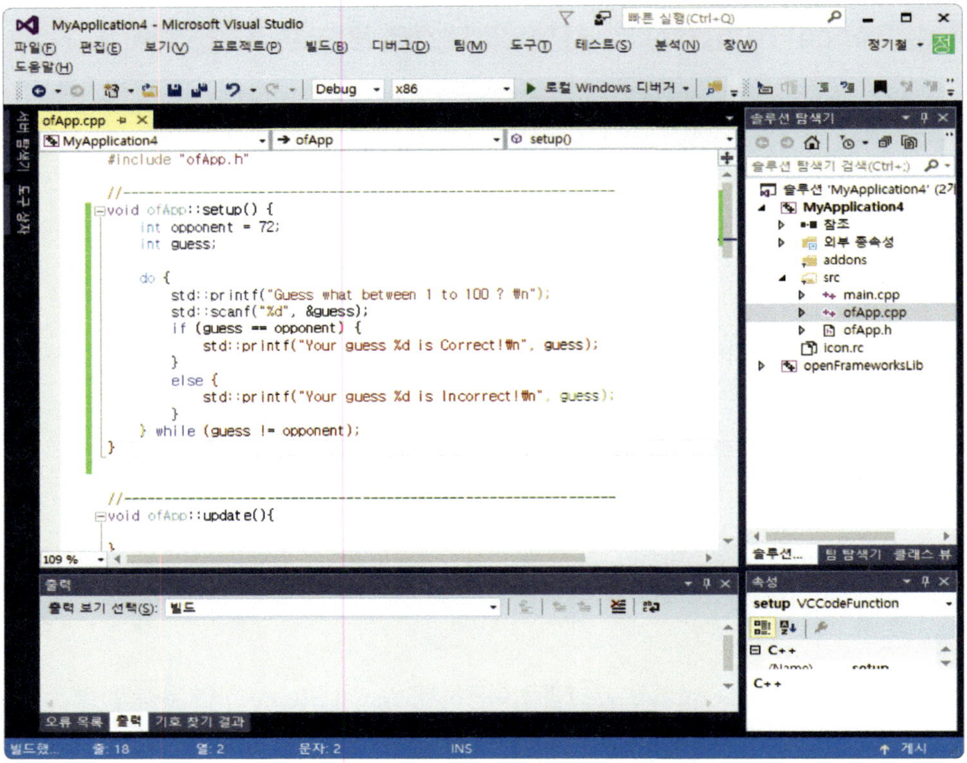


```
void ofApp::setup(){
    int opponent = 72;
    int guess;

    do {
        std::printf("Guess what between 1 to 100 ? \n");
        std::scanf("%d", &guess);
        if (guess == opponent) {
                std::printf("Your guess %d is Correct!\n", guess);
        }
        else {
                std::printf("Your guess %d is Incorrect!\n", guess);
        }
    } while (guess != opponent);
}
```

함수의 이름이 조금 이상하다. 중간에 콜론 2개가 있다. 이 부분이 C++의 객체 지향(Object Oriented) 개념을 소개해야하는 부분이다. 이에 대한 자세한 설명은 이 교재의 범위를 벗어나기 때문에 일단 콜론 2개는 C++ 언어의 클래스(class)와 관계된 부분이라고만 알고 넘어가자.

이제까지 배웠던 printf( )나 scanf( ) 함수는 C++에서는 std라는 namespace의 일부인데, 이를 나타내기 위해서 std::printf( )와 같은 방식으로 표기해야 한다.

openFrameworks는 C++ 언어를 위한 것이기 때문이다. 그렇지만 이를 생략해도 무방하다. 즉, printf(" "); 이렇게 사용해도 출력된다.

3. 코딩을 완료하면, [빌드] → [솔루션 빌드]하고, [디버그] → [디버그하지 않고 시작]을 클릭해서 실행하자.

4. 아래는 콘솔 실행 화면이다. 스무 고개 게임을 위해서 숫자를 입력하고 엔터키를 눌러보자.

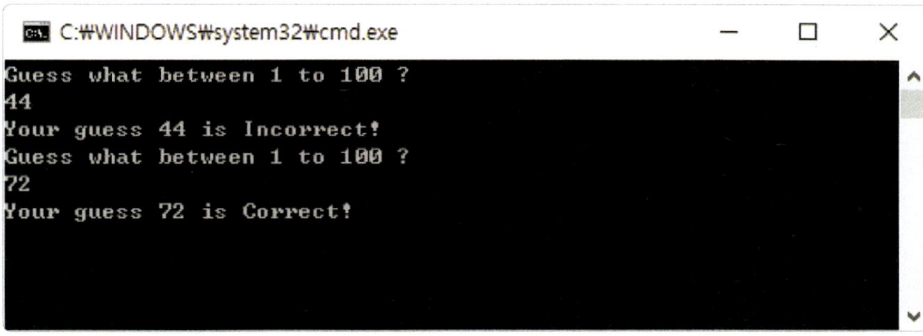

5. 콘솔 프로그램이 끝나면 하단의 그래픽 화면도 같이 출력되지만 아직은 이 그래픽 화면에는 출력 내용이 없다.

앞에서 http://ideone.com 컴파일러를 이용해서 배운 아래 사항들을 Visual Studio에서 실습해보는 것도 좋은 방법이다. 이제 Visual Studio 컴파일러에 적응하자.

첫 빌드시에는 시간이 조금 많이 걸린다.

openframeworks 라이브러리가 소스 파일로 제공되기 때문에 이것도 빌드해야하기 때문이다. 빌드하는 동안 Visual Studio 화면 하단에 출력되는 메시지들을 살펴보자.

이제 부터는 C 언어에 대한 설명이 아니고 오픈프레임웍스에 대한 설명이다.

openFrameworks 시작 #3: 그래픽 모드 프로그램 제작

오래 기다리셨다. 이제 비로써 그래픽 출력을 시작한다. 화면에 도형 몇 개를 그려볼 것이다. 이를 위해서 먼저 그래픽 화면의 좌표에 대한 설명을 하자.

■ 좌표계

'좌표계'라는 것은 별 것 아니다. 화면의 픽셀을 번호를 매기는데, 어디를 원점으로 할지, 어디를 x 방향으로 그리고 어디를 y 방향으로 할지를 정하는 것이다.

openFrameworks에서 사용하는 좌표계는 아래 그림과 같다. 화면의 왼쪽 상단이 기준점(원점)이다. 좌표값은 0에서 시작한다. 즉, 출력 화면의 왼쪽 상단이 원점으로써 좌표가 [0, 0]이 된다. 가로가 x, 세로 방향이 y축이다. 즉 [320, 240] 크기의 윈도우인 경우는 [0, 0]에서 시작해서 가로 세로가 각각 [319, 239]까지이다.

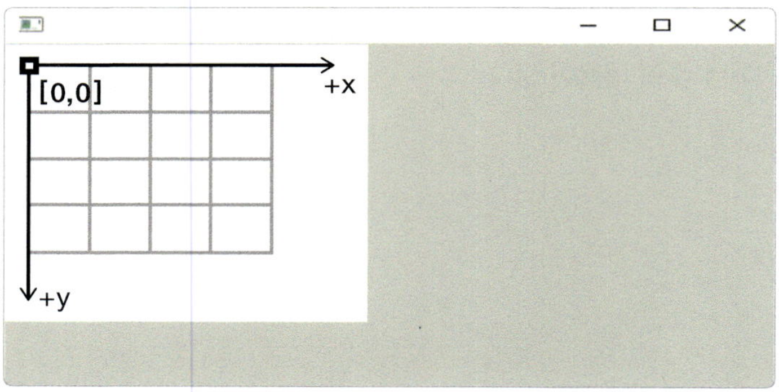

openFrameworks를 이용한 기본적인 프로젝트 설정 작업을 마치면,

솔루션 탐색기에서 아래의 3개의 파일을 확인할 수 있다.

- main.cpp
- ofApp.cpp
- ofApp.h

main.cpp

main.cpp는 아래와 같다. 우리 교재에서는 변경할 필요가 없기 때문에 main.cpp 파일이 있구나… 정도로만 알고 넘어가자.

```
#include "ofMain.h"
#include "ofApp.h"

//========================================================================
int main( ){
    ofSetupOpenGL(1024,768,OF_WINDOW);// <---- setup the GL context
    ofRunApp(new ofApp());
}
```

나중에 설명하겠지만, include 문에 < > 대신 " "를 사용하였다. C에서 제공하는 공식 라이브러리가 아니라, 자신이 만들어서 사용하는 헤더 파일을 사용하는 경우는 " "를 사용한다.

ofApp.cpp

ofApp.cpp 파일의 setup( )과 draw( ) 함수를 아래와 같이 수정해보자. update( ) 함수는 수정하지 않는다.

```
#include "ofApp.h"

//--------------------------------------------------------------
void ofApp::setup(){
        ofSetWindowTitle("Sample Program #1");
        ofSetWindowShape(1024, 768);
        ofSetFrameRate(60);
        ofBackground(ofColor::white);
        ofSetColor(ofColor::black);
        ofSetLineWidth(1.0);
}

//--------------------------------------------------------------
void ofApp::update(){

}
```

화면에 보이는 프로그램의 이름을 정한다. 실행 화면의 상단 타이틀 바에 출력되는 제목이다. openFrameworks에서 제공되는 함수나 변수들은 첫 글자가 of로 시작한다. openFrameworks의 첫 글자이다.

출력창의 크기를 설정한다. 가로 × 세로가 1024 × 768인 윈도우를 의미한다. 단위는 픽셀이다.

화면 업데이트 속도. 숫자가 작으면 화면이 천천히 업데이트된다.

화면의 배경색을 흰색으로 설정. ofColor::white에서 ::이라는 심볼은 C++에서 사용하는 심볼이다. ofColor 라는 "클래스"에서 색깔들을 정의해두었기 때문에 색깔을 지정할 때 이와 같이 사용하면 된다. "클래스"란 C++ 언어와 같은 객체 지향 프로그래밍에서 프로그래밍을 하는 단위이다.

화면에 그려질 도형들의 색깔을 검은색으로 설정. 이후에 다시 색깔을 바꾸기 전까지는 계속 이 색깔로 그려진다.

도형을 그릴 때 선의 굵기. 숫자가 클수록 두꺼워진다.

지금은 update ( ) 함수에서 하는 일이 없어서 빈 함수로 남겨둔다.

```
//--------------------------------------------------------------------------
void ofApp::draw(){
        // a straight line from (x1,y1) to (x2,y2)
        ofLine(0, 0, 700, 700);

        // a circle with center at(x, y) and radius r
        ofCircle(100, 100, 100);

        // a rectangle with top-left corner(x,y), width w, height h
        ofRect(500, 100, 200, 200);

        //a triangle with vertices (x1,y1),(x2,y2),(x3,y3)
        ofTriangle(300, 400, 200, 600, 50, 600);
}
```

이 부분이 추가되는 내용이다. draw( ) 함수에서 몇 개의 도형을 그린다. 각 도형의 종류와 파라미터의 의미는 주석을 참고하자.

```
//--------------------------------------------------------------------------
void ofApp::keyPressed(int key){
}

//--------------------------------------------------------------------------
void ofApp::keyReleased(int key){
}

//--------------------------------------------------------------------------
void ofApp::mouseMoved(int x, int y ){
}

//--------------------------------------------------------------------------
void ofApp::mouseDragged(int x, int y, int button){
}

//--------------------------------------------------------------------------
void ofApp::mousePressed(int x, int y, int button){
}

//--------------------------------------------------------------------------
void ofApp::mouseReleased(int x, int y, int button){
}
```

아래에 있는 많은 함수들은 대부분 마우스와 키보드를 이용한 인터랙션 작업에서 사용되는 함수들이다. 키보드와 마우스를 이용한 다양한 이벤트를 처리할 때 사용하는 함수들인데, 대략적인 함수의 이름만 한번씩 보고 넘어가자. 본 교재에서는 거의 사용하지 않는다.

```
//--------------------------------------------------------------
void ofApp::mouseEntered(int x, int y){
}

//--------------------------------------------------------------
void ofApp::mouseExited(int x, int y){
}

//--------------------------------------------------------------
void ofApp::windowResized(int w, int h){
}

//--------------------------------------------------------------
void ofApp::gotMessage(ofMessage msg){
}

//--------------------------------------------------------------
void ofApp::dragEvent(ofDragInfo dragInfo){
}
```

4

ofApp.h

본 교재에서는 ofApp.h 파일도 변경할 필요가 없다. 아래 그림처럼 ofApp.cpp 파일에서 사용하는 함수들이 선언되어있다.

```
#pragma once

#include "ofMain.h"

class ofApp : public ofBaseApp{

        public:
                void setup();
                void update();
                void draw();
```

객체 지향 프로그래밍에서 상속(inheritance)에 해당한다. ofApp class는 ofBaseApp class를 상속한다. 지금은 C++를 배우지 않은 상황이라서 이해하기 쉽지 않을 것이다.

```
		void keyPressed(int key);
		void keyReleased(int key);
		void mouseMoved(int x, int y );
		void mouseDragged(int x, int y, int button);
		void mousePressed(int x, int y, int button);
		void mouseReleased(int x, int y, int button);
		void mouseEntered(int x, int y);
		void mouseExited(int x, int y);
		void windowResized(int w, int h);
		void dragEvent(ofDragInfo dragInfo);
		void gotMessage(ofMessage msg);

};
```

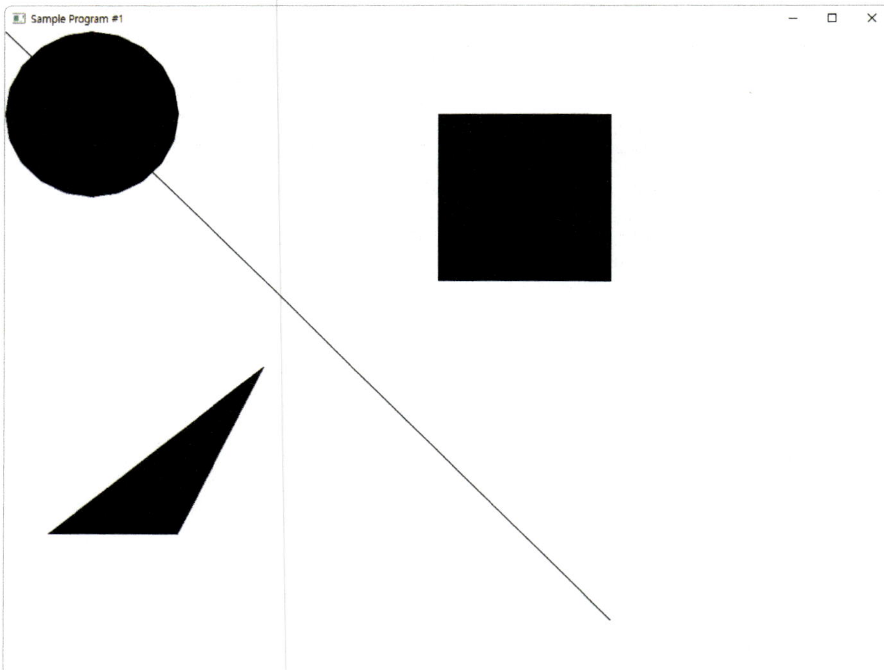

[실행 결과]

관련 정보

오픈프레임웍스를 사용하면서 필요한 정보는 각자 아래의 사이트들에서 찾아보자.

» openFrameworks 전반에 걸친 자세한 설명과 객체 지향 프로그래밍(Object-Oriented Programming: OOP)의 개념을 예제로 설명하는 페이지

URL http://openframeworks.cc/learning/#ofBook

» openFrameworks 한국어 사이트

URL http://openframeworks.kr/

» openFrameworks 라이브러리의 클래스 계층도

URL http://ofxfenster.undef.ch/doc/classofBaseApp.html

» openFrameworks와 관련된 워크샵 관련 자료

URL https://sites.google.com/site/openframeworks07/

» 게임 제작과 관련된 정보가 많은 사이트:

URL http://codeliberation.github.io/CLF-slides/

CHAPTER

5

게임 구현 실전: 벽돌 깨기 게임

먼길을 따라왔다. 이제 정말로 게임을 만들 단계다. 다양하고 많은 종류의 컴퓨터 게임이 있다. C 언어를 처음 배우는 단계에서 어떤 게임을 만들어 볼 수 있을까?

» 레이싱/스포츠
» 액션/RPG
» 전략 시뮬레이션
» 아케이드/슈팅
» 액션/대전
» 보드/어드벤처
» 소셜
» 캐쥬얼
» 디펜스

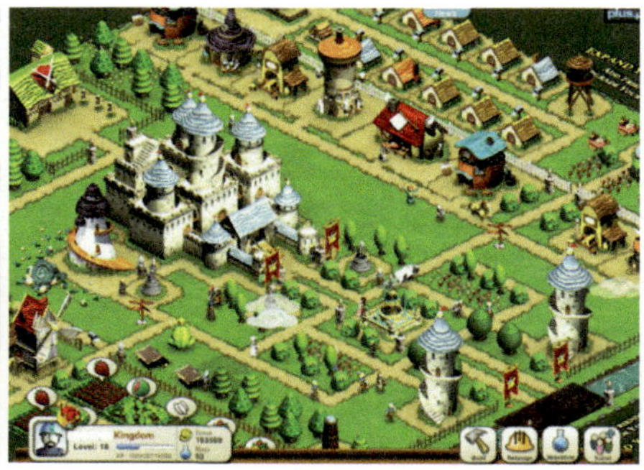

대부분의 독자는 이런 게임들을 플레이해본 경험이 있으리라고 생각한다. 이 교재를 보는 독자가 너무 큰 기대를 하기 전에, 먼저 이 책에서 목표로 하는 게임의 수준에 대해서 정리하자.

» 3D와 같은 복잡한 그래픽 처리는 하지 않는다.
» 온라인, 네트워크 기능은 고려하지 않는다.
» 사용자와의 인터랙션은 키보드와 마우스로 한정한다.
» 다양한 출력 화면의 변화와 메뉴 기능 등은 고려하지 않는다.

게임의 종류는 정말 많지만, 이런 제한을 둔 상황에서 우리가 만들 게임은 비교적 단순하면서도 대중적이고, C 언어 학습과 openFrameworks 라이브러리의 다양한 기능을 경험할 수 있는 게임으로 "벽돌 깨기" 게임을 선정하였다.

그 동안 컴퓨터 게임 제작에 관련된 프로그래밍 관련 서적들은 게임의 개발에 관련된 내용을 중심으로 기술하였다. 그러나 이 책은 프로그래밍 언어의 설명이 주된 목표이다. 즉, 이 책은 프로그래밍 교육의 방법적인 면에서 '게임 개발 과정'을 활용하고 있는 책이다.

벽돌 깨기 게임은 비디오 게임 중에서 1970년대 후반부터 등장한 게임이다. 최초의 벽돌 깨기 방식 게임은 1976년 발매된 아타리(Atari)의 브레이크아웃(Breakout)이란 게임인데, 벽에서 반사되면서 움직이는 볼을 화면 아래쪽에서 라켓을 움직여 튕겨 올리면서, 화면 위의 벽돌을 깨뜨리는 방식의 게임이다. 이 게임의 제작자는 애플의 설립자인 스티브 워즈니악과 스티브 잡스이다.

[Breakout 게임 이미지]

많은 종류의 게임이 있지만, 그 중에서도 벽돌깨기 게임은 원, 사각형 등의 도형 그리기, 도형의 움직임 구현, 공과 벽돌의 충돌 감지, 마우스 조작, 키보드 조작 등, openFrameworks 라이브러리의 기본 기능들을 활용할 수 있다는 점에서 최적의 게임이라고 판단하였다.

물론 프로그래밍을 처음 접하는 사람에게 게임 개발까지 이야기한다는 것이 너무 무리한 것이 아닌가 하는 생각이 들기도 한다. 그러나 다른 모든 공부도 그렇지만 재미있지 않으면 효과도 없다. 프로그래밍 과정이 재미있어야 한다는 생각을 바탕으로 게임 개발 과정과 C 언어 공부를 병합하였다.

아래와 같은 단계에 따라서 벽돌 깨기 게임을 제작하면서, C 언어의 문법적인 설명을 해 나갈 예정이다. 즉, 아래와 같은 과정을 하나하나 밟아 가면 최종적으로 벽돌 깨기 게임이 완성됨과 동시에 C 언어의 많은 부분을 배우게 되는 방식이다.

물론 제한된 교재 분량 때문에, C 언어의 많은 부분 중에 자세히 소개되지 못하고 넘어가는 부분이 있다. 모든 것을 공부하는 것 보다, 게임 개발을 통해서 프로그래밍 언어를 배우는 과정에서 조금 더 흥미를 느낄 수 있는 환경을 제공하는 것이 이 책의 목표이다.

아래와 같은 순서로 게임을 만들어 갈 것이다. 앞으로의 계획을 하나하나 설명해보자.

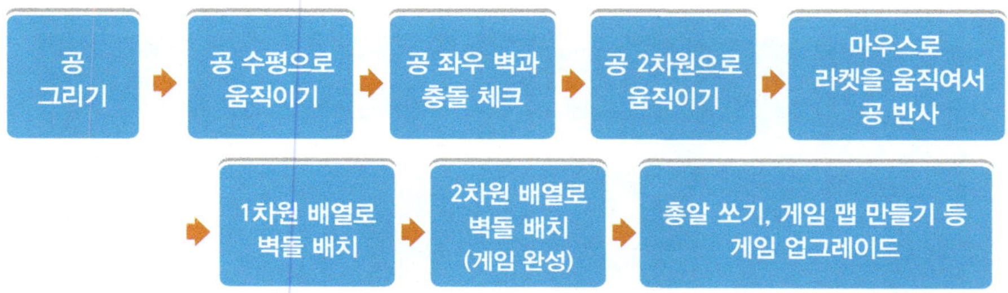

기본적 도형 그리기

1. **공 그리기**: openFrameworks의 가장 기본적인 기능인 '도형(원) 그리기'를 다룬다. 잊지 말자! 컴퓨터 프로그램이라는 것은, 어차피 규모가 크던 작던 상관없이 사용자의 입력에 반응해서 정해진 출력을 해주는 일을 한다. openFrameworks를 이용한 프로그램의 입력은 대부분 키보드 또는 마우스이며, 출력은 화면에 그림을 그리는 일이 대부분이다. 그 중에서도 원을 그리는 단계는 출력 부분의 가장 기본적인 요소이다. 우리는 이 책에서 공을 그리기 위해서 '원 그리기'를 이용한다.

프로그램의 반복적인 동작을 통한 공의 움직임. 변수 사용.

2. **공 수평으로 움직이기**: 가만히 정지한 공은 심심하다. 그 공에 움직임을 부여하자. 가장 쉬운 좌·우로의 움직임이다. 이제 공이 좌·우로 움직이도록 해보자.

조건문

3. **공 좌우벽과 충돌 체크**: 공이 좌·우로 움직이다 보면 좌·우 경계를 벗어나서 사라져 버릴 수도 있다. 공이 움직이다가 좌·우 경계를 만나면 반대 방향으로 튕겨 나가도록 해보자. 충돌 여부를 감지 하기 위해서 '조건문'을 사용한다.

4. 공 2차원적으로 움직이기: 1차원적으로 좌·우로만 움직이는 공은 여전히 심심하다. 2차원 화면 상에서 자유롭게 움직이는 공을 만들어보자. 1차원적인 좌·우로의 움직임과 그리 많이 다르지 않다. 다만 차원이 1차원에서 2차원으로 바뀌었을 뿐.

y 좌표를 위한 새로운 변수 사용

5. 라켓 움직여서 공 반사하기: 이제 공 움직임은 완성되었다. 이 공을 튕겨낼 라켓을 만들고 마우스를 이용해서 움직여보자. 마우스를 따라 라켓이 좌·우로 움직이게 한다. 이제 마우스 사용이 가능해진다. 움직이는 공을 라켓으로 튕겨보자. 라켓과 공의 충돌 여부를 감지하기 위해서 '조건문'을 사용한다. 여기까지 하면 벽돌 깨기 게임은 거의 완성이다.

마우스로 라켓 움직이기, if 문을 이용한 공과 라켓의 충돌 감지

6. 1차원 배열을 이용한 벽돌 1줄 배치: 이제 화면에 벽돌을 그린 후, 마우스로 라켓을 움직이고, 공과 벽돌의 충돌을 체크해보자. 벽돌을 배치하기 위해서 배열(array)을 사용한다. 배열을 효과적으로 이용하기 위해서는 '반복문'이 필요하다.

배열 및 반복문

7. 2차원 배열을 이용한 벽돌 2줄 이상 배치(게임 완성): 이제 마지막이다. 2차원 배열을 이용하여 벽돌을 2줄 이상 배치하자. 2중 반복문을 사용한다.

2중 반복문과 2차원 배열

8. 게임 업그레이드: 키보드를 이용한 총알 발사, 게임 맵 구성 등 게임 업그레이드 사항을 다룬다.

키보드 입력 및 파일 입력

각 챕터의 기술 방식

지금부터 게임의 각 부분을 실제로 구현해 갈 텐데, 각각의 챕터는 아래와 같은 순서로 구성된다.

1. **벽돌 깨기 게임 작성을 위한 단계별 설명**: 벽돌 깨기 게임 제작을 위한 가장 필수적인 내용을 단계별로 예제를 통해서 설명한다.
2. **벽돌 깨기 게임 작성과 관련된 C 문법 설명**: 벽돌 깨기 게임의 단계별 구현에 필요한 기술과 관련되어, 각 기술마다 연관된 C 언어의 문법 부분을 자세히 설명한다.
3. **실전 연습 문제**: C 언어의 문법을 익힐 수 있도록 다양한 연습 문제를 모아 놓았다. 스스로 풀어보자. 가능하면 모든 문제를 시간이 걸리더라도 혼자 풀어보자.
4. **OF 실전 연습 문제**: openFrameworks의 연습문제를 따로 모아 놓았다. 벽돌 깨기 게임과 관련된 내용을 응용 발전할 수 있는 아이템들을 문제로 구성하였다. 여기서 여러 응용 아이템을 제안한다. 구체적인 구현 방법은 자신의 아이디어와 인터넷 등을 참고해서 직접 작성해보자.

   OF 실전 연습 문제 중에 [내 게임 만들기]는 본인이 기획하는 게임을 각자 교재의 진도에 맞추어 벽돌 깨기 게임 제작 단계에서 배운 부분을 이용하여 조금씩 만들어 볼 수 있도록 언급하고 있다. 이것은 프로그래밍 응용력을 키우기 위한 부분이다. 이 책의 내용을 잘 따라오는 것도 중요하지만, 자신만의 게임을 기획하고 제작하는 경험은 더욱 중요하다.

연습문제는 꼭 혼자 해결해보자!

다시 말하지만, 프로그래밍은 "말하기" 연습과 유사하다. 외국어를 배울 때, 아무리 책을 많이 보아도 말하기 실력은 그리 잘 늘지 않는다. 말을 해봐야 말하기 실력이 향상된다. 프로그래밍도 동일하다. 다른 사람의 소스 코드를 많이 보는 것도 필요하지만, 직접 앉아서 프로그래밍을 해봐야 한다.

쉽지는 않겠지만 자신만의 아이디어를 찾아보자. 정해진 정답을 찾는 것보다, 자신의 아이디어를 구현하는 것이 더 중요하다.

공 그리기(시작)

지금부터가 시작이다. 게임 제작의 첫 단계에서 가장 기본적인 기능인 '도형 그리기'를 다룬다. 프로그램은 대부분 그 규모가 크던 작던, 사용자의 입력에 반응해서 원하는 출력을 해주는 일을 한다. 지금 우리가 도전할 '원 그리기'를 이용해서 공을 그리는 단계는 출력 부분의 가장 기본적 요소이다.

지금부터 시작하자.

원 그리기

[프로그램 실행 화면]

이제 원을 그리는 프로그램을 시작한다. 아래의 내용을 ofApp.cpp 파일에 입력한 후 실행하자. 이제 부터는 소스 코드 옆의 '설명 칼럼'을 주의 깊게 보자.

ofApp.cpp 파일 수정

```
//--------------------------------------------------------------
void ofApp::setup(){
	ofSetWindowTitle("Ball Drawing Program");
	ofSetWindowShape(1024, 768);
	ofSetFrameRate(60);
	ofBackground(ofColor::white);
	ofSetColor(ofColor::black);
	ofSetLineWidth(1.0);
	ofNoFill();
}

//--------------------------------------------------------------
void ofApp::update(){

}

//--------------------------------------------------------------
void ofApp::draw(){
	ofCircle(200, 200, 100);
}
```

ofNoFill( ) 함수는 '도형 내부'를 채우지 말라는 함수이다. 이 함수가 실행된 이후에 그려지는 도형은 내부가 채워지지 않는다. 내부를 색칠하려면 ofFill( ) 함수를 사용하자.

원을 그리는 함수이다. 괄호 안의 3개의 숫자값은 각각 원의 중심 좌표 x, y 그리고 원의 반지름이다.

openFrameworks를 이용한 프로그래밍은 위와 같이 setup(), update(), draw() '함수'를 사용하게 된다.

» setup(): 프로그램을 실행시키면 가장 먼저 **단 한번만** 실행되는 함수이다. 프로그램의 초기화 작업을 수행하는 역할을 한다.

» update(): setup() 함수 이후에 내부적인 변수 값들의 반복적인 수정을 위한 함수이다.

» draw(): update() 함수 이후 수행되는 함수이다. 화면에 그림을 그리는 부분이다. update( ) 함수와 draw( ) 함수는 연속해서 반복적으로 수행된다. 이 두 함수가 반복적으로 수행된다는 말이 이해되지 않을 수도 있는데, 자세한 설명은 다음 절에서 예를 들어서 설명한다.

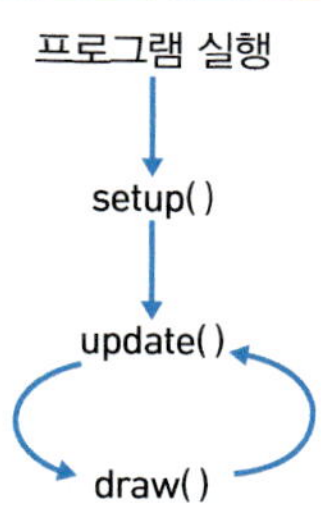

실행 화면이 너무 보잘것없다고 느껴지는가? 첫술에 배부르지 않다. 그런데 원의 모양이 예쁘지 않은 것을 볼 수 있을 것이다. 도형을 그리는 방법과 속도에 따라 정밀도를 변경할 수 있다. 그렇지만 일단 이렇게 진행하자. 그리고 소스 파일을 저장해두자. 이제 조금씩 이 소스 코드를 늘려갈 것이다.

C 언어: 디버깅 하는 방법(Visual Studio 이용)

컴파일러마다 동일한 사안에 대해서 에러 메시지가 조금씩 다를 수 있다.

아래에 C 언어에서 접할 수 있는 몇 가지 오류 예를 모아 보았다. 아래의 에러 메시지는 Visual Studio Community 2015 버전을 사용하는 경우이다.

컴파일하면 Visual Studio 하단에 아래와 같은 출력된다. 가장 아래 줄을 보면 "(빌드: 성공 1, 실패 0, …(영어: 1 succeeded, 0 failed))"라는 문장을 볼 수 있다. 오류가 없다는 문장이다.

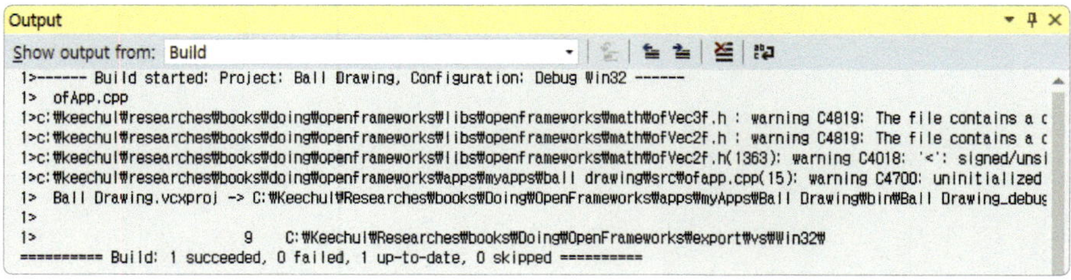

에러 메시지를 더블 클릭해서 에러를 수정하자.

그러나 에러가 있으면 아래와 같이 출력된다. 에러의 이유와 에러가 발생한 파일 이름, 줄 번호가 출력된다. 해당하는 에러 메시지를 '더블 클릭'하면, 해당하는 줄로 자동으로 찾아가 준다.

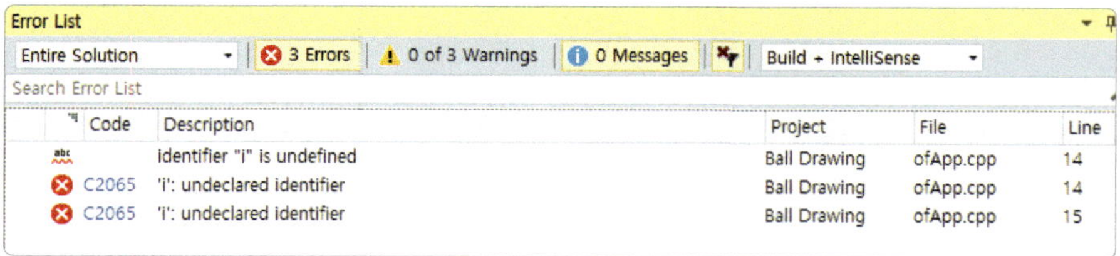

먼저 '문법적 에러'의 예를 먼저 살펴보자. 프로그래밍 초심자에게는 문법적인 에러가 대부분이다.

에러 메시지	식별자 "i"이(가) 정의되어 있지 않습니다.
설명	변수를 선언하지 않고 사용하려는 경우 (실수(mistake)로 변수 선언을 잊은 경우)
프로그램 소스 예제	`i = 100;`

i라는 변수를 선언하지 않고 사용하는 경우이다.

int i;
i = 100;

위와 같이 변수를 선언하고 나서 사용하면 에러가 생기지 않는다.

에러 메시지	식별자 "x"이(가) 정의되어 있지 않습니다.
설명	변수를 선언하지 않고 사용하려는 경우 (변수의 이름을 실수(mistake)로 다르게 쓴 경우)

프로그램 소스 예제	`int i, sum=0;`
	
	`for(x=0; i<100; i++) {`
	`    sum = sum + i;`
	`}`

변수 i를 사용했어야 하는데 오타로 x라고 사용한 경우

에러 메시지	';'가 필요합니다. ';'이(가) 'return' 앞에 없습니다.
설명	문장의 끝에 ;을 빼먹은 경우

프로그램 소스 예제	`void ofApp::draw(){`
	`    ofCircle(200, 200, 100)`
	`}`

세미콜론이 빠졌다는 메시지

줄의 끝에 세미콜론이 빠졌다.

에러 메시지	인수 목록이 일치하는 오버로드된 함수 "ofCircle"의 인스턴스가 없습니다.
설명	함수의 파라미터의 개수와 타입이 다르게 함수를 사용하려는 경우

프로그램 소스 예제	`void ofApp::draw() {`
	`    ofCircle(100, 100);`
	`}`

에러 메시지가 조금 길다. 또한 모르는 단어(이 경우에는 오버로드(overloaded))가 있을 수도 있기 때문에 더 에러 메시지가 힘들게 느껴질 것이다. 그렇지만 에러 메시지를 더블 클릭하면 에러가 발생한 줄로 자동으로 이동시켜준다. 그 줄에서 무엇이 에러일지를 생각하면 된다.

ofCircle( ) 함수의 파라미터는 개수가 3개인데, 이 예제에서는 2개만 입력하여서 에러 발생. 이 경우에는 '프로그래밍 도중'에 해당하는 부분에 빨간 밑줄이 쳐지고, 여기에 마우스를 옮기면 에러 메시지가 출력된다.

```
void ofApp::draw(){
    ofCircle(200, 200);
}
```

에러 메시지	식이 수정할 수 있는 lvalue여야 합니다.
설명	실수로 ==(비교연산자) 대신에 =(대입 연산자)을 입력한 경우
프로그램 소스 예제	`if ( i % 2 = 0  && i % 3 == 0) sum = sum+ i;`

'같으면'을 의미하는 '=='을 입력해야 하는데 대입(assignment) 연산자인 '='으로 오타를 입력한 경우. 이 부분은 조금 설명하기 어려운데, ==을 실수로 =이라고 사용하면, 등호(=) 왼쪽에 변수가 와야지 정확한 대입 연산자의 역할을 하는 것이다. 'lvalue'는 'left value' 즉, '등호(=)의 왼쪽에 올 수 있는' 이라는 의미로써 등호의 왼쪽에 있을 수 있는 변수를 의미한다. 그래서 '수정할 수 있는 lvalue'가 필요하다는 것이다. 정말 똑똑한 컴파일러라면 =을 ==으로 수정하라고 하겠지만, 프로그래머의 정확한 의도를 파악할 수 없기 때문에 이러한 조금은 엉뚱한 에러메시지가 나온 것이다.

Visual Studio에서는 많은 에러들이 "**프로그래밍하는 도중**"에 아래의 그림과 같이 에러가 있는 곳에 '빨간 밑줄'이 그어진다. 그 부분에 마우스를 가져가면 아래와 같이 '에러 메시지'가 팝업(pop-up)된다. 따라서 코딩을 하는 도중에 많은 에러들을 즉시 수정 가능해진다.

```
    int i, sum;

    for (i = 1; i <= 100; i++) {
        if (i % 2 = 0 && i % 3 == 0) sum = sum + i;
    }
            int i
            Error: expression must be a modifiable lvalue
}
```

위와 같은 경우에 컴파일하면 아래와 같이 여러 에러가 출력된다. 실제의 에러는 하나인데 2줄에 에러가 있다고 출력된다. 이는 첫 번째 줄에서의 에러 때문에 두 번째 줄도 해석에 오류가 있다고 컴파일러가 판단했기 때문이다. 그래서 하나만 에러를 수정하면 나머지 에러 메시지들도 자동으로 사라진다.

Error List

Entire Solution | 4 Errors | 0 of 3 Warnings | 0 Messages | Build + IntelliSense

Search Error List

Code	Description	Project	File	Lir
	expression must be a modifiable lvalue	Ball Drawing	ofApp.cpp	16
	expected a ';'	Ball Drawing	ofApp.cpp	31
C2106	'=': left operand must be l-value	Ball Drawing	ofApp.cpp	16
C2143	syntax error: missing ';' before '}'	Ball Drawing	ofApp.cpp	31

위와 같은 상황을 하나 더 살펴보자. 아래는 printf( ) 함수의 포맷 문자열의 여는 따옴표를 빼먹은 상황이다. 이렇게 하나의 오류임에도 불구하고 에러는 아래와 같이 여러 개가 표현된다. 그 중에 하나는 "'닫는 따옴표'가 없습니다"라는 에러 메시지도 있다. 이와 같이 컴파일러가 언제나 정확하게 에러를 파악하는 것은 아니지만, 에러 메시지를 많이 접하다 보면 조금씩 익숙해질 것이다.

```
#include <stdio.h>

int main() {
        int i=100;
        printf(%d", i);
        return 0;
}
```

포맷 문자열의 여는 따옴표를 빼먹었다.

코드	설명	프로젝트	파일	줄
	식이 필요합니다.	ConsoleApplication3	sample.c	6
	닫는 따옴표가 없습니다.	ConsoleApplication3	sample.c	6
	')'가 필요합니다.	ConsoleApplication3	sample.c	8
C2143	구문 오류: ')'이(가) '%' 앞에 없습니다.	ConsoleApplication3	sample.c	6
C2198	'printf': 호출에 매개 변수가 너무 적습니다.	ConsoleApplication3	sample.c	6
C2001	상수에 줄 바꿈 문자가 있습니다.	ConsoleApplication3	sample.c	6
C2065	'd': 선언되지 않은 식별자입니다.	ConsoleApplication3	sample.c	6

논리적 에러는 아래와 같은 것이 일반적이다. 이러한 오류들은 컴파일러가 찾아낼 수 없어서 프로그램이 실행될 수는 있다. 논리적으로는 오류가 있지만 문법적으로는 틀린 것이 아니기 때문에 컴파일러가 찾을 수 없다. 이러한 오류를 가진 프로그램은 실행은 되지만 원하지 않는 결과값이 나올 수 있다.

1에서 100까지의 합을 계산하는 코드인데 변수 sum을 0으로 초기화하지 않아서, 쓰레기 값이 들어 있을수 있어서 최종 결과 값을 신뢰할 수 없다.

에러 메시지	초기화되지 않은 'sum' 지역 변수를 사용했습니다.
설명	실수로 변수 sum을 0으로 초기화하지 않은 경우

프로그램 소스 예제	`int i, sum;`
	
	`for (i=0; i<100; i++) {`
	`        sum = sum + i;`
	`}`

물론 가능한 에러 메시지를 모두 나열하고 설명한다는 것은 불가능하다. 그럼 에러가 발생했을 때 어떻게 에러를 찾아낼 수 있을까? 그 방법을 생각해보자.

프로그래밍과는 관계가 없는 엉뚱한 이야기처럼 들리는가?

아니다. 모든 공부에는, 아니 모든 일에는 자신감이 가장 중요하다. 할 수 있다는 자신감을 가지고 포기하지 않으면 언젠가는 당신의 프로그램은 완성된다!

1. 나는 버그를 찾아낼 수 있다는 자신감을 가지자. 자신감이 없으면 절대!!! 버그를 발견하거나 고칠 수 없다.
2. 대부분의 오류는 오타에서 시작한다. 숫자 (0)을 영문자 (o)로, 쉼표 (,)를 마침표 (.)로, 세미콜론(;)을 콜론(:)으로 입력하는 경우와 같은 오타가 있지 않은지 찾아보자.
3. 큰 심호흡을 하면서 쉬자. '어렵다!'는 생각이 드는 순간 침착함을 잃게 된다. 이럴 때는 잠깐 쉬면서 다른 사람에게 물어보거나 심호흡을 하자.

4. 에러를 찾기가 힘들면 에러 메시지를 다시 잘 읽어보자. 컴파일러가 똑똑하지는 않아서 엉뚱한 에러 메시지를 내기도 하지만, 대부분은 에러 메시지에 해답의 실마리가 있다.

5. printf( ) 함수를 활용하자. `printf("x 좌표: %d\n", x);`라고 명령어를 프로그램 내부에 적으면, 화면에 확인할 필요가 있는 내용을 문자열로 출력할 수 있다. 즉, 프로그램 수행 중의 어떤 변수 값을 확인하고 싶으면 printf( ) 함수를 적절하게 사용하면 된다.

openFrameworks: 기본 도형 그리기

앞에서는 '원'을 그려보았다. 이제 openFrameworks에서 제공되는 다른 도형들을 그려보자.

더 많은 종류의 도형들이 있지만, 이 교재에서 사용하는 도형들을 중심으로 설명하였다. 각 함수의 자세한 설명은 생략한다. 그렇지만 각 함수의 파라미터 부분에 적혀있는 심볼들을 보면 직관적으로 어떤 의미인지 파악할 수 있을 것이다.

책의 부피를 최대한 줄인다는 의미에서 자세한 설명은 생략하고, 이런 내용이 있다는 소개만 드린다. 자세한 내용은 아래를 참고하자.

http://openframeworks.cc/ofBook/chapters/intro_to_graphics.html

모든 내용을 책에 담을 필요는 없다고 생각한다. 모르는 내용이 있으면 스스로 찾아보자! 인터넷에는 무한한 자료가 있다.

그림을 그리는 함수가 위의 URL 사이트에서는 ofDrawCircle( )과 같이 이름이 조금 다른데, ofCircle( )과 ofDrawCircle( ) 두가지 방법 모두 가능하다.

```
선분:     ofLine(start_x, start_y, end_x, end_y);
직사각형: ofRect(left_top_x, left_top_y, width, height);
삼각형:   ofTriangle(x1, y1, x2, y2, x3, y3);
원:       ofCircle(center_x, center_y, radius);
타원:     ofEllipse(center_x, center_y, width, height);
```

삼각형 3 꼭지점의 좌표를 입력한다. 점들의 순서는 중요하지 않다.

위의 내용을 응용해서 openFrameworks를 이용해서 다양한 도형을 그려보자.

도형의 색깔을 바꾸고 싶다면 아래의 함수를 적절히 응용하면 된다.

```
ofSetColor(ofColor::black);
ofFill();
```

이 부분에 색깔을 적어주면 된다. 자주 쓰는 색깔명은 아래와 같다.

red, orange, yellow, green, blue, purple, black, white

관련 정보는 아래에…

http://openframeworks.cc/documentation/types/ofColor/

OF 실전 연습 문제 #1

이 프로그램은 벽돌 게임을 처음부터 차근 차근 만들어 간다. 본인도 이 책의 진도와 유사하게 직접 본인 만의 게임을 기획하면서 완성시켜보자.

1. 공을 2개 이상 다른 위치에 다른 크기로 그려보자.

2. 위에서 소개한 다양한 종류의 도형을 다양한 위치에 그려보자.

3. 도형의 색깔을 바꿔서 그려보자.

4. 아래는 피에트 몬드리안의 작품이다. 이와 유사한 작품을 openFrameworks를 이용해서 그려보자. 다양한 위치에 다양한 도형을 그리는 연습으로 좋은 예제이다.

5. [심화] 아래와 같은 태극기를 그려보자. 다양한 위치에 곡선과 직선을 배치해야 한다. 태극기의 구조는 아래와 같다. 도형이 너무 많고, 각 도형의 위치를 수학 계산을 이용해야 해서 쉽지는 않은 문제다.

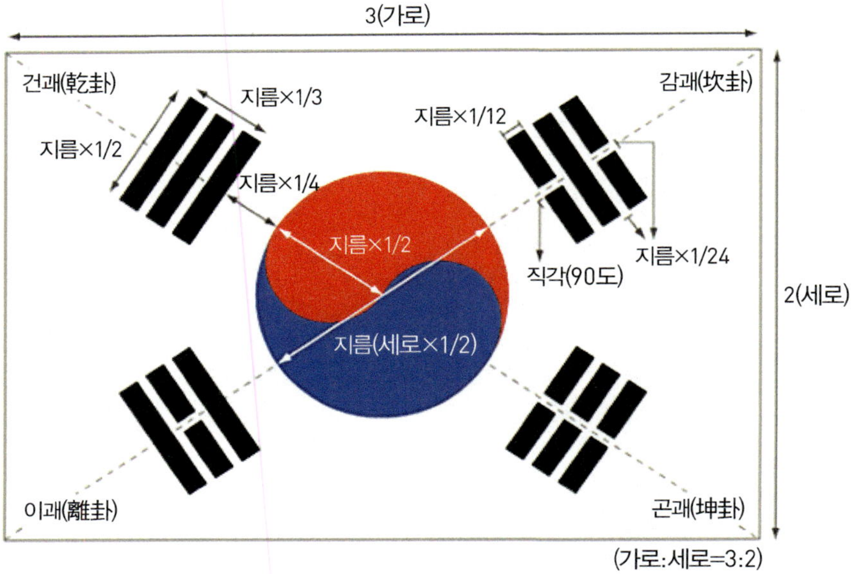

이 책에서 다루는 내용은 앞에서도 소개되었지만 대략적으로 아래의 기능을 사용한다.

1. 도형을 그리고,
2. 도형을 움직이고,
3. 도형 간의 충돌을 감지하고
4. 벽돌 등의 배치를 위해서 배열을 사용하고,
5. 마우스를 이용하여 라켓을 움직이며,
6. 키보드를 이용하여 총알을 반사한다.

위와 같은 대략적인 기능을 이용하여 본인의 게임을 디자인 하자.

6. [내 게임 만들기] 본인이 구현하고자 하는 게임의 순서도(flow chart)를 그려보자. 게임을 머리 속에서 전체적으로 구상하고, 가장 단순한 부분부터 설계하고 이를 순서도로 그려보자.

7. [내 게임 만들기] 본인이 구현하고자 하는 프로그램의 의사 코드(pseudo code)를 만들어보자. 게임이 처음 시작할 때 해야 하는 일, 게임이 진행되는 과정 중에 해야 하는 일, 게임이 종료(또는 캐릭터의 생명이 끝나는 순간)될 때 해야 하는 일 등으로 나누어서 구체적으로 작성해보자.

공 수평 움직임(변수)

공의 움직임

가만히 정지한 공은 너무 심심하다. 공에 움직임을 주자. 아주 단순하게 오른쪽으로 쭉~ 움직여보자. 단순한 내용이기는 하지만, 이 부분에서 C 언어와 openFrameworks 프로그래밍의 아주 많은 개념이 소개된다.

[움직이는 공 실행 화면]

아래의 예제에서 중요한 부분은 '변수(variable)'라는 개념이다. 공의 위치가 변하기 때문에 변하는 위치 값을 저장할 변수가 필요하다.

```
int xPos;
```

int 형 변수, 즉 정수(integer)형 변수로써 정수값을 가질 수 있는 변수이며, 이름이 xPos라는 것을 의미한다. 여기서는 "공의 중심의 x 좌표"를 저장한다.

위의 문장은 '변수 선언(variable declaration)'이다. 즉, '어떤 자료형의 그리고 어떤 이름'의 변수를 앞으로 사용하겠다는 것을 선언(declare)하는 것이다.

C 언어의 특징이다. C 언어에서는 어떤 변수를 사용하기 전에는 미리 '변수 선언'을 해야한다. python, Ruby, SmallTalk 같은 언어는 변수를 선언하지 않고도 사용할 수 있다.

다음 페이지의 프로그램을 실행해보자. 신기하지 않은가? 공의 위치를 변수로 선언하고, 매 프레임마다 update( ) 함수 내부에서 변수 값을 1씩 더해주고, draw( ) 함수는 변수 값의 위치에 공을 다시 그렸을 뿐인데, 공이 움직이는 효과가 생긴다. 이 프로그램은 ofSetFrameRate(60); 함수에 의해서 초당 60 프레임씩 매 프레임마다 이전 프레임은 지워지고 매 프레임이 새로 그려지는데, 눈의 착시현상에 의해서 공이 움직이는 것처럼 보이는 것이다.

```
#include "ofApp.h"

int xPos;

void ofApp::setup() {
	ofSetWindowTitle("Ball Drawing Program");
	ofSetWindowShape(1024, 768);
	ofSetFrameRate(60);
	ofBackground(ofColor::white);
	ofSetColor(ofColor::black);
	ofSetLineWidth(1.0);
	ofFill();

	xPos = 0;
}

//--------------------------------------------------------------
void ofApp::update() {
	xPos++;
}

//--------------------------------------------------------------
void ofApp::draw() {
	ofCircle(xPos, 60, 30);
}
```

xPos 변수는 공의 x 위치 값을 가진다.

ofFill( ): 도형의 내부를 색칠하라는 함수. 앞으로 그려지는 도형은 '모두' 내부가 ofSetColor(ofColor::black); 함수에 의해 지정된 색으로 색칠된다.

xPos가 0부터 시작한다. 즉, 화면의 가장 왼쪽에서 원이 출발한다.

변수 xPos의 값을 1 더하는 문장이다. 즉, update( ) 함수는 계속적(반복적)으로 수행되기 때문에, 이 문장에 의해서 xPos 값은 매 프레임마다 1씩 더해지면서, 계속적으로 공의 위치가 변한다.

xFos ++은 xPos = xPos +1과 같은 의미.

공의 속도가 아주 느리다. 공을 빨리 움직이려면 아래와 같이 공의 이동 거리를 크게 해주자.

xPos = xPos + 10;

원을 그리는 함수에서 1번째 파라미터는 공의 x 좌표이다. 이를 변수로 해서 매 프레임 마다 바뀐 위치에 공이 새롭게 그려진다.

이 코드를 보면서 이 점을 다시 한번 생각하자. openFrameworks에서는 setup( ) 함수 이후에 update( ), draw( ) 함수가 계속적으로 반복 실행된다.

C 언어: 변수(variables) #2

3장에서 변수에 대한 개념의 기초를 배웠었다. 이제 점점 많은 변수를 사용하게 될 것이다. 변수에 대해 조금 더 심화해보자. 이 부분은 아주 중요한 부분이다.

■ 변수의 개념

컴퓨터 프로그램에서 어떤 데이터를 '저장'하려면 '변수(variables)'를 사용해야 한다. 변수는 어떤 값을 저장하고 있는 주 기억 장치(main memory)의 주소를 대신한다. 변수는 사용하기 전에 '어떤 이름의 변수를 어떤 자료형으로 사용할 것인지'를 명시해야 한다. 이를 변수(variable)를 '선언(declare)'한다고 한다.

변수 선언 (variable declaration).

아래에 정수형(integer) 변수를 선언하는 예를 보인다.

```
int x;

int y;
y = 10;

int z = 10;
```

x라는 이름의 정수형 변수를 사용하겠다는 변수 선언이다.

변수를 선언한 후, 값을 대입할 수 있다. 이와 같이 변수에 어떤 값을 넣는 명령문을 대입문(assignment statement)이라고 한다.

변수에 값을 입력할 때는 대입 연산자(=)를 써서 변수명 = 값;과 같이 사용하면 된다.

변수의 선언과 초기화를 동시에 할 수 있다.

주의할 사항은 C 언어에서는 모든 변수의 선언은 해당하는 블록 { }의 가장 처음에 해야 한다는 의미이다. 그러나 컴파일러에 따라서 조금 다른 경우도 존재한다. 즉, 중간 중간에 선언해도 상관없는 경우도 있지만, 표준을 지키도록 하자. C11 표준에서는 어디서든지 변수를 선언할 수 있다. 그렇지만, 사용하는 변수를 블록의 처음에 함께 선언하는 것이 프로그램 수정, 관리에 좋다.

■ 기본 자료형

변수(variables)는 3가지 속성이 있다:

» **이름(name)**: 메인 메모리의 주소를 대신하여 직관적으로 기억하기 쉬운 형태로 표현한 것을 말한다.

» **자료형(data type, 데이터 타입)**: 변수가 가질 수 있는 값의 종류를 의미한다.

» **값(value)**: 변수가 실제로 가지는 값이다.

변수는 정해진 자료형의 값만 담을 수 있다. 즉, 정수형 변수에는 정수값만 대입할 수 있다.

예를 들어, 아래와 같은 문장은, '정수형 변수로 이름이 x인 변수를 만들고, 이 변수의 값을 10으로 초기화한다'는 의미이다.

```
int  x = 10;
```

C에서 기본적으로 제공해주는 변수의 데이터 타입(데이터 형, data type)은 다양하다. 아래의 표에 기본적으로 제공하는 데이터 타입을 정리했다. C 언어에서 기본적으로 제공하는 데이터 타입은 아래의 4가지이다. 각 자료형의 대략적인 특징에 주의해서 살펴보자.

실제로는 각 자료형의 크기는 컴파일러에 따라서 조금씩 달라질수도 있다. C 표준안에는 각 자료형이 가져야하는 '최소한'의 크기로 명시되어 있기 때문이다. 자료형의 정확한 크기는 컴퓨터와 컴파일러의 환경에 따라 이 최소 크기보다 더 커질 수 있다.

데이터 타입	최소 크기	값의 범위
char	1바이트(8비트)	A~Z, a~z, 0~9, 기타 심볼들. 'a', 'b' 등 작은 따옴표로 표시 숫자값으로는 -128 ~ +127
int	4바이트	-2,147,483,648 ~ +2,147,483,647
float	4바이트	-3.4×10^{-38} ~ $+3.4\times10^{38}$
double	8바이트	-1.7×10^{-308} ~ $+1.7\times10^{308}$

char 형도 내부적으로는 숫자로 표현되기 때문이다. char 형도 숫자로 사용할 수도 있다.

double 형은 float 형과 같이 실수를 표현하는 변수 타입인데, 8바이트를 사용하기 때문에 float 형에 비해서 더 큰 숫자를 표현할 수 있고, 또한 더 정밀하게 표현할 수 있다.

아래에 다양한 형태의 변수 선언과 초기화 예를 들었다.

```
char temp = 'a';
```

문자형 변수

```
int i = 10;
```

정수형 변수

```
float a = 10.5;
```

실수형(float) 변수

```
double pi = 3.14;
```

실수형(double) 변수

```
char msg[ ] = "warning";
```

문자 배열의 초기화 예. 문자열은 큰 따옴표로 표시한다. C 언어에서는 문자열(string) 타입 변수가 없기 때문에 이와 같이 문자 배열(array)를 사용한다. 배열에 대한 설명은 차후에…

이와 같은 변수들은 변수들끼리의 연산이라든가 다양한 방법으로 사용할 수 있다. 예를 들면 아래와 같은 수식 표현이 가능하다.

```
x = (x * 20 ) / 2 + 10;
```

등호(=) 오른쪽의 식을 계산한 값을 변수 x에 대입한다.

변수가 담을 수 있는 "값의 범위"라는 것은 무슨 의미일까? 일반적으로 문자형 변수(char)는 8비트를 사용해서 −128～+127까지 256개의 숫자를 표현한다.

그러나 아래의 예에서는 이 그릇(문자형 변수 a)에 +128을 담으려고 한다. 실제로 문자형 변수로는 +128을 표현할 수 없다. 그렇기 때문에 부정확한 값이 문자에 대입되는 것이다. 이를 overflow(넘침)라고 한다. 숫자 +128을 대입했지만 실제로는 −128이 대입되었다는 것을 확인할 수 있다.

물론 문자형 변수라서 문자를 표현하기는 하지만, 해당하는 문자의 ASCII 값으로 저장된다. ASCII에 대한 설명은 차후에…

오버플로우(overflow): 표현할 수 있는 범위를 넘어서 부정확한 값이 사용되는 경우. 오버플로우가 발생하더라도 컴파일 시점이나 실행 시점에 오류가 발생하지 않는다. 따라서 프로그래머가 스스로 주의해야 한다.

```
#include <stdio.h>

int main(){
        char a;

        a = 128;

        printf("variable a is ... %d\n", a);

}
```

문자형 변수에 숫자를 담을 수 있다. 실제로 C 언어에서 문자형 변수는 해당하는 문자의 ASCII 값이 저장된다. 따라서 char 형은 좁은 표현 범위를 가진 정수형 변수형이라고 생각해도 된다. 출력할 때는 해당하는 ASCII 코드 값의 문자로 표현될 뿐이다.

```
variable a is ... -128
```

아래의 데이터 형은 처음 배우는 사람들은 사용할 일이 거의 없지만, 보다 정확하게 숫자를 표현하거나 메모리를 아껴쓸 필요가 있는 경우에는 사용을 고민해봐야 한다.

short, int, long, long long 형은 정수를 표현하는 데이터 타입이다. float, double, long double은 실수를 표현하는 데이터 타입. 필요한 분야에 따라서 선택해서 사용하면 된다.

위의 기본 자료형의 데이터 크기를 변경하는 변경자(modifier)를 사용해서 값의 범위의 변화를 줄 수 있다. 아래를 참고하자.

데이터 타입	최소 크기	값의 범위
short 또는 short int	2바이트	기억장소용량을 int 형 4바이트에서 2바이트로 반으로 줄일때 사용할 수 있다. short는 int의 1/2. 정수를 2바이트로 표현하기 때문에 int 형보다 좁은 범위를 표현한다. -32,768 ~ +32,767까지 표현 가능
long 또는 long int	4바이트	정수형 기억장소를 2배 크게 만들때 사용. 시스템에 따라서 4바이트 또는 8바이트일 수 있다. 기억용량이 커지면서 더 큰 정수값을 표현할 수 있다.
long long 또는 long long int	8바이트	기억장소를 4배 크게 만들때 사용한다.
long double	12바이트	아주 큰 실수(수학적인 정밀 계산에 사용)표현에 사용할 수 있다.

실제로 내가 사용하는 컴퓨터에서는 각 자료형의 바이트 수가 어떻게 되는지 아래의 프로그램으로 확인해보자. 각자의 하드웨어나 운영체제의 환경에 따라서 자료형의 크기는 조금씩 달라질 수 있다.

```
#include <stdio.h>

int main() {
    printf("char의 크기 : %d\n", sizeof(char));
    printf("short의 크기 : %d\n", sizeof(short));
    printf("int의 크기 : %d\n", sizeof(int));
    printf("long int의 크기 : %d\n", sizeof(long int));
    printf("long long int의 크기 : %d\n", sizeof(long long int));
    printf("float의 크기 : %d\n", sizeof(float));
    printf("double의 크기 : %d\n", sizeof(double));
    printf("long double의 크기 : %d\n", sizeof(long double));

    return0;
}
```

```
char의 크기 : 1
short의 크기 : 2
int의 크기 : 4
long int의 크기 : 4
long long int의 크기 : 8
float의 크기 : 4
double의 크기 : 8
long double의 크기 : 12
```

sizeof는 피연산자의 크기를 바이트 단위로 계산해서 반환하는 연산자이다.

sizeof( )와 같이 사용하기 때문에 함수라고 생각하기 쉽지만 연산자(operator)이다.

sizeof 뒤에 변수나 자료형의 이름을 사용하면 된다.

sizeof( )라는 형태로 사용할 수 있어서 함수라고 생각하기 쉽지만, sizeof는 함수가 아니라 연산자(operator)이다. 이를 아래에서 확인하자.

```
#include <stdio.h>

int main() {
    int a=1;

    printf( "%d\n", sizeof(a) );
    printf( "%d\n", sizeof a );
    printf( "%d\n", sizeof( int ) );
    // printf( "%d\n", sizeof int );

    return 0;
}
```

```
4
4
4
```

피 연산자가 변수일 경우는 괄호를 사용하지 않아도 된다.

이런 방식은 사용할 수 없다. sizeof 뒤에 특정 변수가 오지 않고 "자료형의 이름"이 올때는 꼭 괄호를 사용해야 한다. 실수를 방지하기 위해서는 괄호를 사용하는 것이 안전하다.

앞에서 사용한 모든 자료형에 'unsigned'라는 키워드를 붙여서 사용할 수 있다. unsigned는 '부호 없는'이라는 뜻으로 0과 양수(+) 값만 사용하겠다는 의미이다. 따라서 음수를 표현하지 못하는 대신에 더 많은 양수값을 표현할 수 있다는 장점이 있다. 표현할 수 있는 값의 범위를 비교해보자.

데이터 타입	최소 크기	값의 범위
unsigned char	1바이트	0 ~ +255
char	1바이트	-128 ~ +127
unsigned short	2바이트	0 ~ +65,535
short	2바이트	-32,768 ~ +32,767

별도로 설정하지 않았을 때 기본적으로 정해진 설정

그렇기 때문에 아래는 동일한 표현이다. 즉, signed라는 키워드는 디폴트(default)이기 때문에 생략해도 된다.

```
int a;
signed int a;
```

5

printf( ) 함수를 사용할 때, unsigned 변수를 위한 포맷 문자는 %u이다. unsigned가 표현할 수 있는 값의 범위가 더 넓어서, %d는 절대값이 큰 경우에는 출력에 오류가 발생할 수 있기 때문이다. unsigned 자료형의 경우에는 %u를 사용하자.

포맷 문자 (format specifier, format letter)	의미
%u	unsigned decimal int 형 출력

선언된 변수의 값은 '변수'라는 이름이 뜻하듯이 값을 '변경'할 수 있다. 그러나 const 형으로 선언된 변수는 변수 선언을 하면서 동시에 초기값을 할당한 이후에는 변경할 수 없다. 따라서 한번 변수의 값을 설정하고 변경할 필요가 없는 경우(아래와 같이 수학의 pi 값 같은 경우)에 사용하면, 실수(mistake)로 값을 변경하려는 경우 에러가 생겨서 이를 쉽게 감지할 수 있다는 장점이 있다. 즉, const를 사용함으로써 조금 더 에러에 안전한 코딩을 할 수 있게 된다.

상수형 변수(const type variable): const는 constant(상수)를 의미한다.

```
#include <stdio.h>

int main() {
        const double pi=3.141592;

        pi = 100.0;

        return 0;
}
```

에러

```
error: assignment of read-only variable 'pi'
pi = 100.0;
     ^
```

■ 문자: ASCII 코드/유니코드(UNICODE)

비트(bit)는 Binary Digit을 줄여서 만든 단어다. 1비트는 0과 1, 2가지 상태만 저장할 수이다.

컴퓨터에서 사용하는 데이터의 단위를 정리해보자.

- bit: Binary Digit의 약자, 컴퓨터에서 정보를 표현하는 최소 단위
- byte: 보통 8개의 비트로 문자를 표현하는 단위
- word: 컴퓨터가 한번에 처리할 수 있는 데이터의 단위(32비트 컴퓨터는 4바이트를 한 워드로 사용함)

2진수를 표현하는 가장 기본적인 단위를 비트(Bit)라고 한다. 더 많은 상태를 표현하기 위해서 여러 비트를 뭉쳐서 사용하는데, 이를 바이트(Byte)라고 한다. 보통 8비트를 1바이트라고 하고 하는데, 1비트로 2^1(=2)가지 상태를 나타내는 것처럼, 8비트로는 2^8(=256)가지의 상태를 나타낼 수 있다.

각 바이트의 가장 오른쪽 비트를 LSB(Least Significant Bit), 가장 왼쪽의 비트를 MSB(Most Significant Bit)라고 한다. 이는 왼쪽으로 갈수록 단위가 2의 지수 승으로 커지기 때문에 붙여진 이름이다.

이러한 바이트는 주로 숫자를 표현하기 위해서 사용된다. 2진수로 표현하면 숫자 $00000000_{(2)}$은 숫자 $0_{(10)}$, $11111111_{(2)}$은 숫자 $255_{(10)}$ 이런 방식으로 약속한 것이다.

문자를 표현하기 위해서도 유사한 방식의 약속을 한다. 예를 들면, $01000001_{(2)}$은 영어 대문자 'A', $01011010_{(2)}$은 영어 대문자 'Z'를 나타내기로 약속을 하는 식이다. 이러한 것을 문자의 코드 테이블(code table)이라고 하는데, 여러 종류가 있으며 그 중에 가장 일반적으로 많이 사용되는 것이 ASCII(American Standard Code for Information Interchange)이다.

ASCII: 아스키라고 읽는다.

http://en.wikipedia.org/wiki/Ascii

Dec	Hx	Oct	Char		Dec	Hx	Oct	Html	Chr	Dec	Hx	Oct	Html	Chr	Dec	Hx	Oct	Html	Chr
0	0	000	NUL	(null)	32	20	040		Space	64	40	100	@	@	96	60	140	`	`
1	1	001	SOH	(start of heading)	33	21	041	!	!	65	41	101	A	A	97	61	141	a	a
2	2	002	STX	(start of text)	34	22	042	"	"	66	42	102	B	B	98	62	142	b	b
3	3	003	ETX	(end of text)	35	23	043	#	#	67	43	103	C	C	99	63	143	c	c
4	4	004	EOT	(end of transmission)	36	24	044	$	$	68	44	104	D	D	100	64	144	d	d
5	5	005	ENQ	(enquiry)	37	25	045	%	%	69	45	105	E	E	101	65	145	e	e
6	6	006	ACK	(acknowledge)	38	26	046	&	&	70	46	106	F	F	102	66	146	f	f
7	7	007	BEL	(bell)	39	27	047	'	'	71	47	107	G	G	103	67	147	g	g
8	8	010	BS	(backspace)	40	28	050	(	(	72	48	110	H	H	104	68	150	h	h
9	9	011	TAB	(horizontal tab)	41	29	051	)	)	73	49	111	I	I	105	69	151	i	i
10	A	012	LF	(NL line feed, new line)	42	2A	052	*	*	74	4A	112	J	J	106	6A	152	j	j
11	B	013	VT	(vertical tab)	43	2B	053	+	+	75	4B	113	K	K	107	6B	153	k	k
12	C	014	FF	(NP form feed, new page)	44	2C	054	,	,	76	4C	114	L	L	108	6C	154	l	l
13	D	015	CR	(carriage return)	45	2D	055	-	-	77	4D	115	M	M	109	6D	155	m	m
14	E	016	SO	(shift out)	46	2E	056	.	.	78	4E	116	N	N	110	6E	156	n	n
15	F	017	SI	(shift in)	47	2F	057	/	/	79	4F	117	O	O	111	6F	157	o	o
16	10	020	DLE	(data link escape)	48	30	060	0	0	80	50	120	P	P	112	70	160	p	p
17	11	021	DC1	(device control 1)	49	31	061	1	1	81	51	121	Q	Q	113	71	161	q	q
18	12	022	DC2	(device control 2)	50	32	062	2	2	82	52	122	R	R	114	72	162	r	r
19	13	023	DC3	(device control 3)	51	33	063	3	3	83	53	123	S	S	115	73	163	s	s
20	14	024	DC4	(device control 4)	52	34	064	4	4	84	54	124	T	T	116	74	164	t	t
21	15	025	NAK	(negative acknowledge)	53	35	065	5	5	85	55	125	U	U	117	75	165	u	u
22	16	026	SYN	(synchronous idle)	54	36	066	6	6	86	56	126	V	V	118	76	166	v	v
23	17	027	ETB	(end of trans. block)	55	37	067	7	7	87	57	127	W	W	119	77	167	w	w
24	18	030	CAN	(cancel)	56	38	070	8	8	88	58	130	X	X	120	78	170	x	x
25	19	031	EM	(end of medium)	57	39	071	9	9	89	59	131	Y	Y	121	79	171	y	y
26	1A	032	SUB	(substitute)	58	3A	072	:	:	90	5A	132	Z	Z	122	7A	172	z	z
27	1B	033	ESC	(escape)	59	3B	073	;	;	91	5B	133	[	[	123	7B	173	{	{
28	1C	034	FS	(file separator)	60	3C	074	<	<	92	5C	134	\	\	124	7C	174			|
29	1D	035	GS	(group separator)	61	3D	075	=	=	93	5D	135	]	]	125	7D	175	}	}
30	1E	036	RS	(record separator)	62	3E	076	>	>	94	5E	136	^	^	126	7E	176	~	~
31	1F	037	US	(unit separator)	63	3F	077	?	?	95	5F	137	_	_	127	7F	177	&#127;	DEL

[ASCII 코드 테이블]

표의 맨 윗줄의 심볼의 의미

- Dec: Decimal, 10진수
- Hx: Hexadecimal, 16진수
- Oct: Octal, 8진수
- Char: Character, 해당하는 문자

숫자와 영문자(대문자, 소문자) 각각의 ASCII 값을 대략적으로 익혀두자.

C 언어에서 사용하는 문자형 데이터(char)도 아스키 코드를 사용한다. ASCII 코드는 처음은 7비트 만을 사용하여 2^7(=128)개의 문자를 사용할 수 있도록 하였으며, 8번째 비트는 원래 에러 검출용 비트로 사용되어서 정상적인 데이터 전송을 확인하는 역할을 하였다. 이후에는 8비트가 모두 사용되어서 2^8(=256)개의 문자를 표현하기도 한다. ASCII 문자의 앞부분의 32문자는 화면에 출력되는 문자가 아니라 줄바꿈, 탭 등의 특수한 목적을 위해서 할당되었다.

5

C 언어에서 문자형 변수를 사용하려면 아래와 같이 하면 된다. ASCII 코드 숫자 값을 사용해도 되고, 작은 따옴표로 문자를 직접 사용해도 된다.

```
char ch;
ch = 65;
ch = 'A';
```

'A'의 ASCII 코드 값이 65

문자형 변수는 내부적으로는 정수형 변수와 동일하다. 다만 표현할 수 있는 값의 범위가 좁을 뿐이다.

유니코드(Unicode)는 1991년에 Xerox와 Apple사에 의해서 개발된 2바이트 코드이다. 2^{16} (=65,536)개의 문자를 표현할 수 있어서, 전 세계의 거의 모든 문자를 표현할 수 있다.

유니코드는 현재 다양한 프로그래밍 언어와 운영체제에 의해서 지원되고 있어서 세계 표준으로 자리 잡았다. 256개의 문자만 표현할 수 있기 때문에 국제적인 언어들의 사용에는 부족한 단점이 있었던 ASCII 코드와의 일관성을 지키기 위해서 유니코드 앞 부분의 256개의 문자는 정확하게 ASCII 코드와 일치하게 만들었다.

유니코드 2.0(국제 표준 ISO 10646, 한국 표준 1005-1)에는 한글이 11,172자로써 유니코드 전체 분량의 17%를 차지하면서 포함되어 있다. 유니코드 2.0에는 아래와 같이 AC00~D7AF까지의 코드를 한글을 위해서 사용하는 완성형 코드이다. 예를 들어서 한글 '각'이라는 글자는 유니코드로 16진수 'AC01'이다.

	0	1	2	3	4	5	6	7	8	9	A	B	C	D	E	F
AC0	가	각	갂	갃	간	갅	갆	갇	갈	갉	갊	갋	갌	갍	갎	갏
AC1	감	갑	값	갓	갔	강	갖	갗	갘	같	갚	갛	개	객	갞	갟
AC2	갠	갡	갢	갣	갤	갥	갦	갧	갨	갩	갪	갫	갬	갭	갮	갯

[UNICODE에서의 한글 부분의 일부]

■ 문자 입력시 주의 사항

scanf( ) 함수를 이용하여 '문자'를 입력받는 경우를 살펴보자. 아래와 같이 문자 5개를 공백으로 구분해서 입력한 경우의 출력 결과를 보자.

```
#include <stdio.h>

int main(){
        char ch;
        int i;

        for(i=0; i<5; i++) {
                scanf("%c", &ch);
                printf("%c", ch);
        }

        return 0;
}
```

```
Input: a b c d e
Output: a b c
```

printf( ) 함수에서 문자들 사이에 공백을 출력하지 않았는데 공백이 출력되었음을 생각해보자. 왜 공백이 출력되었을까?

"a b c d e"를 입력하였는데 이상하게도 "a b c" 밖에 출력되지 않았다. 그 이유는 scanf( ) 함수를 이용하여 문자를 연속적으로 입력받을 때는 공백(space)도 문자로 간주되기 때문이다. 따라서 "abcde"와 같이 공백없이 입력해야 정상적으로 입력된다.

문자를 Enter Key로 구분해서 입력하면, Enter Key 또한 문자로 입력되어, 원하는 입력 결과를 얻을 수 없다.

숫자를 입력할 때는 이렇지 않다. 숫자는 숫자 사이를 공백이나 Enter Key로 구분해 주어야만 한다.

5

또한 아래와 같은 프로그램은 사용자가 'a'를 입력하고 엔터키를 입력하면, 엔터키가 두 번째 문자 입력으로 사용되기 때문에 2번째 문자 입력에서 원하는 결과를 얻을 수 없다. 이런 경우에는 fflush(stdin) 함수를 사용해야 한다(아래의 코드에서는 주석 처리해둔 부분이다).

```
#include <stdio.h>

int main(){
	char ch;

	scanf("%c", &ch);
	printf("You entered %c\n", ch);
	// fflush(stdin);
	scanf("%c", &ch);
	printf("You entered %c\n", ch);

	return 0;
}
```

```
입력: a[Enter key]
출력: You entered a
입력: b[Enter key]
출력: You entered
```

fflush(stdio) 함수는 표준 입력 스트림(stream)을 비워주는 함수이다.

"file flush"라는 뜻이다. "입력 스트림"이라는 용어는 이 책의 마지막에서 설명할텐데, 그때까지는 일단 연속적으로 입력이 들어오는 파이프라고 생각하자. 이 파이프에 들어있는 내용물을 다 비우라는 함수이다.

이 코드가 정상적으로 동작하려면 코드에 있는 주석 표시를 없애야 한다.

이 예제에서는 여기서 Enter key가 입력된다.

■ 상수

상수(constant)란 프로그램이 실행되는 동안 변하지 않는 수이다. 우리가 일반적으로 사용하는 정수, 실수, 문자 등의 자료형의 상수들이 있다. 각 자료형의 상수 예는 다음과 같다.

```
정수형: -10, 203, 7103
실수형: 3.14, 309.21
문자: 'a', 'A', '0', '1'
문자열(string): "Hello"
```

숫자와 다르게 문자라는 것을 표현하기 위해서 '하나'의 문자를 작은 따옴표로 표현한다. 즉, 'aA'와 같이 2개 이상의 문자는 표현할 수 없다. 문자는 하나의 글자만을 의미한다.

그럼 연속된 문자열은 어떻게 표현할 수 있을까? 그건 뒤에 나온다. 배열, 포인터 등의 이야기가 이에 해당한다.

문자열은 "변수형"은 제공되지 않지만 큰 따옴표로 "상수"는 사용할 수 있다.

경우에 따라서는 16진수나 8진수를 사용해서 상수를 사용할 필요가 있는 경우가 있다. 정수형 상수에서 16진수와 8진수를 표현하려면 해당하는 접두사(prefix)를 사용하면 된다.

진법	접두사	예	10진수 값
16진수	0x	0x20	32
8진수	0	040	32

아래의 프로그램은 다양한 상수를 출력하는 예제이다.

```
#include <stdio.h>
int main()
{
    printf("정수 %d\n", 16);
    printf("정수 16진수 출력 %x\n", 16);
    printf("정수 16진수 숫자 16진수 출력 %x\n", 0x10);
    printf("정수 16진수 출력 %#x\n", 16);
    printf("정수 8진수 숫자 8진수 출력 %o\n", 020);
    printf("실수형 숫자 %f\n", 3.14);
    printf("문자열 %s\n", "Hello");
```

%x는 16진수로 출력 (%x는 소문자로 출력, %X는 대문자로 출력)

#을 붙이면 출력되는 숫자 앞에 0x가 붙는다.

%o는 8진수(octal)로 출력

%s는 문자열을 출력하는 포맷 문자

```
    printf("문자 %c\n", 'a');
    printf("문자 %d\n", 'a');

    return 0;
}
```

%c는 문자를 출력하는 포맷 문자

이 문장에 주목하자!

이 문장에 의한 출력값은 문자 'a'의 ASCII 코드 값인 67이 출력된다.

이 결과에서 알 수 있듯이 실제로 컴퓨터 내부에는 'a'와 같은 문자는 해당하는 ASCII 값이 저장되어 있는 것이고, 이를 문자로 출력할 지(%c), 숫자로 출력할 지(%d)에 따라 출력하는 형태가 달라지는 것일 뿐이다.

```
정수 16
정수 16진수 출력 10
정수 16진수 숫자 16진수 출력 10
정수 16진수 출력 0x10
정수 8진수 숫자 8진수 출력 20
실수형 숫자 3.140000
문자열 Hello
문자 a
문자 97
```

문자열에 대한 아래의 코드를 보자. 문자열은 "Hello"인데 크기가 6으로 나온다. 문자열의 끝에는 자동으로 ASCII 코드 0번 문자(null character)가 삽입되어서 문자열의 끝을 표시하기 때문이다.

```
#include <stdio.h>
int main()
{
    printf("%d", sizeof("Hello"));
    return 0;
}
```

```
6
```

상수를 사용할 때 접미사(postfix)를 붙여서 상수의 타입을 명확하게 할 수 있다.

```
float f1 = 3.14;
```

waring error는 프로그램을 실행할 수는 있지만, 언젠가 오류를 발생시킬 수도 있는 에러 종류를 의미한다.

위와 같은 문장은 경고(warning) 메시지가 나올수도 있다(물론 컴파일러의 설정에 따라 경고가 나올수도 있고 나오지 않을 수도 있다). 이는 기본적으로 실수를 상수로 사용하면 double 타입으로 저장되기 때문에, 자동으로 double 형으로 선언되는 상수 3.14를 float 타입에 저장하면 정밀도가 잘려나갈 수 있기 때문이다.

아래와 같이 선언하면,

끝의 F는 float 형을 의미한다.

```
float f1 = 3.14F
```

이 부분은 너무 세세한 부분이다. 지금 일단은 넘어가자. 설명되지 않는 부분은 각자 찾아보자!

숫자 뒤에 붙은 'F'라는 접미사가 float 타입으로 3.14를 사용하라는 의미이다. 이와 같은 접미사는 U, L, UL, LL, ULL, F 등 아주 다양하게 존재한다.

접미사	자료형	예
U 또는 u	unsigned int	77u 또는 77U
L 또는 l	long	77l 또는 77L
UL 또는 ul	unsigned long	77ul 또는 77UL

C 언어에서는 문자열을 상수로 사용할 수 있지만, 이를 위한 변수 자료형은 제공하지 않고 아래와 같이 문자 배열(array)을 이용해서 사용한다.

배열(array)이라는 구조에 대해서 간단히 알아보자. 배열에 대한 자세한 이야기는 곧 나올 것이다.

조금 어려울 수 있다. 배열이라는 자료형은 여기서는 간단하게만 보고, 나중에 자세히 설명하자.

```
char str[] = {'A', 'B', 'C'};
```

여기서 str이라는 변수를 배열(array) 변수라고 한다. 이렇게 선언하면 아래와 같이 할당한 효과가 있다.

```
str[0]=='A'
str[1]=='B'
str[2]=='C'
printf("%s", str);
```

이렇게 문자열로 출력할 수 있다.

즉, 이렇게 이름이 동일하고 [ ] 사이에 인덱스를 넣어서 사용할 수 있는 편리함이 있는 구조가 배열이다. 이렇듯 C 언어에서는 char 배열이라는 형식으로 문자열을 사용할 수 있다.

■ 변수 활용

이제 C 언어의 변수에 대한 본격적인 공부를 해보자.

아래의 프로그램은 변수가 표현할 수 있는 최대값에 1을 더했을 때 일어나는 현상을 보이고 있다. 프로그램의 출력 결과는 다음과 같다. 이 프로그램에서는 도대체 무슨 일이 일어난 것일까?

math.h: 수학 함수들과 관련된 헤더 파일로써, 여기서는 2의 지수승(2^n)을 구하려고 pow( ) 함수를 사용하기 위해 포함한다. pow는 power라는 뜻이다.

pow(2, 31)은 2^{31}

pow(2, 31) 함수는 2의 31승을 계산해준다. 그래서 변수 cnt는 2,147,483,647가 된다. pow(2, 31)-1은 정수형 변수 cnt가 표현할 수 있는 최대값이다.

컴퓨터에서 표현할 수 있는 최대값에 1을 더하면 컴퓨터가 표현할 수 있는 범위를 넘어선다. 즉, 오버플로우(overflow)가 발생해서 틀린 값이 저장된다.

오버 플로우

```
#include <stdio.h>
#include <math.h>

main()
{
        int cnt;

        printf("no of bytes of int type : %d\n", sizeof(int));

        cnt = pow(2, 31)-1;
        printf("maximum of integer variable  = %d\n", cnt);
        cnt++;
        printf("maximum + 1 = %d", cnt);
}
```

```
no of bytes of int type : 4
maximum of integer variable  == 2147483647
maximum + 1 == -2147483648
```

위의 프로그램에서 마지막 출력결과는 음수(negative)다. 2,147,483,647이라는 값에 1을 더한 값이 음수가 되었다. 이 이유는 4바이트를 이용해서 표현할 수 있는 가장 큰 양의 정수는 2,147,483,647인데, 이 숫자에 '1'을 더하려고 하니까, 컴퓨터가 표현할 수 있는 최대값을 넘어서서 오동작을 일으킨 것이다. 이러한 상황을 오버플로우(over-flow)라고 한다.

이제 실수(float, double)에 대한 이야기를 해보자. 아래의 프로그램은 'Not Equal'을 출력한다. 상수 0.2를 대입했던 변수 a와 상수 0.2가 다르다니? 그 이유는 무엇일까?

```
#include <stdio.h>
main()
{
	float a = 0.2;

	if ( a == 0.2 )
	  printf("Equal");
	else
	  printf("Not Equal");
}
```

```
Not Equal
```

변수 a의 값과 상수 0.2가 같은 지를 체크한다.

이 문제를 이해하기 위해서는 숫자가 컴퓨터 내부에서 어떻게 표현되는지를 이해해야 한다. 컴퓨터는 2진수로 숫자를 표현한다는 점을 기반으로 생각하면 $0.2_{(10)}$는 컴퓨터 내부에서는 2진수의 형태로 저장될 것이다.

10진수를 2진수로 바꾸는 방법이 궁금하면 각자 찾아보자.

$0.2_{(10)}$를 2진수로 바꾸면 다음과 같이 표현되는데, 컴퓨터 내부에서 $0.2_{(2)}$는 '0011'이 무한 번 반복되는 무한 순환 소수가 된다.

무한 순환 소수: 끝이 없이 특정 패턴이 반복적으로 나타나는 소수를 말한다. 컴퓨터 내부에서의 실수의 표현은 구체적으로 들어가면 상당히 복잡하다.

$$0.2_{(10)} = 0.0011\ 0011\ 0011\ 0011\ 0011\ 0011\ 0011 \cdots\cdots_{(2)}$$

컴퓨터는 반도체 하드웨어를 이용해서 만든 물건이니 만큼 표현할 수 있는(사용할 수 있는) 비트 수에 제한을 받는다. 일반적으로 PC에서 실수를 표현하기 위해서 단-정밀도(single precision)는 4바이트(32비트, float 형)를, 배-정밀도(double precision)는 8바이트(64비트, double 형)를 할당한다.

인간은 그렇지 않다 무한히 추상화하여 표현이나 생각에 거의 제한받지 않는다. 인간이 '무한대'라는 개념도 계산할 때 사용하지 않는가?

그렇지만 몇 바이트를 할당하든지 상관없이 컴퓨터를 이용해서 10진수 $0.2_{(10)}$를 정확하게 표현한다는 것은 불가능하다! 10진수로 표현된 $0.2_{(10)}$는 무한 소수가 아니지만, 이를 2진수로 변환하면 무한 순환 소수가 되기 때문이다.

이름을 단 정밀도, 배 정밀도라고 붙인 것 뿐이지, 조금 더 정확한 숫자를 표현하기 위해서 사용되는 비트수를 늘린 것이 배-정밀도 표현이다.

컴파일러에 따라 다를수 있지만, 대부분의 C언어 컴파일러는 상수(constant number)는 8바이트를 할당해서 표현한다. 즉, 배-정밀도(double precision)로 표현한다. 따라서 위의 경우에 $0.2_{(10)}$를 가지고 있는 '변수 a'는 4바이트를 사용하고, '상수 $0.2_{(10)}$'는 8바이트를 사용하기 때문에 if 문에서 비교할 때 다른 값으로 인식이 되는 것이다.

만약 이와 같이 컴퓨터 내부에서 숫자가 어떻게 표현되는지를 이해하지 못하면, 위의 프로그램 결과를 도무지 이해할 수 없을 것이다.

그럼 위의 프로그램을 조금 더 정확하게 수행하게 하려면 프로그램을 어떻게 수정해야 할까? 아래와 같이 변수 선언에서 float 대신 double을 사용하면 된다.

```
#include <stdio.h>
main()
{
    double a = 0.2;

    if ( a == 0.2 )
        printf("Equal");
    else
        printf("Not Equal");
}
```

여기서는 변수를 double 형(type)으로 선언하였다. double은 일반적으로 상수를 표현할 때와 동일하게 8바이트를 사용하여 실수를 표현한다.

이 프로그램은 'Equal'을 출력하기는 한다. 그렇지만, 실제로 이 방법은 좀 웃긴다. 왜냐하면, 변수 a도 상수 0.2도 자기들 둘이 같은 값을 가진다는 의미이지, 어쨌피 둘 다 정확한 0.2를 표현하는 것은 아니다.

또 다른 해결 방법은 없을까? 조금 변경한 아래의 프로그램을 보자.

```
#include <stdio.h>

main()
{
    float a = 0.2;

    printf("%10.8f\n", (a-0.2) );
    printf("%15.13f\n", (a-0.2) );
    printf("%25.23f\n", (a-0.2) );
    printf("%35.33f\n", (a-0.2) );

    if ( a-0.2 == 0 )
        printf("Equal(Exactly) \n");
    else
        printf("Not Equal(Exactly) \n");

    if ( a-0.2 < 0.00000001 )
        printf("Equal(Approximately) \n");
    else
        printf("Not Equal(Approximately) \n");
}
```

이 4줄의 출력문은 (a - 0.2) 값을 다양한 자릿수로 표현하는 부분이다. 오른쪽의 출력 결과에서 볼 수 있듯이, 표현하는 자릿수에 따라서 다른 값들을 보임을 알 수 있다.

아주 작은 값.

```
0.00000000
0.0000000029802
0.00000000298023222766730
0.000000002980232227667301000000000

Not Equal(Exactly)

Equal(Approximately)
```

`a - 0.2 == 0`임을 검사하기 위해서는, 연산 결과가 위의 프로그램에서 사용한 값과 같이 "아주 작은 값"보다 작다면 0으로 간주하는 방법이다. 실제로 double 0.2와 float 0.2를 뺀 값은 '0'이 아니고, 아주 작은 값이다.

이렇게 실수 값은 표현할 수 있는 값의 범위도 제한되고, 정확한 값도 표현하지 못할 수 있기 때문에, 컴퓨터를 이용하여 다양한 계산을 할 때는 주의해야 한다.

이러한 사항을 수치 해석(numerical analysis)이라는 분야에서 자주 보게 된다.

프로그래밍 언어에서의 정수 표현

일반적으로 C언어에서는 short int, int, long int, long long int와 같이 여러 개의 타입(type)으로 구분해서 정수를 표현한다. 이들은 각 이름이 가지는 의미처럼 사용하는 비트 수가 달라진다.

C 표준에서 정한 데이터 크기는 각 자료형이 가져야하는 "최소 크기"이다.

이렇게 여러 개의 타입으로 정수를 나누어서 사용하는 이유는 속도(speed)와 메모리(memory space) 때문이다.

짧은 비트를 사용할수록 사용되는 메모리 양도 줄어들고 그와 동시에 연산 속도도 빨라질 수 있고, 많은 비트를 사용하면 더 큰 범위의 숫자를 표현할 수 있기 때문에, 사용 용도에 맞게 적절한 정수 타입을 지정해서 사용하면 된다.

■ 변수의 범위(scope)과 생존 기간(life time)

전역 변수와 지역 변수의 구분

변수는 전역 변수(global variables)와 지역 변수(local variables)가 있다. 특정 함수(또는 블록) 내부에서 선언된 변수는 지역 변수, 그렇지 않은 변수를 전역 변수라고 한다.

지역 변수는 그 함수(또는 블록) 내에서만 사용할 수 있다. 예를 들어, 아래의 변수 i는 test( ) 함수 '안'에서만 사용 가능하다는 말이다. test( ) 함수 '밖'에서는 이 변수 i를 사용할 수 없다.

```
void test() {
   int i;

   i = 10;
}
```

그렇다면, 아래와 같은 프로그램은 어떻게 동작할까? main( ) 함수에서 test( ) 함수를 2번 호출한다. 각 호출시에 출력되는 값을 살펴보자.

```
#include <stdio.h>

int i = 100;

void test() {
     int i = 10;

     printf("%d\n",  i );
     i++;
     printf("%d\n",  i );
}

int main() {
     test();
     printf("%d\n", i );
     test();
     return 0;
}
```

실행 결과:

```
10
11

100

10
11
```

전역 변수

지역 변수는 해당 블록 내에서만 유효하다. 지역 변수는 함수가 실행될 때 생성된다.

동일한 이름의 변수 i이지만 지금 출력하는 변수 i는 전역 변수이다.

2번째 test( ) 함수 호출시에도 지역 변수 i는 여전히 10으로 새롭게 초기화된다.

전역 변수와는 다르게 지역 변수는 일정한 블록(block)에서만 효력이 있다. 간단한 예제 프로그램으로 확인해보자.

블록: 중괄호 { }로 묶어진 명령어 묶음. 함수도 중괄호로 묶여져 있기 때문에 하나의 블록이다.

```
#include <stdio.h>

int main(){
        int a;

        a = 10;
        printf("a @ main function = %d\n", a);

        {
           int a = 30;
           printf("a @ inner block = %d\n", a);
        }

        printf("a @ main function = %d\n", a);

        return 0;
}
```

```
a @ main function = 10

a @ inner block = 30

a @ main function = 10
```

여기가 새로운 블록이다. 신기하죠? 블록 내에서 선언된 변수는 그 내부에서만 사용할 수 있는 지역 변수라는 점! 즉, 밖에서 선언된 a보다 블록 내에서 선언된 a가 더 우선 순위가 높다.

전역 변수와 지역 변수의 초기화 과정을 살펴보기 위해서 아래의 프로그램을 보자. 아래와 같이 전역 변수는 컴파일러에 의해서 자동으로 0으로 초기화된다.

컴파일러에 의한 전역 변수의 자동 초기화

```
#include <stdio.h>

int globalInt;
float globalFloat;
char globalChar;

int main() {
        printf("Global int: %d\n", globalInt);
        printf("Global float: %f\n", globalFloat);
        printf("Global char: %c\n", globalChar);
        return 0;
}
```

```
Global int: 0
Global float: 0.000000
Global char: 
```

마지막의 문자형 변수는 ASCII 값이 0인 문자라서 화면에 출력된 결과가 보이지 않는다.

위와 다르게 지역 변수는 별도로 명시적으로 초기화하지 않으면 쓰레기 값이 들어있다. 따라서 지역 변수를 사용할 때는 특히 변수의 초기화를 신경 써야 한다.

```
#include <stdio.h>

int main() {
	int localInt;
	float localFloat;
	char localChar;

	printf("Local int: %d\n", localInt);
	printf("Local float: %f\n", localFloat);
	printf("Local char: %c\n", localChar);

	return 0;
}
```

```
Local int: 0
Local float: -0.024238
Local char:
```

아래의 표는 전역 변수와 지역 변수의 여러 특성을 표로 모은 것이다. 세심하게 읽어보고 이해해야 한다.

아래에 전역 변수와 지역 변수의 생존 기간(life time)과 접근 가능 영역(scope), 할당되는 메모리 영역, 초기값을 표로 정리하였다.

	전역 변수	지역 변수
생존 기간 (life time)	프로그램 실행 시작부터 종료시까지: 전역 변수는 프로그램이 실행되면서 변수가 생성되어 종료시까지 남아있다.	블록(함수) 실행 시작부터 종료시까지: 지역 변수는 프로그램 실행 중 블록이 시작될 때 생성되어서 블록이 수행을 마칠 때 삭제된다.
접근 영역 (scope)	프로그램의 어디서나 사용할 수 있다.	변수가 선언된 블록 내부에서만 사용할 수 있다.
할당되는 메모리 영역	데이터 영역	스택 영역
초기값	프로그래머가 별도로 초기화하지 않으면 컴파일러에 의해서 자동으로 0으로 초기화된다.	지역 변수는 컴파일러에 의해 자동으로 0으로 초기화되지 않는다. 아무 의미없는 쓰레기 값이 들어있다.

컴파일된 프로그램은 프로그램의 각 부분들(코드, 데이터 등)이 영역별로 나누어서 메모리에 자리잡게 된다. 아래는 프로그램이 사용하는 메모리 영역에 대한 설명이다.

조금 어려운 내용일 수 있다.

- 코드 영역(code segment): 프로그램의 인스트럭션(명령어)이 위치.
- 데이터 영역(data segment): 전역 변수와 static 변수(아직 설명하지 않았다)들이 위치. 이 영역에 할당되는 변수들은 프로그램 시작과 동시에 메모리 공간에 할당되어 프로그램 종료시까지 메모리에 남아있다.
- 스택 영역(stack segment): 지역 변수와 매개 변수들이 위치. 함수(블록)가 실행될 때 메모리를 할당받음.
- 힙 영역(heap segment): 프로그램 실행 도중에 동적으로 할당되는 메모리.

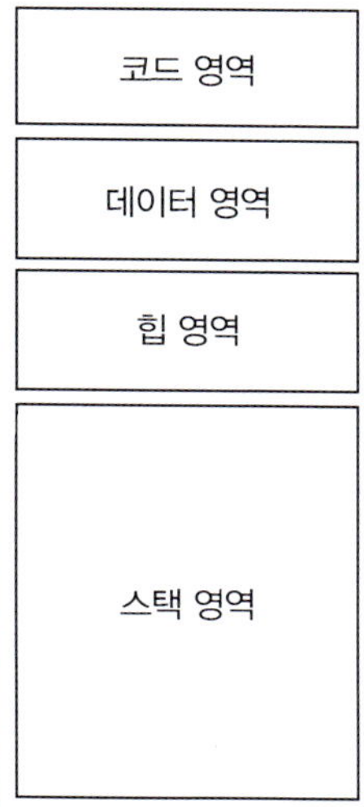

이 책의 말미에 동적 메모리 할당 부분에서 설명한다.

전역 변수와 static 변수(아직 설명하지 않았다)는 컴파일 하는 시점에서 주소를 정할 수 있다. 따라서 전역 변수와 static 변수는 데이터 영역에 메모리를 할당받으며 컴파일러가 값을 0으로 자동으로 초기화해준다.

그러나 지역 변수는 프로그램 실행 중에 동적으로 할당받는 스택 영역에 메모리가 잡힌다. 따라서 자동 초기화가 되지 않고 쓰레기 값이 들어갈 수 있다. 그러니까 지역 변수는 꼭 명시적으로 초기화하는 것이 안전하다. 컴파일러에 따라서는 초기화하지 않은 변수를 사용하려는 경우 컴파일 시점에 에러가 발생할 수도 있다. 지역 변수 뿐만 아니라 전역 변수도 프로그래머가 명시적으로 초기화하는 버릇을 들이는 것이 좋다.

전역 변수의 장점은 무엇일까? 아래의 2 프로그램은 동일한 작업을 한다. 하나는 지역 변수로 숫자를 입력받고, 다른 하나는 전역 변수로 숫자를 입력 받는다. 바로 아래의 지역 변수를 사용하는 프로그램이 훨씬 좋은 구조다. 왜 그럴까?

```
#include<stdio.h>

int add(int a,int b ){
      return (a + b);
}

int main(){
      int answer, input1, input2;

      scanf("%d", &input1);
      scanf("%d", &input2);
      answer = add(input1,input2);
      printf("answer = %d\n", answer);

      return 0;
}
```

```
입력:
10 20

출력:
answer = 30
```

아래의 예제에서 add( ) 함수에 파라미터로 입력 값을 전달할 필요가 없다. 왜냐하면 globalA 변수 등이 전역 변수이기 때문에 add( ) 함수에서도 사용할 수 있기 때문이다.

이렇게 구현하면 정해진 2개의 변수값만 사용하기 때문에 add( ) 함수의 활용도가 떨어진다.

아래의 프로그램은 전역 변수를 사용하는 경우이다. 그러나, 가능하면 전역 변수는 사용하지 않는 것이 프로그래밍에 좋은 습관이다.

```
#include<stdio.h>

// global variables
int globalA;
int globalB;

int add(){
      return (globalA + globalB);
}

int main(){
      int answer;

      scanf("%d", &globalA);
      scanf("%d", &globalB);
```

```
입력:
10 20

출력:
answer = 30
```

```
    answer = add();
    printf("answer = %d\n",answer);

    return 0;
}
```

전역 변수의 또 다른 단점은 무엇일까? 전역 변수를 사용하면 아래와 같이 하나의 함수에서 값을 수정한 결과가 다른 함수에 영향을 미칠 가능성이 많아진다는 점이 단점이다.

```
#include <stdio.h>

int i;

void printStar(){
    // int i;

    for(i=0; i<10; i++){
        printf("*");
    }
    printf("\n");
}

int main() {
    // int i;

    i = 1;

    printStar();                    **********
    i = i + 10;
    printf("%d\n", i);              20

    return 0;
}
```

실수(mistake)로 지역 변수 선언을 빼먹었다고 가정해보자.

여기도 실수로 지역 변수 선언을 빼먹었다고 가정해 보자.

프로그래머는 여기서 i 값이 1+10해서 11이 됨을 예상하고 있을 수도 있다. 그러나 실제로 출력되는 값은 20이다. printStar( ) 함수에서 동일한 전역 변수 i 값을 사용했기 때문이다. 따라서 전역 변수를 사용하면 실수로 원하지 않는 값을 사용하게 되는 경우가 발생할 수 있다.

위의 예에서와 같이 가능하면 전역 변수를 사용하지 않는 것이 좋다. 전체적인 프로그램의 복잡도를 높일 수 있기 때문이다.

전역 변수가 필요한 경우(함수의 반환값이 2개 이상인 경우): 함수는 하나의 값만 반환할 수 있기 때문이다. 그러나 실제로 이러한 경우에도 전역 변수를 쓰지 않을 수 있는 방법이 있다. 향후에 소개될 배열(array), 구조체(struct), 포인터(pointer) 등을 사용하면 된다.

파이썬(Python)과 같은 언어는 2개 이상의 값을 반환할 수도 있다.

그러나 아래와 같이 전역 변수를 써야 하는 경우도 있다. 아래와 같이 특정 함수가 2개 이상의 계산 결과를 반환해야 한다면 전역 변수를 써야 한다.

```
#include <stdio.h>

int sum;
int mul;

void addAndMul(int a, int b){
	sum = a+b;
	mul = a*b;
}

int main(){
	int in1, in2;

	scanf("%d", &in1);
	scanf("%d", &in2);

	addAndMul(in1, in2);

	printf("sum = %d\n", sum);
	printf("mul = %d\n", mul);

	return 0;
}
```

```
sum = 30
mul = 200
```

전역 변수가 필요한 경우(함수들간의 변수의 공유): 이 경우는 이 교재의 마지막 부분에서 자세히 다루자.

이러한 경우 이외에도 여러 함수가 하나의 변수를 공유할 필요가 있는 경우에도 전역 변수를 사용하면 편하게 프로그래밍할 수 있다.

특정 함수가 호출된 횟수를 알고 싶다. 어떻게 하면 될까? 아래의 2개의 프로그램을 보자. 출력 결과는 동일하다. 이 두 프로그램의 차이점은 무엇인가? 왼쪽은 함수의 호출 횟수를 전역 변수로 카운트하고, 오른쪽 프로그램은 지역 변수로 카운트한다.

그런데 static이라는 단어가 눈에 띈다. static 지역 변수는 전역 변수와 동일하게 프로그램이 시작될 때 변수가 선언되고 초기화된다. 그리고 전역 변수와 동일한 생존 기간을 가지며, 지역 변수와 동일한 접근 영역 특성을 가진다.

정적 변수 (static variable)

```
#include <stdio.h>

int count=1;        // 전역 변수로 함수 호출 횟수 카운트

void printStar(){
      printf("***** %d\n", count);
      count++;
}

int main() {
      printStar();
      printStar();
      printStar();
      printStar();

      return 0;
}
```

```
***** 1
***** 2
***** 3
***** 4
```

```
#include <stdio.h>

void printStar(){
      static int count=1;

      printf("***** %d\n", count);
      count++;
}

int main() {
      printStar();
      printStar();
      printStar();
      printStar();

      return 0;
}
```

이 부분에 주의하자. static으로 선언된 지역 변수는 프로그램이 실행될 때 처음 한번만 값이 초기화되고 이후로 프로그램이 종료될 때까지 메모리가 유지된다.

이 프로그램에서 변수 선언에 static이 없으면 어떻게 출력될까? 아래와 같을 것이다.

```
**** 1
**** 1
**** 1
**** 1
```

```
***** 1
***** 2
***** 3
***** 4
```

그러면 아래와 같이 코딩하면 어떻게 될까? 음영으로 표시한 부분이 바뀐 부분이다. 출력 결과에서 알 수 있듯이, static 지역 변수는 변수 선언 문장만 프로그램이(함수가 아니다) 처음 실행될 때 선언되고 초기화됨을 확인할 수 있다. 즉, 아래와 같이 사용하면 원하는 결과를 얻을 수 없다.

static 변수 사용 시 주의하자.

이 두 문장은 아래와 같이 써야 한다.

static int count = 1;

```
#include <stdio.h>

void printStar(){
        static int count;

        count = 1;
        printf("***** %d\n", count);
        count++;
}

int main() {
        printStar();
        printStar();
        printStar();
        printStar();

        return 0;
}
```

```
***** 1
***** 1
***** 1
***** 1
```

아래에서 전역 변수, static 지역 변수, 지역 변수의 생존 기간과 접근 영역을 정리해보자. static 지역 변수는 전역 변수와 지역 변수의 특성을 혼합해서 가지고 있다.

	전역 변수	static 지역 변수	지역 변수
생존 기간 (life time)	프로그램 실행 시작부터 종료시까지	프로그램 실행 시작부터 종료시까지	블록(함수) 실행 시작부터 종료시까지
접근 영역 (scope)	어디서나	변수가 선언된 블록 내부에서만	변수가 선언된 블록 내부에서만

■ 변수 기타: 형 변환과 파생 자료형

다양한 자료형의 데이터 값들을 필요한 경우에는 서로 변환하여 사용할 수 있다. 변환 방법은 크게 2가지가 있다.

» 명시적(explicit) 형 변환(type conversion)

» 묵시적(implicit) 형 변환(type conversion)

명시적 형 변환은 아래와 같이 값 앞에 원하는 데이터 타입을 괄호 안에 적어 주면 되고, 묵시적 형 변환은 자동으로 이루어지는 형 변환을 의미한다.

```
#include <stdio.h>

int main() {
        int noi = 5;
        float nof;

        printf("noi in integer: %d\n", noi);
        printf("noi in float(explicit conversion): %f\n", (float)noi);

        nof = noi;
        printf("nof(implicit conversion): %f\n", nof);
}
```

명시적 형 변환의 예: 정수형 변수인 noi 값을 float 형으로 변환

묵시적 형 변환의 예. 등호 우측의 값을 좌측형 변수형으로 묵시적 형 변환.

```
noi in integer: 5
noi in float(explicit conversion): 5.000000
nof(implicit conversion): 5.000000
```

[형 변환 예: int → float]

위와 같은 경우는 명시적 형 변환이든 묵시적 형 변환이든 작은 자료형(int)에서 더 큰 자료형(float)으로의 변환이었다. 따라서 손실되는 값은 없다. 아래를 한번 보자. 아래는 반대의 경우이다. 큰 자료형에서 작은 자료형으로 변환되면서 값의 손실이 있다.

```c
#include <stdio.h>

int main() {
        int noi;
        float nof = 5.2;

        printf("nof in float %f\n", nof);

        noi = nof;
        printf("noi(implicit conversion) %d\n", noi);

        noi = (int)nof;
        printf("noi(explicit conversion) %d\n", noi);
}
```

묵시적 형 변환: float 형을 int 형으로 변환

명시적 형 변한: float 형을 int 형으로 변환

```
nof in float 5.200000
noi(implicit conversion) 5
noi(explicit conversion) 5
```

[형 변환의 예: float → int]

이러한 자동 형 변환(묵시적 형 변환)은 모든 연산자(대입 연산자 포함)를 이용한 연산 과정에서 일어난다.

» 대입 연산 시에는 등호의 오른쪽 값이 자동으로 왼쪽의 자료형으로 변환되어서 대입된다.

» 수식 연산 시에는 피 연산자 중에 더 범위가 넓은 쪽으로 자동형 변환되어서 계산된다.

예를 들어, 정수와 실수의 덧셈은 정수가 자동으로 실수 값으로 형 변환 되어서 연산됨.

```
#include <stdio.h>

int main() {
        int i;
        float f;

        f = 3.14;

        printf("%f\n", f+10);                          13.140000

        i = f + 10;

        printf("%d", i);                               13

        return 0;
}
```

float와 int 형의 덧셈에서 정수값 10이 실수값 10.0으로 묵시적 형 변환이 일어난다.

정수형 변수 i에 실수값 13.14가 대입될 때 13.14가 정수형으로 묵시적 형 변환에 의해서 13으로 변환되어 대입된다.

C에서 제공되는 기본 자료형 이외에도 다양한 자료형이 제공된다. 이러한 자료형을 파생 자료형이라고 한다.

- 기본 자료형: char, short, int, float, double 등
- 파생 자료형: 배열(array), 나열형(enumeration), 구조체(struct), 공용체(union)

자세한 내용은 차차 소개된다.

실전 연습 문제 #8(변수, 데이터 형)

1. 다양한 데이터 형(char, int, float, double 등)의 지역 변수와 전역 변수를 선언하고, 각 변수를 초기화하기 전과 초기화한 후의 변수 값을 출력해서 확인해보자.

2. 다양한 타입의 변수형의 크기(sizeof)를 실제로 확인해보자.

3. 사용자로부터 두 개의 실수를 입력받아 그 합을 화면에 출력하는 프로그램.

4. 사용자로부터 하나의 문자를 입력받아 해당하는 문자와 그 문자의 ASCII 값을 같이 출력하는 프로그램.

5. 실수형으로 선언한 변수에 정수값을 대입한 후, 그 값을 출력해보자.

6. 아래의 2차 방정식을 푸는 프로그램을 작성하시오.

$$ax^2 + bx + c = 0, \text{ (a, b, c는 상수, a는 0이 아님)}$$

$$x = \frac{-b \pm \sqrt{b^2 - 4ac}}{2a}$$

2차 방정식의 근의 공식을 식으로 C 코드로 대략적으로 써보면 다음과 같다.

```
double root1, root2;
root_1 = (-b+sqrt(b×b - 4×a×c)) / (2×a);
root_2 = (-b-sqrt(b×b - 4×a×c)) / (2×a);
```

a가 0이 되면 더 이상 2차 방정식이 아니게 된다.

sqrt( )라는 함수는 제곱근(root, √‾)를 의미한다. sqrt(4)는 2이다. math.h 파일을 include 하면 사용할 수 있다. 즉, 프로그램의 상단에 아래와 같이 적어주어야한다.

#include <math.h>

그런데, double sqrt(double x)이기 때문에 sqrt( ) 함수의 결과값은 double 형의 변수에 저장해야 한다.

0F 실전 연습 문제 #2

1. 교재의 프로그램을 수정하여서 공을 오른쪽 끝에서 왼쪽으로 움직여 보자.

2. 2개 이상의 공을 움직여보자. 각 공들의 움직이는 속도를 다르게 할 수 있을까?

[힌트] 각 공의 좌표를 담당할 변수를 따로 만들고, 각 공의 움직이는 거리를 다른 값을 대입하면 속도가 달라진다.

3. [심화] 공이 물결치듯이 출렁이면서 움직이도록 할 수 있을까? 이 부분은 아주 고급 기법이다. 관심있는 사람만 살펴보자.

   아래의 함수를 보자. 간략하게 설명하면 아래는 사인(sin) 함수의 그래프이다. 이 함수를 잘 이용하면 가능하다. 즉, sin( ) 함수의 값을 공의 y 좌표 값과 연결시키면 가능하다.

[힌트] 공이 y축으로 출렁이듯 움직이게 하려면 공의 y 좌표도 변수로 설정해야한다.

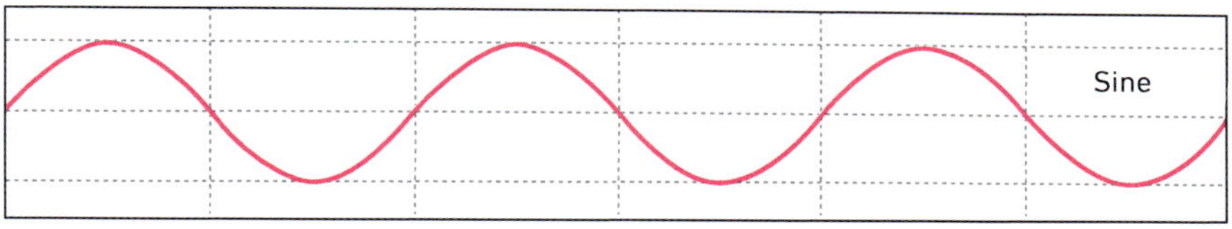

sin( ) 함수 등의 삼각함수는 math.h에 선언되어 있다. 각도는 라디안(radian) 값으로 파라미터로 넘겨 받는다. 즉 sin(π/2)는 1의 값을 넘겨준다(π는 약 3.141592).

4. [내 게임 만들기] 본인이 작성하는 게임에서 움직이는 물체가 있으면 이를 움직여보자. 기본적인 사항을 다시 한번 기억하자! 물체의 움직임을 위해서는 update( ) 함수에서 관련된 값을 변경하고, draw( ) 함수에서 새롭게 다시 그려야 한다.

C 언어: 잔소리 #3

많은 학생들과 프로그래밍 수업을 하다보면 자주 받는 질문이 있다.

"이렇게 하면 되나요?"

이 질문 대신에

"이렇게 하면 왜 안되나요?"

라는 질문을 하는 습관을 들이자.

영어 회화를 배울 때, 가장 좋은 방법은 일단 말을 하는 것이다. 그러면 상대방이 대답을 하면서 나의 표현의 어색한 부분을 조금씩 가다듬으면 된다.

프로그래밍도 영어 회화 공부와 똑같다.

기본적인 문법을 이해한 후에, 다양한 상상력을 바탕으로 여러가지 방법을 시도해 보자.

핵심을 이해한 후에, 이런 방식이 작동해야해!

라고 생각하고,

에러가 발생하거나 생각과 다르게 동작하면
그 이유를 찾아보면 된다.
즉, 왜 이렇게 하면 않될까? 라는 의문을 가지는 것이 중요하다.

이것이 프로그래밍 실력을 높이는 지름길이다.

공 좌·우 벽과 충돌 체크(조건문: if 문)

if 문(조건문)

앞에서 공이 오른쪽 경계를 벗어난 후 없어져서 황당했을 것이다.

이제는 조금 전의 프로그램을 공이 좌·우의 경계에서 계속적으로 반사되면서 움직이도록 수정해보자. 이를 위해서는 **'매번 공을 움직일 때마다'** 좌우의 경계에 부딪히는지 체크해야 한다. 그리고 경계에 부딪히면 공을 반사(방향 변경)시켜줘야 한다.

기억하자!

프로그램은 프로그래머가 시킨 동작만 한다. 경계를 벗어나더라도 화면에서 보이지는 않지만 계속 공은 움직이고 있을 것이다.

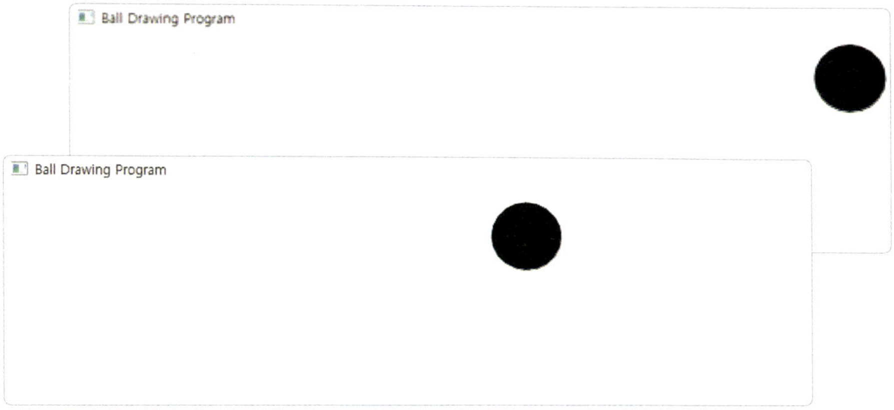

[벽에서 공이 반사되는 프로그램 실행 화면]

이를 위해서 xDir이라는 이름의 변수를 만들었다. 변수 xDir은 공의 움직이는 방향을 나타내는 새로운 변수인데, 오른쪽으로 움직이면 +1, 왼쪽으로 움직이면 −1 값을 가지는 것으로 정했다. 즉, xDir 변수는 x축 상에서 움직이는 **방향**을 의미한다. 그래서 이제는 공을 움직이기 위해서는 아래와 같이 해야 한다.

```
xPos = xPos + xDir;
```

또는 아래와 같이 쓸 수도 있다.

xPos += xDir;

+=는 더해서 넣어라… 라는 연산자이다.

변수 xDir에 -1을 곱하면 xDir의 부호가 바뀌어서 공의 움직이는 방향이 반대가 된다. 따라서 xDir은 +1 또는 -1 값을 가진다.

openFrameworks가 제공하는 함수를 설명하고 넘어가자.

ofGetWidth( )는 실행되는 프로그램 창(window)의 가로 폭의 길이다.

ofGetHeight( ) 함수는 창의 세로 높이다.

공이 왼쪽으로 움직이다가 xPos가 0보다 작아지면 방향을 바꾸고, 공이 오른쪽으로 움직이다가 xPos가 화면의 우측 끝을 만나면 방향을 바꾸면 된다. 아래와 같이 xDir의 부호를 바꾸어서 공이 움직이는 방향을 바꿀수 있다.

```
if ( xPos < 0 ) xDir = xDir * -1;
if ( xPos > ofGetWidth()) xDir = xDir * -1;
```

위의 2 문장은 아래와 같이 if…else if… 문으로 병합하는 것이 더 효율적이다.

```
if ( xPos < 0 ) xDir = xDir * -1;
else if ( xPos >ofGetWidth() ) xDir = xDir * -1;
```

또는 좌·우 경계와의 충돌을 체크하는 위의 두 조건문을 || (or 연산자)를 사용하여 아래와 같이 합칠 수도 있다.

||는 OR의 의미를 나타내는 논리 연산자이다.

```
if ( xPos<0 || xPos>ofGetWidth() ) xDir = xDir * -1;
```

아래에 최종적인 ofApp.cpp 파일을 보자.

```
#include "ofApp.h"
int xPos;
int xDir;

void ofApp::setup() {
	ofSetWindowTitle("Ball Drawing Program");
	ofSetWindowShape(1024, 768);
	ofSetFrameRate(60);
	ofBackground(ofColor::white);
	ofSetColor(ofColor::black);
	ofSetLineWidth(1.0);
	ofFill();

	xPos = 0;
	xDir = 1;
}

//--------------------------------------------------------------
void ofApp::update() {
	xPos += xDir;

	if (xPos < 0) xDir = xDir*-1;
	if (xPos > ofGetWidth()) xDir *= -1;
}

//--------------------------------------------------------------
void ofApp::draw() {
	ofCircle(xPos, 60, 30);
}
```

공의 진행 방향을 나타내는 새로운 변수

추가된 부분이다. 처음에는 오른쪽으로 공이 움직인다. 공이 너무 느리다면 이 값을 +2 또는 +3으로 키우면 된다.

바뀐 부분이다. xDir 값에 의해서 +1 이나 –1이 더해진다.

좌우로 움직이던 공이 좌우 경계를 만나서 방향을 바꾸기 위한 if 문이다.

*=은 '곱해서 넣는다'라는 의미로, 여기서는 xDir = xDir *-1;과 동일한 의미이다. 즉, 이렇게 하면 xDir의 부호가 바뀜에 따라서, 공의 방향이 바뀌게 된다. 동일한 의미로 +=는 더해서 넣는다는 의미이다. xPos = xPos + xDir;은 xPos += xDir;과 동일한 효과이다.

C 언어: 기본 연산자

연산자(operator)란 실제 연산(계산)에 사용되는 기호들을 의미한다. 우리가 자주 사용하는 +, −, *, / 같은 사칙연산(四則演算)에 사용하는 기호들도 프로그래밍에서 연산자로 사용된다.

컴퓨터 프로그래밍에서는 이런 사칙연산 말고도 일상 생활에서 사용하지 않는 모양의 연산자들이 있어서 많이 어색할텐데 차차 적응해보자.

연산자는 크게 다음과 같은 종류들이 있다.

- 산술 연산자
- 관계 연산자
- 비트 연산자
- 논리 연산자
- 대입 연산자

아래의 표는 실제로는 아주 설명할 내용들이 많아서, 여기서 한꺼번에 모든 사항을 설명하기는 힘들다. 관련있는 부분에서 조금씩 계속 설명할 예정이다.

아래에 표로 간단하게 정리하였다. 아주 많은 종류의 연산자가 있다. 아래의 표는 그냥 한번 쭉~ 훑어보자. 뒤에 자세한 설명이 있다.

종류		기호	연산자 용도	예제	설명
괄호 등		( ) [ ] -> .	함수호출/연산순서 변경 인덱스 간접 지정 직접 지정	printf( ) 또는 a-(b+c) data[3] node->next point.x	괄호는 연산자들의 연산 순서를 명확히 하고자 할 때 사용한다. 괄호로 묶여진 부분을 먼저 계산한다.
산술 연산자	단항 연산자	++ -- +/– & *	후위 및 전위 증가 후위 및 전위 감소 부호 주소 연산 간접 지정 연산	a++ 또는 ++a a-- 또는 --a +10 또는 –10 &input *a	후위 및 전위 증가(감소)연산자는 a = a + 1 a = a – 1과 같은 효과
	곱셈 연산자	* / %	곱셈 나눗셈 나머지	a * b a / b a % b	*은 곱셈 연산자 /는 나눗셈 연산자 %는 나머지 연산자
	덧셈 연산자	+ –	덧셈 뺄셈	a + b a – b	+는 덧셈 연산자 –는 뺄셈 연산자
비트 shift 연산자		<< >>	비트 왼쪽으로 이동 비트 오른쪽으로 이동	a<<2 a>>2	a를 왼쪽으로 2비트 이동 a를 오른쪽으로 2비트 이동

관계 연산자		>
		<
		>=
		<=
		==
		!=
			대소, 동일 여부 비교	if (a 〉 b)
				if (a 〈 b)
				if (a 〉= b)
				if (a 〈= b)
				if (a == b)
				if (a != b)
					if( ) 문 등에서 조건을 비교하는 부분에서 주로 사용하는데, 조건을 비교해서 참, 거짓을 판단

비트연산자	and	&	비트 and	a =a & 7	a의 하위 3비트 이외는 모두 0이 된다.
	xor	^	비트 xor	a =a ^ 7	a의 하위 3비트의 비트가 바뀐다. 즉, 0은 1로 1은 0으로 바뀐다.
	or	|	비트 or	a =a | 7	a의 하위 3비트는 무조건 모두 1이 된다
	not	~	비트 not	~a	a의 비트가 모두 반대로 바뀐다.
논리연산자	논리곱	&&	논리 곱	if (a〉b && b〈c)	2개 이상의 조건이 모두 참일 때 참. 왼쪽의 경우는 (a〉b)가 만족하고 (b〈c)도 만족할 때 참.
	논리합	||	논리 합	if (a〉b || b〈c)	2개 이상의 조건 중 하나만이라도 참일 때 참.
	논리 NOT	!	논리 NOT	!(a〉b)	논리값을 반전한다
조건 연산자		?:		result = (a〉b)? 1: 0;	삼항 연산자(피연산자가 3개)
대입 연산자		=, +=, –=, *=, /=, %=, <<=, >>=, &=, ^=, |=			= 연산자는 대입문. a*=b 는 a=a*b 와 동일한 효과.
콤마 연산자		,			

■ 연산자의 결과 값

모든 연산자는 연산 결과값을 반환(return)한다. 아래 문장의 실행 순서를 알아보자.

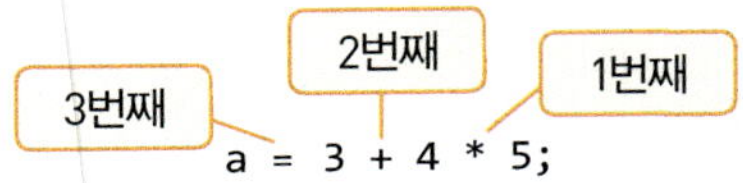

수학 시간에 곱셈이 덧셈보다 우선해서 계산된다는 약속이 있다는 것을 기억할 것이다. 이와 비슷한 연산자들의 우선 순위 규칙이 있다.

1. 4∗5: 가장 먼저 연산되는 것은 ∗ 연산자이다. 4∗5는 20을 반환한다. 일반적인 사칙 연산에서도 곱셈이 덧셈보다 우선한다.
2. 3 + 20: ∗ 연산자 이후의 결과값 20을 사용해서 3 + 20 연산을 한다. 이 연산은 23를 반환한다.
3. a = 23: 변수 a에 23를 대입(assignment)한다. = 연산자는 대입 결과인 23를 반환한다. 즉, 대입 연산자도 결과값을 반환한다. 즉, 위의 문장의 최종 결과값은 23이다. 아래의 코드로 그 결과를 확인해보자.

```
#include <stdio.h>

int main() {
        int a;

        a = 3 + 4 * 5;
        printf("a: %d\n", a);
        printf("a: %d\n", 3 + 4 * 5);
        printf("a: %d\n", a = 3 + 4 * 5);
        return 0;
}
```

```
a: 23
a: 23
a: 23
```

printf( ) 함수의 파라미터에도 이렇게 쓸 수 있다. 모든 연산의 결과는 하나의 '값'이기 때문이다.

이 경우에도 23이 출력된다.

대입 연산자는 대입 결과값인 23을 반환하기 때문이다.

그렇기 때문에 아래와 같은 문장 형식도 사용할 수 있다.

모든 연산자는 연산 결과 값을 돌려준다는 점을 확실히 하자.

```
#include <stdio.h>

int main() {
	int a;

	if (  (a=3+4*5)==23  ) {
		printf("a is equal to 23\n");
	}

	return 0;
}
```

```
a is equal to 23
```

이 if ( ) 문은 참이다.

연산 결과의 자료형은 피연산자(operand)의 자료형과 일치한다. 즉, 연산자에 의한 연산 결과는 피연산자의 자료형의 결과와 동일한 자료형을 반환한다.

아래는 얼마를 출력할까? 모든 연산자의 연산 결과는 피연산자의 자료형과 일치한다. 따라서 아래의 결과는 '3'을 출력한다.

동일한 나눗셈 연산자이지만 정수값들의 나눗셈은 몫을 반환하고, 실수값들의 나눗셈은 소수점 이하까지의 나눗셈 결과를 반환한다.

```
int n1=10, n2=3;
printf("나눗셈 결과: %d\n", n1/n2);
```

```
나눗셈 결과: 3
```

아래의 나눗셈은 float 형을 나눗셈하기 때문에 3.333333을 출력한다.

```
float n1=10.0, n2=3.0;
printf("나눗셈 결과: %f\n", n1/n2);
```

float 값 출력이기 때문에 %f로 출력한다.

```
나눗셈 결과: 3.333333
```

아래의 출력문의 결과를 하나씩 유심히 보자.

실수 더하기 정수는 실수 값이다. 자료형이 다른 데이터의 연산은 더 큰 자료형으로 자동 변환해서 연산되기 때문이다. 그런데 실수값을 %d로 출력하기 때문에 엉뚱한 숫자가 출력되었다.

정수형 변수 i에는 7이 대입된다.

```
#include <stdio.h>

int main() {
      int i;
      float f;

      printf("i: %d\n", 3.3+4);              i: 858993459
      printf("i: %f\n", 3.3+4);              i: 7.300000

      i = 3.3 + 4;
      printf("i: %d\n", i);                  i: 7

      printf("f: %f\n", 3.3+4);              f: 7.300000

      f = 3.3 + 4;
      printf("f: %f\n", f);                  f: 7.300000

      return 0;
}
```

warning 메시지의 대표적인 예이다.

아래의 프로그램을 컴파일하면 3, 4번째 printf( ) 문에서 "warning" 메시지가 출력된다.

```
warning C4477: 'printf' : format string '%d' requires an argument of
type 'int', but variadic argument 1 has type 'double'
```

warning 메시지가 출력되더라도 프로그램은 실행될 수 있다. 그러나 정확한 결과값을 보장하지는 못한다. 아래에 엉뚱한 결과가 출력된 것을 확인할 수 있다.

```
#include <stdio.h>

int main() {
	printf("%d\n", 10 / 3);                3
	printf("%d\n", 10 % 3);                1

	printf("%d\n", 10.0 / 3.0);            -1431655765
	printf("%d\n", 10 / 3.0);              -1431655765

	printf("%f\n", 10.0 / 3.0);            3.333333
	printf("%f\n", 10 / 3.0);              3.333333

	//printf("%d\n", 10.0 % 3.0);

	return 0;
}
```

나머지 연산자, 나머지 연산자의 피연산자는 정수여야 한다.

실수형 나눗셈, 결과는 동일한 자료형인 double 형 값을 %d로 출력하라는 명령어. 그래서 이상한 값이 출력된다.

정수 10이 double 10.0 으로 자동 형변환 되어서 계산됨, 결과 자료형도 double 형이다. %d로 출력하면 안됨.

나머지 연산자(%)는 실수 값에는 사용할 수 없다. 주석을 제거하면 아래와 같은 에러가 출력된다.

invalid operands to binary % (have 'int' and 'long double')

이제 아래의 프로그램을 보자. 조금 기이하다고 느낄 수도 있겠다. 출력값이 왜 이렇게 나오는지 이해할 수 있는가?

```
#include <stdio.h>

int main() {
	int a, b;

	printf("(%d)", printf("[%d]", 1) );
	printf("(%d)", printf("[%d]", 123) );
	return 0;
}
```

```
[1](3)
[123](5)
```

위의 내용을 이해하려면 printf( ) 함수의 반환값을 알아야 한다.

영어와 같은 언어뿐만 아니라 프로그래밍 언어 또한 문법적인 사항들의 원리를 이해해야 한다. 이 교재에서는 특수한 예제를 통해서 원리를 설명하려고 하고 있지만, 더 깊은 설명은 본인이 스스로 찾아봐야 한다. 아래의 사이트를 각자 한번 찾아보자.

URL http://www.cplusplus.com/reference/cstdio/printf/

이 페이지는 printf( ) 함수에 대한 설명을 한다. 이 내용 중 중요한 일부만 아래에 발췌하였다. 아래와 같이 printf( ) 함수도 출력하는 함수이기는 하지만 어떤 값을 반환한다.

아래에서 printf( ) 함수의 반환값(return value)이 무엇인지 찾아보자. 즉, printf( ) 함수는 무엇을 반환할까?

```
int printf ( const char * format, ... );
```

Print formatted data to stdout

Writes the C string pointed by *format* to the standard output (stdout). If *format* includes *format specifiers* (subsequences beginning with %), the additional arguments following *format* are formatted and inserted in the resulting string replacing their respective specifiers.

Return Value

On success, the total number of characters written is returned. If a writing error occurs, the *error indicator* (ferror) is set and a negative number is returned.

printf( ) 함수는 출력을 정상적으로 성공하였을 때는 '출력된 문자의 개수'를 반환한다. 즉, 아래와 같이 프로그래밍할 수 있다.

```
#include <stdio.h>

int main(void) {

        if ( printf("%s", "Hello World!")==12) printf("Success");

        return 0;
}
```

```
Hello World!Success
```

이와 같이 프로그래밍 언어를 새롭게 배울 때는 모든 문법적인 정의(definition)을 정확히 알아두어야 활용할 때 실수하지 않는다.

이제 위의 프로그램에서 아래의 문장의 출력 결과를 이해할 수 있을까?

```
printf("(%d)", printf("[%d]", 1) ); → 출력: [1](3)
```

■ 대입 연산자

위에서 예를 든 설명은 연산자와 관련된 극히 일부분이다. 중요한 몇 가지 연산자를 아래에서 예를 들어서 살펴보자.

```
a = 10;   // 변수 a에 10을 대입한다.
```

위의 = 연산자는 대입 연산자이다. 그리고, 아래와 같이 대입 연산자와 산술 연산자를 합쳐 놓은 연산자도 있다. 이를 '복합 대입 연산자'라고 한다.

```
a += 10;  // a의 값이 10 증가된다. a=a+10과 동일
a *= 10;  // a의 값이 10배가 된다. a=a*10과 동일
a /= 10;  // a의 값이 1/10이 된다. a=a/10과 동일
a %= 10; // a에 a를 10으로 나눈 나머지가 대입. a=a%10과 동일
```

대입 연산자는 다른 대부분의(콤마 연산자 제외) 연산자에 비해서 우선 순위가 낮다.

```
#include <stdio.h>

int main() {
        int i, j, k;

        i = 1 + 2 * 3;
        j=10, k=20;
        printf("i: %d, j: %d, k: %d", i,j,k);

        return 0;
}
```

```
i: 7, j: 10, k: 20
```

등호 우측의 식이 모두 계산된 결과가 대입된다. 이 문장에서 대입 연산자의 우선 순위가 가장 낮기 때문이다.

콤마(,)도 연산자인데, 콤마는 가장 우선 순위가 낮다. 대입 연산자 이후에 콤마 연산자가 수행되기 때문에, 이 문장도 문법에는 맞다. 그러나 한 줄에는 한 문장만 기입하는 것이 좋은 습관이다.

대입 연산자의 왼쪽에 올 수 있는 것을 lvalue(left value)라고 한다. 일반적인 변수라고 생각하면 된다. 당연히 상수(constant)는 lvalue가 될 수 없다. 아래와 같은 문장은 에러가 발생한다.

```
3 = 5 + 10;
error: lvalue required as left operand of assignment
```

■ 산술 연산자

산술 연산자에는 피연산자(operand)가 2개인 '이항 연산자'와, 피연산자가 1개인 '단항 연산자'가 있다.

피 연산자가 3개인 삼항 연산자도 있다. ?: 라는 연산자이다.

이항 산술 연산자(*, /, %, +, –)

산술 연산자 중에서도 이항 연산자란 피연산자가 두 개인 연산자를 의미하며, 덧셈, 뺄셈, 곱셈, 나눗셈과 같은 연산자를 의미한다.

덧셈, 뺄셈, 곱셈, 나눗셈과 같은 대부분의 산술 연산자의 의미는 이미 알고 있을 것이고, 연산자의 우선 순위에만 신경쓰면 별 어려움은 없을 것이다.

다만 연산자 기호의 사용 방법이 수학 시간에 사용하는 식의 모양과 조금 다르다.

수학) y = ax +b
C 언어) y = a*x + b;

C 언어에는 여기에 나머지 연산자(%)가 추가된다. 나머지 연산자는 '나머지'라는 연산의 특성상 피연산자가 정수형 값이어야한다는 점만 유의하면 된다. 즉, 나머지 연산자는 피연산자를 정수값으로 하면서 나머지를 정수값으로 반환한다.

실수의 나눗셈에서는 나머지 연산자를 사용할 수 없다.

```
#include <stdio.h>

int main() {

	int n1=10, n2=3;

	printf("나머지: %d\n", n1%n2);

	return 0;
}
```

```
나머지:1
```

아래와 같이 float와 int가 섞인 나눗셈은 어떻게 될까? 일반적으로 나눗셈 연산자의 피연산자가 서로 다른 타입의 값이면 값의 손실이 적은 방식으로 묵시적 형변환(implicit type conversion)이 일어난다. 이러한 사항은 다른 연산자에도 동일하게 적용된다.

정수형 나눗셈이라서 결과값도 정수값이다.

```
#include <stdio.h>

int main() {

        int n1=10, n2=3;

        printf("나눗셈 결과: %d\n", n1/n2);
        return 0;
}
```

```
나눗셈 결과: 3
```

정수와 실수의 나눗셈이어서 결과값은 더 큰 자료형인 실수값으로 자동 형변환된다.

```
#include <stdio.h>

int main() {

        float n1=10.0;
        int n2=3;

        printf("나눗셈 결과: %f\n", n1/n2);

        return 0;
}
```

```
나눗셈 결과: 3.333333
```

단항 산술 연산자(++, --)

++나 --와 같은 단항 연산자에 대해서 이야기해보자. 단항 연산자란 피연산자(operand)가 한 개인 연산자를 말한다. C 언어에서 다른 '대부분'의 연산자는 피연산자가 2개이고 단항 연산자는 몇 개 되지 않는다.

아래의 예를 보자. 단항 연산자를 변수의 앞에 사용(prefix)하면 단항 연산자를 먼저 수행하고 그 결과값을 사용하고, 단항 연산자를 변수의 뒤에 사용(postfix)하면 현재 값을 사용한 후 한 단항 연산자를 수행한다.

단항 연산자는 피연산자와의 위치가 중요한 의미가 있다.

```
++a;는 a가 증가된 후 사용되고,
a++;는 a가 사용되고 나서 증가된다.
```

즉, 변수 a의 값이 현재 10이라면, 아래에서는 x에 10이 대입된 후, a가 11이 되는데,

```
a = 10;
x = a++;
```

아래의 경우는 a가 11이 된 후, 이 값이 x에 대입된다. 즉, x는 11이 된다.

```
a = 10;
x = ++a;
```

이러한 사실을 예를 통해서 살펴보자. 아래는 단항 연산자인 ++과 --이 prefix에 위치하기 때문에 단항 연산자가 연산된 후 대입된다.

```c
#include <stdio.h>

int main() {
        int before1 = 5;
        int before2 = 10;
        int after1, after2;

        after1 = ++before1;
        after2 = --before2;

        printf("before1: %d\n", before1);
        printf("before2: %d\n", before2);
        printf("after1: %d\n", after1);
        printf("after2: %d\n", after2);
}
```

```
before1: 6
before2: 9
after1: 6
after2: 9
```

그러나 아래와 같이 postfix로 사용하면 결과가 달라진다. 단항 연산자는 대입 연산자 보다 우선 순위가 빠르다. 그러나 postfix로 사용하면 증가되기 전의 값이 사용된다는 특성이 있다.

```c
#include <stdio.h>

int main() {
        int before1 = 5;
        int before2 = 10;
        int after1, after2;

        after1 = before1++;
        after2 = before2--;

        printf("before1: %d\n", before1);
        printf("before2: %d\n", before2);
        printf("after1: %d\n", after1);
        printf("after2: %d\n", after2);
}
```

```
before1: 6
before2: 9
after1: 5
after2: 10
```

아래의 예는 일반적으로 이렇게 사용하는 경우는 없겠지만, postfix 단항 연산자의 작동 방식을 이해하기 위해서 일부러 만들어본 코드이다. postfix 연산자는 값은 변동하지만 변동된 값은 그 다음 문장부터 유효하다.

```
#include <stdio.h>

int main() {
        int before = 5;
        int after;

        after = (before--) + 5;

        printf("before: %d\n", before);
        printf("after: %d\n", after);
}
```

```
before: 4
after: 10
```

현재의 before 값이 사용된 후, 감소된다. 그래서 after는 10이 된다.

아래의 예를 보면 postfix로 사용된 단항 연산자의 연산 순서에 대해 감을 잡을 수 있을 것이다.

```
#include <stdio.h>

int main() {
        int before = 5;

        printf("before: %d\n", before--);
        printf("before: %d\n", before);
}
```

```
before: 5
before: 4
```

실제로 단항 연산자에 대한 설명은 더 복잡한 경우가 있어서 더 설명이 필요할 수 있지만 여기까지만 설명하자.

저자는 단항 증감/감소 연산자를 복잡하게 사용하지는 않는다. 주의하지 않으면 실수를 하기 쉽기 때문이다.

■ 관계 연산자

관계 연산자는 피 연산자 값들의 대소, 동일성 등을 검사하는 연산자로써, 연산 결과는 true 또는 false를 생성하는 연산자이다.

예)

```
if ( a == b )  // a와 b의 값이 같으면 if 문의 조건이 참.
if ( a != b )  // a와 b의 값이 다르면 if 문의 조건이 참.
if ( a > b )   // a가 b보다 크면 if 문의 조건이 참.
if ( a >= b )  // a가 b보다 크거나 같으면 if 문의 조건이 참.
if ( a < b )   // a가 b보다 작으면 if 문의 조건이 참.
if ( a <= b )  // a가 b보다 작거나 같으면 if 문의 조건이 참.
```

관계 연산자는 참(true) 또는 거짓(false)이라는 값을 반환하는데, C 언어에서는 참은 1, 거짓은 0으로 출력된다. 아래의 프로그램을 살펴보자. 모두 이해되는가?

```
#include <stdio.h>

int main() {
	int a, b;

	printf("%d\n", a=3);                      3
	printf("%d\n", a==3);                     1
	printf("%d\n", a!=3);                     0
	printf("%d\n", a>3);                      0
	printf("%d\n", a<3);                      0

	b=4;
	printf("%d\n", a<b);                      1
	printf("%d\n", a==3 && b==4);             1
	printf("%d\n", a==3 && b!=4);             0

	return 0;
}
```

변수 a의 값이 3이 된 후, 그 결과값 3이 출력된다.

관계 연산자의 반환값은 1 또는 0으로써 참과 거짓을 표시하지만, 아래의 if 문과 같이 조건을 체크하는 부분 또는 관계 연산자나 논리 연산자의 피 연산자에서는 0이 아닌 모든 값은 모두 참이라고 간주한다.

`#include <stdio.h>`
 	
`int main() {`
`        if ( 5 ) printf("true");`
`        else printf("false");`
 	
`        return 0;`
`}`
	`true`

■ 비트 연산자

비트 연산자는 피연산자의 값을 2진수 비트열로 생각해서 연산을 수행한다. 실제로 컴퓨터 내부에서는 2진수로 표현되고, 이 2진수 값들간의 연산이 비트 연산이다.

비트 연산자는 영상 처리(image processing)와 같은 분야에서 실제로 많이 사용되는 표현이다. 정수형 연산보다 수행 속도가 빠르기 때문이다.

비트 연산자는 아래와 같다.

비트 연산자는 많은 경우에 유용하게 사용할 수 있는 연산자이다. 그러나 이 교재에서는 의미만을 설명하자. 자세한 설명과 활용 예는 7장에서 소개된다. 각 비트 연산자의 의미는 논리 연산자(&&, || 등)의 의미와 유사한데, 비트 연산자는 비트 단위로 연산하고, 논리 연산자는 피 연산자를 true/false를 사용한다는 점이 다르다.

연산자	기능
&	두 개의 피 연산자가 모두 1이면 결과가 1
|	두 개의 피 연산자 중 하나라도 1이면 결과가 1
^	두 개의 피 연산자 중 하나만 1이면 결과가 1
~	피 연산자가 1개인 비트 연산자이다. 비트 값을 반전시킨다.
<<	비트열을 왼쪽으로 이동한다(shift left).
>>	비트열을 오른쪽으로 이동한다(shift right).

예를 들어, a = 17, b = 21일때, 2진수로 보면 a = 00010001, b = 00010101이다.

& 연산	^ 연산(exclusive or)	| 연산	~ 연산
00010001 & 00010101 -------- 00010001	00010001 ^ 00010101 -------- 00000100	00010001 | 00010101 -------- 00010101	~ 00010001 -------- 11101110

아래와 같이 비트 시프트(shift) 연산은 2의 지수승의 곱셈 또는 나눗셈과 같은 효과가 있다. 아래는 2비트를 좌 또는 우측으로 움직인 예이다.

<<연산	>>연산
00010001 << 2 ---------------- 01000100 = 68(10)	00010001 >> 2 --------------- 00000100 = 4(10)

비트열을 좌측으로 2비트 시프트

원래의 값 17을 왼쪽으로 2비트 옮기면 2^2배(4배)와 동일하다.

즉, 결과값이 17 × 4 = 68이다.

원래의 값 17을 오른쪽으로 2비트 옮기면 2^{-2}배(1/4배)와 동일하다. 4로 나눈 나머지는 무시한다.

비트 연산을 위한 프로그램 예를 살펴보자. 아래를 통해서 다양한 비트 연산자의 사용법을 배워보자.


```
#include <stdio.h>

int main() {
    unsigned int a = 60;          // 60(10) = 0011 1100
    unsigned int b = 13;          // 13(10) = 0000 1101
    int c = 0;

    c = a & b;                    // 12(10) = 0000 1100        12
    printf("%u\n", c);

    c = a | b;                    // 61(10) = 0011 1101        61
    printf("%u\n", c);

    c = a ^ b;                    // 49(10) = 0011 0001        49
    printf("%u\n", c);

    c = ~a;              // 4294967235(10) = 111…1100 0011    4294967235
    printf("%u\n", c);

    c = a << 2;                   // 240(10) = 1111 0000       240
    printf("%u\n", c);

    c = a >> 2;                   // 15(10) = 0000 1111        15
    printf("%u\n", c);

    return 0;
}
```

변수를 unsigned int로 선언한 이유는 비트 연산으로 제일 왼쪽의 비트(이 비트가 부호를 의미한다)가 바뀌면 값의 부호가 바뀔 수 있기 때문이다.

이 내용은 정수값의 2진수 표현과 관련된 이야기인데, 핵심만 이야기하면 2진수 표현에서 제일 왼쪽의 비트가 1이 되면 음수가 되버리기 때문에, 이 예에서는 unsigned로 선언해서 0 또는 양수인 경우만을 고려한다.

%u: unsigned int를 출력하는 포맷 문자

실제로 위에서 변수 a의 값을 00111100이라고 표현했지만, 4바이트 정수라서 실제로는 0000….. 0000111100으로 앞에 3바이트가 모두 0인데, not 비트 연산자에 의해서 앞의 3바이트가 모두 1이 되기 때문에 아주 큰 수가 된 것이다.

■ 논리 연산자

논리 연산자는 논리(logic, 참(true) 또는 거짓(false)으로 표현할 수 있는 데이터)값을 피연산자로 하는 연산자이다.

참/거짓으로 표현되는 데이터 형을 부울 데이터 형(boolean data type)이라고 하는데, C 언어에서는 부울 데이터 형을 별도로 제공하지는 않는다. 다만 관계 연산자의 연산 결과로 나오는 참/거짓, 또는 다른 데이터 형(int, char, float 등)의 값이 0이면 거짓(false), 0이 아니면 모두 참(true)으로 간주한다.

아래에 논리 연산자 &&와 ||의 예를 살펴보자.

```
if ( a<b && b<c )  // a<b이고 b<c이면 if 문의 조건이 참
if ( a<b || b<c )  // a<b거나 b<c이면 if 문의 조건이 참
```

아래의 예제는 if 문과 관계, 논리 연산자의 사용을 보이는 예이다.

```
#include <stdio.h>

int main() {
	int input;

	printf("Enter one integer number.\n");
	scanf("%d", &input);

	printf("Your entered number %d is ....\n", input);
	if ( input>=-9 && input<=9 ) {
		printf("single digit number.\n");
	}
	else if ( (input>=-10 && input<=-99) || (input>=10 && input<=99) ) {
		printf("double digit number.\n");
	}
	else {
		printf("its absolute value is more than or equal to 100.\n");
	}
	return 0;
}
```

논리 연산자 &&과 ||을 섞어서 사용하는 예이다. 이 두 연산자의 순서 관계를 명확히 하기 위해서 괄호로 우선 순위를 명확히 하였다.

```
입력: 200
출력: Enter one integer number.
Your entered number 200 is ....
its absolute value is more than or equal to 100.
```


■ 조건 연산자

물음표 즉, ?로 표시되는 연산자도 있는데, 이를 '조건 연산자'라고 한다. 아래와 같이 사용할 수 있다. 아래의 결과로 변수 result는 1의 값을 가진다.

조건 연산자: if 문과 비슷하게 조건을 검사하지만 연산자라는 의미이다.

```
#include <stdio.h>

int main() {
	int a, b, result;

	a = 20;
	b = 10;

	result = (a>b)? 1: 0;

	printf("%d", result);
	return 0;
}
```

```
1
```

a가 b보다 크면 1을, 그렇지 않으면 0이 된다.

조건 연산자는 아래와 같이 3개의 피 연산자를 가진다. 조건을 위한 값(condition), 조건이 만족했을 때 가지는 값(x), 조건이 만족하지 않을 때 가지는 값(y).

조건 연산자 ?는 피 연산자가 3개인 '3항 연산자'이다.

```
(condition)?  x: y;
```

이러한 조건 연산자는 아래와 같은 경우에 많이 사용된다.

```
#include <stdio.h>

int max(int a, int b){
	return (a>b)? a: b;
}

int main() {
	int a, b, result;

	a = 20;
	b = 10;

	result = max(a, b);
	printf("%d", result);

	return 0;
}
```

```
20
```

■ 콤마 연산자

결합 순서: 수학에서 동일한 우선 순위의 연산자가 연속해서 올 때 좌측의 연산자부터 계산하는 방식을 left-to-right 결합 순서라고 한다.

3+4−7에서는 덧셈 연산자와 뺄셈 연산자가 동일한 우선 순위인데,
이 연산자들은 결합 순서가 left-to-right 이어서, 왼쪽에 위치한 덧셈을 먼저하는 것과 같은 이치다.

콤마(,)도 연산자이다. 이제까지 아주 무의식적으로 사용했었는데, 변수를 동시에 선언하거나, 둘 이상의 문장을 하나의 문장으로 표현하는 경우에 사용하는 연산자이다. 이 연산자는 결합 순서가 left-to-right이다.

아래에서 콤마 연산자를 찾아보자.

한 줄에 2개 이상의 문장을 사용하면 코드를 읽기 힘들게 하여서 자주 사용하는 예는 아니지만, 사용이 가능함을 보이는 코드이다.

```
#include <stdio.h>

int main() {
	int a=1, b=2;

	a++, b++;
	printf("a: %d\n", a), printf("b: %d\n", b);

	for(a=1, b=1; a<10 && b<10; a++, b++) {
```

```
            printf("for body: %d %d\n", a, b);
        }
        return 0;
}
```

```
a: 2
b: 3
for body: 1 1
for body: 2 2
for body: 3 3
…
…
for body: 9 9
```

C 언어: 연산자의 우선 순위

```
1 + 2 * 4 + (2 - 1)
```

위를 수학 시간에 사용하는 수식이라고 생각하자. 위의 식을 계산할 때는 괄호 부분을 먼저 계산하고 그 다음에는 곱셈을 계산하고, 그 다음에는 왼쪽의 +부터 차례로 계산한다. 이 계산 순서를 따르지 않으면 결과가 달라진다. 즉, 연산자들의 우선 순위 규칙을 지켜야한다.

예를 들면 a = 3 + 4 * 5; 라는 문장은 곱셈을 먼저 계산한다. 즉, 덧셈보다 곱셈을 먼저 계산한다는 뜻이다. 이를 연산자의 우선 순위라고 한다.

프로그래밍에서도 동일하다. 다양한 연산자들을 복잡하게 섞어 쓸 때는 연산자의 우선순위(operator precedence)를 고려해야 한다.

아래의 식에서 –와 + 중에서 무엇을 먼저 하는지에 따라서 최종 결과가 달라질 수 있다.

```
5 - 3 + 1

(5 - 3) + 1 = 3
5 - (3 + 1) = 1
```

앞 부분에서 보인 연산자 표에서는 명시적으로 언급하지는 않았지만, 표에 나타낸 연산자들 중에서 상위에 있는 연산자들이 우선 순위가 높다. 즉, 가장 상단의 괄호 ( ) 연산자가 가장 우선 순위가 높고, 콤마 연산자의 우선 순위가 가장 낮다. 이는 우리가 수학 시간에 배운 것과 유사하다.

즉, 아래의 문장은

```
a = a * ( b + c )
```

괄호 안의 +이 먼저 수행되고, 그 이후에 * 연산자가 수행되고, 마지막으로 대입 연산자 =이 수행된다.

연산 순위가 동일한 연산자가 나란히 여러 개 올 때는, 보통은 왼쪽의 연산자부터 연산을 수행한다. 즉 아래의 식은

```
5 - 3 + 1
```

아래와 같이 왼쪽의 - 연산자를 먼저 계산한다.

```
(5 - 3) + 1
```

이러한 우선 순위를 연산자의 결합 순서라고 하는데, 이항 산술 연산자는 결합 순서가 left-to-right 순서이다.

그러나 대입 연산자는 조금 다르다. 아래와 같이 대입 연산자(=)는 여러 개가 나란히 있는 경우에는 우측 연산자부터 대입한다. 따라서 이 문장은 b에 10을 대입하고, 그리고 a에 b의 값을 대입한다. 따라서 a와 b가 같은 값을 가질 수 있는 것이다.

이러한 우선 순위를 right-to-left 결합 순서라고 한다.

```
a = b = 10;
```

아래를 보자. 에러 메시지에 'lvalue'라는 단어가 나온다.

```
#include <stdio.h>

int main() {
       int no1=1, no2=2, no3=3;

       (no1 = no2) = no3;
}
```

```
prog.c:6:14: error: lvalue required as left operand of assignment
  (no1 = no2) = no3;
```

이 괄호 안의 연산자의 수행 결과는 2라는 값이지 변수가 아니기 때문에 이와 같은 에러 메시지가 출력된다. 상수에 값을 대입할 수 없기 때문이다.

이렇게 연산자의 결합 순서가 대입 연산자와 같이 right-to-left인 연산자는 몇 개 밖에 안된다. 외울 필요 없다. 직관적으로 이해될 것이다.

이 교재에서 아래와 같은 이상한 예제를 자꾸 이야기하는 이유는 특수한 경우를 통해서 문법적인 속성을 이해하길 바라기 때문이다.

```
#include <stdio.h>

int main() {
        int a, b;

        a = -10;
        printf("%d\n", a);                    -10

        a = -+10;
        printf("%d\n", a);                    -10

        a = +-10;
        printf("%d\n", a);                    -10

        a = b = 20;
        printf("%d\n", a);                    20
        printf("%d\n", b);                    20

        a += b += 30;
        printf("%d\n", a);                    70
        printf("%d\n", b);                    50

        a = !1;
        printf("%d\n", a);                    0

        a = !!1;
        printf("%d\n", a);                    1

        return 0;
}
```

단항 연산자는 결합 순서가 right-to-left이다.

대입 연산자는 결합 순서가 right-to-left이다.

복합 대입 연산자도 결합 순서가 right-to-left이다.

b가 원래 20인데 여기에 30이 더해지고, a는 원래 20인데 50이 더해지기 때문에, a는 70, b는 50이 된다.

! 연산자(not 연산자)도 결합 순서가 right-to-left이다.

아래는 어떻게 될까? 컴파일 시점에 에러가 발생한다. '--'를 부호 연산자 2개가 아니고, 단항 감소 연산자로 컴파일러가 이해하기 때문이다.

```
#include <stdio.h>

int main() {
        int a;

        a = --10;

        return 0;
}
```

```
error: lvalue required as decrement operand
```

여기서의 -- 연산자는 단항 연산자이다. 상수값에 단항 연산자를 사용할 수 없다. 상수값을 변경할 수 없기 때문이다.

연산자의 우선 순위를 정리하면 아래의 표와 같다. 표의 상단이 가장 우선 순위가 빠른 연산자이다.

연산자 구분	연산자	결합 순서
괄호 등과 Postfix 증감	() [] -> . ++ --	Left to right
단항연산자(Unary)	+ - ! ~ ++ -- (type) * & sizeof	Right to left
곱셈(Multiplicative)	* / %	Left to right
덧셈(Additive)	+ -	Left to right
비트이동(Shift)	<< >>	Left to right
관계(Relational)	<<= >>=	Left to right
등호(Equality)	== !=	Left to right
비트 AND	&	Left to right

결합 순서: 동일한 우선순위의 연산자가 있는 경우에 어느 연산자부터 계산하는가에 대한 규칙을 말한다. 대부분은 left-to-right이고, 대입 연산자, 단항 연산자 등이 right-to-left이다.

<table>
<tr><th>연산자 구분</th><th>연산자</th><th>결합 순서</th></tr>
<tr><td>비트 XOR</td><td>^</td><td>Left to right</td></tr>
<tr><td>비트 OR</td><td>|</td><td>Left to right</td></tr>
<tr><td>논리 AND</td><td>&&</td><td>Left to right</td></tr>
<tr><td>논리 OR</td><td>||</td><td>Left to right</td></tr>
<tr><td>조건(Conditional)</td><td>?:</td><td>Right to left</td></tr>
<tr><td>대입(Assignment)</td><td>= += -= *= /= %= >>= <<= &= ^= |=</td><td>Right to left</td></tr>
<tr><td>콤마(Comma)</td><td>,</td><td>Left to right</td></tr>
</table>

공의 2차원 움직임(변수)

새로운 y축 관련 변수 사용

x축, 즉 좌·우로만 움직이는 공은 재미가 없다. 공을 2차원 공간 상에서 마음대로 움직여 보자. 2차원으로 움직이는 공도 1차원과 다른 점이 별로 없다. 다만 공의 x축 좌표와 더불어서 y축의 좌표도 동일한 방식으로 변경해주면 된다. 그렇지만 차원이 하나 더 늘면서 더욱 재미있는 공의 움직임을 볼 수 있다.

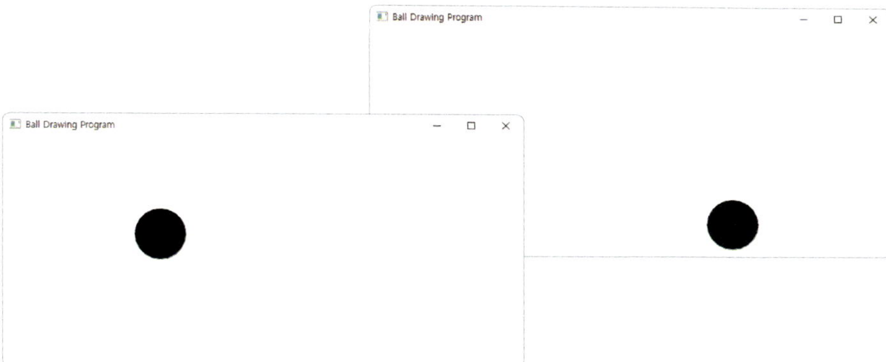

[2차원적으로 움직이는 공]

따라서, 이전 단계에서는 x축 관련 변수, xPos와 xDir 변수만 만들어서 사용했었는데, 이제는 y축 관련 변수들이 필요하다.

```
int xPos;   // 공의 x축 위치
int yPos;   // 공의 y축 위치
int xDir;   // 공의 x축(가로방향)의 이동거리
int yDir;   // 공의 y축(세로방향)의 이동거리
```

xDir과 yDir, 이 두 개의 값이 연결되어서 2차원 벡터로 동작하는 셈이다. 이 두 값을 동일한 값으로 설정하면 45도 각도로 공이 움직이게 된다.

```
#include "ofApp.h"
#define BALLSIZE 30

int xPos, yPos;
int xDir, yDir;

void ofApp::setup() {
        ofSetWindowTitle("Ball Drawing Program");
        ofSetWindowShape(1024, 768);
        ofSetFrameRate(60);
        ofBackground(ofColor::white);
        ofSetColor(ofColor::black);
        ofSetLineWidth(1.0);
        ofFill();

        xPos = ofGetWidth()/2;
        yPos = ofGetHeight()/2;
        xDir = yDir = 10;
}

//----------------------------------------------------------------
void ofApp::update() {
        xPos += xDir;
        yPos += yDir;

        /*공의 크기를 고려하지 않는 충돌 검사
        if (xPos < 0 || xPos > ofGetWidth()) xDir *=-1;
        if (yPos < 0 || yPos > ofGetHeight()) yDir *= -1;
        */

        // 공의 크기를 고려한 충돌 검사
        if (xPos < BALLSIZE || xPos > ofGetWidth()- BALLSIZE) xDir *= -1;
        if (yPos < BALLSIZE || yPos > ofGetHeight()- BALLSIZE) yDir *= -1;
}

//----------------------------------------------------------------
void ofApp::draw() {
        ofCircle(xPos, yPos, BALLSIZE);
}
```

define: 전처기 지시자(pre-processing directive)라고 한다. BALLSIZE라는 단어는 앞으로 30이라는 값을 표현한다.

y축 관련 변수를 선언한다.

공을 화면의 중심에서 출발시킨다.

x축, y축의 공의 위치를 옮긴다.

공이 경계에 접했을 때 xDir과 yDir에 −1을 곱함으로써 움직이는 방향을 바꿀 수 있었다. 공의 1차원 움직임과 동일하다. 2차원이 되더라도 달라지는 것은 없다.

옮겨진 볼의 위치가 경계를 넘어서는지 체크하는 부분이다. 이제 공의 크기를 고려해서 보다 정확한 충돌 체크를 한다. 이전까지는 공의 두께를 고려하지 않고, 공의 중심 좌표와 경계 체크를 했기 때문에 공의 반쪽이 경계를 벗어났었다. 이제 부터는 아래와 같이 공의 반지름을 고려해서 상하좌우의 충돌 체크를 한다.

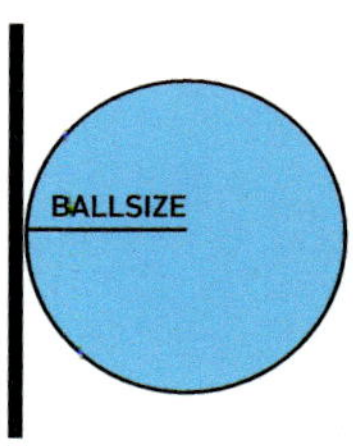

공의 x, y 위치 모두를 변수 xPos, yPos로 설정하고 이를 파라미터로 넘겨준다.

C 언어: 전처리기 지시자(compiler directive)

지금까지는 단순히 [Build] 메뉴로 프로그램을 컴파일했었다. 이제 컴파일 과정을 조금 더 자세하게 알아보자.

C 언어의 컴파일은 아래와 같은 순서로 수행된다.

- **전 처리**(pre-process): C 언어로 작성된 소스 코드에서 전처리 명령어를 처리하여 최종적인 코드로 재조합한 후,
- **컴파일**(compile): 컴파일을 통해서 목적 코드(object code)를 만들고(*.c → *.obj),
- **링크**(link): 목적 코드들을 모아서 서로 결합(link)하면 최종적인 실행 파일이 생성된다(*.obj → *.exe).

전 처리 명령어: 잠시 후 자세하게 설명된다.

하나의 프로그램을 여러 개의 소스 파일로 나누어서 프로그래밍하는 경우에는, 각각을 목적 코드로 변환(compile)한 후 합치게 된다. 이를 링크(link) 또는 링킹(linking)이라고 한다.

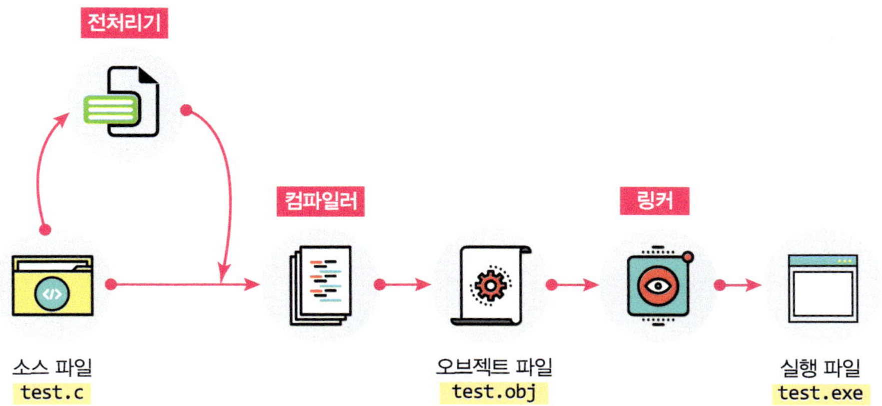

책의 가장 앞 부분에서 #include라는 전처리 명령어(compiler directive)를 배웠었다. C 코드에서 맨 앞에 #(샵)으로 시작하는 코드들은 모두 전처리 명령어이다. 이러한 전처리 명령어를 자세히 알아보자.

전처리기 명령들은 여러가지가 있는데, 대표적으로 많이 사용하는 전처리 명령어는 아래와 같다.

```
#include: 특정 파일의 코드 포함
#define: 매크로 정의
#undef: 정의된 매크로를 해제
#if, #ifdef, #ifndef, #else, #endif: 전처리 조건문
#pragma: 컴파일 옵션 설정
```

이러한 전 처리 명령어들을 하나씩 살펴보자.

#include

» #include <파일명>: 컴파일러의 옵션에 의해 미리 지정된 위치에서 파일을 찾게 된다. 기본적으로 제공되는 C 라이브러리 대부분이 이에 해당한다.

» #include "파일명": 파일명을 큰 따옴표로 표시하면, 기본적으로는 소스 파일과 같은 폴더 안에서 해당 파일을 찾게 된다. 같은 폴더 안에 파일이 없다면, 정의된 위치(<파일명> 이렇게 한 경우와 동일하게)에서 파일을 찾는다. 즉, 소스 파일과 같은 폴더 안에 파일이 없으면 컴파일 옵션에서 지정한 위치에서 파일을 찾게 된다.

#define

전처리 명령어 중에서 #define은 매크로(macro)라고도 한다. #define은 프로그램 내에서 자주 사용하는 문맥들을 간결하게 정의함으로써, 상수(constant) 등을 한꺼번에 바꿔야 할 때 매크로를 이용하면 편리하다.

#define의 사용 방법은 아래와 같다.

```
#define [매크로 이름] [매크로 내용]
```

아래와 같은 매크로 선언에 의해서 PI라는 심볼이 3.14로 전처리기에 의해서 자동으로 바뀌게 된다.

```
#define PI 3.14
```

즉, 아래 좌측과 같이 PI라는 이름의 매크로를 지정하면, 컴파일하기 전에 전처리기에 의해서 아래의 우측과 같이 코드가 변환된다. 프로그래밍하는 사람의 눈에는 변환 과정이 보이지 않지만, 컴파일러가 컴파일 전에 "매크로 이름"을 "매크로 내용"으로 자동으로 바꾼 후에 컴파일해주는 것이다.

전처리 전	전처리 후

`#define PI 3.14`
 	
`void main(){`
` printf ( "%d\n", PI );`
`}`
	`//#define PI 3.14`
	
	`void main( ) {`
	` printf ( "%d\n", 3.14 );`
	`}`

PI가 3.14로 바뀌었다.

#define에서 2줄 이상을 사용하려면 줄 끝에 백 슬래시로 줄 바꿈을 하면 된다.

```
#include <stdio.h>
#define MULTI_LINE_MACRO printf("11111\n");\
                         printf("22222\n");

int main() {
    MULTI_LINE_MACRO

    return 0;
}
```

```
11111
22222
```

매크로를 위한 줄 바꿈.

#define은 숫자를 써도 되고, 문자열을 써도 되고, 때로는 함수처럼 사용할 수도 있다. 매크로를 함수처럼 사용하면 컴파일 하기 전에 함수를 풀어서 변경해주니까, 실제 함수를 사용하는 것보다 속도 면에서 약간의 이득을 얻을 수도 있다. 실행 시점에 함수 호출에 소요되는 시간을 줄일 수 있기 때문이다. 이러한 함수를 "매크로 함수"라고 한다.

매크로 함수

아래 예를 보자. 아래의 코드는 별 무리 없이 동작하는 듯이 보인다.

square(x)라는 매크로 함수는 x의 제곱을 계산한다.

```
#include <stdio.h>
#define square(x) x*x

int main() {
    printf("square(3) : %d \n", square(3));
    return 0;
}
```

```
square(3) : 9
```

그런데 #define를 사용할 때는 주의해야 한다. 아래와 같은 파라미터를 사용하는 경우에는 의도와 다르게 치환(置換)되기 때문이다.

이렇게 치환되는 이유는 매크로 함수의 정의 그대로 변환하기 때문이다. 그러나 우리가 의도한 결과는 (2+3)*(2+3)이다.

square(2+3) → 2+3*2+3

```
#include <stdio.h>
#define square(x) x*x

int main() {
    printf("square(2+3) : %d \n", square(2+3));
    return 0;
}
```

```
square(2+3) : 11
```

그래서 매크로를 선언할 때 아래와 같이 괄호를 이용해서 고쳐야 한다.

이 부분이 변경된 부분이다.

```
#include <stdio.h>
#define square(x) (x)*(x)

int main() {
    printf("square(2+3) : %d \n", square(2+3));
    return 0;
}
```

```
square(2+3) : 25
```

그럼 아래의 경우는 어떻게 될까?

```
#include <stdio.h>
#define square(x) (x)*(x)

int main() {
    printf("square(4)/square(2) : %d \n", square(4)/square(2));

    return 0;
}
```

```
square(4)/square(2) : 16
```

위의 경우는 아래와 같이 치환된다. 그러나 이 경우는 *과 /의 연산자 결합 순서에 따라서 원하는 결과가 아니다.

```
square(4)/square(2) → (4)*(4)/(2)*(2)
```

그래서 최종적으로는 아래와 같이 #define 문장을 고쳐야 한다.

```
#include <stdio.h>
#define square(x) ((x)*(x))

int main() {
    printf("square(4)/square(2) : %d \n", square(4)/square(2));


    return 0;
}
```

```
square(4)/square(2) : 4
```

이처럼 매크로 함수는 편리하고, 일반 함수를 호출하는 경우보다 시간면에서 더 효율적인 장점이 있지만, 사용에 주의를 해야 한다. 위와 유사한 경우로써 아래의 경우도 한 번 보자.

```
#include <stdio.h>
#define add(x,y) x+y

int main( )  {
    printf("add(1,2): %d\n", add(1, 2) );
    printf("add(1,2)*add(3,4): %d\n", add(1, 2)*add(3, 4) );

    return 0;
}
```

```
add(1,2): 3
add(1,2)*add(3,4): 11
```

위와 같이 2번째의 출력 결과는 잘못된 결과이다. 그 이유가 뭘까?

```
add(1, 2)*add(3, 4)
```

위의 문장은 아래와 같이 변형된다. 우리가 의도한 결과가 아니다.

```
1+2*3+4
```

이러한 실수를 없애려면 아래와 같은 습관을 들이자.

#define을 사용할 경우는 괄호를 아주 아주 많이 사용하자!

```
#include <stdio.h>
#define add(x,y) (x+y)

int main( )  {
    printf("add(1,2): %d\n", add(1, 2) );
    printf("add(1,2)*add(3,4): %d\n", add(1, 2)*add(3, 4) );

    return 0;
}
```

이 부분이 수정되었다.

```
add(1,2): 3
add(1,2)*add(3,4): 21
```

매크로 함수는 다음과 같은 장점이 있다.

- 매크로 함수를 사용하면 일반 함수에 비해서 실행 속도가 빠르다: 일반 함수를 호출할 때는 함수를 실행하는 시점에 함수 호출과 파라미터 복사와 관계된 스택(stack) 관련 작업으로 시간이 소요되기 때문이다.
- 매크로 함수를 사용하면 자료형에 따라 별도로 함수를 정의하지 않아도 된다. 아래의 예를 보자. max( ) 매크로 함수는 파라미터로 정수값이든 실수값이든 상관없이 수행된다.

```
#include <stdio.h>
#define max(a, b)  ( (a)>(b)? (a): (b) )

int main() {
      int maxi;
      float maxf;
      char maxch;
```

?는 조건 연산자이다. 이 경우에는 a>b이면 a를, 그렇지 않으면 b를 반환하는 연산자이다.

```
        maxi = max(1, 3);
        printf("%d\n", maxi);                                   3

        maxf = max(1.0, 3.0);
        printf("%f\n", maxf);                                   3.000000

        maxch = max('a', 'd');
        printf("%c\n", maxch);                                  d

        return 0;
}
```

위의 프로그램을 일반 함수를 이용해서 구현해보자. 아래와 같이 서로 다른 자료형에 대해서 별도로 함수를 구현해야 한다.

```
#include <stdio.h>

int maxi(int a, int b) {
        return ((a)>(b)? (a): (b));
}

float maxf(float a, float b) {
        return ((a)>(b)? (a): (b));
}

int main() {
        int i;
        float f;

        i = maxi(1, 3);
        printf("%d\n", i);                                      3

        f = maxf(1.1, 3.1);                                     3.100000
        printf("%f\n", f);

        return 0;
}
```

매크로는 이러한 장점이 있는 반면에 매크로를 정의하기가 까다롭고, 전처리된 파일을 일일이 살펴보는 것은 아주 불편한 작업이라서 디버깅하기가 힘들다는 단점이 있다. 그래서 아주 아주 조심스럽게 사용해야 한다.

컴파일러의 옵션을 설정하면 전처리된 파일을 볼 수도 있다.

5

전처리 조건문: 조건부 컴파일

"전처리 조건문"은 "조건부 컴파일"이라고도 하는데, 전처리 조건문에 따라서 컴파일될 부분을 지정할 수 있다. 전처리 조건문은 아래와 같은 것들이 있다. 전처리 조건문을 사용하는 용도는 대량으로 코멘트를 처리하기 위해서 사용하기도 하고, 플랫폼이 다른 컴퓨터 간에 크로스 컴파일(cross compile)이 되도록 하기 위해서도 사용하는 등의 목적으로 사용한다. 사용법은 if 문과 유사하다.

```
#ifdef
#ifndef
#if
#else
#endif
```

아래 예를 보자. 아래와 같이 매크로 선언을 바꿈으로써 컴파일될 코드 부분을 다르게 할 수 있다.

```
#include <stdio.h>
#define TEST_1

int main( ) {
#ifdef TEST_1
    printf( "TEST_1\n");
#endif
    printf( "ETC\n");
    return 0;
}
```

```
#include <stdio.h>

int main( ) {
#ifdef TEST_1
    printf( "TEST_1\n");
#endif
    printf( "ETC\n");
    return 0;
}
```

이 매크로의 유무에 따라서 아래의 전처리 조건문에 의해서 컴파일될 부분을 달리할 수 있다.

이 부분은 컴파일되지 않는다.

이 부분이 컴파일된다.

전처리 조건문에 대한 설명은 이 정도로 하자.

즉, 위의 좌우의 컴파일된 코드가 달라지게 된다. 위의 좌측은 #define 매크로를 사용하여 TEST_1이라는 것을 정의했다. 물론 TEST_1이라는 것은 정의만 되어 있을 뿐 매크로 값이나 기타 내용은 없다. 그러나 전처리 조건문에 의해서 좌측은 1번째 printf( )문이 컴파일되고, 우측은 1번째 printf( )문이 컴파일되지 않는다.

C 언어: 변수(variables) #3

이제 다양한 연산자와 C 언어의 문법적 요소를 공부했기 때문에 몇 가지 예제를 통해서 심화 학습해보자.

이 부분은 조금 심화된 내용이어서 꼭 지금 알지 않아도 되는 내용이기는 하다. 일단 읽어보고 이해가 되지 않는다면 나중으로 미루자.

다양한 예제 코드로 변수에 대해서 구체적으로 알아볼 것이다. 컴퓨터 내부에서 정수(integer)는 실제로 어떻게 표현될까? 아래의 프로그램은 현재 이해하기는 쉽지는 않을 것이다. 그러나 정수 표현과 관계된 기본 원리를 이해해보자.

아래 프로그램은 입력받는 정수를 2진수로 변환해서 출력한 것과, 입력받은 값을 16진수(%X 포맷을 통해서)로 출력한 값이 동일함을 보인다. 즉, 아래의 결과로부터 컴퓨터 내부에서 정수가 2진수의 비트열로 저장됨을 눈으로 확인할 수 있다.

컴퓨터 내부에서의 정수의 2진수 표현 방식

```
#include <stdio.h>

int decimal_binary(int n);

int main() {
    int n;
    scanf("%d", &n);
    printf("%d in decimal = %d in binary\n", n, decimal_binary(n));
    printf("%d in decimal = %X in hexadecimal\n", n, n);
    return 0;
}

int decimal_binary(int n){
     int remains, i=1, binary=0;

     while (n!=0 )  {
         remains=n%2;
         n/=2;
         binary+=remains*i;
         i *=10;
    }
    return binary;
}
```

printf( ) 함수에서 %X 형태로 숫자를 출력하면 16진수로 출력된다.

10진수를 2진수 모양으로 변환하는 함수. 이 코드를 이해하기는 쉽지 않을수 있다.

예) 126을 파라미터로 넘겨주면 1111110을 반환한다.

10진수를 2진수로 변환해서 출력한 값과 %X 포맷 문자로 16진수로 출력한 값이 동일하다.

```
126 in decimal = 1111110 in binary
126 in decimal = 7E in hexadecimal
```

이번에는 실수는 컴퓨터 내부에서 어떻게 표현되는지 살펴보자.

아래의 프로그램에서는 정수 표현을 살펴본 위와 비슷한 방식으로 표현하려고 하였지만, %X에 의한 실수의 16진수 표현이 '0'으로 출력되었다. 이는 "%X" 표현이 unsigned int형을 출력하기 때문에 실수값에는 옳게 작동하지 않기 때문이다. 따라서 다른 방식으로 16진수 표현을 출력해야 한다.

```
#include <stdio.h>

int main(){
   float n=1.5;

   printf("%f in decimal is %X in hexadecimal\n", n, n);

   return 0;
}
```

잘못된 출력 결과이다.

```
1.500000 in decimal is 0 in hexadecimal
```

C 언어의 union(공용체) 형식을 사용해서 실수값의 16진수를 출력해보자. 아래의 예에서 sample이라는 union type은 4바이트 메모리 공간인데, 이름을 i라고 사용하면 int 형으로 해석하고, 이름을 f라고 사용하면 float 형으로 해석하라는 것이다. 즉, 동일한 공간을 서로 다른 데이터 형으로 사용할 수 있도록 하는 것이 공용체 자료형(union)이다.

union 자료형: 공용체라고 한다.

```c
#include <stdio.h>

union sample {
     int i;
     float f;
};

int main() {
   union sample n;
   n.f = 10.7;
   printf("%f in decimal = %X in hexadecimal\n", n.f, n.i);

   return 0;
}
```

sample이라는 공용체(union) 자료형의 선언이다. 공용체에 대한 설명은 각자 찾아보자.

n.f: 공용체 자료형에 float 값을 대입할 때…

n.i: n이라는 공용체 자료형의 변수를 integer 형으로 해석해서 사용하라는 의미.

```
10.700000 in decimal = 412B3333 in hexadecimal
```

이를 통해서 실수 10.7은 실제로 아래와 같이 저장된다는 것을 알 수 있다.

0100 0001 0010 1011
0011 0011 0011 0011

실수는 컴퓨터 내부에서 정수와는 완전히 다른 형식으로 저장된다. 실수의 표현은 상당히 복잡해서 설명은 생략한다. 실수의 2진수 저장 방식이 궁금하면 'IEEE 754 표준'이라는 키워드로 검색해보자.

이제 실수 표현의 정확도를 이야기해보자. 아래 프로그램은 실수 1/3을 30,000번 더하는 것과, 실수 1/3에 30,000을 곱하는 값의 차이를 보인다. 이 두 값은 이론적으로는 같아야 한다. 그렇지만 실제로는 다를 수도 있다.

1/3의 3만 번 덧셈

$$\frac{1}{3} * 30{,}000 = \underbrace{\frac{1}{3} + \frac{1}{3} + \frac{1}{3} + \cdots + \frac{1}{3} + \frac{1}{3}}_{} = \sum_{i=1}^{30{,}000} \frac{1}{3}$$

1/3을 3만 번 더하는 함수

1/3에 3만을 곱하는 함수

1/3을 3만 번 더한 값과 1/3에 3만을 곱한 결과가 다르다!

```
#include <stdio.h>

double toAdd(){
        float a=1.0/3.0;
        float sum=0;
        int i;

        for(i=0; i< 30000; i++){
                sum +=a;
        }
        return sum;
}

double toMultiply() {
        float a=1.0/3.0;
        float sum;

        sum = a * 30000;
        return sum;
}

int main(){
        printf("%f\n", toAdd() );                  9999.832031
        printf("%f\n", toMultiply() );             10000.000000
}
```

위의 결과와 같이 30,000번 더하는 것과, 30,000을 곱한 결과가 차이를 보인다. 이러한 차이는 2가지를 시사한다.

» 실수값의 덧셈과 곱셈 연산은 내부적으로 다르게 작동한다. 즉, 정수값의 곱셈은 반복적인 덧셈 연산(예: 3*10은 3을 10번 더하는 연산으로 수행)으로 수행되지만, 실수값의 곱셈은 단순한 덧셈 연산의 반복이 아니다.

» 실수값은 컴퓨터에서 정확하게 표현되지 않을 수 있다.

실수값의 정확도와 관련된 몇 가지 예제를 더 보자.

```
#include <stdio.h>

int main() {
        float q = 3.0 / 7.0;

        if (q == 3.0 / 7.0) printf("Equal");
        else printf("Not Equal");
}
```

```
Not Equal
```

위의 프로그램이 'Not Equal'을 출력하는 이유는 float 형의 변수에 대입된 3.0/7.0과 double 형의 상수 3.0/7.0은 실제로 내부적으로는 조금의 차이가 있기 때문이다.

실수형 상수(constant)는 내부적으로 double 형으로 저장된다.

대부분의 C 컴파일러는 실수 상수를 double 형으로 저장하기 때문이다.

이러한 샘플 프로그램의 결과는 컴파일러에 따라 달라질 수도 있다.
C 언어 표준에는 숫자 상수는 double 형으로 정의되도록 되어있다.

아래의 예제도 'Not Equal'를 출력한다. 변수 a, b 모두 동일하게 double 형 변수인데 왜 이런 결과가 나올까?

```
#include <stdio.h>

int main(){
        double a = 69.82;
        double b = 69.20 + 0.62;

        if ( a==b ) printf("Equal");
        else printf("Not Equal");
}
```

```
Not Equal
```

double b를 초기화하는 상수값 2개가 이미 부정확한 값으로 표현된 상태에서 더해졌기 때문에 a와 값이 다를 수 있다.

그래서 위와 같은 프로그램은 아래와 같이 구현하는 것이 안전한 방법이다.

```
#include <stdio.h>

int main(){
	double a = 69.82;
	double b = 69.20 + 0.62;

	if ( b>69.81 && b<69.83 ) printf("Equal");
	else printf("Not Equal");
}
```

```
Equal
```

이와 같이 실수 표현에서 float 형과 double 형을 섞어 쓰는 경우, 예상하지 못하는 결과가 나올 수도 있다. 아래와 같은 결과가 나오는 이유를 하나씩 생각해보자.

```
#include <stdio.h>

void floatTest(){
    float a = 0.2, b = 0.2, sum = 0.4;

    if ( a + b == 0.4) printf("a + b == 0.4  is OK\n");
    if ( 0.2 + 0.2 == sum) printf("0.2 + 0.2 == sum is OK\n");
    if ( 0.2 + 0.2 == 0.4) printf("0.2 + 0.2 == 0.4 is OK\n");
    if ( (double)a+(double)b==0.4) printf("(double)a+(double)b==0.4 is OK\n");
    if ( 0.2 + b == sum) printf("0.2 + b == sum is OK\n");
}

void doubleTest() {
    double a = 0.2, b = 0.2, sum = 0.4;

    if ( a + b == 0.4) printf("a + b == 0.4  is OK\n");
    if ( 0.2 + 0.2 == sum) printf("0.2 + 0.2 == sum is OK\n");
    if ( 0.2 + 0.2 == 0.4) printf("0.2 + 0.2 == 0.4 is OK\n");
    if ( (double)a+(double)b==0.4) printf("(double)a+(double)b==0.4 is OK\n");
    if ( 0.2 + b == sum) printf("0.2 + b == sum is OK\n");
}
```

이 문장만 참이되어서 출력된다.

이 문장이 이해가 되는가? float a를 double 형으로 형 변환을 하더라도, 이미 짤려나간 하위 비트들이 복원되는 것은 아니다.

이 함수내의 모든 문장이 출력된다.

5

```
int main(){
	printf("float test\n");
	floatTest();

	printf("\ndouble test\n");
	doubleTest();
}
```

```
float test
0.2 + 0.2 == 0.4 is OK

double test
a + b ==0.4  is OK
0.2 + 0.2 == sum is OK
0.2 + 0.2 == 0.4 is OK
(double)a+(double)b==0.4 is OK
0.2 + b == sum is OK
```

정수값 설명에서 오버 플로우(over-flow)를 이야기했었다. 실수값에도 당연히 오버 플로우가 발생할 수 있다.

이제는 실수값에만 있는 언더 플로우(under-flow)에 대한 예제를 보자. 아래의 예제는 1/2을 계속 2로 나누어가면서 중간값들을 출력하는데, 어느 시점에는 0이 되버린다. 즉, 표현할 수 있는 최소값이 정해져있다는 의미이다. 시스템 내부에서 표현할 수 있는 가장 작은 절대값을 넘어서는 것을 언더 플로우라고 한다.

over-flow는 표현할 수 있는 가장 큰 절대값을 넘어서는 경우, under-flow는 표현할 수 있는 가장 작은 절대값을 넘어서는 경우.

```c
#include <stdio.h>

int main(){
	double sample = 1.0/2.0;
	int i;

	for(i=0; i<100; i++){
		printf("%f\n", sample);
		sample = sample/2;
	}
}
```

```
0.500000
0.250000
0.125000
0.062500
0.031250
0.015625
0.007813
0.003906
0.001953
0.000977
0.000488
0.000244
0.000122
0.000061
0.000031
0.000015
0.000008
0.000004
0.000002
0.000001
0.000000
0.000000
0.000000
0.000000
```

0.000001의 1/2은 0.0000005가 되어야 하는데, 이 값을 표현하지 못한 것이다.

물론 %12.10f과 같은 포맷 둔자로 더 많은 자릿수를 출력하면 조금 더 자세하게 볼수는 있지만, 언더플로우가 발생하는 것은 어쩔수 없다.

사실은 조금 더 엄밀하게 말하면 printf( ) 함수에서의 출력 자릿수와도 관련이 있다.

OF 실전 연습 문제 #3

1. 공이 상·하·좌·우 벽에 충돌할 때 공의 색깔이 바뀌도록 해보자. 즉 상단에 충돌하면 공이 빨간색으로, 하단에 충돌하면 파란색 등으로 바뀌게 하자.

[Hint] 공의 색깔을 변경할 수 있는 함수 ofSetColor (ofColor::black)를 draw( ) 함수에 넣어야 한다. 이 함수를 벽에 충돌 체크하는 곳에 넣어야 한다. 즉, 충돌할 때 마다 공의 색을 변경해야 한다.

2. 공이 벽에 출동하면 공의 크기가 커지거나 작아지도록 공의 크기를 변화시켜 보자. 즉 상단에 충돌하면 공이 커지고, 하단에 충돌하면 공이 작아지게 하자.

[Hint] 공의 크기를 변수로 설정해야 한다. 공이 무한하게 커지거나 작아지지 않도록 공의 크기의 최소/최대값을 설정하자.

3. 3개 이상의 공을 그려보고, 각각의 공을 다른 속도, 다른 방향으로 움직이도록 해보자.

[Hint] 각각의 공의 위치와 방향, 속도 등을 별도의 변수로 관리해야 한다.

4. [내 게임 만들기] 본인이 지금 구현하고 있는 게임에서 2차원적으로 움직이는 물체가 있으면 구현해보자.

5. [내 게임 만들기] 본인이 지금 구현하고 있는 게임에서 충돌이 이루어지는 경우, 또는 조건에 따라서 여러 다양한 동작을 구현해야 하는 경우를 고려해서, 본인의 프로그램에 변화를 주어보자. 즉, 다양한 조건이 발생하는 경우를 if ( ) 문을 이용해서 변화를 줘보자.

라켓으로 볼 반사하기 (openFrameworks: 마우스 사용하기)

공 움직임은 다 완성되었다. 이제 공을 반사시킬 라켓을 만들어 보자. 라켓을 키보드로도 움직일 수 있지만, 우리는 마우스로 라켓을 움직이도록 하자(향후에 키보드는 총알 발사 역할을 할 예정이다).

이제 공이 2차원적으로 움직이며, 마우스를 좌우로 움직이면 라켓이 따라서 움직이고, 라켓으로 이 공을 튕겨보낼 것이다.

이제부터 조금씩 프로그램이 길어진다. 그렇지만, 대부분은 앞에서 모두 배웠던 내용이다. 아래의 소스 코드를 보면서 막히는 부분이 있다면, 당신의 상상력과 기억력을 총 동원해보자.

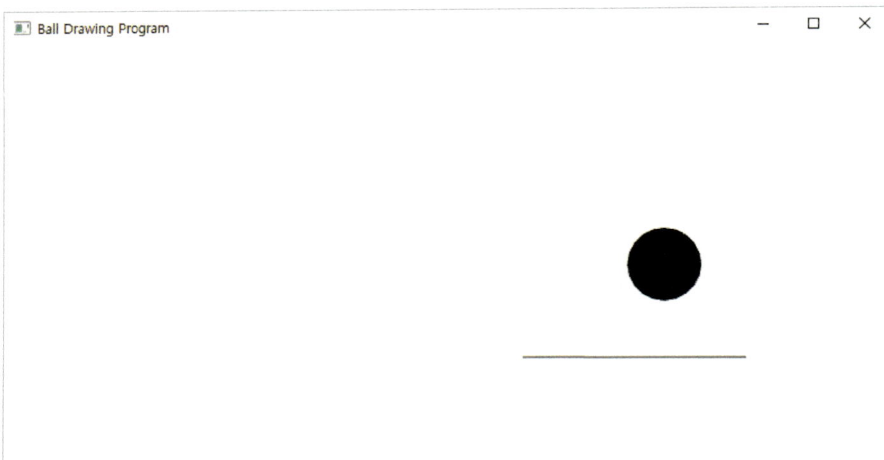

[프로그램 실행 화면]

먼저 아래에서는 정리하는 기분으로 프로그램의 전체적인 구조를 살펴본다.

» setup() 함수: 프로그램에서 사용되는 초기값들을 설정한다. 이제 점점 setup() 함수의 길이가 길어지는데, 그 만큼 게임의 초기값 설정이 많아진다는 의미이다. setup() 함수에서는 아래의 설정 작업을 한다.
  - 게임 창의 크기
  - 배경, 공, 라켓의 색깔
  - 공의 시작 위치 및 움직임 방향
  - 라켓의 시작 위치 및 크기

» update() 함수: 마우스의 위치에 따라서 라켓의 위치를 움직여주고, 공의 위치 변경, 공과 라켓/벽과의 충돌 감지 부분을 포함한다.
  - 공을 다음 위치로 좌표값을 바꾼다.
  - 라켓의 위치를 마우스 위치로 옮긴다.
  - 공의 경계 또는 라켓에서의 충돌을 감지한다.

» draw( ) 함수: 공과 라켓을 그린다.

아래의 프로그램을 실행하면 마우스를 따라서 하얀 라켓이 좌우로 움직인다. 라켓을 사각형 모양의 예쁜 모양으로 그려야 하지만, 복잡함을 피하기 위해서 이 예제에서는 라켓을 '선(line)' 하나로 그렸다.

```
#include "ofApp.h"
#define BALLRADIUS 20

int xPos, yPos;
int xDir, yDir;
int padX, padWidth;

void ofApp::setup() {
        ofSetWindowTitle("Ball + Racquet Program");
        ofSetWindowShape(1024, 768);
        ofSetFrameRate(60);
```

- padX: 라켓은 화면의 하단에서 좌우로 움직인다. 이 라켓은 좌우로만 움직이니까 y 위치는 상수값(constant value)으로 고정하고, x 위치만 변경된다.
- padWidth: 라켓의 폭을 나타내는 변수이다. 향후에 이 라켓의 폭을 키우면 게임이 쉽게 되며, 라켓의 폭을 줄이면 게임이 어려워지게 변경할 수 있도록 '변수'로 설정하였다.

```
    ofBackground(ofColor::white);
    ofSetColor(ofColor::black);
    ofSetLineWidth(1.0);
    ofFill();

    xPos = ofGetWidth() / 2;
    yPos = ofGetHeight() / 2;
    xDir = yDir = 10;

    padX = ofGetWidth()/2;
    padWidth = 200;
}

//--------------------------------------------------------------
void ofApp::update() {
    xPos += xDir;
    yPos += yDir;

    padX = ofGetMouseX();

    if (xPos <BALLRADIUS|| xPos > ofGetWidth() - BALLRADIUS) xDir *= -1;

    if (yPos < BALLRADIUS ) yDir *= -1;

    if (yPos > ofGetHeight() - 50 - BALLRADIUS) {
        if (xPos >= padX && xPos <= padX + padWidth)
            yDir *= -1;
        else if (yPos > ofGetHeight() - BALLRADIUS)
            yDir *= -1;
    }
}

//--------------------------------------------------------------
void ofApp::draw() {
    ofCircle(xPos, yPos, BALLRADIUS);
    ofLine(padX, ofGetHeight()-50, padX + padWidth, ofGetHeight()-50);
}
```

라켓은 화면의 중앙에서 시작.

ofGetMousX( ) 함수는 현재 프레임에서의 마우스 포인터의 x 위치, ofGetMouseY( )는 y 위치를 나타내는 openFrameworks의 함수이다. 즉, 현재의 마우스 위치로 라켓의 위치를 변경한다.

공의 좌우 벽과의 충돌 감지

공의 상단 벽과 충돌 감지

공과 라켓, 그리고 공과 하단 벽면 충돌 감지 부분이다. 조금 수정하였다.

- 라켓이 위치한 곳으로 공이 오면
- 라켓과의 충돌을 체크한 후,
- 바닥과의 충동을 체크한다.

바닥과의 충돌 검사

바닥으로부터 라켓의 위치와 공의 두께를 고려해서 충돌여부를 판단한다.

ofLine( ) 함수는 두 점 사이에 선분을 그려주는 함수이다. 파라미터의 순서대로 x1, y1, x2, y2의 위치이다. 현재 y 위치는 화면의 하단의 50픽셀 위 부분에 그리도록 하였다.

OF 실전 연습 문제 #4

1. 아래와 같은 도형들을 그려보자.

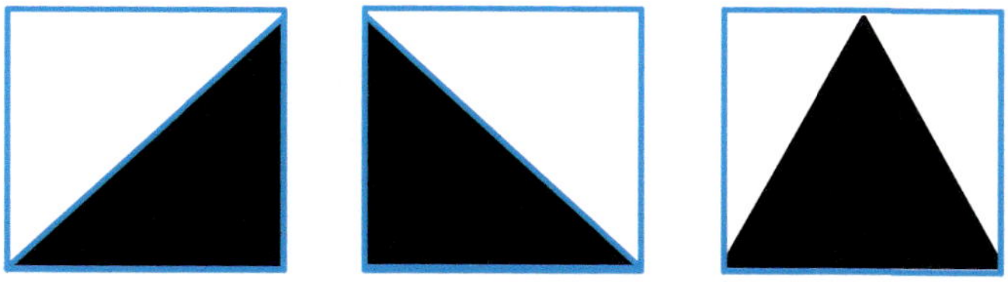

> 삼각형의 세 꼭지점의 좌표를 계산하기 위해서, ofGetWidth( ), ofGetHeight( ) 함수를 사용하면 윈도우 크기가 변경되더라도 일일이 숫자를 계산할 필요가 없어진다.

2. 화면을 좌우로 1/2으로 나누고 마우스가 위치한 곳의 배경을 검은 색으로 바꾸고, 마우스가 없는 곳은 배경을 흰색으로 그려보자. if ( ) 문을 사용하여서 마우스의 위치를 판단해야 한다. ofRect(left_top_x, left_top_y, width, height); 함수를 사용해보자.

> ofSetColor(ofColor::black) 함수와 ofRect( ) 함수를 사용해보자. 마우스의 위치를 알기 위해서는 ofGetMouseX( ), ofGetMouseY( ) 함수를, 화면의 크기를 알기 위해서는 ofGetWidth( ), ofGetHeight( ) 함수를 사용하자.

3. 위의 문제를 더욱 심화하여서, 화면을 가로, 세로로 각각 1/2로 나눠서 4부분으로 나누고, 위와 유사하게 동작하는 프로그램을 작성하시오.

> [Hint] if 문의 조건을 어떻게 하면 될지 생각해보면 된다. 아래는 화면의 좌측에 마우스가 위치하였는지를 판단하는 코드.

```
if ( ofGetMouseX( ) <
ofGetWidth( ) / 2 )
{
...
}
```

> 중첩 if 문을 사용해보자.

4. 라켓에 공이 충돌하면 라켓의 길이가 조금씩 줄어들도록 해보자. 물론 라켓의 최소 길이는 지켜져야 한다. 즉, 조금씩 라켓의 길이가 줄어들면서 점점 게임이 어려워지게 하는 것이다.

> [Hint] 라켓의 길이를 나타내는 변수는 padWidth이다. 라켓에 공이 충돌할 때 마다, 이 변수의 값을 작게 줄이면 된다.

5. 라켓에 공이 충돌하면 공의 속도를 빨리 해보자.

> [Hint] 위의 예제에서 공의 속도를 변경하려면 어떻게 하면 될까? xDir, yDir 변수를 활용하면 된다.

[Hint] 라켓의 움직임 방향과 속도와 공의 움직임 방향을 잘 생각해보면 된다. 쉬운 문제는 아니다.

6. 좀 어려운 내용이기는 하지만, 공에 스핀(회전) 효과를 부여해보자. 즉, 라켓이 움직이는 방향에 따라서 공에게 정회전 또는 역회전 효과를 부여해보자.

7. 이제는 완전히 새로운 프로그램을 만들어보자. 마우스의 좌표를 따라다니는 원을 그려보자. 즉 2차원적으로 마우스를 따라 움직이는 원을 계속적으로 그려보자.

[Hint] ofGetPreviousMouseX( ), ofGetPreviousMouseY( ) 함수는 마우스의 바로 직전의 위치를 반환하는 함수이다.

현재 마우스 위치가 직전의 마우스 위치와 비교해서 거리가 멀면 속도가 빠른 것이라고 생각할 수 있다. 쉽지 않다. 많이 생각해서 자신만의 아이디어를 만들어 보자.

8. 위의 7번 프로그램을 수정하여서, 마우스를 빨리 움직이면 큰 원이 그려지고, 마우스를 천천히 움직이면 작은 원이 그려지도록 해보자. 즉, 마우스의 속도에 비례해서 원의 크기가 달라지도록 해보자.

9. 라켓의 모양을 단순한 선분이 아닌 조금 더 예쁜 모양을 만들어 보자. 아래와 같이 다양한 모양의 라켓이 있다. 자신만의 모양을 만들어보자.

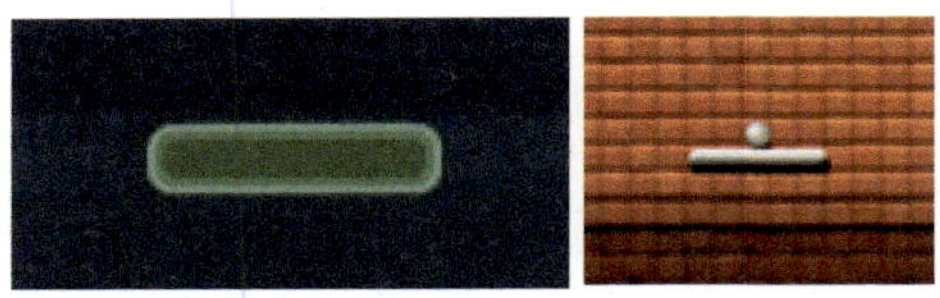

10. [내 게임 만들기] 충돌 검사 부분은 대부분의 게임에서 필요한 부분이다. 본인의 게임에서 물체들이 충돌하는 경우가 있다면, if ( ) 문을 사용하여 이를 구현해보자.

11. [내 게임 만들기] 본인이 지금 구현하고 있는 게임에서 마우스로 조작해야 하는 부분이 있다면 각자 시도해보자.

벽돌 배치 하기(배열, 반복문)

이제 움직이는 공을 라켓으로 반사시킬 수 있다. 거의 벽돌 깨기 게임 제작이 끝나간다. 이제 남은 것은 화면 상단에 벽돌을 배치하고 벽돌을 공으로 맞추어서 깨는 작업만 남았다.

벽돌 깨기 게임을 위해서 화면의 상단에 벽돌을 배치하려면, 각 벽돌마다 변수를 할당해야 하고, 공이 움직일 때마다 공이 벽돌에 부딪혔는지 체크해야 한다. 벽돌이 1~2개인 경우에는 별 문제가 없겠지만, 벽돌이 20~30개가 된다면, 각 벽돌마다 변수를 따로 설정하는 것은 대단한 노동임에 틀림없다.

프로그램의 화면 상에 보이는 모든 물체는 '변수'로 관리해야한다. 물론 벽돌도 예외는 아니다.

여러 개의 벽돌 배치를 위해서,

int brick1, brick2, brick3, brick4, brick5, …

이런 식으로 변수를 선언하는 것은 정말 노동이다!

이럴 때 배열(array)이라는 것을 사용한다. 아래의 그림과 같은 경우를 '배열(array)'이라고 하는데, 정해진 개수의 셀(cell)이 '물리적으로 연결'되어 있고, 그 안에 순서대로 데이터가 저장되는 구조다. 배열이란 그 용어 그대로 데이터들을 쭉~ 늘어놓은(배열한) 구조를 말하고, 아래와 같이 1차원으로 배치한 구조를 1차원 배열이라고 한다.

'물리적으로 연결'되어있다는 말은 배열의 모든 항목들은 주기억장치에 연속적으로 할당된다는 의미이다.

[1차원 배열의 실 생활 예]

앞으로 프로그래밍을 하면서 아주 많은 자료구조(data structure)를 접할 것이다. 그러나 지금 소개되는 1차원 배열만 잘 알아도, 만들고자 하는 대부분의 프로그램을 만들 수 있다. 물론 효율성은 문제에 적합한 최적의 자료 구조를 사용하는 경우에 비해서는 조금 떨어질수도 있다. 그렇지만 요즘은 컴퓨터가 워낙 빨라서 어지간히 대규모의 데이터를 다루는 경우가 아니라면 1차원 배열을 사용하더라도 별로 속도차가 느껴지지 않을 수 있다.

자료가 저장되거나 사용되는 방식을 자료 구조라고 한다. 배열은 가장 기본적인 자료 구조이므로 확실하게 배워두자.

C 언어: 1차원 배열

Arrays is a kind of data structure that can store a **fixed-size sequential** collection of elements of the **same** type.

10개의 정수를 입력받아서 합과 평균을 구하는 프로그램을 작성해보자. 아래는 배열을 사용하지 않는 방법이다.

```
#include <stdio.h>

int main() {
        int input, sum;
        double average;
        int i;

        for(sum=0, i=0; i<10; i++){
                scanf("%d", &input);
                sum += input;
        }
        average = (double)sum/10;

        printf("sum: %d\n", sum);
        printf("average: %f\n", average);

        return 0;
}
```

입력받은 숫자를 그때그때 합을 구한다.

평균을 구할 때 소수점 이하 값이 생길수 있어서 명식적 형 변환을 (double)로 해주었다.

```
입력:
1 5 3 9 10 3 2 3 4 8
출력:
sum: 48
average: 4.800000
```

그렇지만 위의 프로그램은 입력받은 10개의 데이터를 저장하지 못한다. 순간순간 계산에 사용하기만 한다. 입력 값을 모두 저장하려면 어떻게 하면 될까? 아래와 같이 입력값을 저장할 10개의 변수를 선언하면 된다. 그렇지만 이런 방식은 코딩이 너무 힘들고, 데이터의 개수가 늘어나면 사실상 구현하기 불가능한 방식이다.

```
#include <stdio.h>

int main() {
       int in1, in2, in3, in4, in5, in6, in7, in8, in9, in10;
       int sum;
       double average;

       scanf("%d %d %d %d %d %d %d %d %d %d",&in1,&in2,&in3,&in4,&in5,&in6,&in7,&in8,&in9,
&in10);
       sum = in1+in2+in3+in4+in5+in6+in7+in8+in9+in10;

       average = (double)sum/10;

       printf("sum: %d\n", sum);
       printf("average: %f\n", average);

       return 0;
}
```

■ 1차원 배열 생성

> 배열은 향후에 반복문을 이용한 프로그래밍에서 아주 유용하다.

배열이란 하나의 변수로 여러 개의 메모리 방(cell)을 사용하는 구조로써, 각 방을 '동일한 이름에 번호를 붙여서' 사용하는 구조를 말한다.

> 기억하자! C 언어에서 배열의 방 번호의 시작은 0부터이다.

즉, 벽돌 게임에서는 아래와 같은 10개의 메모리를 모두 brick이라는 이름으로 사용할텐데, 각 위치에 따라서 번호를 할당한다. 그러면 앞에서부터 차례로 brick[0], brick[1], …, brick[9]까지로 변수로써 사용이 가능하다.

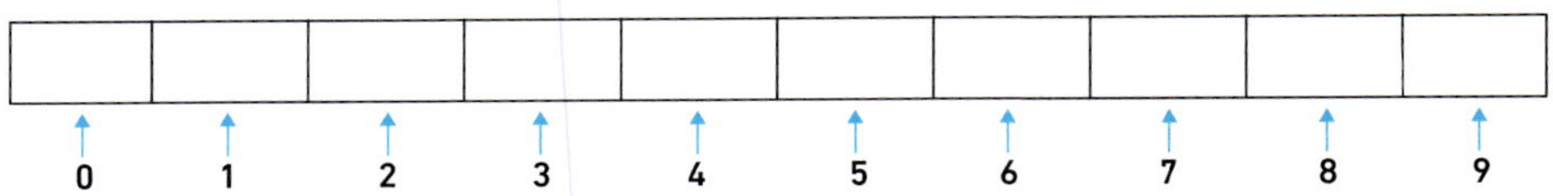

배열 부분은 프로그래밍에서 조금 어려운 부분이다. 그러나 '배열(array)'과 '반복문(repetition statement)'은 배우기는 쉽지 않지만, 익혀두면 아주 요긴하게 사용할 수 있다. 컴퓨터 프로그램이 해결하는 많은 일들이 정해진 일을 반복적으로 수행하는 일들이 대부분이기 때문이다.

이제 배열을 실제로 사용해보자. 배열 변수의 선언은 다음과 같이 한다.

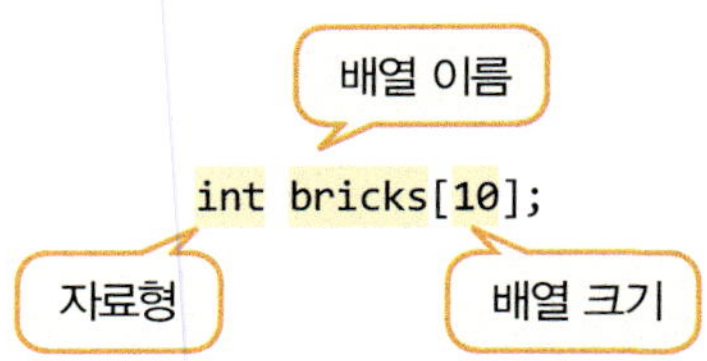

즉, "자료형" "배열 이름" ["배열 크기"]와 같이 하면 되는데, 위의 문장은 이렇게 해석한다. 정수형 변수를 묶어 놓은 1차원 배열이 있는데, 그 이름은 bricks로 선언하고, 10칸의 메모리 방을 할당한다. 이렇게 되면, bricks[0], bricks[1], …, bricks[9]까지 총 10개의 공간을 동일한 이름으로(인덱스만 바꿔서) 사용할 수 있게 된다.

> 만약에 실수형 변수를 20개를 1차원 변수로 선언하려면 어떻게 하면 될까?
>
> float bricks [20] ;

배열의 각 요소를 사용할 때 아래와 같이 10줄에 거쳐서 일일이 대입문으로 값을 설정할 수도 있다.

```
bricks[0] = 1;
bricks[1] = 1;
bricks[2] = 1;
…
…
bricks[8] = 1;
bricks[9] = 1;
```

그렇지만 이렇게 하는 것은 너무 힘들다. 여기서 반복문을 사용하면 아주 편한데, 여러 종류의 반복문 중에 for(;;) 문을 사용하자.

```
for(i=0; i<10; i++) {
    bricks[i] = 1;
}
```

위의 for(;;) 문은 변수 i를 0에서 10보다 작은 수까지(즉, 9까지) 1씩 증가시켜가면서 총 10번 수행하게 된다. 즉, brick[0]부터 brick[9]까지 1을 대입한다. 이렇게 하면 10줄에 걸쳐서 일일이 대입해야하는 문제가 3줄로 가능해진다. 위를 줄 수를 조금 더 줄이면 아래와 같이 할 수 있다.

```
for(i=0; i<10; i++)
    bricks[i] = 1;
```

위의 코드의 다른 점은 중괄호 { }가 없다는 점이다. for(;;) 문의 바디(body)가 여러 명령어인 경우는 중괄호로 합쳐야 하지만, 하나의 명령어인 경우는 꼭 필요하지는 않다. 그렇지만, 이런 경우도 중괄호를 사용하는 것이 향후에 프로그램을 수정해서 명령어가 늘어나는 경우에 실수(mistake)를 줄일 수 있다. 즉 가급적 중괄호를 사용하는 버릇을 들이자.

하나의 문장이라도 가급적 중괄호를 사용하는 버릇을 들이자.

아래와 같이 코딩을 해도 무방하다. 그렇지만 추천하고 싶은 방식은 아니다.

```
for(i=0; i<10; i++) bricks[i] = 1;
```

이와 같은 배열을 사용해서 10개의 숫자의 합과 평균을 구하는 프로그램을 작성해보자.

숫자를 배열로 입력받는다. &input[i]은 배열의 i번째 항목의 주소를 의미한다.

향후에 배열의 모든 요소 값들을 출력해본다.

```
#include <stdio.h>

int main() {
        int input[10], sum;
        double average;
        int i;

        for(sum=0, i=0; i<10; i++){
                scanf("%d", &input[i]);
                sum += input[i];
        }
        average = (double)sum/10;

        printf("you entered 10 numbers...\n");
        for(i=0; i<10; i++){
                printf("%d ", input[i]);
        }
        printf("\n");
        printf("sum: %d\n", sum);
        printf("average: %f\n", average);

        return 0;
}
```

```
you entered 10 numbers...
1 5 3 9 10 3 2 3 4 8
sum: 48
average: 4.800000
```

배열을 선언할 때, 배열의 크기는 반드시 0보다 큰 정수형(unsigned int) 상수로 지정해야 한다. 또한 배열의 크기에는 변수를 사용할 수 없다. 아래와 같은 변수선언은 컴파일러에 의해서 에러가 발생한다.

```
int input[0];
int input[-10];
int input[10.0];

int no=10;
int input[no];
```

배열의 크기를 변수로 지정할 수 없다.

변수를 선언하면 이 변수는 메모리에 자리잡는다. 1차원 배열의 각 원소는 메모리에 순차적으로 할당된다는 것을 확인해보자.

& 연산자를 이용해서 해당 변수의 주소를 알 수 있다. 아래의 배열 선언을 보자. 정수형 배열 data[ ]의 각 요소의 주소가 4씩 증가하면서 연속적임을 알 수 있다. 정수형 배열이니까 각 배열의 요소는 4바이트 크기이기 때문이다.

& 연산자는 뒤 따르는 변수의 주소를 나타낸다. scanf( ) 함수에서 간략하게 설명한 바 있다.

```
#include <stdio.h>

int main() {
	int data[3] = {10, 60, 20};
	int i;

	for(i=0; i<3; i++){
		printf("[%d]: [%p] %d\n", i, &(data[i]), data[i]);
	}
	return 0;
}
```

배열의 초기화 코드이다. 배열의 3개의 항목이 값을 차례로 초기화한다. 바로 뒤에 자세한 설명을 한다.

%p는 주소를 출력하는 포맷 문자. p는 pointer를 의미.

data[i]의 주소를 의미한다.

```
[0]: [0xbfd510dc] 10
[1]: [0xbfd510e0] 60
[2]: [0xbfd510e4] 20
```

출력된 주소값은 16진수로써, 배열의 각 항목이 순서대로 주소가 4씩 증가한다.

배열의 이름은 배열의 시작 주소. 중요하다. 배열의 이름은 배열의 시작 주소이다.

배열의 각 항목은 이름은 동일하고 첨자로 인덱싱을 하는 별개의 변수로 생각할 수 있다. 그렇다면 배열의 이름은 무엇을 의미할까? 아래에서 data와 data[0]의 주소가 같음을 확인할 수 있듯이, 즉, 배열의 이름은 배열의 시작 주소(배열의 첫 항목의 주소)이다.

```
#include <stdio.h>

int main() {
	int data[3] = {10, 60, 20};
	printf("%p\n", data);
	printf("%p\n", &(data[0]) );
	return 0;
}
```

```
0xbfd510dc
0xbfd510dc
```

■ 1차원 배열의 초기화

배열을 포함한 모든 변수는 명시적(explicitly)으로 초기화하는 것이 '안전'하다. 배열을 사용하는 대부분의 경우는, 배열을 선언해서 값을 저장할 공간을 먼저 할당하고, 파일로부터 값들을 입력받는 용도로 사용하기 때문에 대부분은 값을 대입한 후에 사용하게 된다. 그렇지만 명시적으로 초기화를 하지 않으면 어떻게 되는지 한 번 살펴보자.

경우에 따라서는 어떤 변수는 명시적으로 초기화하지 않아도, 자동으로 초기화되는 변수들이 있다. 전역 변수(global variables)가 대표적인 자동으로 0으로 초기화되는 변수이다.

아래는 2개의 정수형 배열 변수(하나는 전역 변수, 또 다른 하나는 지역 변수)를 초기화 하지 않고 값을 출력해보았다.

```
#include <stdio.h>

int globalArray[10];

int main()
{
        int localArray[10];
        int i;

        for(i=0; i<10; i++){
                printf("%d ", globalArray[i]);
        }
        printf("\n");

        for(i=0; i<10; i++){
                printf("%d ", localArray[i]);
        }
        printf("\n");
        return 0;
}
```

전역 변수 배열

지역 변수 배열

전역 변수로 선언하면 자동으로 0으로 초기화된다. 배열 뿐만이 아니고 모든 변수는 전역 변수로 선언하면 컴파일러에 의해서 0으로 초기화된다.

지역 변수는 자동으로 초기화되지 않는다. 출력 결과에 쓰레기 값이 출력되는 것을 확인할 수 있다.

```
0 0 0 0 0 0 0 0 0 0
-1218712604 -1218564973 0 -1080034156 -1080029326 134513497
-1080029326 47 134518756 134514082
```

자세한 설명은 변수 코너에서 설명했었다.

왜 이렇게 지역 변수와 전역 변수는 자동으로 초기화되는 것이 다를까? 전역 변수는 컴파일하는 시점에 변수의 위치가 확정되고 컴파일 타임에 값을 할당할 수 있는 시간이 있기 때문이다. 그러나 지역 변수는 실행 시점에 스택(stack)에 메모리를 할당받고, 이를 자동으로 초기화하려면 그 만큼 시간적인 손실이 있기 때문이다.

아래와 같이 배열을 생성하고 사용할 수 있다는 것은 배웠다.

배열의 인덱스(index, 첨자)는 0부터 시작한다.

```
int data[5];

data[0] = 10;
data[1] = 60;
data[2] = 20;
data[3] = 50;
data[4] = 80;
```

그런데 이렇게 배열 변수를 선언하고, 일일이 위와 같이 값을 대입하는 것은 불편하다. 아래와 같이 배열 변수의 생성과 배열값의 초기화를 동시에 할 수도 있다. 배열의 선언과 초기화는 아래와 같이 다양한 방법이 있다.

```
int data[5] = {3,4,2,1,0};
int data[] = {3,4,2,1,0};
int data[5] = {3,4,2};
```

배열 선언시에 중괄호를 이용해서 값을 초기화할 수 있다. 마지막에 세미콜론이 꼭 필요하다.

배열의 크기를 정하지 않으면 초기화되는 값의 갯수에 따라서 자동으로 배열의 크기가 정해진다.

초기화하는 값의 개수가 배열의 크기보다 작으면 배열의 앞에서부터 값들이 채워지고 나머지 부분은 0으로 초기화된다. 이 예에서 data[3]과 data[4]는 전역 변수라면 0으로 초기화된다.

■ 1차원 배열의 사용

배열에서 원하는 값을 찾으면, 그 배열에서의 해당하는 값의 위치(인덱스)를 출력하는 프로그램을 작성하고자 할 때, 아래와 같이 프로그래밍할 수 있다.

아래의 예제는 배열에서 숫자 3의 위치를 찾는 프로그램이다.

```
int test[] = {4, 7, 3, 2, 1 };

if ( test[0] == 3) printf("0");
else if ( test[1] == 3) printf("1");
else if ( test[2] == 3) printf("2");
else if ( test[3] == 3) printf("3");
else if ( test[4] == 3) printf("4");
```

그러나 아래와 같이 반복문을 사용해서 작성하는 것이 더 간단하고 융통성이 있다.

프로그래밍은 문제에 숨겨진 자동화된 패턴을 찾아서 이를 구현하는 것이다.

```
int test[] = {4, 7, 3, 2, 1 };

for(i=0 i<5; i++){
   if (test[i]==3) printf("%d", i)
}
```

배열을 사용할 때 발생하는 오류의 대부분은 배열의 범위를 벗어나서 사용하려는 시도 때문이다. 배열을 선언하고 배열의 범위를 벗어난 곳의 위치도 접근할 수는 있다. 보통 내가 의도하지 않는 위치를 접근하게 되는 상황인데, 배열을 사용할 때 가장 주의해야 하는 경우가 이러한 경우다.

배열을 사용하는 경우 가장 빈번한 오류 발생 이유

data[-1]의 주소는 배열 이전에 선언한 변수인 previous 변수의 주소와 일치한다. 변수 previous가 배열 변수 data 바로 전에 선언된 변수이기 때문이다. 따라서 data[-1]에 대입한 값이 실제로는 변수 previous에 대입되는 상황이 발생한다. 그러나 컴파일러는 이러한 오류를 검출하지 못한다.

이 코드부터 data[-1]에 접근하려고 한다. 잘못된 접근이기는 하지만 오류 메시지가 발생하지 않는다.

data[-1]에 대입한 100이라는 값이 실제로는 변수 previous에 저장됨을 확인할 수 있다.

```
#include <stdio.h>

int main() {
        int previous = -10;
        int data[] = {10, 20, 30};
        int i;

        printf("address of variable previous: %p\n", &previous);
        printf("address of data[-1]: %p\n", &(data[-1]));

        printf("data[-1]: %d\n", data[-1]);
        data[-1] = 100;
        printf("data[-1]: %d\n", data[-1]);
        printf("previous: %d\n", previous);

        return 0;
}
```

변수 previous와 data[-1]의 주소가 동일하다.

```
address of variable previous: 0xbff33ad0
address of data[-1]: 0xbff33ad0
data[-1]: -10
data[-1]: 100
previous: 100
```

변수의 할당되는 위치에 관련된 설명은 "변수 #2" 부분에서 자세하게 설명하였다.

실제로 위의 예제는 아래와 같은 순서로 메모리에 변수가 할당된다.

	previous	data[0]	data[1]	data[2]			

위의 코드에서 확인할 수 있듯이, 배열의 첨자가 0부터 시작한다고 하지만, data[-1]와 같이 사용할 수도 있다. data[−1]라는 곳은 배열을 범위를 벗어난 엉뚱한 곳이다. 그런 곳의 값을 수정한다면 프로그램 전체에 오류를 발생시킬 수 있는 원인이 될 수 있어서 아주 조심히 배열의 첨자를 사용해야 한다.

그러면 왜 C 언어는 배열의 첨자의 유효성을 자동으로 검사하지 않을까?

프로그램에서 배열을 사용하는 경우는 반복적인 작업을 수행하는 경우가 대부분일 것이다. 그런데 프로그램을 실행하는 동안 배열을 사용할 때마다 첨자의 유효성을 검사한다면 실행 시간 면에서 너무 부담되기 때문이다. 따라서 배열의 첨자의 유효성의 검사를 프로그래머에게 맡긴 것이다.

하나의 배열의 값을 다른 배열에 복사할 때, 배열을 한꺼번에 복사할 수 없다. 항목을 하나하나 복사해야 한다. 즉, 아래와 같이 배열은 이름으로 복사되지 않는다. 배열 이름은 단순히 배열의 시작 주소이기 때문이다.

다시 한번 강조하자. 배열의 이름은 배열의 시작 주소이다.

```
#include <stdio.h>

int main() {
	int data1[] = {10, 60, 20, 50, 80};
	int data2[5];

	data2 = data1; // 컴파일 에러 발생

	for(i=0; i<5; i++){
		printf("[%d]: %d\n", i, data2[i]);
	}

	return 0;
}
```

이렇게 배열이 한꺼번에 복사되지 않는다. 컴파일 시점에 아래와 같이 오류가 발생한다.

```
prog.c:8:8: error: assignment to expression with array type
  data2 = data1;
```

배열의 값들을 복사하려면 아래와 같이 하나씩 일일이 복사해주어야 한다.

```
#include <stdio.h>

int main() {
	int data1[] = {10, 60, 20, 50, 80};
	int data2[5];
	int i;

	for(i=0; i<5; i++){
		data2[i] = data1[i];
	}

	for(i=0; i<5; i++){
		printf("[%d]: %d\n", i, data2[i]);
	}

	return 0;
}
```

```
[0]: 10
[1]: 60
[2]: 20
[3]: 50
[4]: 80
```

■ 1차원 배열의 응용: 1차원 배열 검색 및 최대값 구하기

검색이란 특정 데이터 집합에서 원하는 자료의 유무를 결정하거나 원하는 자료의 위치를 찾는다는 의미이다.

이와 같은 검색 알고리즘은 새로운 데이터를 추가하거나 기존의 데이터를 삭제하기 위해서, 또는 해당하는 데이터가 이미 있는지를 찾아보는 작업 등에서 꼭 필요한 알고리즘이다.

순차 검색 알고리즘은 배열에서 특정한 값을 순차적인 방법으로 찾는 방법을 말한다. 아래와 같은 배열에서 숫자 '52'을 찾는 것을 예로 들어보자.

```
#include <stdio.h>

int main(){
	int numbers[] = { 23, 42, 52, 12, 5, 19, 100, 33, 54, 2 };
	int count = 0;
	int last = 10;
	int find = 0;
	int seek = 52;

	while ( count < last && find == 0)
	{
		if ( numbers[count] == seek ) find = 1;
		else count = count + 1;
	}
	if (find == 1) printf("%d is %d-th element.", seek, count );
	else printf("failed");

	return 0;
}
```

```
52 is 2-th element.
```

현재 검색 위치. 초기값은 0부터 시작.

배열의 데이터의 개수

검색 도중에 찾았는지 여부를 저장하는 변수. 찾았으면 1, 초기값은 0.

검색하고자 하는 데이터

비교할 데이터가 남았으며 아직 찾지 못했으면 계속 진행

검색에 성공하면 몇 번째 위치인지를 출력

검색에 실패하면 검색하고자 하는 데이터가 없는 것이니까 "failed" 출력

배열의 사용법에 적응하기 위해서, 1차원 배열에서 최대값이나 최소값을 찾아 보자. 아래는 최소값을 찾는 프로그램이다.

0번째 항목을 현재의 최소값이라고 하고…

1번째 항목부터 마지막 항목까지 순차적으로 현재의 최소값과 대소를 비교한다.

새로운 최소값이면 min 값을 변경한다.

```
#include <stdio.h>

int main() {
	int data[10] = { 32, 2, 4, 54, 87, 122, 3, 1, 99, 100};
	int i, min;

	min = data[0];
	for(i=1; i<10; i++) {
		if (data[i]<min) {
			min = data[i];
		}
	}

	printf("min is %d\n", min);

	return 0;
}
```

```
min is 1
```

■ 1차원 배열의 응용: 돗수 분포표

아래는 1차원 배열의 크기가 100인 배열을 만들고, 모든 배열 원소들의 값을 0에서 99사이의 숫자(정수)로 랜덤(random)하게 초기화한 후, 이를 바탕으로 돗수분포표를 만드는 문제이다.

돗수분포표: 주어진 자료를 몇 개의 구간으로 나누고 각 구간에 속하는 자료의 개수를 나타낸 표

각 돗수의 범위는 10으로 한다. 즉 0에서 9까지의 값은 몇 개, 10에서 19까지의 값은 몇 개, 이런 식으로 각 구간들에 속한 값의 개수를 구하는 문제다. 아래와 같이 한번 알고리즘을 작성해 보자.

풀이 #1:

```
#include <stdio.h>
#include <stdlib.h>
#include <time.h>

int samples[100];
int graph[10];

int main(){
	int i;

	srand( (unsigned) time(NULL) );

	for(i=0; i<10; i++){
		graph[i] = 0;
	}

	for(i=0; i<100; i++){
		samples[i] = rand()%100;
	}

	for(i=0; i<100; i++){
		if( samples[i] >= 0 && samples[i] < 10) graph[0]++;
		if( samples[i] >= 10 && samples[i] < 20) graph[1]++;
		if( samples[i] >= 20 && samples[i] < 30) graph[2]++;
		if( samples[i] >= 30 && samples[i] < 40) graph[3]++;
```

랜덤 함수 rand( )를 사용하기 위한 헤더 파일은 stdlib.h이다.

time ( ) 함수를 사용하기 위한 헤더 파일. time( ) 함수는 시간을 알려주는 함수로써, 이 코드에서는 랜덤 함수의 초기값을 설정하는 용도로 사용한다.

랜덤하게 생성된 값을 저장할 정수형 1차원 배열

돗수분포표를 저장할 배열

rand( ) 함수는 실행할 때마다 동일한 패턴의 난수를 발생시킨다. 이를 해결하기 위해서는 난수를 생성하는 초기값(seed)을 바꾸어야하는데, 이 함수가 srand( )이다. srand( ) 함수의 파라미터로 일반적으로는 컴퓨터의 현재 시간을 사용한다. 이때 사용하는 함수가 time( )이다.

돗수분포를 저장할 배열인 graph[ ] 배열을 0으로 초기화.

랜덤하게 샘플을 초기화. rand( ) 값을 100으로 나눈 나머지를 사용하기 때문에, 배열에 대입되는 수는 0에서 99까지의 숫자이다.

100개의 숫자 각각에 대해서… 10개의 if 문을 이용하여 돗수분포표를 채운다.

```
        if( samples[i] >= 40 && samples[i] < 50) graph[4]++;
        if( samples[i] >= 50 && samples[i] < 60) graph[5]++;
        if( samples[i] >= 60 && samples[i] < 70) graph[6]++;
        if( samples[i] >= 70 && samples[i] < 80) graph[7]++;
        if( samples[i] >= 80 && samples[i] < 90) graph[8]++;
        if( samples[i] >= 90 && samples[i] < 100) graph[9]++;
    }

    for(i=0; i<10; i++){
        printf("%d", graph[i] );
    }

    return 0;
}
```

각 구간별로 도수의 개수를 계산함.

도수분포표를 출력함.

```
5 9 17 10 6 8 13 9 13 10
```

풀이 #2:

5

위의 풀이 #1과 같이 구현하면 된다. 그런데 이 프로그램은 if 문이 너무 많이 반복된다. 그리고 지금의 문제는 if 문 중에서 한 곳에서 조건이 만족하면 다른 조건은 확인할 필요도 없는데, 쓸데없이 매번 10번의 조건문 확인을 모두 수행한다. 그래서 아래와 같이 바꾸자. 모양은 비슷하지만 대량의 데이터를 사용할 때는 수행하는 if 문의 개수 차이로 인해서 풀이 #1의 방법보다 속도가 빠르다.

```
…
…

    for(i=0; i<100; i++){
        if( samples[i] >= 0 && samples[i] < 10) graph[0]++;
        else if( samples[i] >= 10 && samples[i] < 20) graph[1]++;
        else if( samples[i] >= 20 && samples[i] < 30) graph[2]++;
        else if( samples[i] >= 30 && samples[i] < 40) graph[3]++;
        else if( samples[i] >= 40 && samples[i] < 50) graph[4]++;
        else if( samples[i] >= 50 && samples[i] < 60) graph[5]++;
        else if( samples[i] >= 60 && samples[i] < 70) graph[6]++;
        else if( samples[i] >= 70 && samples[i] < 80) graph[7]++;
        else if( samples[i] >= 80 && samples[i] < 90) graph[8]++;
        else if( samples[i] >= 90 && samples[i] < 100) graph[9]++;
    }
…
…
```

이 부분이 달라지는 부분이다. if… else if 문을 사용함으로써 서로 배타적인 조건인 경우는 불필요한 조건 검사를 하지 않도록 하였다.

풀이 #3:

그런데 위의 풀이 #2도 여전히 if 문의 반복이 눈에 거슬린다. 그리고 if 문에 왠지 어떤 규칙성이 있어 보인다. 그래서 아래와 같이 바꾸어 보았다.

```
#include <stdio.h>
#include <stdlib.h>
#include <time.h>

int samples[100];
int graph[10];

int main(){
        int i;

        srand( (unsigned) time(NULL) );

        for(i=0; i<10; i++){
                graph[i] = 0;
        }

        for(i=0; i<100; i++){
                samples[i] = rand()%100;
        }

        for(i=0; i<100; i++){
            for(j=0; j<10; j++){
                if( samples[i] >= j*10 && samples[i] < (j+1)*10){
                        graph[j]++;
                        break;
                }
            }
        }

        for(i=0; i<10; i++){
                printf("%d", graph[i] );
        }

        return 0;
}
```

100개의 숫자 각각에 대해서…

10가의 구간 중에 하나의 구간에 포함되면

이 조건이 무엇을 의미하는지 잘 생각해보자.

내부의 for 문을 탈출한다.

이 코드는 규칙성이 있는 10개의 if 문을 반복문으로 대체하였다. 처음에는 이 문장이 이해하기 어려울 수 있다. 반복문의 한 스텝 한 스텝을 풀이 #2와 비교해보자. 프로그램의 소스 라인은 짧지만 실제 이 프로그램의 수행 동작은 위의 풀이 #2와 동일하다.

풀이 #4:

위의 풀이 #3번은 프로그램의 소스 라인 수는 줄어들었지만 2중 반복문을 사용하면서 소스 코드가 읽기 어렵게 되었다. 그래서 **나눗셈 연산자**를 사용해서 아래와 같이 바꾸어 보았다.

```
#include <stdio.h>
#include <stdlib.h>
#include <time.h>

int samples[100];
int graph[10];

int main(){
        int i;
        srand( (unsigned) time(NULL) );
        for(i=0; i<10; i++){
                graph[i] = 0;
        }

        for(i=0; i<100; i++){
                samples[i] = rand()%100;
        }

        for(int i=0; i<100; i++){
                graph[ samples[i]/10]++;
        }

        for(i=0; i<10; i++){
                printf("%d", graph[i] );
        }
        return 0;
}
```

이렇게 바꾸었다. 돗수 구간의 크기가 10이라는 것에 착안하여 sample[ ] 값을 10으로 나눈 몫을 graph[ ]의 인덱스로 사용하였다. if 문 없이 나눗셈 연산만으로 동일한 기능을 구현하였다. 물론 수행 속도도 빨라진다.

동일한 일을 처리하는 방법은 다양한다. 해당하는 문제에 포함된 규칙성을 찾아내는 것이 힘이다.

위의 graph[samples[i]/10]++; 문장이 가장 중요한 부분이다. 여기의 나눗셈은 정수 나눗셈이다. 돗수 구간 범위가 10씩 진행되니까 10으로 나눈 나머지를 graph 배열의 인덱스로 사용할 수 있다. 이것이 여기서 중요한 아이디어이다.

문제를 푸는 방식은 참으로 여러가지다. 문제를 어떤 방식으로 프로그래밍할 것인지는 자신의 아이디어이다. 이런 아이디어는 많은 연습 후에 생기는 것이다. 많은 프로그래밍 연습이 더욱 깔끔한 프로그램 작성 능력으로 이어진다.

■ 1차원 배열의 크기

배열 항목의 개수를 알 수 있을까? 아래와 같이 sizeof 연산자를 이용하면 된다. sizeof 연산자는 피연산자의 크기를 바이트 수로 계산해서 반환하는데, 아래와 같이 구현하면 배열의 이름만 알아도 배열의 항목의 개수를 알 수 있다.

아래에 정수형 배열과 문자형 배열을 예를 보인다.

```
#include <stdio.h>

int main() {
	int data[] = {10, 60, 20, 50, 80};
	int no;

	no = sizeof(data)/ sizeof(data[0]);

	printf("# of elements is %d.", no);
	return 0;
}
```

```
# of elements is 5.
```

배열의 전체 크기를 배열의 한 항목의 크기로 나누면 배열의 항목 개수를 알 수 있다. 즉, 배열의 이름만 알면 배열의 항목의 개수를 알 수 있다.

```
#include <stdio.h>

int main() {
	char data[] = {'a', 'b', 'c', 'd', 'e'} ;
	int no;

	no = sizeof(data)/ sizeof(data[0]);

	printf("# of elements is %d.", no);
	return 0;
}
```

```
# of elements is 5.
```

위와 같은 방법은 언제 사용하면 좋을까? 아래의 코드를 살펴보자. 아래는 배열의 5개의 항목을 출력하는 코드이다.

```
#include <stdio.h>

int main() {
        int data[] = {10, 60, 20, 50, 80};
        int i;

        for(i=0; i<5; i++){
                printf("[%d]: %d\n", i, data[i]);
        }
        return 0;
}
```

```
[0]: 10
[1]: 60
[2]: 20
[3]: 50
[4]: 80
```

위와 동일한 일을 하는 아래의 코드를 보자. 아래는 배열의 항목의 개수가 변경되었다. 배열을 사용할 때는 아래와 같은 방식을 사용하는 것이 좋다. 아래와 같은 코딩 습관을 가지면 조금 더 확장성 있는 프로그램을 작성할 수 있기 때문이다.

```
#include <stdio.h>

int main() {
        int data[] = {10, 60, 20, 50, 80, 90, 10, 100};
        int len;
        int i;

        len = sizeof(data)/sizeof(data[0]);

        for(i=0; i<len; i++){
                printf("[%d]: %d\n", i, data[i]);
        }
        return 0;
}
```

```
[0]: 10
[1]: 60
[2]: 20
[3]: 50
[4]: 80
[5]: 90
[6]: 10
[7]: 100
```

이렇게 배열의 크기를 계산하면, 배열 항목의 개수(배열의 크기)를 변경하더라도 코드를 수정할 필요가 없다는 장점이 있다.

이 부분이 변경되었다.

■ 1차원 문자 배열과 문자열

C 언어에서 문자열의 상수는 큰 따옴표로 표현할 수 있다.

```
"Hello World"
```

문자열 상수는 제공되지만 문자열 변수는 제공되지 않는다.

그러나 C 언어에서는 문자열을 나타낼 별도의 변수형을 제공하지 않는다. 대신, "문자형(char) 1차원 배열"을 이용하여 문자열을 저장할 수 있다.

```
#include <stdio.h>

int main() {
        char str[]="HelloWorld";

        printf("%s %d\n", str, sizeof(str) );

        return 0;
}
```

문자열 1차원 배열을 초기화 하는 문장이다.

%s는 문자열 출력을 위한 포맷 문자

```
HelloWorld 11
```

문자열이 10글자인데 길이가 11로 나온다. 문자열은 맨 끝에 보이지는 않지만 문자열의 끝을 의미하는 문자('\0')가 자동으로 삽입된다. 이를 NULL(널) 문자라고 하는데, ASCII 코드의 0번 문자가 이 역할을 한다.

1차원 문자형 배열은 아래와 같이 초기화할 수도 있다. 아래의 출력 결과를 확인해보자.

```
#include <stdio.h>

int main() {
        char str1[] = {'A', 'B', 'C', '\0'};
        int i;

        for(i=0; i<3; i++){
                printf("%c", str1[i]);
        }
        printf("%s", str1);

        return 0;
}
```

```
ABCABC
```

앞 부분의 ABC는 첫번째 printf 반복문에 의해서, 뒷 부분의 ABC는 두번째 printf 문의 %s에 의해서 출력됨.

그렇지만 이 경우에는 마지막에 널문자('\0')를 명시적으로 추가해야 한다. printf( ) 함수 부분에서 '\n'과 같이 백슬래스(\) 뒤의 문자는 특수한 의미를 지닌다고 말했다. 여기서 '\0'는 ASCII 0번 문자를 의미하고, C 언어에서는 이를 문자열의 끝을 표현하는데 사용한다. 즉, 문자열 배열을 초기화할 때 문자열로 초기화하는 것과, 문자 배열을 하나하나 초기화하는 것은 조금 다르다는 점을 명심하자.

문자열에 대해서 자세히 살펴보자. 아래와 같이 출력되는 이유가 무엇일까?

```
#include <stdio.h>

int main() {
	char str1[] = {'A', 'B', 'C'};
	char str2[] = "abc";
	int i;

	for(i=0; i<3; i++){
		printf("%c", str1[i]);
	}
	printf("\n");
	printf("%s\n", str1);
	printf("%s\n", str2);
	return 0;
}
```

```
ABC
ABCabc
abc
```

이 6개의 문자가 printf("%s\n", str1); 문장에 의해서 출력된 것이다. 이해할 수 있겠는가? str1 문자열의 끝에 널문자가 없어서, 다음 문자열인 str2까지 연속해서 출력된것이다.

내부적으로 2개의 문자열이 연속적으로 메모리에 배치되어 있음을 짐작할 수 있다.

위의 프로그램은 아래와 같이 고쳐야 한다. 즉, C 언어에서는 내부적으로 문자열의 끝은 '\0'로 표현한다.

```
#include <stdio.h>

int main() {
	char str1[] = {'A', 'B', 'C', '\0'};
	char str2[] = "abc";
	int i;

	for(i=0; i<3; i++){
		printf("%c", str1[i]);
	}
	printf("\n");
	printf("%s\n", str1);
	printf("%s\n", str2);
	return 0;
}
```

```
ABC
ABC
abc
```

이 부분이 달라진 부분이다.

조금 수정된 아래 코드를 보자. 이상한 부분이 있다. 이 프로그램의 결과는 컴파일러 마다 조금 다를 수 있기는 하지만, 실행 결과가 이상하다.

char 배열을 10칸으로 선언하고 NULL 문자를 포함하면 11칸의 문자열 상수로 초기화하였다. 따라서 마지막에 널문자가 들어갈 공간이 없다. %s 포맷 문자에 의해서 문자열의 끝(널 문자)이 나타날 때 까지 문자형 배열의 알 수 없는 뒷 부분까지 출력된다. 즉, 우연히 NULL 문자가 나타날 때까지 출력되는것이다.

```
#include <stdio.h>

int main() {
        char str[10]="Helloworld";

        printf("%s %d\n", str, sizeof(str));

        return 0;
}
```

```
Helloworld儆儆儆qEY?? 10
```

문자열을 선언하는 방법은 여러 방법이 있다. 아래를 보자.

배열 선언과 동시에 초기화를 할 때, 배열의 크기를 명시하지 않으면 초기화 값에 따라서 자동으로 배열의 크기가 정해진다.

```
char s[12] = "test string";
char s[ ] = "test string";
char s[12] = {'t','e','s','t',' ','s','t','r','i','n','g','\0'};
char *s = "test string";
```

이 부분은 포인터와 관련된 내용이다. char *s라고 선언된 변수 s는 포인터 변수이다.

배열 이름은 상수형 포인터란 점만 포인터 변수와 다른 점이다. 포인터 부분에서 다시 설명한다. 일단은 넘어가자.

이제 키보드로부터 문자열을 입력받아보자. 아래는 문자열을 하나 입력받는 예제이다. %s 포맷 문자를 사용하였다.

```
#include <stdio.h>

int main() {
        char str[100];

        scanf("%s", str);
        printf("%s\n", str);
        return 0;
}
```

```
입력: HelloWorld
출력: HelloWorld
```

배열의 이름이 그 자체로 주소이니까 & 연산자는 필요 없다.

5

그런데 scanf를 이용한 문자열 입력은 조금 주의해야 한다. 아래와 같이 입력을 "Hello World"라고 중간에 공백을 입력했을 때, 입력은 "Hello" 부분만 된다. scanf를 이용한 문자열 입력은 공백을 문자열의 끝으로 인식하기 때문이다. 공백을 문자열의 일부로 인식해서 한꺼번에 입력받는 다른 방법이 존재하기는 하지만, 일단 이 책에서는 여기까지만 소개하자.

문자열 입력시에는 공백을 문자열의 끝으로 인식한다.

```
#include <stdio.h>

int main() {
	char str[100];

	scanf("%s", str);
	printf("%s\n", str);

	return 0;
}
```

```
Input: Hello World
Output: Hello
```

따라서, 문자열을 연속으로 2개 입력 받으려면 아래와 같이 문자열을 빈칸(또는 엔터키 등)으로 구분하면 된다.

```
#include <stdio.h>

int main() {
	char str[100];
	int i;

	for(i=0; i<2; i++){
		scanf("%s", str);
		printf("%s\n", str);
	}
	return 0;
}
```

```
Input: Hello World

Output:
Hello
World
```

■ 1차원 배열을 함수의 파라미터로 전달

1차원 배열을 함수의 파라미터로 전달해보자. 앞에서 배열의 파라미터는 call-by-value로 복사된다고 배웠다. 그렇다면 배열의 항목이 많으면 배열의 모든 항목을 callee 함수로 복사하는 시간이 많이 소요될 것이다.

배열의 이름이 배열의 시작 주소라는 점에 착안하여, 배열을 함수의 파라미터로 넘겨줄 때 배열을 복사해서 넘겨주는 것이 아니라, 배열의 시작 주소를 넘겨준다면, 호출된 함수(callee)에서 수정한 값을 호출한 함수(caller)가 자연스럽게 전달 받을 수 있는 장점이 있다. 또한 파라미터 복사에 시간이 덜 소모된다는 장점도 있다.

아래에서 addTen(int a[ ])이라는 함수는 매개변수로 넘겨받은 배열의 각 항목에 10을 더하는 함수이다.

어짜피 배열의 주소를 넘겨주는 것이라서, 형식 매개 변수에 배열의 크기를 적을 필요는 없다. 그냥 1차원 정수형 배열이라는 정보만 적어주어도 무방하다는 말이다. 함수의 매개 변수를 적는 곳에 int a[5]와 같이 크기를 표시해도 무방하다.

배열의 이름은 곧 그 배열의 시작 주소이다.

```
#include <stdio.h>

void addTen(int a[]){
        int i;

        for(i=0; i<5; i++){
                a[i] += 10;
        }
}

int main(){
        int i;
        int data[5]={1,2,3,4,5};

        addTen( data );

        for(i=0; i< 5; i++){
                printf("%d ", data[i]);
        }
        return 0;
}
```

```
11 12 13 14 15
```

call-by-reference

5

위와 같이 배열을 함수의 파라미터로 전달하는 방식을 call-by-reference라고 한다. 주소를 넘겨준다는 의미이다.

아래의 예제는 조금 복잡한 이야기일 수 있다. 사실은 이런 내용을 설명하기 시작하면 점점 포인터에 대한 두려움을 가질 수도 있어서 설명이 조금 주저되기는 하지만, 지금 이해할 수 있다면 아주 흥미로울 수도 있다. 지금 이해되지 않더라도 상관없다. 향후에 '포인터' 부분에서 자세하게 이야기한다.

data[ ]가 정수형 배열이고, 배열의 이름인 data는 그 배열의 주소이니까, 이 배열의 각 항목이 4바이트씩을 차지할 것이다. 그러니까 아래의 코드에서 data+i*4는 i가 1씩 증가됨에 따라 값이 4씩 증가된 값을 가져야할 것이다. 그러나 결과는 그렇지 않다. 오히려 주소가 16씩 증가하고 있다. 이상하다.

```
#include <stdio.h>

int data[5]={1,2,3,4,5};

int main(){
	int i;

	for(i=0; i<5; i++){
		printf("%p ", data+i*4);
	}
	return 0;
}
```

```
0x80497a8 0x80497b8 0x80497c8 0x80497d8 0x80497e8
```

그런데, 아래와 같이 하면 주소가 4씩 증가된다.

```
#include <stdio.h>

int data[5]={1,2,3,4,5};

int main(){
        int i;

        for(i=0; i<5; i++){
                printf("%p ", data+i);
        }
        return 0;
}
```

```
0x80497a8 0x80497ac 0x80497b0 0x80497b4 0x80497b8
```

data가 주소를 나타내기 때문에 여기에 1을 더한다는 말은 배열에서의 다음 항목의 주소를 의미한다. 정수형 배열이라서 하나의 항목이 4바이트 크기니까 주소가 4가 증가한다.

위의 코드에서 알 수 있듯이, 주소에 어떤 값을 더할 때는 해당하는 "변수의 바이트 수"의 배수로 증가한다. 설명이 쉽지는 않은데, 실제로 주소값에는 상수값의 덧셈과 뺄셈만 허용된다. 그리고 그 덧셈과 뺄셈은 어떤 자료형을 가리키는 포인터인가에 따라 달라진다.

즉, 정수형 배열 주소값에 1을 더하면 4씩 증가하고, 문자형 배열 주소값이라면 1씩 증가한다. 이 부분은 포인터 부분에서 포인터 연산에서 자세히 설명한다.

1차원 배열을 이용한 벽돌 깨기

아래의 프로그램은 벽돌을 1줄만 배열시킨 벽돌 깨기 프로그램 소스이다.

```
int bricks[BRICKNO];
```

위는 벽돌을 위해서 선언한 정수형 배열 변수이다. 벽돌을 BRICKNO개를 배치한다. i번째 벽돌 bricks[i]가 1이면 벽돌이 존재, 0이면 벽돌이 부서져서 없는 상태로 사용할 것이다.

배열의 선언에서 배열의 크기에 변수를 사용할 수 없다고 하였다. 여기서 BRICKNO는 변수가 아니라 매크로이다.

[1차원 벽돌을 배치한 벽돌 깨기 게임]

```
#include "ofApp.h"

#define BALLRADIUS 20   // ball radius
#define BRICKNO 32      // no of brick column
#define BRICKWIDTH 64   // size of brick width(in pixel)
#define BRICKHEIGHT 40  // size of brick height(in pixel)
#define RACQUETPOS 50   // distance of racquet from bottom

int xPos, yPos;
int xDir, yDir;
int padX, padWidth;
int ballSpeed = 20;
int bricks[BRICKNO];

void ofApp::setup() {
	int i;

	ofSetWindowTitle("1D Brick Break Out Game");
	ofSetWindowShape(1024, 768);
	ofSetFrameRate(60);
	ofBackground(ofColor::white);
	ofSetColor(ofColor::black);
	ofSetLineWidth(1);
	ofFill();

	xPos = ofGetWidth() / 2;
	yPos = ofGetHeight() / 2;
	xDir = yDir = ballSpeed;

	padX = 30;
	padWidth = 400;

	for (i = 0; i < BRICKNO; i++) {
		bricks[i] = 1;
	}
}
```

이제 많은 부분을 #define으로 변환하였다. 향후의 값 수정을 용이하게 하기 위함이다.

볼의 속도를 변환할 수 있게 변수로 설정하였다.

벽돌 배열 변수 선언

벽돌 배열의 초기화. 초기에는 모든 벽돌을 '1'로 만든다.

```
//------------------------------------------------------------------------------------
void ofApp::update() {
        // ball
        xPos += xDir;
        yPos += yDir;

        //racquet
        padX = ofGetMouseX();

        //collision check
        if (yPos < BRICKHEIGHT+BALLRADIUS) {
                if (bricks[xPos / BRICKWIDTH] == 1) {
                        bricks[xPos / BRICKWIDTH] = 0;
                        yDir *= -1;
                }
        }

        // ball bounce
        if (xPos < BALLRADIUS || xPos > ofGetWidth() - BALLRADIUS)
                xDir *= -1;
        if (yPos < BALLRADIUS )
                yDir *= -1;
        if (yPos > ofGetHeight() - RACQUETPOS - BALLRADIUS) {
                if (xPos >= padX && xPos <= padX + padWidth)
                        yDir *= -1;
                else if (yPos > ofGetHeight() - BALLRADIUS)
                        yDir *= -1;
        }
}
```

벽돌이 배치된 y 좌표 영역 내부에 공이 존재하면…

xPos/BRICKWIDTH는 정수형 나눗셈이기 때문에 몫이 계산된다(나머지가 없다). 이 값은 배열의 인덱스를 의미한다. 이렇게 하면 쉽게 공의 위치에 해당하는 배열의 인덱스를 간편하게 구할 수 있다. 앞의 돗수분포표에서도 비슷한 기법을 사용하였었다.

벽돌 삭제

공이 벽돌과 충돌했으니 공의 방향 전환

```
//-----------------------------------------------------------------------------------------
void ofApp::draw() {
	int i;

	// brick
	for (i = 0; i < BRICKNO; i++) {
		if (bricks[i] == 1) {
			ofSetColor(ofColor::black);
		}
		else {
			ofSetColor(ofColor::white);
		}
		ofRect(i*BRICKWIDTH, 0, BRICKWIDTH, BRICKHEIGHT);
	}
	ofSetColor(ofColor::black);

	// ball
	ofCircle(xPos, yPos, BALLRADIUS);

	// racquet
	ofLine(padX, ofGetHeight()-RACQUETPOS, padX + padWidth, ofGetHeight()-RACQUETPOS);
}
```

벽돌을 화면에 그리는 부분이다. BRICKNO개의 벽돌을 순서대로 벽돌 값이 1이면 검은색, 0이면 흰색으로 그려준다. 왜냐하면 배경이 흰색이기 때문이다.

ofRect( ) 함수로 벽돌 그리기

실전 연습 문제 #9(1차원 배열)

1. 아래의 순서에 따라 프로그래밍하시오.
   - 정수(integer) 10개를 가지는 1차원 배열을 1개 만드시오. 그리고 그 배열을 아래와 같이 배열 원소의 값들을 임의의 값으로 초기화하시오.
   - int numbers[ ] = { −90, 150, 30, 100, −20, 55, 200, 1, 2, 30 }
   - 이 배열의 값들을 반복문을 이용하여 출력하시오.
   - 배열의 값이 음수이면 양수로 바꾸어서(예, −90은 90으로 바꾸어서 출력) 출력하시오.
   - 배열의 값을 모두 더한 값을 sum이라는 이름의 변수에 저장, 평균을 average라는 이름의 변수에 저장하고, 이 값을 printf( ) 함수를 이용하여 출력하시오.
   - 배열의 값들 중 '가장 큰 값'을 찾아서 이 값을 max라는 변수에 저장하고 이 값을 출력하시오.
   - 배열의 값들 중 '두번째 큰 값'을 찾아서 이 값을 secondMax라는 변수에 저장하고, 이 값을 출력하시오.

secondMax를 어떻게 하면 찾을 수 있을까?

2. 위 1번 문제와 같은 형식으로 2개의 1차원 정수형 배열을 만드시오. 각각의 배열의 이름은 data1[ ]과 data2[ ]입니다. 배열의 크기는 10입니다. 배열의 각 항목의 값은 rand( ) 함수를 이용하여 랜덤값으로 초기화하시오. 그리고 크기가 10인 새로운 배열 output[ ]을 만들고, 배열 data1과 data2의 각 배열의 요소를 서로 더한 값을 output[ ] 배열에 저장하시오(즉, output[0] = data1[0] + data2[0], output[1] = data1[1] + data2[1], …). 그리고 이 output 배열을 출력하시오.

3. 아래의 순서에 따라 프로그래밍하시오.

» 10개의 항목을 가지는 정수형 배열을 사용하시오. (예 int input[10])

» printf() 함수를 이용하여 사용자에게 "10개의 양의 정수를 입력하라"는 메시지를 출력하시오.

» scanf() 함수를 이용하여 배열의 항목 10개를 입력 받으시오.

» 반복문을 이용하여 아래의 과정을 사용자가 0을 입력할 때까지 반복하시오.

A. printf() 함수를 이용하여 "삭제할 정수값을 입력하시오"라는 메시지를 출력하시오.

B. scanf( ) 함수를 이용하여 숫자를 입력받으시오.

C. 입력된 숫자값과 동일한 항목을 0으로 바꾸어서 배열 전체를 출력하시오.

4. 위의 문제를 아래와 같이 변경하시오(쉽지 않은 문제입니다).

» 위의 문제는 삭제할 데이터를 찾아서 0으로 바꾸어서 출력했지만 삭제할 데이터가 있으면 그 뒤의 데이터를 앞으로 쭉 밀어서 채우시오. 이를 위해서는 배열에 있는 유효한 element의 갯수를 기억하고 있어야 합니다.

(예, 12 2 42 1 22 13 44 6 5 76에서 22을 삭제한다면 12 2 42 1 13 44 6 5 76과 같이 9개만 출력해야 합니다.)

5. 5개의 정수값을 가지는 1차원 배열을 이용하여 사용자의 입력에 따른 아래의 동작을 수행하는 프로그램을 작성하시오.

A. printf() 함수를 이용하여 다음을 출력하시오. "5개의 숫자를 입력하세요". 사용자는 5개의 숫자를 입력.

B. scanf() 함수를 이용하여 5개의 숫자를 입력 받으시오. 입력 받은 숫자는 배열에 담으시오.

C. printf() 함수를 이용하여 다음을 출력하시오. "찾고자 하는 숫자의 범위를 위해서 2개의 숫자를 입력하세요"

D. 입력받은 숫자 사이의 값(첫번째 값 이상이면서 두번째 값 이하인 숫자)들을 아래와 같이 출력하시오.

예)

5개의 숫자를 입력하세요.

4 53 91 2 123

찾고자 하는 숫자의 범위를 위해서 2개의 숫자를 입력하세요.

3 100

3 이상 100 이하의 숫자입니다: 4 53 91

6. 암호 기법 중 가장 기초적인 치환 암호 방식은 단순 치환 암호 방식이다. 단순 치환 암호 방식은 영문자의 각 문자를 다른 문자로 바꾸어 암호화하는 방식이다. 가장 대표적인 단순 치환 암호 알고리즘은 이동(shift) 암호 알고리즘으로써, 원문(평문)의 각 영문자를 암호키에 해당되는 수만큼 이동하여 암호화한다. 이와 같은 이동 암호 방식은 고대 로마 시대부터 사용되었으며, 줄리우스 카이사르(Julius Caesar)는 키를 3으로 사용하였다고 하여, 키가 3인 경우를 카이사르 암호 방식이라 한다. 즉, 키가 3인 경우에 'A' 문자는 'D'로, 'B' 문자는 'E'로 바꾸어 표현함으로써 암호화된다. 즉, 아래의 표와 같이 각 글자들이 바뀐다.

원문자	A	B	C	D	E	F	G	H	I	J	K	L	M	N	O	P	Q	R	S	T	U	V	W	X	Y	Z
변경문자	D	E	F	G	H	I	J	K	L	M	N	O	P	Q	R	S	T	U	V	W	X	Y	Z	A	B	C

scanf( ) 함수를 통해서 입력받은 문자열을 위와 같이 카이사르 암호 방식으로 변경하여 출력하시오.

원들의 x 좌표를 저장하는 배열과 y 좌표를 저장하는 배열을 따로 만든다.

[Hint] 랜덤 값을 사용하기 위해서는 C에서 제공하는 rand( ) 함수를 사용해도 되고, openFrameworks에서 제공하는 ofRamdom( ) 함수를 사용해도 된다. ofRamdom( ) 함수는 예를 들어서 ofRandom(max)라고 호출하면 0에서 max 사이의 랜덤값을 flaot 타입으로 반환한다. openFrameworks의 함수를 사용하려면 아래의 페이지를 참고하자.

http://openframeworks.cc/documentation/math/ofMath/

이렇듯 원하는 기능이 있으면 관련 정보를 직접 찾아서 해결하는 연습이 필요하다.

[Hint] 지금의 프로그램은 bricks [ ] 배열의 값이 1이면 벽돌이 존재, 0이면 벽돌이 없어진 상태로 사용하고 있다.

bricks [ ]의 값이 2이면 라켓 길이가 길어지는 아이템으로 설정하면 어떨까?

OF 실전 연습 문제 #5

1. 1차원 배열을 이용해서 10개의 원의 중심 좌표를 저장하고, 각각의 원을 2차원 공간상에서 움직이는 코드를 작성하시오.

2. openFrameworks는 도형의 외곽선 색과 내부의 칠해지는 색을 동일하게 그려야 한다. 따라서 교재의 그림과 같이 벽돌의 외곽선이 구분되지 않는다는 단점이 있다. 외곽선을 보이게 하려면, 벽돌을 다 그린 후 외곽선을 다른 색으로 따로 한 번 더 그려줄 수밖에 없다. 각자 해보자.

3. 벽돌의 종류를 여러 종류로 나누어 보자. 즉 어떤 벽돌은 2번 맞쳐야 깨어지고, 어떤 벽돌을 깨뜨리면 라켓의 길이가 길어지고, 어떤 벽돌을 깨뜨리면 라켓의 길이가 짧아지거나, 공의 속도가 빨라지거나… 하는 식의 게임에서의 아이템 기능을 구현해보자.

4. 벽돌이 깨지는 순간에 깨지는 효과를 그려보자. 쉽지 않을 수 있다. 그러나 한번 생각해보자. 정해진 테크닉이라는 것은 없다. 각자의 상상력을 발휘해보자.

5. [내 게임 만들기] 자신이 기획한 게임에서 배열을 이용할 수 있는 부분을 생각해보자. 여러 아이템을 배치해야 한다면 배열을 사용함으로써 프로그래밍을 쉽게 끌어갈 수 있다.

벽돌 깨기 게임 완성(2차원 배열, 이중 반복문)

C 언어: 2차원 배열

위에서는 1차원 배열 만을 보았다. 이것을 그대로 2차원으로 확장한 것이 "2차원 배열"이다.

1차원에서는 배열의 인덱스 하나만으로도 표현 가능했지만, 2차원 배열에서는 당연히 가로, 세로 2개의 인덱스가 필요하게 된다. 즉, 아래의 그림에서 [2행, 0열]은 '하트 ACE'라고 표현할 수 있다.

C 언어에서는 배열의 인덱스가 0부터 시작한다. 즉 0행, 1행, 2행으로…

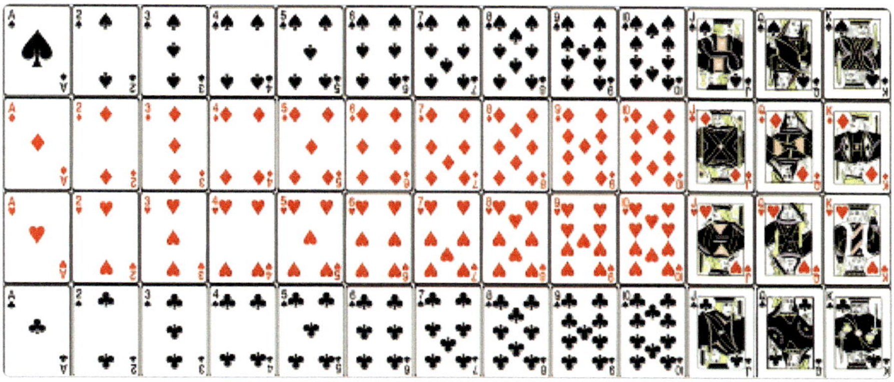

[2차원 배열의 실 생활 예]

■ 2차원 배열 생성

행과 열의 위치에 주의하자. 행의 개수가 먼저다.

C 언어에서 아래와 같이 2차원 배열을 선언할 수 있다. 아래는 bricks라는 이름의 2행 10열의 2차원 배열이다.

```
int bricks[2][10];
```

아래의 예는 게임 '팩맨'을 위한 맵을 2차원 배열로 구현한 예이다. 배열의 항목 값이 '1'은 벽(wall), '0'은 길(road), '2'은 특정 아이템이라고 생각한 표현이다. 이러한 2차원 배열 구조는 보드 게임 등에서 정말 많이 사용되는 방법이다.

0! 부분은 pacmanMap이라는 이름으로 2차원 배열을 선언하면서 초기화(initialization)까지 동시에 수행하는 문장이다.

```
int pacmanMap[10][28] = {
      {1,1,1,1,1,1,1,1,1,1,1,1,1,1,1,1,1,1,1,1,1,1,1,1,1,1,1,1},
      {1,0,0,0,0,0,0,0,0,0,0,0,0,1,1,0,0,0,0,0,0,0,0,0,0,0,0,1},
      {1,0,0,0,0,0,0,1,1,0,0,0,0,1,1,0,0,0,0,1,1,0,0,0,0,0,0,1},
      {1,1,1,1,1,1,0,1,1,1,1,1,0,1,1,0,1,1,1,1,1,0,1,1,1,1,1,1},
      {1,1,1,1,1,1,0,1,1,0,0,0,0,0,0,0,0,0,0,1,1,0,1,1,1,1,1,1},
      {1,1,1,1,1,1,0,1,1,0,1,1,1,2,2,1,1,1,0,1,1,0,1,1,1,1,1,1},
      {1,1,1,1,1,1,0,0,0,0,1,1,2,2,2,2,1,1,0,0,0,0,1,1,1,1,1,1},
      {1,1,1,1,1,1,0,1,1,0,1,1,2,2,2,2,1,1,0,1,1,0,1,1,1,1,1,1},
      {1,1,1,1,1,1,0,1,1,0,1,1,1,1,1,1,1,1,0,1,1,0,1,1,1,1,1,1},
      {1,1,1,1,1,1,1,1,1,1,1,1,1,1,1,1,1,1,1,1,1,1,1,1,1,1,1,1}
};
```

■ 2차원 배열의 초기화

5

2차원 배열은 초기화하는 방법은 아주 많다. 여러 가지 방법들이 있을 수 있는데, 그 원리만 이해하면 된다. 아래 프로그램의 출력 결과를 통해서 2차원 배열의 초기화 방법을 알아보자. 출력 결과를 잘 살펴보자.

```
#include <stdio.h>

void display2DArray(int data[2][4]){
        int i,j;

        for(i=0; i<2; i++){
           for(j=0; j<4; j++){
               printf("%2d ", data[i][j]);
           }
           printf("\n");
        }
}

int main() {
        int data1[2][4] = {1,2,3,4,5,6,7,8};
        int data2[2][4] = {1,2,3,4,5,6};
        int data3[2][4] = {    {1,2,3,4},
                               {5,6,7,8}};
        int data4[2][4] = { {1,2,3  },
                             {5,6,7  }};
        int data5[][4] = {1,2,3,4,5,6,7,8};
        //int data6[][] = {1,2,3,4,5,6,7,8};

        display2DArray(data1);
        display2DArray(data2);
        display2DArray(data3);
        display2DArray(data4);
        display2DArray(data5);

        return 0;
}
```

출력 결과:

```
 1  2  3  4
 5  6  7  8
 1  2  3  4
 5  6  0  0
 1  2  3  4
 5  6  7  8
 1  2  3  0
 5  6  7  0
 1  2  3  4
 5  6  7  8
```

- `int data[2][4]`: 2차원 배열을 call-by-reference로 함수의 파라미터로 전달하는 방식이다. 이 함수는 [2] [4] 크기의 정수형 2차월 배열을 파라미터로 받아서 화면에 출력하는 함수다.
- data1: 2차원 배열을 초기화하면서 1차원으로 값을 정해준다. 그러면 행(row) 순서대로 2차원 배열의 값이 대입된다. 즉, 0행을 채우고, 그 다음에 1행을 채운다.
- data2: 끝에 모자라는 2개의 초기화 값이 0으로 채워진다.
- data3: 2차원 배열을 행 별로 나누어서 초기화한다. 가장 일반적인 방법이다.
- data4: 각 행의 마지막 칼럼의 모자라는 항목이 0으로 채워진다.
- data5: 열(column)의 크기만 적어주고, 행(row)의 크기는 생략해도 된다. 0번째 행부터 정해진 열의 개수만큼 채워가기 때문이다. 1차원 배열의 크기를 지정하지 않아도 되는 원리와 동일하다.
- data6: 이렇게 2차원 배열을 선언할 수 없다. 열의 크기를 알수 없기 때문이다. 컴파일 시점에 아래와 같은 에러가 난다.

  error:array type has incomplete element type 'int[]' int data6[][] = {1,2,3,4,5,6,7,8};

■ 2차원 배열의 응용: 2차원 배열의 덧셈과 곱셈

수학시간에 배운 행렬의 모습이 그대로 2차원 배열이다.

행렬의 덧셈은 당연히 행과 열의 개수가 같아야 한다.

아래와 같은 2개의 행렬이 있다고 가정하자. 수학 시간에 배운 2차원 행렬과 동일한 모양이 2차원 배열이다. 행렬간의 덧셈을 해보자. 행렬 간의 덧셈은 두 행렬의 동일한 위치의 원소끼리의 덧셈이다.

$$A = \begin{pmatrix} 1 & 2 \\ 3 & 4 \end{pmatrix} \quad B = \begin{pmatrix} 5 & 6 \\ 7 & 8 \end{pmatrix} \quad A+B = \begin{pmatrix} 1+5 & 2+6 \\ 3+7 & 4+8 \end{pmatrix}$$

아래는 두개의 행렬을 더한 결과를 새로운 행렬에 대입하는 코드이다.

```
#include <stdio.h>

int main() {
	int i, j;
	int data1[3][3] = {{ 0, 1, 2},
	                   { 3, 4, 5},
	                   { 6, 7, 8} };
	int data2[3][3] = {{ 10, 10, 10},
	                   { 20, 20, 20},
	                   { 30, 30, 30} };
	int dataSum[3][3];

	for(i=0; i<3; i++) {
	   for(j=0; j<3; j++) {
	       dataSum[i][j] = data1[i][j] + data2[i][j];
	   }
	}

	for(i=0; i<3; i++) {
	   for(j=0; j<3; j++) {
	       printf("%3d ", dataSum[i][j]);
	   }
	   printf("\n");
	}
	return 0;
}
```

두 2차원 배열을 더하는 부분

```
10  11  12
23  24  25
36  37  38
```

행렬의 곱셈은 조금 특별하게 정의된다.

아래의 그림과 같이 C = A × B와 같은 두개의 행렬 사이의 곱은, 곱셈의 결과 행렬 C의 (i, j) 원소인 C_{ij}는 A의 i번째 행과 B의 j번째 열의 원소를 순서대로 곱하여 그 전체를 더한 값으로 정의한다. 그림으로 보면 다음과 같다.

행렬 A와 B의 곱에서, A의 열의 개수와 B의 행의 개수가 같아야만 행렬 간의 곱셈이 가능하다.

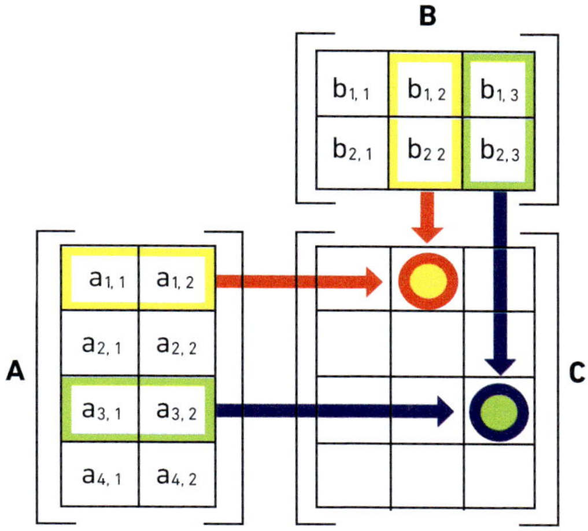

[행렬 A와 행렬 B의 곱셈 연산]

행렬의 곱셈은 조금 복잡하다. 아래의 코드를 보면 '3중 반복문'이 사용된다.

A*B=C에서 곱셈 결과 행렬의 하나의 항목 $C_{row,col}$을 계산하기 위해서 A_{row}와 B_{col} 항목들 사이의 곱셈의 합을 구하는 부분이다.

2차원 행렬의 출력

```
#include <stdio.h>

int main(void) {
        int row, col, i;
        int data1[3][3] = {{ 0, 1, 2},
                           { 3, 4, 5},
                           { 6, 7, 8} };
        int data2[3][3] = {{ 10, 10, 10},
                           { 20, 20, 20},
                           { 30, 30, 30} };
        int dataMul[3][3];

        for(row=0; row<3; row++) {
        for(col=0; col<3; col++) {
                dataMul[row][col] = 0;
                for(i=0; i<3; i++) {
                    dataMul[row][col]+= data1[row][i]*data2[i][col];
                }
            }
        }

        for(row=0; row<3; row++) {
            for(col=0; col<3; col++) {
                printf("%3d ", dataMul[row][col]);
            }
            printf("\n");
        }

        return 0;
}
```

```
 80  80  80
260 260 260
440 440 440
```

■ 3차원 이상의 배열

3차원 이상의 배열도 사용법은 동일하다. 배열의 첨자가 하나 더 늘어날 뿐이다.

```
int data[10][10][10];
```

3차원 배열은 잠시 후에 실제 사용 예를 살펴볼 것이다.

■ openFrameworks: 숫자 1개 인식(2차원 배열 응용)

2차원 배열을 이용하여 간단한 숫자 인식기를 만들어보자. 지금까지 만들어오고 있는 '벽돌 깨기 프로그램'과 별도로 openFrameworks를 이용해서 처음부터 새로운 프로젝트를 생성해서 작성해보자.

새롭게 프로젝트를 생성하자.

아래의 프로그램은 마우스 클릭으로 마킹된 숫자 모양이 이미 저장된 표준 모양 숫자 '0'과 동일한 픽셀의 개수를 세는 프로그램이다. 즉 숫자 '0'만을 인식하는 프로그램인 셈인데, 이는 향후에 숫자 10개의 표준 모양과 모두 비교하는 것으로 확장해서, 간단한 숫자 인식기를 만들 예정이다.

이 예제를 통해서 간단하게 나마 '패턴 인식'의 기본 원리를 이해했으면 한다. 세 페이지에 걸쳐서 소스 코드에 소개된다. 분량이 많기는 하지만 스스로 차근 차근 살펴보자.

[실행 화면 예]

위의 그림은 프로그램을 실행한 화면이다. 마우스 클릭으로 각 픽셀을 on/off한 후, 하단의 "Do Recognition ~~~" 버튼을 클릭하면 화면에 매칭된 픽셀의 개수가 "result: 21"과 같이 출력된다. 아래의 프로그램은 조금 길다. 설명 칼럼을 잘 보자. 아래의 코드를 잘 응용하면 재미있는 프로그램을 만들 수 있을 것이다.

상세한 코드 설명 이전에 전체적인 프로그램의 구조를 먼저 설명하자. openFrameworks 라이브러리는 update( )와 draw( ) 함수가 계속 반복적으로 수행되기 때문에, 키보드나 마우스를 이용한 입력 결과에 따라 해당하는 기능의 변수를 세팅하고, 이 변수의 값에 따라서 update( )와 draw( ) 함수에서 해당하는 기능이 수행된다. 즉, update( )와 draw( ) 함수에서는 특정 기능(여기서는 인식 기능) 수행 여부를 저장하는 변수(여기서는 startRecognition)에 따른 코딩을 해 두고, 마우스나 키보드를 통한 입력에 따라서 해당하는 변수(여기서는 startRecognition) 값을 수정하는 구조다. 아래는 프로그램의 전체적인 구조다.

```
// 숫자 인식 실행 여부: 1이면 숫자 인식 수행
int startRecognition;

// 매칭결과: 동일한 값을 가진 픽셀의 개수
int recognitionResult;

void ofApp::setup() {
// 초기값 설정
}

void ofApp::update() {
// startRecognition 변수가 1이면 인식을 실행한다.
// 즉 doRecognition() 함수를 실행한다.
}

void ofApp::draw() {
// 화면에 글자와 버튼을 그린다.
}

int doRecognition() {
// 사용자에 의해서 입력된 숫자 모양과
```

5

```
// 이미 프로그램에서 정해 놓은 표준 숫자 모양과의 일치하는 픽셀 개수를 반환한다.
}

void ofApp::mousePressed(int x, int y, int button) {
// 마우스로 숫자 입력 부분을 클릭하면 해당 픽셀을 반전하고
// 하단의 버튼 영역을 클릭하면, startRecognition 변수를 1로 세팅한다.
}
```

이제 자세한 코드 내용을 살펴보자.

```
#include "ofApp.h"

#define DIGIT_RESOLUTION (5)
#define BRICK_SIZE (50)
#define RECOGNITION_BUTTON_Y (300)

int digit[DIGIT_RESOLUTION][DIGIT_RESOLUTION];
int startRecognition;
int recognitionResult=0;

int doRecognition();

void ofApp::setup() {
        int i, j;

        ofSetWindowTitle("Recognition V0.1");
        ofSetWindowShape(250, 400);
        ofSetFrameRate(40);
        ofBackground(ofColor::white);
        ofSetColor(ofColor::black);
        ofSetLineWidth(1);

        for (j = 0; j < DIGIT_RESOLUTION; j++) {
           for (i = 0; i < DIGIT_RESOLUTION; i++) {
                digit[j][i] = 0;
           }
        }
```

입력 이미지의 해상도는 5×5. 즉, 화면에 글자를 5×5 격자로 표시함.

화면에 출력되는 숫자 격자의 픽셀 개수

인식 실행 버튼 기능을 담당하는 화면 하단의 y 좌표. 여기서는 클릭된 마우스의 y 좌표가 300보다 크면 버튼이 눌린 것으로 판단한다.

마우스로 클릭되는 숫자 비트 값을 저장할 배열. 1이면 검은색, 0이면 흰색.

인식을 시작하라는 버튼이 눌리면 1로 세팅

매칭 결과. 동일한 값을 가진 픽셀의 개수

숫자 인식 함수의 선언(declaration)

화면에 그려지는 글자를 0으로 초기화

```
        startRecognition = 0;
}
```

숫자 인식을 실행할지 여부를 결정하는 변수를 0으로 초기화

```
//-----------------------------------------------------------------------------------
void ofApp::update() {
        if (startRecognition==1) {
                recognitionResult = doRecognition();
                startRecognition = 0;
        }
}
```

인식을 위한 버튼이 클릭되면 startRecognition 변수가 1이 셋팅되기 때문에, doRecognition( ) 함수가 실행된다.

```
//-----------------------------------------------------------------------------------
void ofApp::draw() {
        int i, j;

        // recognition result printing
        ofSetColor(ofColor::black);
        ofDrawBitmapString("result: " + ofToString(recognitionResult), 10, 280);
```

ofToString( ): 파라미터를 문자열(string)으로 변환하는 openFrameworks 함수.

ofDrawBitmapString (“문자열”, x, y): “문자열”을 파라미터로 주어지는 위치 (x, y)에 그래픽으로 출력하는 openFrameworks 함수. 이 함수를 이용하면 그래픽 화면에 글자를 출력할 수 있다.

C++에서는 문자열끼리의 덧셈 연산이 가능하다. 문자열끼리의 덧셈은 문자열의 연결이다.

```
        // button drawing
        ofSetColor(ofColor::black);
        ofRect(0, RECOGNITION_BUTTON_Y, ofGetWidth(), 100);
        ofDrawBitmapString("Do Recognition ~~~", 50, 350);
```

인식 시작을 명령하는 버튼을 그려준다.

```
        // digit display
        ofFill();
        for (j = 0; j < DIGIT_RESOLUTION; j++) {
           for (i = 0; i < DIGIT_RESOLUTION; i++) {
                if (digit[j][i] == 1) {
                        ofSetColor(ofColor::black);
                }
                else {
                        ofSetColor(ofColor::white);
                }
                ofRect(i*BRICK_SIZE, j*BRICK_SIZE, BRICK_SIZE, BRICK_SIZE);
           }
        }

        // for cell boundary marking
```

화면에 현재의 입력 숫자를 출력한다. 각각의 셀을 ofRect( ) 함수로 출력. 세팅된 셀은 검은색으로 그렇지 않으면 흰색으로 그려준다. 이 부분에서 조심해야하는 사항이 있다! 함수 ofRect(i, j, width, height)와 배열 digit[j] [i]의 i와 j의 위치와 의미를 잘 생각해보자. 즉, 화면 상의 column 좌표는 2차원 배열의 2번째 값이다.

2차원 배열의 인덱스로 j가 배열의 행(row), i가 배열의 열(column)을 의미한다.

openFrameworks는 도형의 외곽선 색과 내부의 칠해지는 색을 동일하게 그려야 한다. 따라서 외곽선을 따로 한번 더 그려줄 수 밖에 없었다. 벽돌 깨기 게임도 동일한 방법을 사용할 수 있다(현재는 사용하지 않았다).

```
        ofNoFill();
        ofSetColor(ofColor::black);
        for (j = 0; j < DIGIT_RESOLUTION; j++) {
            for (i = 0; i < DIGIT_RESOLUTION; i++) {
                ofRect(i*BRICK_SIZE, j*BRICK_SIZE, BRICK_SIZE, BRICK_SIZE);
            }
        }
}

int doRecognition() {
        int no0[5][5] =
        {
                { 1,1,1,1,1 },
                { 1,0,0,0,1 },
                { 1,0,0,0,1 },
                { 1,0,0,0,1 },
                { 1,1,1,1,1 }
        };
        int i, j;
        int sum;

        sum = 0;
        for (j = 0; j < DIGIT_RESOLUTION; j++) {
            for (i = 0; i < DIGIT_RESOLUTION; i++) {
                if (no0[j][i] == digit[j][i]) sum++;
            }
        }
        return sum;
}

//-----------------------------------------------------------------------------------------
void ofApp::mousePressed(int x, int y, int button) {
        if (x < DIGIT_RESOLUTION*BRICK_SIZE && y < DIGIT_RESOLUTION*BRICK_SIZE ) {
            digit[y/BRICK_SIZE][x/BRICK_SIZE] = 1 - digit[y/BRICK_SIZE][x/BRICK_SIZE];
        }
        else {
            if ( y>RECOGNITION_BUTTON_Y) startRecognition = 1;
        }
}
```

ofNoFill( ): 도형의 내부를 칠하지 않는다.

사용자에 의해서 입력된 숫자 모양과 이미 프로그램에서 정해놓은 표준 숫자 모양과의 일치하는 픽셀 개수를 반환한다.

숫자 0에 대한 표준 모양. 사용자에 의해서 입력된 숫자를 이 배열과 비교한다. 2차원 배열이다.

입력 숫자와 숫자 0의 표준 모양 (no0[5] [5])과 픽셀끼리 일치하는 개수를 계산한다.

mousePressed( ) 함수는 openFrameworks에서 마우스가 클릭될 때 마다 자동으로 호출되는 함수이다. 이 함수의 바디에 할 일을 적어주면, 마우스가 클릭할 때 마다 수행된다. 파라미터 x, y, button 은 차례로 마우스가 클릭된 곳의 x, y 좌표와 눌린 버튼의 종류이다.

1에서 현재 값을 뺄셈 함으로써 눌린 곳의 픽셀 값을 반전한다.

인식 버튼을 눌렀는지 체크하는 부분

■ openFrameworks: 숫자 10개 중 인식(3차원 배열 응용)

이 예제가 3차원 배열을 사용하면 프로그래밍이 편해지는 예제다.

이제 10개의 숫자 모두와 비교하는 것으로 확장해보자. 이제 여러분들이 할 일은 숫자 0…9까지의 10개의 표준 숫자 모양을 만들고, 이 중 가장 비슷한 글자를 찾아내는 일이다. 어떻게 하면 될까? 3차원 배열을 만들면 된다.

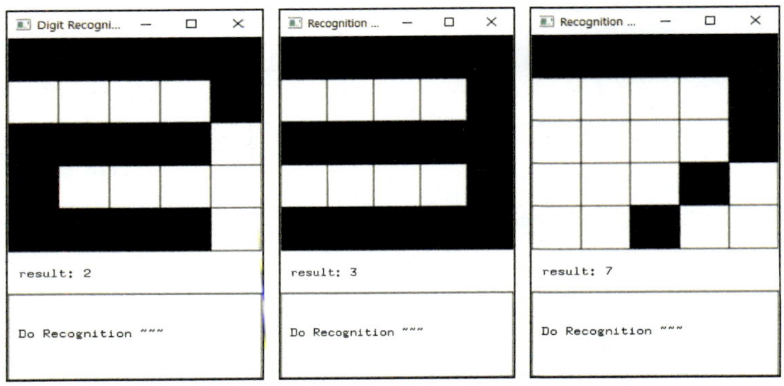

[숫자 인식 프로그램의 실행 화면 예]

표준 숫자 1개를 저장하기 위해서 2차원 배열을 사용했었다. 이제 표준 숫자 10개를 저장하기 위해서는 표준 숫자 모양을 저장하고 있는 배열을 3차원 정수형 배열로 바꾸고, 이에 따라 인식을 위한 부분도 "3중 반복문"으로 수정해야 한다. 즉, doRecognition( ) 함수만 아래와 같이 수정하면 된다.

아래는 변경된 부분만 표시하였다.

```
int doRecognition() {
        int no[10][5][5] =
        {
                {
                        { 1,1,1,1,1 },
                        { 1,0,0,0,1 },
                        { 1,0,0,0,1 },
                        { 1,0,0,0,1 },
                        { 1,1,1,1,1 }
                },
                {
                        { 0,0,1,0,0 },
                        { 0,0,1,0,0 },
                        { 0,0,1,0,0 },
                        { 0,0,1,0,0 },
                        { 0,0,1,0,0 }
                },
                {
                        { 1,1,1,1,1 },
                        { 0,0,0,0,1 },
                        { 1,1,1,1,1 },
                        { 1,0,0,0,0 },
                        { 1,1,1,1,1 }
                },
                {
                        { 1,1,1,1,1 },
                        { 0,0,0,0,1 },
                        { 1,1,1,1,1 },
                        { 0,0,0,0,1 },
                        { 1,1,1,1,1 }
                },
                {
                        { 1,0,0,0,1 },
                        { 1,0,0,0,1 },
                        { 1,1,1,1,1 },
                        { 0,0,0,0,1 },
                        { 0,0,0,0,1 }
```

3차원 정수형 배열을 초기화 하는 방법을 잘 보자.

no[0] [ ] [ ] 행렬이 숫자 0에 대한 표준 모양이다.

…

…

no[9] [ ] [ ] 행렬이 숫자 9에 대한 표준 모양.

doRecognition( ) 함수는 사용자가 입력한 숫자 모양과 가장 많이 일치하는 숫자 인덱스를 반환한다. 즉, 0에서 9중의 숫자 중 가장 비슷한 숫자를 반환한다.

```
        },
        {
                { 1,1,1,1,1 },
                { 1,0,0,0,0 },
                { 1,1,1,1,1 },
                { 0,0,0,0,1 },
                { 1,1,1,1,1 }
        },
        {
                { 1,1,1,1,1 },
                { 1,0,0,0,0 },
                { 1,1,1,1,1 },
                { 1,0,0,0,1 },
                { 1,1,1,1,1 }
        },
        {
                { 1,1,1,1,1 },
                { 0,0,0,0,1 },
                { 0,0,0,0,1 },
                { 0,0,0,1,0 },
                { 0,0,1,0,0 }
        },
        {
                { 1,1,1,1,1 },
                { 1,0,0,0,1 },
                { 1,1,1,1,1 },
                { 1,0,0,0,1 },
                { 1,1,1,1,1 }
        },
        {
                { 1,1,1,1,1 },
                { 1,0,0,0,1 },
                { 1,1,1,1,1 },
                { 0,0,0,0,1 },
                { 1,1,1,1,1 }
        }
};

int i, j, d;
```

```
        int sum, max, maxDigit;

        max = 0;
        maxDigit = 0;
        for (d = 0; d < 10; d++) {
            sum = 0;
            for (j = 0; j < DIGIT_RESOLUTION; j++) {
                for (i = 0; i < DIGIT_RESOLUTION; i++) {
                    if (no[d][j][i] == digit[j][i]) sum++;
                }
            }
            if (sum > max) {
                max = sum;
                maxDigit = d;
            }
        }

        return maxDigit;
    }
```

가장 많이 매칭된 픽셀의 개수를 저장하는 변수

현재까지 가장 비슷한 숫자 번호를 저장하는 변수

입력된 숫자를 10개의 표준 숫자 모두와 비교해서, 가장 매칭이 잘되는(비슷한) 숫자 인덱스를 결정하는 부분

여기까지가 간단한 숫자 인식기의 예이다. 실제로 이 숫자 인식 코드는 표준 모양이 각 숫자마다 1개씩으로 고정되어 있기 때문에 글자에 조금의 변경(크기나 위치 등)이 있으면 정확하게 인식하지 못한다. 이 숫자 인식 프로그램을 조금 더 인식률을 높이려면 어떤 작업을 추가하면 될까? 이 코드의 응용은 무궁무진하다. 각자 사용자와 반응하는 간단한 인공 지능 프로그램을 만들어보자.

■ 2차원 배열과 1차원 배열의 관계

메인 메모리는 1차원 주소 체계를 가진다. 즉, 메인 메모리는 1차원 배열인 셈이다. 그래서 실제로 2차원 이상의 배열도 메인 메모리에서는 내부적으로는 1차원으로 변환되어 저장될 수 밖에 없다.

아래의 코드는 크기가 [2][4]인 2차원 행렬의 항목들의 주소를 모두 출력해 보았다. 출력 결과에서 행(row) 우선으로 0 행부터 각각의 열(column) 원소들의 주소가 4씩(정수형 배열이니까) 증가하는 것을 볼 수 있다. 실제로 2차원 배열은 메인 메모리안에서 아래와 같이 행(row) 별로 배열의 원소들이 할당되는 것을 알 수 있다. 즉, 0행이 먼저 배열되고, 그 다음에는 1행 이런 방식이다. 이를 "row-major 할당"이라고 한다.

row-major 할당(행 우선 할당)

```
#include <stdio.h>

int main() {
       int data[2][4] ={{10, 60, 20, 50},
                        {15, 65, 25, 55}};
       int i, j;

       for(i=0; i<2; i++){
          for(j=0; j<4; j++){
              printf("[%d]: [%p] %d\n", i, &(data[i][j]), data[i][j]);
          }
          printf("\n");
       }

       return 0;
}
```

```
[0: 0]: [0xbfd17c58] 10
[0: 1]: [0xbfd17c5c] 60
[0: 2]: [0xbfd17c60] 20
[0: 3]: [0xbfd17c64] 50
[1: 0]: [0xbfd17c68] 15
[1: 1]: [0xbfd17c6c] 65
[1: 2]: [0xbfd17c70] 25
[1: 3]: [0xbfd17c74] 55
```

■ 2차원 문자 배열과 문자열의 관계

많은 프로그래밍에서 여러 개의 문자열을 다루어야 하는 경우가 많이 있다. 이때는 "문자형 2차원 배열"을 사용하면 된다. 이 부분은 조금 복잡하기는 하지만 꼭 이해하고 넘어가야 하는 부분이다. 그만큼 많이 활용되는 기법이기 때문이다. 3개의 문자열을 사용하려면 문자형 2차원 배열을 이용해서 아래와 같이 선언하면 된다.

문자열의 개수가 3개를 의미

```
char animal[3][10] = { "dog", "cow", "cat"};
```

각 문자열의 최대 길이가 10임을 의미(NULL 문자 포함)

이 방식으로 사용자로부터 scanf( )를 이용해서 5개의 이름을 각각의 문자열로 입력받고, 성적을 정수형 값으로 입력받는 예제를 보자.

```
#include <stdio.h>

int main() {
        char name[5][20];
        int score[5];
        int i;

        for(i=0; i<5; i++){
            printf("Enter a student name and score\n");
            scanf("%s %d", &(name[i]), &(score[i]) );
        }

        for(i=0; i<5; i++){
             printf("%s: %d\n", name[i], score[i]);
        }

        return 0;
}
```

```
입력:
Tom 90
Ryan 100
Ben 80
John 98
Chris 89

출력:
Tom: 90
Ryan: 100
Ben: 80
John: 98
Chris: 89
```

scanf( ) 함수에서 %s 포맷 문자로 문자열을 입력 받을 수 있다.

보안이 강화된 scanf_s( ) 함수를 사용할지 여부는 각자 결정해서 사용하자.

문자열 배열의 초기화도 다른 2차원 배열의 초기화와 동일하다. 위의 예와 같이 문자열 방식으로 "   "와 같이 초기화할 수도 있고, 아래와 같이 2차원 배열의 각 항목을 문자 '   '로 각각 초기화할 수도 있다.

각 문자열의 길이가 3이지만 널 문자를 위해서 배열의 크기는 4로 해야한다.

```
#include <stdio.h>

int main() {
        char weekdays[7][4] = {
                {'M', 'o', 'n','\0'},
                {'T', 'u', 'e','\0'},
                {'W', 'e', 'd','\0'},
                {'T', 'h', 'u','\0'},
                {'F', 'r', 'i','\0'},
                {'S', 'a', 't','\0'},
                {'S', 'u', 'n','\0'}
        };
        int i;

        for(i=0; i<7; i++){
           printf("%s\n", weekdays[i]);
        }

        return 0;
}
```

```
Mon
Tue
Wed
Thu
Fri
Sat
Sun
```

아래와 같이 초기화 할 수도 있다. 2차원 배열의 각 행(row)를 문자열로 초기화하는 방식이다. 이 방식이 훨씬 편하다.

```
#include <stdio.h>

int main() {
	char weekdays[7][4]={"Mon","The","Wen","Thu","Fri","Sat","Sun"};
	int i;

	for(i=0; i<7; i++){
	   printf("%s\n", weekdays[i]);
	}

	return 0;
}
```

문자열 배열은 포인터 배열을 이용해서 아래와 같이 선언해도 된다. 이 부분은 포인터 부분에서 다시 설명한다.

```
char *animal[10] = { "dog", "cow", "cat"};
```

2차원 배열을 이용한 벽돌 깨기

앞의 프로그램은 벽돌을 1줄만 배치한 프로그램이다. 그래서 1차원 배열로도 구현이 가능했었다. 이제 조금 더 진짜 벽돌 게임처럼 벽돌을 2차원으로 배치해보자. 전체적인 모양은 1차원이나 2차원이나 다른 점이 없다. 배열의 차원만 2차원으로 달라진 것이다.

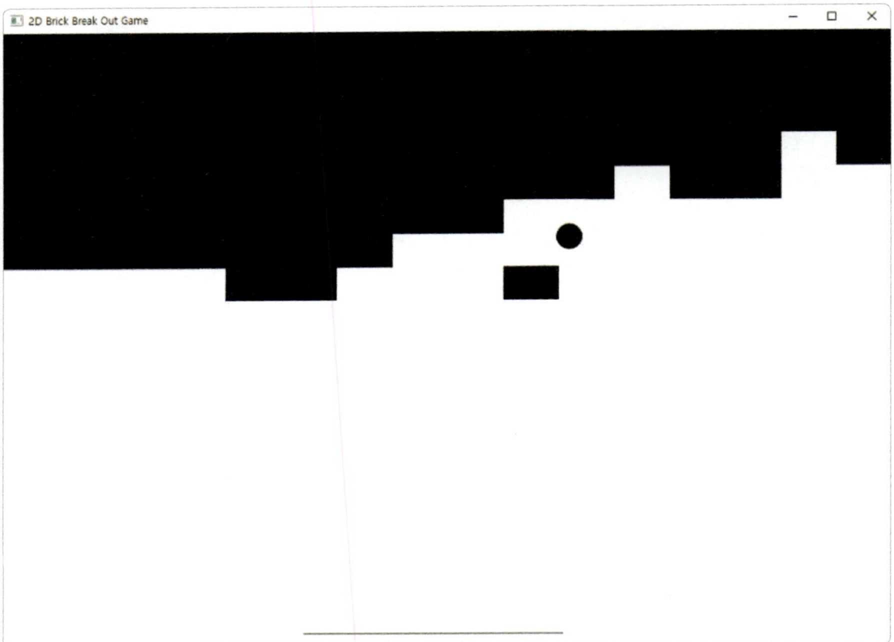

[최종 완성된 벽돌 깨기 게임]

이제 벽돌이 1줄이 아니기 때문에 벽돌과 공의 충돌 부분도 수정해야 한다. 아래의 코드 중 표시된 부분이 수정된 부분이다.

```
#include "ofApp.h"

#define BALLRADIUS 15
#define BRICKNO 32
#define BRICKLINE 8
#define BRICKWIDTH 64
#define BRICKHEIGHT 40
#define RACQUETPOS 50

int bricks[BRICKLINE][BRICKNO];
int xPos, yPos;
int xDir, yDir;
int padX, padWidth;
int ballSpeed = 20;

void ofApp::setup() {
        int i, j;

        ofSetWindowTitle("2D Brick Break Out Game");
        ofSetWindowShape(1024, 768);
        ofSetFrameRate(40);
        ofBackground(ofColor::white);
        ofSetColor(ofColor::black);
        ofSetLineWidth(1);
        ofFill();

        xPos = ofGetWidth() / 2;
        yPos = ofGetHeight() / 2;
        xDir = yDir = ballSpeed;
        padX = 30;
        padWidth = 300;

        for (j = 0; j < BRICKLINE; j++) {
           for (i = 0; i < BRICKNO; i++) {
                bricks[j][i] = 1;
           }
        }
}
```

벽돌을 이제 8줄 설치해보자.

배열을 사용할 때, [2] [10]라고 선언하면, 2줄 10칸(2rows, 10columns)의 배열이 만들어진다.

2차원 배열 초기화: for(;;) 반복문을 2중으로 사용함으로써 2차원 배열을 사용한다.

이 문장은 이렇게 해석한다. j를 0에서 BRICKLINE 보다 작을 때까지 1씩 증가시키면서, 각각의 j에 대하여 i를 0에서 BRICKNO 보다 작을 때까지 1씩 증가하면서, 내부적으로 bricks[j][i]에 1을 대입한다.

```
//------------------------------------------------------------------------------------------
void ofApp::update() {
	// ball
	xPos += xDir;
	yPos += yDir;

	//racquet
	padX = ofGetMouseX();

	//collision check
	if (yPos < BRICKHEIGHT*BRICKLINE + BALLRADIUS) {
	   if (bricks[yPos/BRICKHEIGHT][xPos/BRICKWIDTH] == 1) {
		bricks[yPos/BRICKHEIGHT][xPos/BRICKWIDTH] = 0;
		yDir *= -1;
	   }
	}

	// ball bounce
	if (xPos < BALLRADIUS || xPos > ofGetWidth() - BALLRADIUS)
		xDir *= -1;

	if (yPos < BALLRADIUS ) yDir *= -1;

	if (yPos > ofGetHeight() - RACQUETPOS - BALLRADIUS) {
	   if (xPos >= padX && xPos <= padX + padWidth)
		yDir *= -1;
	   else if (yPos > ofGetHeight() - BALLRADIUS)
		yDir *= -1;
	}
}

//------------------------------------------------------------------------------------------
void ofApp::draw() {
	int i, j;

	// brick
	for (j = 0; j < BRICKLINE; j++) {
	   for (i = 0; i < BRICKNO; i++) {
		if (bricks[j][i] == 1) {
```

벽돌과 공의 충돌 감지 부분. 벽돌이 이제 여러 줄이기 때문에 충돌을 검사해야하는 y축의 범위를 BRICKHEIGHT*BRICKLINE으로 넓혀줘야 한다. BALLRADIUS는 볼의 반지름을 반영해서 충돌 검사하는 부분.

벽돌을 그려주는 부분도 여러 줄의 벽돌을 그리기 위해서 2중 반복문으로 코드를 수정한다.

```
                ofSetColor(ofColor::black);
            }
            else {
                ofSetColor(ofColor::white);
            }
            ofRect(i*BRICKWIDTH, j*BRICKHEIGHT, BRICKWIDTH, BRICKHEIGHT);
        }
    }
    ofSetColor(ofColor::black);

    // ball
    ofCircle(xPos, yPos, BALLRADIUS);

    // racquet
    ofLine(padX, ofGetHeight()-RACQUETPOS, padX+padWidth, ofGetHeight()-RACQUETPOS);
}
```

실전 연습 문제 #10(2차원 배열)

1. 10×10 크기의 정수형 2차원 배열을 사용해서 아래를 프로그래밍하시오.

   A. 각 원소의 값이 해당 위치의 행(row) 번호와 열(column) 번호의 합이 되게 '반복문을 이용하여 값을 설정'하라. 즉, 2행 2열의 값은 2+2=4가 되게 하라. 출력 시에는 printf( ) 함수의 포맷 문자를 사용해서 가로, 세로로 칼럼을 잘 맞추어 출력하시오.

   (예시)
```
0  1  2  3  4  5  6  7  8  9
1  2  3  4  5  6  7  8  9 10
2  3  4  5  6  7  8  9 10 11
...
...
```

   B. 위와 동일하면서, 원소의 값이 각 원소의 행(row) 번호와 열(column) 번호 중의 큰 값이 되게 반복문을 이용해서 값을 설정하라.

   (예시)
```
0 1 2 3 4 5 6 7 8 9
1 1 2 3 4 5 6 7 8 9
2 2 2 3 4 5 6 7 8 9
3 3 3 3 4 5 6 7 8 9
...
```

   C. 위의 행렬을 이용해서 좌측 상단에서 우측 하단으로 이어지는 대각선 아래의 삼각형 영역을 0으로 바꾸어서 출력하시오.

   (예시)
```
0 1 2 3 4 5 6 7 8 9
0 1 2 3 4 5 6 7 8 9
0 0 2 3 4 5 6 7 8 9
0 0 0 3 4 5 6 7 8 9
0 0 0 0 4 5 6 7 8 9
...
...
```

D. 반복문을 이용하여서 행렬의 대각선에는 1, 그외에는 0으로 값을 대입하시오. 대각선 위치의 각 항목의 행 번호와 열 번호의 규칙성을 참고하세요.

```
(예시)
1 0 0 0 0 0 0 0 0 1
0 1 0 0 0 0 0 0 1 0
0 0 1 0 0 0 0 1 0 0
0 0 0 1 0 0 1 0 0 0
0 0 0 0 1 1 0 0 0 0
0 0 0 0 1 1 0 0 0 0
0 0 0 1 0 0 1 0 0 0
0 0 1 0 0 0 0 1 0 0
0 1 0 0 0 0 0 0 1 0
1 0 0 0 0 0 0 0 0 1
```

E. 반복문을 이용하여서 행렬의 가장 바깥 가장 자리의 값은 '0', 그 외에는 '1'로 초기화하세요.

```
(예시)
0 0 0 0 0 0 0 0 0 0
0 1 1 1 1 1 1 1 1 0
0 1 1 1 1 1 1 1 1 0
0 1 1 1 1 1 1 1 1 0
0 1 1 1 1 1 1 1 1 0
0 1 1 1 1 1 1 1 1 0
0 1 1 1 1 1 1 1 1 0
0 1 1 1 1 1 1 1 1 0
0 1 1 1 1 1 1 1 1 0
0 0 0 0 0 0 0 0 0 0
```

F. E번에서 만든 2차원 배열을, 반복문을 이용하여 1로 뭉쳐진 덩어리의 외곽 한 꺼풀을 벗겨내세요. 1 덩어리의 가장 바깥쪽을 어떻게 판별할지를 생각해보세요.

(예시)
```
0 0 0 0 0 0 0 0 0 0
0 0 0 0 0 0 0 0 0 0
0 0 1 1 1 1 1 1 0 0
0 0 1 1 1 1 1 1 0 0
0 0 1 1 1 1 1 1 0 0
0 0 1 1 1 1 1 1 0 0
0 0 1 1 1 1 1 1 0 0
0 0 1 1 1 1 1 1 0 0
0 0 0 0 0 0 0 0 0 0
0 0 0 0 0 0 0 0 0 0
```

2. 프로그래밍 교재에서 주로 다루는 연습 문제가 성적 처리 문제이다. 5명의 이름과 성적을 입력 받고, 이를 배열로 저장해서 평균, 최고 점수, 최저 점수 등을 구하시오. 학생의 이름을 저장하기 위해서는 문자형 2차원 배열 변수를, 점수를 위해서는 정수형 1차원 배열을 사용하시오.

3. 위의 2번 코드를 응용해서 5명의 이름을 성적순으로 출력하시오. 쉽지 않은 문제입니다.

4. 3×3 행렬을 1개 선언하고, 랜덤한 값으로 값을 대입한 후, 이 배열에서 최소값, 최대값, 평균을 구하고, 이를 화면에 출력하시오.

OF 실전 연습 문제 #6

1. 이제 최종 게임이 완성된 단계이다. 이제 이 마지막 게임을 자신만의 게임으로 만들어 보자. 우리가 추가할 수 있는 가능성은 무한하다.
   A. 벽돌의 색깔 바꾸기
   B. 벽돌을 하나 깰 때마다 점수를 카운트하고 매 순간의 점수를 화면에 표시하기
   C. 게임에서 life 기능처럼, 공을 3개 사용할 수 있도록 해보자. 지금은 공이 1개이지만 3번 죽으면 게임이 끝나게 하는 것이다.
   D. 시간이 지나면 라켓이 점점 작아지게 해보자. 또는 공이 점점 작아지게 해보자.

프로그램이 수행된 후 시간을 체크하려면 ofGetFrameNum( ) 함수를 사용하면 된다.

아래 참고.

http://openframeworks.cc/documentation/utils/ofUtils/#show_ofGetFrameNum

2. 배열을 이용한 숫자 인식기 프로그램의 성능을 향상 시킬 아이디어가 있다면 한 번 시도해보자. 인식의 정확도를 높이려면 어떻게 하면 될까?

3. [내 게임 만들기] 본인이 작성하고 있는 게임이 있다면, 본인의 게임도 완성시켜 보자. 조금 더 실제 게임과 같이 변화를 주거나, 자신만의 독특한 기능을 추가해 보자.

C 언어: 잔소리 #4

지금쯤이면 프로그래밍이 어렵다고 느껴지고 점점 힘들어질 것이다.

이미 C 언어 문법의 70% 정도는 소개되었다.

이제 남은 20% 분량을 이제부터 자세하게 이 교재에서 소개할 것이다. 그러니까 C의 나머지 10% 정도는 간단하게만 소개하고 넘어간다.

90%를 정확히 그리고 익숙한 것이
100%를 대충 아는 것 보다 훨씬 좋다.
지금은 간단하게 소개될 나머지 10%에 대해 신경쓰지 말자.

C 언어: 포인터

실제로 C 언어에서 포인터(pointer)가 차지하는 비중이 상당히 크다. 그만큼 중요하면서도 잘못 사용하면 오류의 근원이라는 비난을 받기도 한다.

포인터는 설명하기도 쉽지 않고, 이해하기도 쉽지 않다. 그래서 이 책에서는 포인터에 대한 설명을 계속 미루었다. 이제부터 포인터의 핵심 개념을 배워보자.

A **pointer** is a value that designates the address (i.e., the location in memory) of some value, in other words, **pointers** are variables that hold a memory location.

포인터 고찰

변수가 주기억 장치의 주소라면, 아래의 사실로 무엇을 알 수 있을까? 아래 예제는 전역 변수와 지역 변수의 주소값을 출력하는데, 전역 변수 2개와 지역 변수 2개의 주소가 서로 확연하게 다른 것을 볼 수 있다. 즉, 전역 변수와 지역 변수는 프로그램 실행 시에 분리된 다른 영역에 위치하는 것으로 추정할 수 있다.

전역 변수는 데이터 영역에, 지역 변수는 스택 영역에 할당된다. 이 교재의 앞에서 변수# 3부분에서 이야기했었다.

```
#include <stdio.h>

int global1=10;
int global2=20;

int main(){
        int local1=10;
        int local2=20;

        printf("%09p\n",&global1);
        printf("%09p\n",&global2);
        printf("%09p\n",&local1);
        printf("%09p\n",&local2);
        return 0;
}
```

변수 앞에 주소 연산자인 &(ampersand)를 붙이면 해당 변수의 주소를 구할 수 있다.

- %p: 주소를 출력하는 포맷 문자
- %09p: 주소를 9자리 숫자로 채워서 출력하는 포맷 문자.

```
000a7601c
000a76020
0003bfd64
0003bfd60
```

전역 변수끼리 그리고 지역 변수끼리는 주소가 비슷하지만, 전역 변수와 지역 변수는 주소가 확연하게 구분된다.

간접 참조 연산자: 변수의 이름을 이용해서 직접 참조하는 것이라니라, 주소를 통해서 간접적으로 참조하게 하는 연산자라는 의미

C 언어에서 별표(*)는 곱셈 연산자이기도 하지만, 주소 앞에서 사용되면 별표(*)는 해당 주소의 '내용물'을 의미한다. 이 경우에 *를 "간접 참조 연산자(indirection operator)"라고 하는데, * 다음의 주소가 가리키는 내용물을 접근할 때 사용한다. 그래서 아래와 같이 사용할 수 있다.

별표(*)는 해당 주소의 내용물을 의미한다. 즉, *(&i)는 "변수 i의 주소값의 내용물"이라는 뜻으로써, 변수 i와 동일한 의미이다. 즉, *(&i)=100은 i=100과 동일한 의미다.

```
#include <stdio.h>

int main(){
        int i=10;

        *(&i) = 100;

        printf("%d", i);
        return 0;
}
```

```
100
```

포인터 변수는 주소를 저장하는 변수

포인터 변수는 메모리의 주소값을 저장하는 변수이다. 다른 기존의 변수들은 특정한 값을 가지는데, 포인터 변수는 그 값이 '주소'라는 점이 다르다.

포인터 변수는 아래와 같이 선언할 수 있다. 아래 3가지 경우는 공백의 위치가 다를 뿐, 모두 동일한 포인터 변수의 선언이다.

저자는 이 표현을 선호한다. int*라고 붙여서 사용하면 정수형 포인터 변수라는 것이 명확히 보이기 때문이다.

```
int* p;
int *p;
int*p;
```

아래는 포인터 변수를 선언하면서 초기화를 하는 부분이다. 아래와 같이 하면 포인터 변수 p는 변수 i를 가리키는 포인터 변수이다.

변수 i의 주소값을 포인터 변수 p에 대입한다.

```
int* p=&i;
```

이 문장을 아래와 같이 쓸 수도 있다.

```
int* p;
p = &i;
```

```
#include <stdio.h>

int main(){
        int i=100;

        int* p;
        p = &i;

        printf("%d\n", *p);                          100
        i=200;
        printf("%d\n", *p);                          200
        *p=300;
        printf("%d\n", i);                           300

        return 0;
}
```

포인터 변수의 선언: p는 정수값을 가리키는 포인터 변수이다. 즉 포인터 변수 p를 이용해서 정수값을 보관하고 있는 곳의 주소를 사용할 것이다라는 의미.

i의 주소를 포인터 변수 p에 대입하였다.

*p: 포인터 변수 p가 가진 주소의 내용물

포인터 변수 p가 가르키는 주소값의 내용물을 300으로 변경한다.

"포인터 변수는 주소를 가지는 변수다"라는 말을 다시 한 번 반복하자.

```
#include <stdio.h>

int main(){
        int i=100;
        int* p=&i;

        printf("%p\n", &i);                          0xbf91b498
        printf("%p\n", p);                           0xbf91b498
        printf("%p\n", &p);                          0xbf91b49c

        return 0;
}
```

포인터 변수 p는 현재 변수 i를 가르킨다.
즉, 이 문장은 변수 i의 주소를 출력하라는 말이다.

이 문장은 포인터 변수 p의 주소를 출력하라는 말이다. 여기서는 포인터 변수 p의 주소는 별 의미 없다. 단지 포인터 변수도 변수라서 메모리에 위치하며 또한 포인터 변수도 주소가 있다는 점을 확실히 하기 위함이다.

위의 코드를 이해하기 위해서 p, i 두 변수의 주소와 값(내용물)을 표로 정리해 보았다.

포인터 변수도 변수이니까 메모리에 저장되고 자신이 저장된 곳의 주소가 있다.

이 코드에서는 포인터 변수 p가 변수 i의 주소를 가지고 있다.

변수 이름	주소	값
p	0xbf91b49c	0xbf91b498
i	0xbf91b498	100

아래에서 포인터 변수 사용을 연습해보자. 포인터 변수는 동일한 타입의 변수만 가리킬 수 있다. 즉, 정수형 포인터 변수는 정수만 가르킬 수 있다.

변수 i와 이를 가르키는 포인터 변수 intp를 이용하여 값을 변경하는 예제이다.

```
#include <stdio.h>

int main(){
        int* intp;
        char* charp;
        double* doublep;

        int i=10;
        char ch='a';
        double x=3.14;

        intp = &i;
        charp = &ch;
        doublep = &x;

        printf("%d\n", i);                          10
        i++;
        printf("%d\n", *intp);                      11
        (*intp)++;
        printf("%d\n", *intp);                      12
        printf("%d\n", i);                          12
```

```
	printf("%c\n", ch);                          a
	(*charp)++;
	printf("%c\n", *charp);                      b

	printf("%f\n", x);                           3.140000
	x += 10.0;
	printf("%f\n", *doublep);                    13.140000

	return 0;
}
```

아래의 예를 보자. 포인터를 사용하면 이렇게 하나의 메모리 영역을 서로 다른 이름으로 사용할 수도 있다. 그래서 포인터 변수를 사용하면 프로그램의 서로 다른 부분에서 서로 다른 이름으로 특정 변수의 값을 공유할 수 있다는 장점이 있는 반면, 실수(mistake)를 하는 경우 프로그램 오동작의 원인이 될 수 있다.

```
#include <stdio.h>

int main() {
	int *p1;
	int *p2;
	int i=100;

	p1 = &i;
	p2 = &i;

	*(p1) = 200;

	printf("i: %d, *p1: %d, *p2: %d", i, *p1, *p2);

	return 0;
}
```

```
i: 200, *p1: 200, *p2: 200
```

이 2문장은 아래의 1문장으로 대체할 수도 있다.

p1 = p2 = &i;

이로써 포인터 변수 p1과 p2는 동일한 변수 i를 가르킨다.

*(p1)의 값을 변경하였는데 *(p2)의 값도 변경된다. p1과 p2가 동일하게 변수 i를 가르키고 있기 때문이다.

32비트 운영체제에서는 포인터 변수가 32비트(4바이트), 64비트 운영체제에서는 64비트(8바이트)가 된다. 저자는 32비트 운영체제에서 테스트하였다.

포인터 변수의 크기는 몇 바이트일까? 아래에서 모든 포인터 변수의 크기가 4바이트임을 알 수 있다. 지금 사용하고 있는 컴퓨터가 32비트(4바이트) 시스템이면 모든 바이트의 주소를 표현하기 위해서는 32비트로 주소를 표현해야 하기 때문이다.

```
#include <stdio.h>

int main(){
	char ch;
	int i;
	double d;

	char* charp = &ch;
	int* intp = &i;
	double* doublep = &d;;

	printf("%d\n", sizeof(charp));          4
	printf("%d\n", sizeof(char*));          4
	printf("%d\n", sizeof(intp));           4
	printf("%d\n", sizeof(int*));           4
	printf("%d\n", sizeof(doublep));        4
	printf("%d\n", sizeof(double*));        4

	return 0;
}
```

어떤 자료형을 가르키는 포인터 변수든지 모두 포인터 변수는 4바이트이다.

포인터 변수의 크기는 포인터 변수가 가르키는 대상의 데이터 형에 상관없이 항상 4바이트로 일정하다. 아래의 그림과 같이 가르키는 대상은 데이터 형에 따라 크기가 달라지지만, 이들을 가르키는 포인터 변수는 모두 4바이트이다.

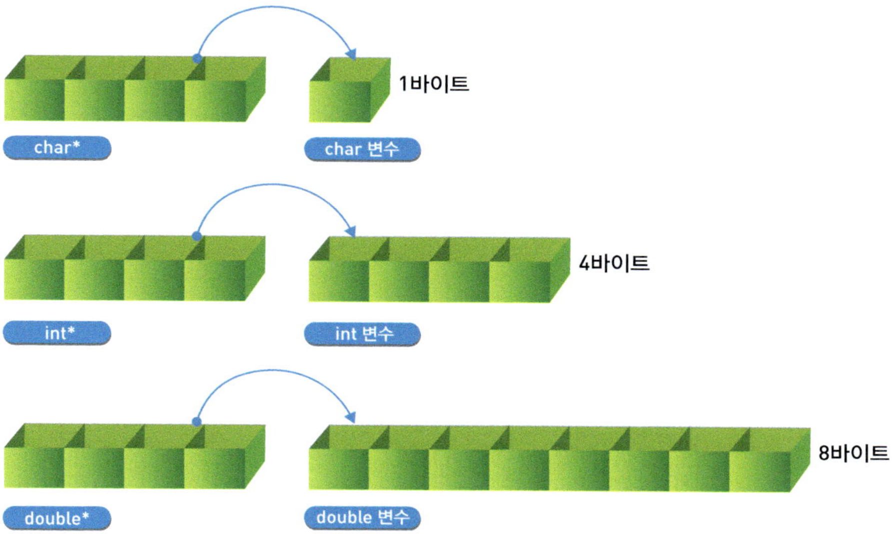

아래는 결과값이 이상하다. 포인터 변수는 동일한 타입의 변수만 가리킬 수 있는데, 아래와 같이 double * 포인터 변수가 int 변수를 가리키면 안된다.

포인터 변수와 포인터 변수가 가리키는 변수의 데이터형이 일치해야 한다.

```
#include <stdio.h>

int main(){
        int i=100;

        double* p = &i;
        printf("%f\n", *p);

        return 0;
}
```

엉뚱한 값이 출력된다.

```
-0.000000
```

포인터 변수도 꼭 초기화 해야 한다.

포인터를 사용할 때 주의할 사항이 있다. 아래는 컴파일 에러가 발생한다. 그 이유는 포인터 변수 p가 현재 아무 곳도 가리키지 않는데, 포인터 변수가 가르키는 곳에 값을 대입하려고 하기 때문이다.

```
#include <stdio.h>

int main(){
	int* p;

	*p=300;
	printf("%d\n", *p);

	return 0;
}
```

```
uninitialized local variable 'p' used
```

따라서 아래와 같이 포인터 변수를 사용하는 것이 안전하다.

```
#include <stdio.h>

int main(){
	int i;
	int*p = NULL;

	p = &i;

	if ( p != NULL ) *p = 100;
	printf("%d %d\n", i, *p);

	if ( p ) *p = 200;
	printf("%d %d\n", i, *p);

	return 0;
}
```

```
100 100
200 200
```

NULL은 포인터 변수가 가리키는 것이 없다는 것을 의미한다.

포인터 변수 p가 NULL이 아니면(즉, 안전하게 특정 변수를 가리키면) 대입

if(p)라는 표현은 if (p!=NULL)과 동일한 의미이다. 포인터 변수 p가 NULL이 아니면 대입

포인터 변수의 연산

그런데 여기서 의문점이 있다. 왜? 포인터 변수라는 것을 사용할까? 메모리의 주소를 저장할 목적이라면 동일하게 4바이트인 int 형 변수를 사용하면 되지 않을까?

왜 포인터 변수를 사용할까?

아래와 같이 해보자. 포인터 변수를 사용하지 않고 일반 정수형 변수에 주소를 저장해보려고 한다. 그러나 아래의 코드는 컴파일 시점에서 에러 메시지가 출력된다. 32비트(4바이트) 컴퓨터에서 C 언어에서는 int와 포인터 변수는 동일하게 4바이트이지만 서로 다른 타입이기 때문이다.

아래의 코드는 이해하기 조금 어렵다.

```
#include <stdio.h>

int main(){
        int i=10;
        int address;

        *(&i) = 100;
        printf("%d\n", i);

        address = &i;
        *(address) = 200;

        printf("%d", i);

        return 0;
}
```

컴파일 시점에 경고 메시지가 나온다. 주소를 일반 정수형 변수에 넣을 수 없다는 의미이다.

```
warning: assignment makes integer from pointer without a cast
  address = &i;
          ^
```

아래의 에러 메시지가 나온다. 정수형 값에 * 연산자를 사용할 수 없다는 의미다.

```
error: invalid type argument of unary '*' (have 'int')
  *(address) = 200;
```

굳이 이렇게 정수형 변수를 이용해서 주소를 저장하려면 아래와 같이 형 변환(type conversion)을 해주어야 한다. 아래는 정상적으로 작동하기는 하지만 주소를 저장하기 위해서 정수형 변수를 사용하는 것은 너무 불편하다.

```
#include <stdio.h>

int main(){
	int i=10;
	int address;

	*(&i) = 100;
	printf("%d\n", i);                          100

	address = (int)&i;
	*((int *)address) = 200;                    200

	printf("%d", i);

	return 0;
}
```

address 변수가 int 형 변수이기 때문에 주소값(address)을 int 값으로 형 변환

이 문장을 이해하기는 쉽지 않다. address라는 정수값을 int * 값으로 형 변환하는 부분이다.

이러한 방식으로 굳이 주소를 저장하고 사용할 수 있지만, C 언어에서는 포인터 변수를 사용함으로써 더욱 편하게 프로그래밍할 수 있다.

이제 포인터 변수가 필요한 이유를 알아보자. 배열의 이름은 배열의 시작 주소를 의미한다. 즉, 아래와 같이 '배열 이름'은 '배열의 첫번째 항목의 주소'와 동일하다.

```
data == &(data[0])
```

배열의 이름이 배열의 시작 주소를 가지기 때문에, 이와 같이 배열의 이름을 포인터 변수처럼 사용할 수 있다. 아래에서 주소값을 가지는 data에 1을 더하면 실제 주소는 4가 증가한다.

```
data[1] == *(data+1)
```

```c
#include <stdio.h>

int main() {
	int data[] = {10, 60, 20};

	printf("%p\n", data);                    0xbfd6f10c
	printf("%p\n", data+1);                  0xbfd6f110
	printf("%p\n", data+2);                  0xbfd6f114

	printf("%d\n", data[0]);                 10
	printf("%d\n", *(data));                 10

	printf("%d\n", data[1] );                60
	printf("%d\n", *(data+1) );              60

	printf("%d\n", data[2] );                20
	printf("%d\n", *(data+2) );              20

	return 0;
}
```

배열의 이름은 배열이 저장되어 있는 메모리 상의 위치(주소)이다.

주소의 출력값을 보면 data+1과 같이 data에 1을 더했을뿐인데, 출력된 주소는 4가 차이나는 것을 알 수 있다. 즉, 포인터에 1을 더하면 바로 다음 항목의 주소를 의미한다.

'*' 연산자는 해당 주소의 내용물을 의미한다(여기서는 곱셈 연산자가 아니다). 즉, data[0]의 값과 data 번지의 내용물 (*data)는 동일한 것이다.

배열의 이름이 배열의 시작 주소라고 하였고, data+1은 data보다 4가 큰 주소값이라는 것을 알 수 있다. 1을 더했는데 4가 더해진다. 즉, 포인터 변수와 상수의 덧셈은 특이하게 작동한다. 이것이 포인터 변수의 특징이다.

포인터 변수와 상수의 덧셈의 특성이다.

그에 반해서 정수형 변수에 주소를 저장하고 여기에 1을 더하면 단순히 바로 다음 주소를 의미한다.

포인터 변수에의 연산은 포인터 변수의 증감 연산과 포인터 변수에 상수값을 더하는 연산, 포인터 변수 끼리의 뺄셈 연산만 할 수 있다. 포인터 변수끼리의 덧셈이나 곱셈 등의 연산은 불가하다. 왜 이런지는 차차 설명된다.

위의 프로그램을 아래와 같이 수정해보자. 아래는 배열을 가리키는 포인터 변수를 사용한다. 포인터 변수는 포인터 변수를 증감 연산자로 증가시키거나, 상수값을 더하는 '포인터 연산'을 할 수 있다.

포인터 변수 datap는 data 주소를 가진다.

data[i]와 *(datap+i)는 동일한 값이다.

```
#include <stdio.h>

int main() {
        int data[3]= {10, 60, 20};
        int* datap = data;

        printf("%p\n", datap);                              0xbffeaf94
        printf("%p\n", datap+1);                            0xbffeaf98
        printf("%p\n", datap+2);                            0xbffeaf9c

        printf("%d  %d\n", data[0], *(datap) );             10  10
        printf("%d  %d\n", data[1], *(datap+1) );           60  60
        printf("%d  %d\n", data[2], *(datap+2) );           20  20

        return 0;
}
```

위의 코드를 그림으로 그려보자.

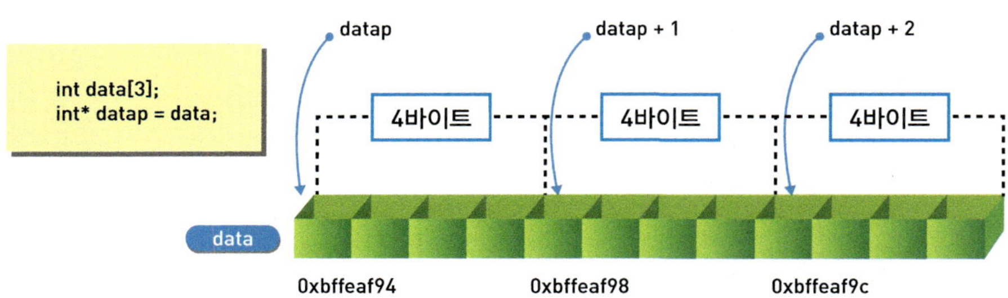

포인터 변수끼리는 더할 수 없다. 포인터 변수는 증감 연산자(++ 또는 --)를 사용하거나, 포인터끼리의 뺄셈, 그리고 포인터 변수에 상수값을 더하거나 뺄 수만 있다. 즉 아래와 같은 두개의 포인터 변수끼리의 덧셈은 불가하다.

중요하다. 일반적으로 포인터 변수 두 개를 서로 더할 필요가 없다. 주소값 2개를 서로 더해서 나오는 주소값은 일반적으로 의미가 없기 때문이다. 그리고 원천적으로 그러한 연산은 허락하지 않는다. 포인터 변수는 상수 값과의 덧셈, 뺄셈, 포인터 끼리의 뺄셈 또는 증감 연산자만을 사용할 수 있다는 의미와 이유를 이해해야 한다.

```
#include <stdio.h>

int main() {
	int data1, data2;
	int* data1p = &data1;
	int* data2p = &data2;

	printf("%p\n", data1p+data2p);

	return 0;
}
```

```
error: invalid operands to binary + (have 'int *' and 'int *')
  printf("%p\n", data1p+data2p);
```

그러나 포인터 끼리는 뺄셈 연산은 가능하다. 포인터 끼리의 뺄셈은 두 주소 사이의 데이터의 개수이다.

포인터 변수끼리의 뺄셈은 두 포인터 변수 사이의 데이터 개수를 의미한다.

```
#include <stdio.h>

int main() {
	int data[] = {10, 20, 30, 40, 50};

	printf("%d\n", &data[4]-&data[1]);

	return 0;
}
```

이 두개의 주소값의 차이는 두 주소값 사이의 항목의 개수다. 즉 정수값 3개가 사이에 있다는 의미이다.

```
3
```

포인터 변수를 ++, -- 연산자를 이용하여 사용할 수도 있다.

포인터 변수의 증감 연산자 사용. 포인터가 다음 항목을 가리키게 한다.

```
#include <stdio.h>

int main() {
        int data[] = {10, 20, 30, 40, 50};
        int i;
        int* datap = data;

        for(i=0; i<5; i++, datap++){
                printf("%d %d\n", data[i], *datap);
        }
        return 0;
}
```

```
10 10
20 20
30 30
40 40
50 50
```

포인터 변수의 장점

C에서 포인터가 차지하는 비중은 아주 크다. 포인터 변수의 연산, 이중 포인터(double pointer), 포인터 배열, 함수 포인터 등 다양하고 복잡하게 포인터를 활용할 수 있다.

이런 막강한 포인터 기능이 포인터가 어렵다고 느끼게 하는 이유일 수도 있다.

구체적으로 포인터 변수가 필요한 경우를 적어보자(아래의 문장은 이해하기 쉽지 않다. 일단은 읽어두고, 차차 알아가도록 하자).

- 하나의 포인터 변수는 포인터가 아닌 배열 개체 하나를 대치할 수 있다. 또한 포인터는 하나로 2차, 3차, n차 배열까지 자유롭게 할당이 가능하다.
- 포인터를 사용하면 어떤 함수에서 값을 배열로 반환해야 할 때 구조체(struct), 공용체(union) 따위로 의미없이 포장할 필요가 없다. 즉, 코딩도 편해지고, 메모리 소모도 줄이고 성능도 향상시킬 수 있다.
- 함수가 반환할 값이 함수가 끝나고 나면 없어져야 할 값이 아니라면 포인터로 반환해서 계속 사용할 수 있다.
- 프로그램의 입력값이나 조건에 따라서 적정한 용량의 배열을 동적으로 할당하는 것은 포인터만이 가능하다.

포인터 변수는 배열의 시작 주소를 가지기 때문에 포인터 변수 하나로 개체 전체를 사용할 수 있게 한다.

구조체는 아직 설명하지 않아다. 곧 설명된다.

동적 메모리 할당은 7장에서 다룬다.

C, C++ 등의 언어에서는 포인터를 사용하지만, Java에서는 원천적으로 포인터를 사용할 수 없다. 포인터의 장점이 있는 대신 그만큼 단점도 존재하기 때문이다. 그래서 이 책에서는 포인터의 깊은 내용은 설명을 생략한다. C 언어를 더 깊이 공부하고 싶은 독자는 따로 공부를 하기 바란다.

배열과 포인터의 차이점

배열의 이름이 배열의 시작 주소를 가지고 있어서 포인터 변수처럼 사용할 수는 있지만, 배열의 시작 주소를 변경할 수는 없다. 이점이 배열과 포인터 변수의 차이점이다.

포인터 변수는 변경할 수 있다.

datap++로 인해서 datap는 data[1] 위치의 숫자 20을 가르키게 된다.

배열의 이름이 주소값이기는 하지만, 배열의 이름을 변경할 수 없다.
이 부분의 주석을 삭제하면 아래와 같은 에러가 발생한다.

```
error: lvalue required as increment operand
  data++;
     ^
```

```
#include <stdio.h>

int main() {
        int data[] = {10, 20, 30, 40, 50};
        int* datap = data;

        datap++;
        printf("%d", datap[0]);

        // data++;
        return 0;
}
```

```
20
```

아래의 코드를 보자. 아래는 문자형 배열과 문자형 포인터 변수를 사용하는 차이점을 보인다. 좌측은 에러 없이 수행되지만, 우측은 Run-time Error가 발생한다.

buf라는 단어는 buffer라는 단어를 줄여서 사용한 것이다. 프로그래밍에서 많이 사용하는 이름이다.

이 부분에서 runtime error가 난다.

<table>
<tr><th>char 배열을 사용</th><th>char* 사용</th></tr>
<tr><td><pre>#include <stdio.h>
char buf[] = "abcdefg";

int main() {
        (buf)= '';
        printf("%s", buf);

        return 0;
}</pre></td><td><pre>#include <stdio.h>
char *buf = "abcdefg";

int main() {
        (buf)= '';
        printf("%s\n", buf);

        return 0;
}</pre></td></tr>
<tr><td>*bcdefg</td><td>Run-time Error</td></tr>
</table>

5

그 이유는 무엇일까?

좌측의 문자형 배열은 문자형 배열을 선언하고 그 배열의 값을 "abcdefg"라는 값으로 순차적으로 '대입'한 것이고, 우측은 "abcdefg"라는 상수(문자열 상수)를 만들고 이를 문자형 포인터 변수로 '가르키고' 있는 것이다.

따라서, 우측은 문자열 상수값을 일부를 바꾸려는 것이라서 에러가 발행하는 것이다.

우측의 코드에서 문자열인 "abcdefg"는 상수(literal)이다. 상수값은 변경할 수 없다.

위의 2개의 코드의 차이점을 꼭 이해해야한다. 문자열을 사용할 때, 배열을 이용해서 배열에 문자열을 '대입'해서 사용하는 것은 변수를 사용하는 것이다. 그렇지 않고 오른쪽의 2번째 코드는 문자열 상수를 포인터 변수를 이용해서 가르키면서 사용하는 것이다.

포인터와 문자열

문자열과 포인터 변수는 아주 밀접한 관련이 있다. 문자열을 포인터가 가리키게 하고, 포인터 연산으로 문자열을 사용하는 것은 아주 일반적이다.

```
#include <stdio.h>

int main(){
        char data[]="Hello World!";
        char* p;

        p=data;
        printf("%s\n", p);
        printf("%s\n", data);

        data[0]='*';
        printf("%s\n", p);

        *(p) = '+';
        printf("%s\n", p);

        return 0;
}
```

```
Hello World!
Hello World!

*ello World!

+ello World!
```

문자형 포인터 변수 p가 문자열 배열 data를 가리킨다.

아래의 예제를 보자. 문자열을 포인터 변수를 이용해서 문자를 하나씩 출력하는 코드이다.

```
#include <stdio.h>

int main(){
        char data[]="Hello World!";
        char* p;
        int i;

        p = data;
        for(i=0; i<sizeof(data); i++){
                printf("%c", *(p+i) );
        }
        return 0;
}
```

```
Hello World!
```

포인터의 강력한 능력을 아래의 예를 통해서 보자. const로 선언된 변수값을 포인터를 통해서 수정할 수도 있다. 이렇기 때문에 포인터 사용에 더 조심해야 한다.

```
#include <stdio.h>

int main(){
        const char data[]="Hello World!";
        char* p;

        p=data;
        printf("%s\n", p);
        printf("%s\n", data);

        // data[0]='*';

        *(p) = '*';
        printf("%s\n", p);
        return 0;
}
```

```
Hello World!
Hello World!

*ello World!
```

const 형 문자열 배열

char 데이터 형을 가리키는 포인터 변수.

주석 표시를 삭제하면 아래와 같은 에러가 난다. const 타입의 변수값을 수정하려고 하기 때문이다.

```
error: assignment of read-only
location 'data[0]'
  data[0]='*';
        ^
```

그러나 포인터 변수로 접근해서 수정하면 상수형 변수라도 수정된다. 조심하자.

위의 프로그램은 안정성을 위해서 아래와 같이 포인터 변수를 선언해야 한다.

이렇게 포인터 변수를 선언하면, 포인터 변수 p는 const char 배열을 가르키는 포인터 변수이다. 따라서 p가 가르키는 값을 수정할 수 없게 된다.

```
const char *p;
```

이렇게 수정하면 아래의 문장을 컴파일할 때, 컴파일 시점에 아래와 같은 에러가 발생한다.

```
error: assignment of read-only location '*p'
  *(p) = '*';
       ^
```

상수값은 포인터 변수를 통해서 수정하려고 하더라고 당연히 불가하다. 상수값이기 때문이다.

또한 '문자열 상수'를 포인터 변수로 변경하려는 경우는 실행 중에 에러가 발생한다. 상수(문자열, 숫자, 문자 등)는 컴퓨터에서 별도의 공간에 보관하고 수정할 수 없게 되어 있다.

이 부분이 문제다. 지금 "Hello World"라는 상수 중의 한 문자를 변경하려고 하고 있다.

```
#include <stdio.h>

int main() {
        char* p = "Hello World";

        *(p) = '+';
        printf("%s\n", p);
        return 0;
}
```

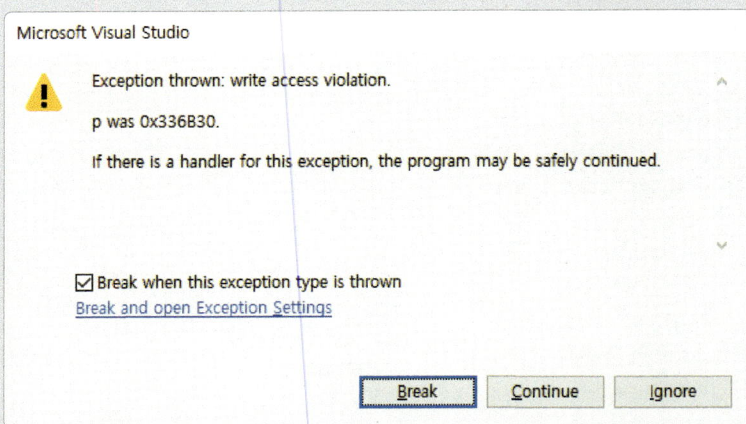

아래와 같은 상수 값의 주소를 포인터 변수에 저장하면 어떻게 될까? 아래와 같이 에러가 출력된다. & 기호는 상수에 사용할 수 없다.


```
#include <stdio.h>

int main(){
        int* p;

        p = &10;

        printf("%d\n", *p);

        return 0;
}
```

```
error: lvalue required as unary '&' operand
  p = &10;
      ^
```

lvalue: a value that points to a storage location, potentially allowing new values to be assigned(예:프로그래밍 언어에서의 변수)

rvalue: a value considered independently of its storage location (예:프로그래밍 언어에서의 상수)

포인터 배열

포인터 배열은 용어 그대로 포인터(즉, 주소)를 저장하는 배열이다. 포인터 배열(즉, 포인터의 배열)은 처음에 이해하기 까다롭기는 하지만, 이해가 되면 요긴하게 사용되는 기능이다.

포인터의 배열(array of pointer variables)은 처음에는 이해하기 쉽지 않다. 배열의 각 항목이 포인터 변수이다.

아래의 예제는 3개의 포인터 변수가 각각의 문자열을 가르키는 상황이다. 그리고 그 포인터 변수는 배열에 담겨있다.

```
char* classes[3]= {
                "Introduction to Computers",
                "Artificial Intelligence",
                "Computer Programming"
        };
```

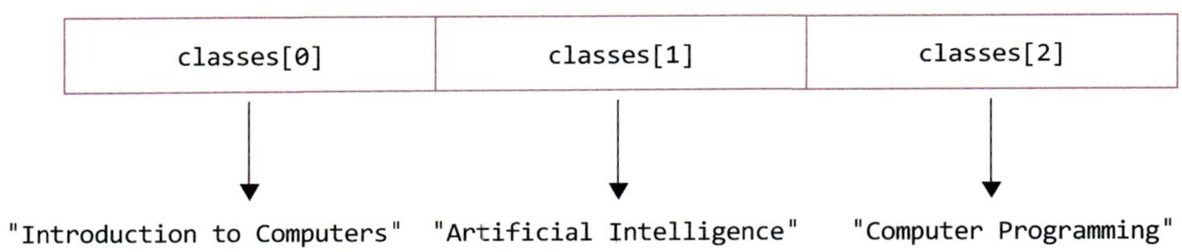

이 내용을 코드로 살펴보자.

char* classes [3]: char * 변수의 배열 선언이다. 배열의 각 항목이 char 포인터 변수이다. 즉, classes [0]은 "Introduction to Computers"라는 문자열의 시작 주소를 가진다. 포인터 배열은 위와 같이 많은 문자열을 사용하는 경우에 많이 사용된다. 또한 구조체 배열을 사용할 필요가 있는 경우에도 많이 사용된다. 구조체 포인터 배열은 나중에 알아보자.

```
#include <stdio.h>

int main( ) {
        char* classes[3] = {
                "Introduction to Computers",
                "Artificial Intelligence",
                "Computer Programming"
        };
        int i;

        for(i=0; i<3; i++){
```

```
            printf("%s\n", classes[i]);
        }

        return 0;
}
```

```
Introduction to Computers
Artificial Intelligence
Computer Programming
```

C 언어: 함수(function) 총 정리

함수는 자주 사용되는 프로그램의 부분들을 따로 뭉쳐둔 코드 덩어리이다. C 언어와 openFrameworks 라이브러리를 이용한 프로그래밍에서는 아래의 3가지 종류의 함수가 있다.

1. **C 언어 내장 함수:** main( ), printf( ), scanf( ) 등과 같이 C 언어에서 기본적으로 제공하거나 C 언어의 라이브러리를 통해서 제공하는 함수이다. 해당하는 헤더 파일을 #include하고 문법에 맞게 사용하면 된다.
2. **openFrameworks에서 제공하는 함수:** 우리가 이제껏 무의식적으로 사용한 setup( ), update( ), draw( ), ofCircle( ) 등의 함수이다. 이런 함수들 또한 정해진 규칙에 따라 함수의 파라미터의 개수와 종류들을 맞춰서 자신의 목적에 맞게 사용하면 된다. 즉, openFrameworks에서 미리 제공해주는 함수가 어떠한 것이 있는지를 알아두고, 자신의 필요에 적합한 함수의 종류와 사용법을 미리 익히는 것이 중요하다.

C++ 언어의 객체 지향 개념을 조금 공부해야 openFrameworks를 충분히 사용할 수 있을 것이다. 아직 C++ 언어를 공부하지 않은 상황이니까 기본적인 내용만을 소개하였다.

3. **사용자 정의 함수:** 프로그램이 점점 길어질수록 알아보기가 어려워진다. 이때는 적당한 길이의 단위로 프로그램을 잘게 쪼개어 나가면 된다. 그리고 그 쪼개어진 조각을 '함수'라는 방법으로 사용하면 된다. 자신만의 함수인 '사용자 정의 함수'는 반복되는 작업에 의한 불필요한 작업을 줄이고, 프로그램의 재사용성을 높일 수 있는 장점이 있다. 또한 긴 프로그램을 작성할 때, 연관된 부분끼리 묶음으로써 긴 소스 코드들을 효율적으로 관리할 수 있다.

Call by Reference

여기서 이제 실 매개변수(actual parameters)와 형식 매개 변수(formal parameters)에 대한 이야기를 하나 더 하자.

아래의 프로그램을 한 번 살펴보자. 아래에서 mySwap( ) 함수는 파라미터 2개의 값을 서로 바꾸는 함수이다. 정상적으로 swap(교환)이 동작하려면 아래와 같이 함수를 호출할 때 실 매개 변수의 주소를 넘겨주고, 형식 매개 변수는 이를 포인터 변수로 넘겨 받는 방식이다.

실 매개 변수의 주소를 넘겨주고 이를 형식 매개 변수에서 포인터 변수로 받는다.

```
#include <stdio.h>

void mySwap(int *a, int *b) {
  int temp;

  temp = *a;
  *a = *b;
  *b = temp;
}

int main() {
   int x1, x2;

   x1 = 10;
   x2 = 20;

   mySwap(&x1, &x2);
   printf("x1 = %d\nx2 = %d", x1, x2);

   return 0;
}
```

넘겨 받는 주소 값을 포인터 변수로 받는다.

포인터 변수 a와 b가 가르키는 값을 서로 교환한다. 임시 저장 장소를 위해 temp 변수를 선언해서 사용하였다.

실 매개 변수의 주소를 넘겨준다.

```
x1 = 20
x2 = 10
```

위의 코드는 mySwap( ) 함수에서 실 매개 변수인 x1과 x2의 주소를 접근해서 값들을 교환하기 때문에 main( ) 함수에서의 실 매개 변수들 사이의 값이 실제로 바뀐다.

조금 다른 경우로 아래의 프로그램을 한번 보자. 이 경우는 앞에서 배열을 이야기할 때 다룬 예제이다. 앞의 예제와 원리는 동일하다.

배열을 함수의 파라미터로 넘겨주는 모습. 함수에서 배열을 파라미터로 선언할 때는 배열의 길이를 나타내는 숫자만 생략하면 된다.

```
#include <stdio.h>

void add10toArray(int numbers[]){
  int i;

  for(i=0; i<10; i++){
      numbers[i] += 10;
  }
}

int main(){
   int numbers[] = {21,62,3,4,5,86,7,8,9,10};
   int i;

   add10toArray (numbers);

   for(i=0; i<10; i++){
      printf("%d ", numbers[i]);
   }

   return 0;
}
```

```
31 72 13 14 15 96 17 18 19 20
```

출력 결과에서 확인할 수 있듯이 배열을 파라미터로 넘겨주면 배열의 주소값을 넘겨주는 셈이라서 호출된 함수에서 배열의 값을 변경할 수 있다. 일종의 call-by-reference

위의 프로그램은 add10toArray( ) 함수에서 변경한 값을 main( ) 함수에서 확인할 수 있다. C 언어에서 배열을 함수의 파라미터로 넘겨줄 때는 배열의 주소값을 넘겨준다. 배열의 모든 원소들을 복사하기에는 부담이 너무 많이 되기 때문이다.

따라서 이 경우에는 호출된 함수에서 수정한 값을 호출한 함수가 그대로 받아 볼 수 있게 된다. 이런 방식을 call-by-reference라고 한다.

또는 형식 매개 변수 선언을 아래와 같이 포인터 변수의 형태로 사용해도 된다.

```
void add10toArray(int* numbers){
  int i;

  for(i=0; i<10; i++){
     *(numbers + i) += 10;
  }
}
```

위와 같이 프로그래머가 의도적으로 배열의 값을 변경하는 경우에는 위와 같이 하면 되겠지만, 배열을 전달하더라도 호출된 함수에서 배열을 수정하지 않을 경우도 있다. 배열 파라미터 선언에 const를 붙이면 값을 변경할 수 없다. 따라서 배열을 파라미터로 사용할 경우는 코드의 안정성을 위해서 callee에서 값을 수정할 필요가 없는 경우는 const 배열로 선언하는 것이 좋다.

const 형 배열 파라미터. 배열의 주소값을 넘겨주더라도 callee에서 배열의 값을 수정할 수 없게 한다.

이 함수는 파라미터로 전달받은 배열의 최대값을 구하는 함수라서, 배열의 값을 변경할 필요가 없다. 그래서 안정성을 위해서 const로 선언하였다.

여기서 numbers는 배열의 시작 주소이다.

이 부분의 주석 처리를 없애면 아래와 같은 에러가 발생한다.

error: assignment of read-only location '*numbers'
  numbers[0] = 0;

const 형으로 파라미터를 넘겨받았기 때문에 원천적으로 변경이 불가능하다.

배열의 항목 개수를 출력한다.

caller(호출하는 부분)와 callee(호출당한 함수)에서 사용한 sizeof 연산자의 출력 결과가 다른 점에 유의하자. 배열 변수 선언을 직접한 caller에서는 배열의 크기를 알 수 있지만, callee에서는 단순히 배열의 시작 주소를 받기 때문에 정수형 배열을 가리키는 포인터 변수의 크기 4를 출력한다.

```
#include <stdio.h>

int maxElementOfArray(const int numbers[]) {
        int i, max;

        printf("size of array at callee: %d\n", sizeof(numbers));

        max = numbers[0];
        for(i=1; i<10; i++) {
                if (numbers[i]>max) max = numbers[i];
        }

        // numbers[0] = 0;
        return max;
}

int main() {
        int numbers[] = {21,62,3,4,5,86,7,8,9,10};
        int i;

        printf("10 elements are: ");
        for(i=0; i<10; i++) {
                printf("%d ", numbers[i]);
        }
        printf("\n");

        printf("size of array at caller: %d\n", sizeof(numbers));
        printf("Max: %d", maxElementOfArray(numbers) );

        return 0;
}
```

```
10 elements are: 21 62 3 4 5 86 7 8 9 10
size of array at caller: 40
size of array at callee: 4
Max: 86
```

일반적으로 배열을 파라미터로 전달할 때는 배열의 크기(항목의 개수)도 같이 전달한다.

```
#include <stdio.h>

int maxElementOfArray(const int numbers[], int no) {
        int i, max;

        max = numbers[0];
        for(i=1; i<no; i++) {
                if (numbers[i]>max) max = numbers[i];
        }

        return max;
}

int main() {
        int numbers[] = {21,62,3,4,5,86,7,8,9,10};
        int i;

        printf("10 elements are: ");
        for(i=0; i<10; i++) {
                printf("%d ", numbers[i]);
        }
        printf("\n");

        printf("Max: %d", maxElementOfArray(numbers, 10) );

        return 0;
}
```

배열의 크기

배열의 크기를 나타내는 파라미터 no를 사용

배열의 크기

배열 파라미터의 길이를 전달할 때, 아래와 같은 방식이 조금 더 안전하다. 이렇게 하면 배열의 개수가 변하더라도 함수를 호출하는 문장은 수정할 필요가 없어지기 때문이다.

```
int numbers[] = {21,62,3,4,5,86,7,8,9,10};

printf("Max: %d", maxElementOfArray(numbers,sizeof(numbers)/sizeof(int) );
```

배열의 항목의 개수

이제 앞에서 배운 1차원 배열 파라미터를 2차원 이상으로 확장시켜 보자.

1차원 배열을 함수의 파라미터로 전달하는 경우 항목의 개수를 적을 필요가 없는 것과 같이, 2차원 배열도 행(row)의 개수는 적을 필요없다. 열(column)의 개수는 꼭 적어야 한다. 행과 열의 개수를 모두 적어도 된다.

```
#include <stdio.h>

int maxElementOfArray2D(const int numbers[][3], int height, int width)
{
        int i, j, max;

        max = numbers[0][0];
        for(i=0; i<height; i++) {
           for(j=0; j<width; j++) {
               if (numbers[i][j]>max) max = numbers[i][j];
           }
        }

        return max;
}

int main() {
        int data[3][3] = {{ 5, 1, 2},
                          { 3, 6, 0},
                          { 8, 7, 4} };

        printf("Max: %d", maxElementOfArray2D(data,3,3) );
        return 0;
}
```

```
Max: 8
```

```
int maxElementOfArray2D(const int numbers[][3], int height, int width)
```

위와 같이 2차원 배열은 열(column)의 개수를 꼭 명시해야 한다. 이 이유는 조금의 설명이 필요하다.

```
int data[3][3] = {  { 5, 1, 2},
                    { 3, 6, 0},
                    { 8, 7, 4} };
```

위와 같이 2차원 배열을 선언하면, 실제로 컴퓨터 내부에서는 1차원으로 정렬된다. 당연히 컴퓨터 메모리는 1차원이기 때문이다.

5	1	2	3	6	0	8	7	4

그래서 1차원으로 내부적으로 저장된 2차원 배열을 함수의 파라미터로 넘겨줄 때는, 호출된 함수(callee)가 칼럼의 크기를 알아야 각 칼럼 단위로 잘라서 사용할 수 있기 때문이다.

이러한 이유로 배열 파라미터의 칼럼의 개수를 꼭 명시해야 하는 것이다.

3차원 이상의 배열 파라미터도 아래와 같이 원리는 동일하다.

```
int maxElementOfArray3D(const int numbers[][3][3], int height, int width, int depth);
```

함수 실전: 돗수 분포표 함수 사용 예제

여기서는 함수(function)를 이용하여 앞에서 작성했던 돗수 분포표를 작성하는 프로그램을 구현해보자. 아래의 프로그램은 앞에서 구현한 돗수 분포표 작성 프로그램을,

- graph[ ] 배열을 초기화 하는 부분,
- samples[ ] 배열을 생성하는 부분,
- graph[ ] 배열을 누적하는 부분,
- graph[ ] 배열을 출력하는 부분

으로 나누어서 각각 함수로 구현하였다. 이렇게 함수로 구현함으로써 관련된 부분을 모듈화할 수 있었고, 프로그램 수정 시에도 효과적으로 할 수 있게 된다.

graph[ ] 배열을 초기화 하는 함수

samples [ ] 배열을 랜덤하게 생성하는 함수

```
#include <stdio.h>
#include <stdlib.h>
#include <time.h>

int samples[100];
int graph[10];

void initFrequency() {
        int i;

        for(i=0; i<10; i++) {
            graph[i] = 0;
        }
}

void initSample() {
        int i;

        srand( (unsigned) time(NULL) );
        for(i=0; i<100; i++) {
```

```
            samples[i] = rand()%100;
        }
}

void calcFrequency() {
        int i;

        for(i=0; i<100; i++) {
            graph[ samples[i]/10 ]++;
        }
}

void outputFrequency() {
        int i;

        for(i=0; i<10; i++) {
            printf("%d ", graph[i] );
        }
}

int main() {
        initFrequency();
        initSample();
        calcFrequency();
        outputFrequency();

        return 0;
}
```

graph[ ] 배열을 계산하는 함수

graph[ ] 배열을 출력하는 함수

```
8 8 10 8 11 15 12 13 9 6
```

재귀 함수

아래의 그림을 한번 보자. 이 그림을 손으로 그리려면 어떻게 그리는 것이 좋을까?

위와 같은 그림을 그리는 가장 쉬운 방법은, 출발은 가장 큰 삼각형 하나에서 시작한다. 지금부터 할 일은 삼각형 중앙에 '역 삼각형'을 하나 그리는 일이다. 그러면 아래와 같이 삼각형이 3개 생긴다(역삼각형은 고려하지 말자). 이 각각의 3개의 삼각형에 대해서 동일한 일을 반복하면 된다. 여기서 '동일한 일을 반복'한다는 말이 재귀를 의미한다.

재귀(再歸, Recursion)라는 용어는 뜻 그대로 다시 돌아온다는 말이다.

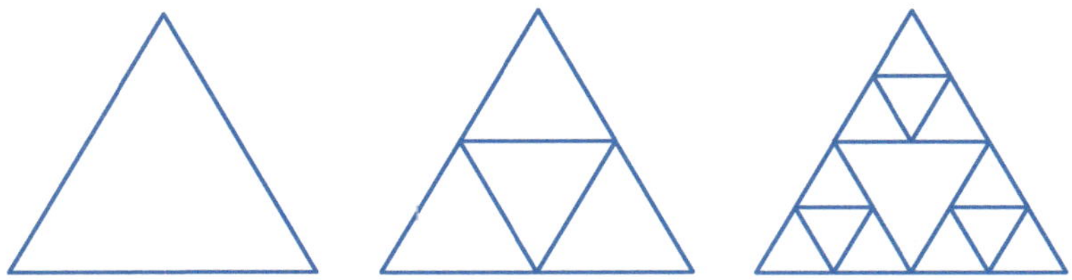

'쪼개다'라는 뜻을 가진 그리스어 '프랙투스'에서 유래한 말

프랙탈(fractal)은 자연계의 구조적 불규칙성을 기술/분석하는 분야로써, 세부 구조가 계속적으로 전체 구조를 되풀이하는 현상을 말한다. 즉, 프랙탈은 재귀적으로 기술할 수 있는데, 자연 속의 다양한 부분에서 프랙탈의 원리를 발견할 수 있다.

[고사리]

[나뭇가지]

[창에 낀 서리]

이제 가장 기본적인 프랙탈 도형을 만들어보자. 아래는 스웨덴의 수학자 코흐가 만든 '코흐 눈송이(Koch snowflake)'이다. 아래의 그림은 일련의 연속적인 단계로 그려지는 Koch snowflake이다. 즉 매번의 단계마다 직선의 가운데 부분이 삼각형 모양으로 변하는 과정을 거치는 것이다.

http://commons.wikimedia.org/wiki/Koch_snowflake

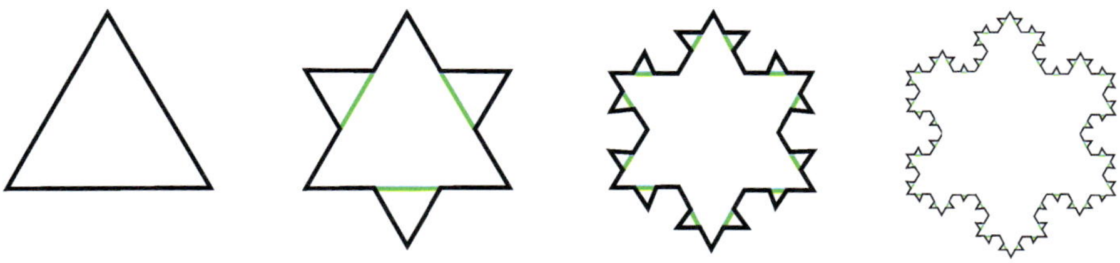

이제 재귀 함수(recursive function)을 설명하자. 자기 자신을 호출하는 함수를 재귀 함수라고 한다.

재귀 함수는 여러 분야에서 활용도가 아주 높은 개념이다. 혹시 수학 시간에 점화식(recurrence relation)을 배운적이 있는 사람은 같은 개념이니까 이해가 쉬울 수도 있다. 잘 이해해두도록 하자! 재귀 함수는 잘 익혀두면 아주 요긴하게 사용할 수 있다.

재귀 함수를 프로그래밍으로 원리를 확인할 수 있도록, 구체적인 문제를 보자. 팩토리알(factorial)은 다음과 같이 정의할 수 있다.

```
n!은 1부터 n까지의 곱이다.
즉, 4!은 4×3×2×1이다.
```

위와 같은 정의를 바탕으로 팩토리알을 계산하는 함수를 C 언어로 만들어보자. 먼저 아래와 같이 반복문을 사용하여 프로그래밍할 수 있다.

C 언어의 연산자 우선 순위에서 살펴본 사항인데, 대입 연산자(=)는 여러 번 반복되면 오른쪽부터 수행한다. 즉, i=f=1;은 f=1; 다음에 i=f;가 수행된다. 따라서 이 명령어가 수행된 후에는 i와 f가 모두 1로 초기화된다.

```
int factorial( int n){
    int f, i;

    for(i=f=1; i<=n; i++) {
       f *= i;
    }
    return f;
}
```

위와 같이 구현할 수도 있지만, 팩토리알의 정의를 다음과 같이 재귀적으로 정의할 수도 있다.

```
n! = n × (n-1)!
즉, 4! = 4 × 3!이다.
```

이러한 정의를 바탕으로 아래와 같이 재귀 함수를 이용하여 프로그래밍할 수 있다.

종료 조건: 반복적인 재귀 함수의 호출을 종료하기 위한 조건이다.

재귀 호출: 재귀 함수를 호출하는 부분이다.

```
int factorial( int n){
    if (n<=1 ) return 1;
    else return ( n*factorial(n-1) );
}
```

위의 재귀 함수를 파라미터를 '5'를 이용하여 호출하는 경우를 생각해보자.

```
factorial(5);
```

이런 경우에는 아래와 같이 계속적으로(파라미터가 1씩 줄어들면서…) 본인 함수를 계속 호출하면서 수행하게 된다. 더 이상 재귀 호출할 필요가 없을 때(즉, 파라미터가 1이될 때), 재귀 함수의 종료 조건에 걸려서 1을 반환하게 된다. 이후로 계속적으로 상단으로 값이 반환된다.

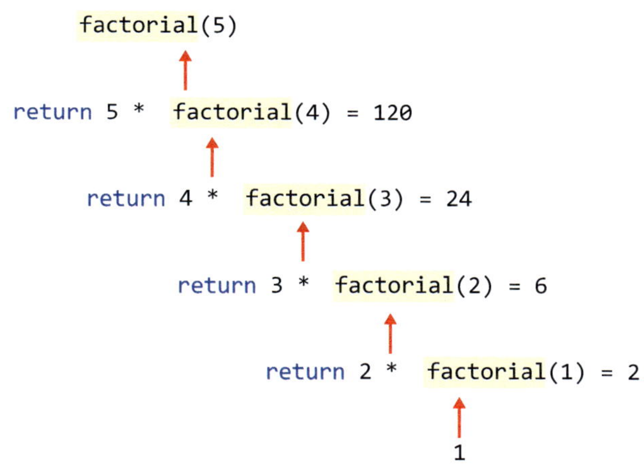

[factorial 함수의 수행 동작 방식]

```
If a program allows you to call a function inside the same function,
then it is called a recursive call of the function(recursive function).

void recursion() {
   recursion(); /* function calls itself */
}

int main() {
   recursion();
}
```

위와 같이 동일한 일을 반복문을 이용하거나 또는 재귀 함수를 이용하여 프로그래밍할 수 있는데, 재귀 함수는 반복문에 비해서 아래의 장·단점이 있다.

장점:

» 세부적인 문제 해결 절차에 대한 고민보다 문제 해결을 위한 기본적인 알고리즘을 주로 생각하면 된다.

단점:

» 함수 호출시에 파라미터의 복사, 값의 전달 등을 위한 작업으로 오버 헤드가 커진다.

» 재귀 함수 호출의 깊이가 깊어지면 사용하는 스택 메모리가 많이 필요하게 된다.

프로그래밍 작업에서는 자료구조와 알고리즘이 아주 중요하다. 그 중에서도 재귀 함수는 빠질 수 없는 개념 중의 하나이다.

물론 구현하고자 하는 문제에 따라 어떤 알고리즘은 반복문으로 구성하는 것이 효율적일 수도 있고, 어떤 알고리즘은 재귀 함수로 구성하는 것이 더 좋을 수 있다. 재귀 함수를 자주 사용하는 문제로는 문제 자체가 재귀적으로 정의되는 피보나치 수열, 하노이 타워, Quick 정렬, Merge 정렬, 이진 검색, 게임 트리 등이 있다.

이런 부분들은 알고리즘 분야에서 아주 중요하게 다루는 부분들이다.

가변 매개 변수 함수

기본적으로 함수의 매개 변수의 개수는 고정되어 있다. 그러나 경우에 따라서는 매개 변수의 개수를 가변적으로 사용하면 편한 경우가 있다. 그 대표적인 예가 printf( ) 함수이다. 아래의 예에서와 같이 printf( ) 함수는 매개 변수의 개수가 고정되어 있지 않다는 것을 알 수 있을 것이다.

```
printf("%d", 10);
printf("%d %d", 10, 10);
```

이와 같은 함수를 '가변 매개 변수 함수'라고 하는데, 사용자가 이러한 형식의 함수를 만들수도 있다. 자세한 내용은 생략한다.

다양한 라이브러리 함수들

자주 사용하는 다양한 함수를 소개한다. 자세한 내용은 스스로 찾아보자.

■ math.h에 선언된 함수들

대표적인 수학 관련 함수들은 math.h에 선언되어 있다.

분류	함수종류	
삼각함수	double sin(double x)	sine of a radian angle
	double cos(double x)	cosine of a radian angle x
	double tan(double x)	tangent of a radian angle x
역삼각함수	double asin(double x)	arc sine of x in radians
	double acos(double x)	arc cosine of x in radians
	double atan(double x)	arc tangent of x in radians
쌍곡선함수	double sinh(double x)	hyperbolic sine of x
	double cosh(double x)	hyperbolic cosine of x
	double tanh(double x)	hyperbolic tangent of x
지수 및 로그함수	double exp(double x)	e^x
	double log(double x)	$\log_e x$
	double log10(double x)	$\log_{10} x$
기타	double pow(double x, double y)	x^y
	double sqrt(double x)	$\sqrt{x}$
	double ceil(double x)	x보다 크거나 같은 수 중에서 가장 작은 정수
	double floor(double x)	x보다 작거나 같은 수 중에서 가장 큰 정수
	int abs(int x)	정수 x의 절대값
	double fabs(double x)	실수 x의 절대값

stdlib.h에 선언된 함수들

» 최대, 최소 함수: max(x, y), min(x, y)

파라미터 두 값 중에서 최대값이나 최소값을 반환한다.

» 난수 함수: rand( ), srand( )

rand( ): 1부터 RAND_MAX 값(stdlib.h에 선언되어 있음) 사이의 값 중에 랜덤한 정수 값을 반환한다. 제한된 범위내에서, 예를 들면 0에서 99사이의 랜덤수를 사용하려면 아래와 같이 나머지 연산자를 사용하면 된다.

```
rand()%100
```

srand( ): 컴퓨터에서 생성하는 랜덤 수는 완벽한 의미에서의 랜덤수는 아니다. 랜덤수는 시드(seed) 값에 따라서 랜덤수가 달라지게 되는데, 이 역할을 하는 함수가 srand( ) 함수이다. 보통 아래와 같이 표준 라이브러리에서 시간을 측정하는 time( ) 함수를 시드값으로 한다. srand( ) 함수는 처음 한 번만 사용하면 된다.

time.h 헤어 파일에 선언됨.

```
srand( (unsigned) time(NULL) );
```

사용법은 아래의 예제 프로그램을 참고하자.

```
#include <stdio.h>
#include <stdlib.h>
#include <time.h>

int main() {
	int i;
	srand( (unsigned) time(NULL) );

	for(i=0; i<10; i++){
		printf("%d ", rand()%100);
	}
	return 0;
}
```

```
78 82 35 19 64 23 28 66 6 28
```

■ memory.h에 선언된 함수

메인 메모리 상의 데이터를 다른 주소로 복사, 비교, 이동, 초기화하는 함수들이다. 대량의 데이터를 고속으로 처리할 필요가 있을 때 사용할 수 있다.

함수 종류	기능
void* memcpy(void* dest, const void* src, size_t cnt)	메모리 복사
int memcmp(const void* buf1, const void* buf2, size_t cnt)	메모리 비교
void* memmove(void* dest, const void* src, size_t cnt)	메모리 이동
void* memset(void* dest, int x, size_t cnt)	메모리 초기화

■ 문자 분류 함수: ctype.h에 선언된 함수

아래는 문자열 등을 처리할 때 유용하게 사용할 수 있는 함수들이다. ctype.h에는 이외에도 더 많은 함수들이 있다. 각자 찾아보자.

함수 종류	기능
int isalnum(int c)	알파벳이나 숫자인지 판단
int isalpha(int c)	알파벳인지 판단
int isdigit(int c)	숫자인지 판단
int islower(int c)	소문자인지 판단
int isupper(int c)	대문자인지 판단

■ string.h에 선언된 함수: 문자열 처리 함수

많은 프로그래밍에서 문자열들을 비교하거나 복사하거나 하는 경우가 종종 있다.

문자열 복사

문자열 복사는 strcpy( ) 함수를 사용한다.

```
char* strcpy(char* destination, char* source);
```

위에서 destination 포인터 변수에 의해 참조되는 배열의 크기는 source의 크기보다 크거나 같아야 한다.

```
#include <stdio.h>
#include <string.h>

int main() {
        char name1[30], name2[30];

        strcpy(name1, "C Programming");
        printf("%s\n", name1);

        strcpy(name2, name1);
        printf("%s\n", name2);

        return 0;
}
```

```
C Programming
C Programming
```

문자열의 길이

문자열의 길이를 구하는 strlen( ) 함수는 널 문자를 제외한 문자열의 길이를 반환한다.

```
size_t strlen( const char * str );
```

```
#include <stdio.h>
#include <string.h>

int main() {
	char name[100] = "C Programming";
	printf("length of \"%s\" is %d\n", name, strlen(name));
	printf("size of array is %d", sizeof(name));
	return 0;
}
```

```
length of "C Programming" is 13
size of array is 100
```

배열의 크기는 여전히 100이다.

문자열의 비교

아래와 같이 비교 연산자를 사용해서 문자열 사이의 비교를 할 수 없다.

```
if ( name == "HelloWorld")
```

여기서 name은 배열의 주소값이기 때문이다.

이런 경우는 strcmp( ) 함수를 사용하면 된다.

```
int strcmp ( const char* str1, const char* str2 );
```

strcmp( ) 함수의 반환값은 아래와 같다.

» 두 문자열이 동일하면 0
» str1이 ASCII 코드 값으로 더 작으면 –1
» str1이 ASCII 코드 값으로 더 크면 1

```
#include <stdio.h>
#include <string.h>

int main() {
        printf("%d\n", strcmp("abcde", "abcde") );          0
        printf("%d\n", strcmp("abcdf", "abcde") );          1
        printf("%d\n", strcmp("abcdd", "abcde") );          -1
        printf("%d\n", strcmp("abcd", "abcde") );
        return 0;                                           -1
}
```

문자열의 연결

2개의 문자열을 연결하기 위해서는 strcat( ) 함수를 사용한다. 이 경우에도 destination의 배열의 메모리가 연결된 문자열을 저장할 정도로 충분함 크기여야 한다.

cat는 concatenate(연결)의 약자이다.

```
char* strcat ( char* destination, const char* source );
```

```
#include <stdio.h>
#include <string.h>

int main() {
        char data[50]="Hello";

        strcat(data, " World");
        printf("%s\n", data );                      Hello World

        return 0;
}
```

■ 데이터 변환 함수

문자열을 숫자로 변환하거나 데이터 간의 변환에 사용하는 함수들이다. 데이터 변환 함수를 사용하려면 stdlib.h나 ctype.h를 포함해야 한다.

함수 종류	기능
`int atoi(const char *str)`	문자열을 정수로 반환
`double atof(const char *str)`	문자열을 실수로 변환
`int tolower(int c)`	소문자로 변환
`int toupper(int c)`	대문자로 변환

실전 연습 문제 #11(함수)

1. 숫자 하나를 입력받고, 1부터 해당하는 숫자까지의 합을 계산하는 프로그램을 반복문을 이용한 프로그램과 재귀 함수를 이용한 프로그램을 각각 구현하라.

2. 정수형값 2개를 파라미터로 넘겨 받아서, 이들의 합을 반환하는 함수를 구현하고, 사용자로부터 입력받은 2개의 값의 합을 이 함수를 이용해서 출력하시오.

3. 1차원 배열을 파라미터로 넘겨받아서 이 함수의 값들을 모두 1씩 증가시키는 함수를 구현하고, 이를 이용해서 10칸짜리 1차원 배열을 입력받고 나서 값이 1씩 증가된 배열값들을 출력하시오.

4. 1차원 배열을 파라미터로 넘겨받아서 배열의 평균을 반환하는 함수를 구현하고, 이를 이용해서 10칸짜리 1차원 배열을 입력받고 이의 평균을 출력하시오.

CHAPTER

6

벽돌 깨기 게임 업그레이드

지금까지 구현한 게임이 100줄 정도이다. 지금 독자들의 기분이 어떨지 모르겠다. 여전히 게임의 흥미도 향상을 위해서는 남은 일이 많다. 어떤 것들이 있을지 정리해보자.

이제까지의 벽돌 게임은 실제의 벽돌 깨기 게임 중에서 아마도 가장 단순한 형태일 것이다. 지금부터는 조금 더 복잡한 기능들을 추가하려고 한다.

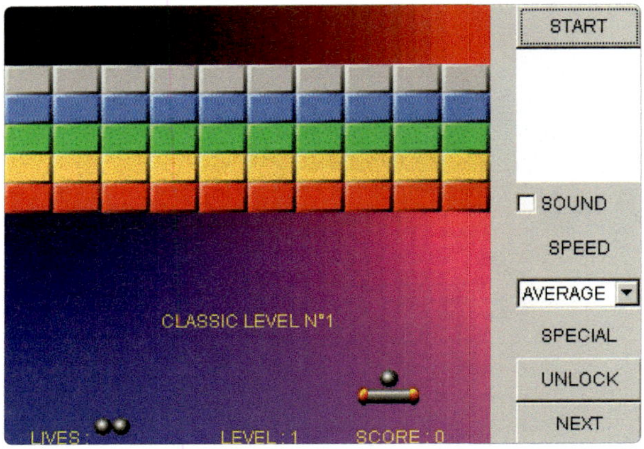

위의 그림이 일반적으로 보게 되는 벽돌 깨기 게임 장면이다. 이를 참고로 하여 생각해보면 아래의 내용들을 추가할 수 있을 것 같다.

1. 게임의 종료를 판단하자. 현재는 게임 종료 부분이 없다.
2. 레벨을 달리 함으로써 스테이지 구분, 스테이지 마다의 점수를 계산하자.
3. 실제로 다양한 게임 맵을 만들고 스테이지를 구현하자.
4. 멋진 그래픽 게임으로 바꾸자.
5. 사운드 기능을 넣자.
6. 총알 기능을 구현하자.
7. 벽돌의 종류를 다양하게 하고, 아이템을 배치하자. 벽돌에서 떨어지는 각종 아이템, 아이템에 따른 라켓의 기능 변화(길이의 변화, 자석 기능) 등.

키보드 입력: 총알 쏘기

지금까지 구현된 프로그램은 컴퓨터와 사용자 간의 인터랙션을 마우스만 사용한다. 이제는 키보드로 발사한 총알로 벽돌을 깨는 부분을 구현해보자.

총알은 상당히 구현하기 복잡한 분야 중의 하나이다. 그 이유는 게이머(gamer/game player)가 게임을 진행하든 하지 않든 상관없이, 한번 발사된 총알은 계속 좌표가 바뀌어서 이동시켜야 하기 때문이다. 그래서, 한번 발사된 각각의 총알의 좌표를 배열에 담고 있다가, 총알의 위치를 계속 바꿔야하고, 경계를 벗어난 총알은 지워야 하며, 발사된 총알을 배열 등의 변수에 저장해야 하는 등 상당히 복잡한 작업이 필요하다.

게임을 하는 사람의 입장에서는 한번 발사하고 잊어버리겠지만, 화면에 보이는 모든 물체들은(물론 보이지 않는 것들도) 코드로 관리를 해야 하는 것처럼, 총알도 하나하나 일일이 처리해줘야 한다. 이런 문제는 게임 내의 많은 캐릭터 또는 아이템들도 모두 동일하게 적용된다.

총알과 다른 아이템(공, 벽돌 등)과의 가장 큰 차이점은 새로운 총알이 계속 생기고, 기존 총알은 충돌 등으로 없어진다는 점이다. 이점에 주의해서 이제부터 키보드를 이용하여 총알을 발사하는 프로그램을 만들어보자.

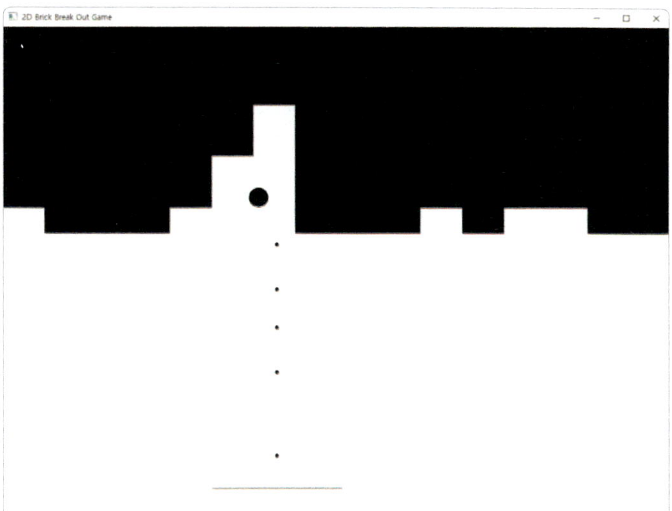

[총알 발사 예]

구조체(struct)

예를 들면 학생과 관련된 정보(이름, 학번, 학과명, 주소, 전화번호)들도 이렇게 묶음으로 관리할 필요가 있다. 이때 사용하는 것이 이제부터 설명할 구조체(struct)이다. 이 책에서는 총알의 좌표를 구조체로 선언하여서 구현할 예정이다.

아래의 프로그램을 한번 보자. 아래는 2차원 평면 상의 좌표 x, y를 함수의 파라미터로 전하는 프로그램이다. 실제의 프로그래밍에서도 좌표 x, y와 같이 서로 관련 있는 여러 변수들을 함께 사용되는 경우가 많다.

두 점의 좌표가 동일하면 1을 반환하는 함수

```
#include <stdio.h>

void printCoordinate(int x, int y){
	printf("%d,%d\n", x, y);
}

int sameCoordinate(int x1, int y1, int x2, int y2){
	if (x1==x2 && y1==y2) return 1;
	else return 0;
}

int main() {
	int x1 = 10;
	int y1 = 10;
	int x2 = 10;
	int y2 = 20;

	printCoordinate(x1, y1);
	printCoordinate(x2, y2);

	if ( sameCoordinate(x1, y1, x2, y2)==1) printf("Same\n");
	else printf("Different\n");

	return 0;
}
```

```
10,10
10,20
Different
```

이 프로그램은 x좌표와 y좌표를 일일이 명시하다보니, 함수의 파라미터의 개수도 많고 전체적으로 코드가 복잡해 보인다.

이와 같은 상황에서 논리적으로 관련있는 항목(field)들을 하나의 이름으로 묶어서 사용하면 편한데, 이를 '구조체(struct)'라고 한다. 위와 같은 예제는 구조체(struct)를 사용하면 한결 깔끔하게 구현할 수 있다.

struct는 structure라는 의미

```
Structure is a user defined data type that allows to combine different
kinds of data items.

struct [structure name] {
   member variable definition;
   member variable definition;
   ...
   member variable definition;
} [one or more structure variables];
```

구조체(struct)는 다양한 타입의 변수들의 묶음, 배열(array)는 동일한 자료형들을 묶은 것이라고 볼 수 있다.

아래에서 '구조체 형(type)선언'과 '구조체 변수 선언' 예를 보자. 아래의 좌·우는 동일한 의미이다. 저자는 왼쪽 방식을 선호한다.

구조체형을 선언한 후 별도로 구조체 변수를 선언하는 경우	구조체 형의 선언과 동시에 구조체 변수를 선언하는 경우

`struct point{`
`        int x;`
`        int y;`
`};`
`struct point p1, p2;`
	`struct point{`
	`        int x;`
	`        int y;`
	`} p1, p2;`

여기서 x, y를 구조체 point의 멤버 변수(member variable)라고 한다. 그리고 구조체 형의 선언에는 꼭 마지막에 세미콜론을 적어야한다.

변수 p1, p2는 point 형 구조체 변수이다.

구조체 변수를 선언할 때는 이와 같이 struct 키워드를 꼭 써줘야 한다.

일단 구조체 형을 선언하고 해당 구조체의 변수를 선언하였다면 이를 어떻게 사용하는지 알아보자. 구조체의 멤버 변수를 참조하는 연산자는 2가지가 있다.

- 직접 멤버 참조 연산자(.):
- 간접 멤버 참조 연산자(->): 구조체 변수가 포인터 변수인 경우에 포인터 변수를 이용하여 접근할 때 사용한다.

구조체의 포인터 변수는 조금 복잡한 내용이다. 잠시 후에 살펴보자.

즉, 아래와 같이 구조체의 멤버 변수를 사용할 수 있다.

```
struct point{
        int x;
        int y;
};
struct point p1;

p1.x = 20;
p1.y = 10;
```

이제 앞의 코드를 구조체를 사용하는 것으로 변경해보자.

```
#include <stdio.h>

struct point{
        int x;
        int y;
};

void printCoordinate(struct point p){
        printf("%d,%d\n", p.x, p.y);
}

int isSameCoordinate(struct point p1, struct point p2){
        if (p1.x==p2.x && p1.y==p2.y) return 1;
        else return 0;
}

int main() {
        struct point p1, p2, p3;
```

구조체 안에서 사용하는 변수(여기서는 x와 y)를 멤버 변수라고 한다.

point라는 이름의 구조체의 선언. 구조체를 선언할 때는 마지막에 세미콜른을 꼭 붙여야 한다.

2차원 좌표를 넘겨주기 위해서 point 구조체 변수를 call-by-value로 넘겨준다.

구조체 변수가 동일한지 비교하기 위해서 이 문장을 p1==p2와 같이 사용할 수 없다. 주의하자!

구조체 변수의 멤버 변수를 사용하기 위해서는 p.x와 같은 방식을 사용한다. 즉, 구조체 변수 이름과 멤버 변수 사이에 dot를 사용한다. 이 dot를 "직접 멤버 참조 연산자"라고 한다.

point 형의 구조체 변수 p1, p2, p3 선언

```
    p1.x = 10;
    p1.y = 10;
    p2.x = 10;
    p2.y = 20;

    printCoordinate(p1);
    printCoordinate(p2);

    if ( isSameCoordinate(p1, p2)) printf("Same\n");
    else printf("Different\n");

    p3 = p1;
    printCoordinate(p3);

    return 0;
}
```

구조체는 아래와 같이 구조체 변수 선언과 동시에 초기화를 할 수도 있다.

struct point p1={10, 10};

이와 같이 x, y 좌표를 묶은 구조체 변수 하나만 파라미터로 넘겨주면 된다.

일반 변수와 동일하게 구조체 변수를 한꺼번에 통째로 대입할 수 있다.

```
10,10
10,20
Different
10,10
```

위 경우는 단지 2개의 변수를 한 묶음으로 만든 경우이지만, 더 많은 변수들을 묶는다면 함수에 파라미터를 넘겨줄 때 아주 많이 편하다는 사실을 느낄 수 있을 것이다.

구조체는 포인터 변수와 함께 사용하여 다양한 자료 구조를 만들어 사용할 수 있다. C에서 제공되는 기본 자료형만을 이용하면 코딩이 불편한 경우에 구조체를 사용하면 코딩이 편해질 수 있는데, 이러한 불편함을 구조체를 사용하면 어느 정도 해결할 수 있다. 이에 대한 내용은 자료 구조 등의 분야에서 많이 접하게 될 것이다. 그런데, 구조체를 사용할 때는 몇 가지 제약사항이 있다.

» 구조체 자신의 멤버로 구조체 자신을 사용할 수 없다.
» 구조체 선언에서 멤버 변수를 초기화할 수 없다. 구조체 선언은 새로운 형(type)을 선언하는 것이다.

구조체의 선언은 단순한 새로운 데이터 형의 선언이다. 따라서 구조체를 선언하면서 내부의 멤버 변수 값을 초기화할 수는 없다.

■ 구조체 변수와 일반 변수의 같은 점, 다른 점

같은 점:

구조체에서는 사용할 수 없는 기능도 있다. 이 내용은 바로 아래에 '다른점' 파트에서 모아서 살펴보자.

1. 구조체 변수는 일반 변수와 '대부분' 동일한 방법으로 사용할 수 있다. 함수의 파라미터로 전달하거나 반환받을 수 있고, 대입 연산도 가능하다.
2. 구조체의 배열을 사용할 수 있다. 사용법은 일반 변수와 동일하다.

예)

```
struct point{
    int x;
    int y;
};
struct point pixel[10];
pixel[0].x = 10;
pixel[0].y = 20;
```

3. 구조체 포인터 변수를 사용할 수 있다.

예)

```
struct point pixel;
struct point* p = &pixel;

(*p).x = 10;
p->x = 10;
```

이 두 문장은 동일한 의미이다. 연산자 '->'를 "간접 멤버 참조 연산자"라고 한다. 포인터가 가리키는 구조체 멤버 변수는 -> 연산자를 사용하면 편하다. 이 부분은 잠시 후에 자세히 살펴보자.

4. 구조체의 멤버 변수로 '다른 구조체 변수'를 사용할 수 있다.

구조체의 자신의 구조체 변수를 사용할 수는 없지만, 멤버 변수로 다른 구조체 변수는 사용할 수 있다.

예)

```
struct point{
   int x;
   int y;
};

struct circle {
   struct point center;
   int radius;
};
struct circle c1 = { {10,20}, 50};
```

circle이라는 구조체 형에서 point 구조체 변수를 멤버 변수로 사용하고 있다.

다른 점:

1. 아래와 같이 구조체 변수 사이에 비교 연산자를 사용할 수 없다. 그리고 구조체 변수 사이의 사칙 연산도 사용할 수 없다.

   예)

```
struct point p1={10, 20};
struct point p2={10, 30};
struct point p3;

if (p1==p2) printf("equal");
p3 = p1 + p2;
```

이렇게 사용할 수 없다.

■ 함수의 파라미터로 사용되는 구조체

위의 예와 같이 구조체 변수를 함수의 파라미터로 넘겨 줄 때는 일반적인 변수와 같이 call-by-value로 복사된다.

```
#include <stdio.h>

struct point{
        int x;
        int y;
};

void printCoordinate(struct point p){
        printf("%d,%d\n", p.x , p.y);
}

struct point moveCoordinate(struct point p1){
        p1.x += 10;
        p1.y += 10;

        return p1;
}

int main() {
        struct point p1={10, 10}, p2;

        p2 = moveCoordinate(p1);
        printCoordinate(p2);

        return 0;
}
```

```
20,20
```

구조체 변수를 파라미터로 사용 가능

point 구조체 변수를 파라미터로 받아서, 멤버 변수들의 값을 변경한 후 반환하는 함수다.

구조체 형을 함수의 반환형으로 사용할 수 있다.

moveCoordinate( ) 함수에서 반환된 구조체 값을 다른 구조체 변수에 대입

그러나 구조체의 멤버 변수가 많은 경우는 call-by-value로 파라미터를 전달하면, 함수 호출시에 구조체 파라미터를 복사하는데 공간적, 시간적으로 낭비가 많기 때문에 call-by-reference로 전달하는 경우가 많다. 이를 위해서 구조체 포인터 변수를 사용하면 된다.

아래의 코드는 동일한 기능을 수행하는 함수를 하나는 call-by-value로, 다른 하나는 call-by-reference로 구현한 코드이다.

```
#include <stdio.h>

struct student{
	int id;
	char name[20];
	int grade;
};

void printStudentCallByValue(struct student s);
void printStudentCallByReference(struct student* s);

int main() {
	struct student me={103405, "HongGilDong", 1};
	struct student someone;
	struct student *who;

	printf("%d %20s %d\n", me.id, me.name, me.grade);

	someone = me;
	printf("%d %20s %d\n", someone.id, someone.name, someone.grade);

	who = &me;
	printf("%d %20s %d\n", who->id, who->name, who->grade);

	printStudentCallByValue(me);
	printStudentCallByReference(&me);

	return 0;
}
```

student라는 이름의 구조체 선언

구조체 변수를 call-by-value로 파라미터를 전달받는 함수

구조체 변수를 call-by-reference로 파라미터를 전달받는 함수

구조체 변수의 선언과 초기화

구조체 포인터 변수 선언

구조체 멤버 변수들을 하나하나 출력

구조체 대입문 사용

구조체 포인터 변수 who에 구조체 me의 주소 대입

구조체 포인터 변수를 사용할 때는 간접 멤버 참조 연산자를 사용하여 멤버 변수를 사용한다.

call-by-value로 구조체 전달

call-by-reference로 구조체 전달

```
void printStudentCallByValue(struct student s){
        printf("%d %20s %d\n", s.id, s.name, s.grade);
}

void printStudentCallByReference(struct student* s){
        printf("%d %20s %d\n", s->id, s->name, s->grade);
}
```

포인터로 파라미터를 전달받을 때는 간접 멤버 접근 연산자인 ->을 사용해야 한다.

```
103405          HongGilDong 1
103405          HongGilDong 1
103405          HongGilDong 1
103405          HongGilDong 1
103405          HongGilDong 1
```

구조체 멤버 변수를 하나하나 스택(stack)에 복사하는 것보다, 구조체의 시작 주소를 넘겨주면 되기 때문이다.

구조체를 call-by-reference로 함수의 파라미터로 전달하면 구조체 파라미터 전달 속도와 메모리가 절약되는 장점이 있다. 그러나 call-by-reference로 전달하면 callee에서 값을 수정할 수 있기 때문에, 구조체를 call-by-reference로 전달하고 호출된 함수에서 파라미터의 값을 변경하지 않는 (변경할 필요가 없는) 경우에는, 아래와 같이 구조체 파라미터를 const로 선언하는 것이 안전하다.

```
void printStudentCallByReference(const struct student* s){
        printf("%d %20s %d\n", s->id, s->name, s->grade);
        s->id += 10;
}
```

파라미터를 const로 선언함으로써 call-by-reference로 넘겨주긴 했지만 호출된 함수에서 파라미터를 변경할 수 없다.

이 부분에서 에러가 발생한다. 파라미터가 const 형이기 때문이다.

error: assignment of member 'id' in read-only object
  s->id += 10;
     ^

typedef


```
The C programming language provides a keyword called typedef, which we
can use to give a type a new name.
```

typedef를 이용해서 기존에 사용하는 데이터 형에 새로운 이름을 붙일 수 있다. 이렇게 typedef를 사용하면 코드가 읽기 쉬워진다. 사용법은 아래와 같다.

```
typedef     기존 데이터형     새이름
```

C에서는 문자열 변수형을 제공하지 않는데, 아래와 같이 typedef를 이용하면 char * 형을 문자열 타입으로 사용할 수 있다.

```
#include <stdio.h>

typedef char* String;

int main() {
        String msg = "Hello World !";

        printf("%s", msg);

        return 0;
}
```

실행 결과:

```
Hello World !
```

char* 형을 String으로 정의한다. C에서 기본적으로 제공되는 타입과 시각적으로 쉽게 구별하려고 첫 글자를 대문자로 사용해서 String으로 사용하였다.

String 자료형으로 msg 변수를 선언하였다.

열거형 데이터 타입은 아직 설명하지 않았다.

typedef는 기본 자료형 뿐만 아니라 파생 자료형(구조체(struct), 공용체(union), 열거형(enum) 등)도 사용할 수 있다.

struct point 형을 Point 형으로 typedef. 이렇게 typedef 하고 나면 구조체 변수를 선언할 때 아래와 같이 편하다.

Point p1 = {10, 20};

이제 Point를 일반적인 자료형처럼 사용할 수 있다.

```
#include <stdio.h>

struct point{
        int x;
        int y;
};
typedef struct point Point;

int main() {
        Point p1 = {10, 20};

        printf("%d %d", p1.x, p1.y);

        return 0;
}
```

```
10 20
```

위와 같은 경우는 아래와 같이 구조체를 선언함과 동시에 typedef로 구조체 형(struct point)을 새로운 형(Point)으로 선언해도 된다.

```
typedef struct point{
        int x;
        int y;
} Point;

Point p1 = {10, 20};
```

■ 자기 참조 구조체(self reference structure)

자기 참조 구조체란 구조체의 멤버 변수로 구조체 자신의 포인터 변수를 가지는 구조를 말한다.

문장이 조금 어렵다고 느껴질 것이다. 구조체의 멤버 변수로 자신의 구조체를 사용할 수는 없지만, 자신의 구조체의 포인터 변수는 사용할 수 있다.

아래와 같은 모양을 자료 구조에서 연결 리스트(linked list) 구조라고 한다. 여러 개의 노드(node)들이 화살표에 의해서 연결된 구조라는 의미이다.

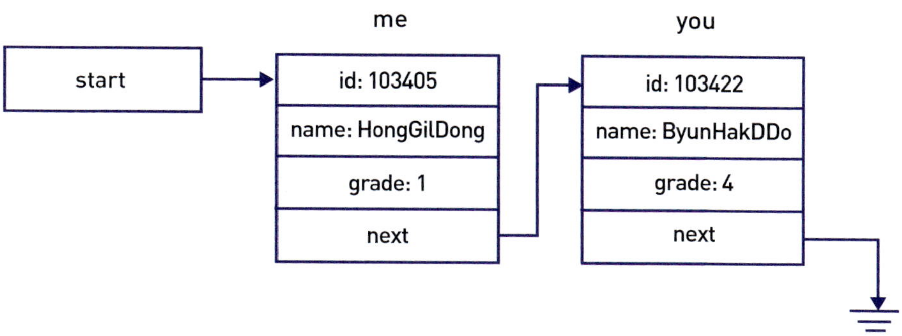

연결 리스트 구조는 개수가 동적으로 변하거나 자료의 삽입이나 삭제가 빈번한 작업에서 배열에 비해서 장점이 있기 때문에 많이 사용되는 구조이다. 연결 리스트에서 하나하나의 인스턴스를 노드(node)라고 한다. 위는 2개의 노드가 있는 연결 리스트이다.

배열은 배열 중의 항목을 삭제하거나 배열 중간에 항목을 추가하기 쉽지 않다. 삭제나 추가에 따라서 전체 항목들을 이동해야하기 때문이다.

위와 같은 연결 리스트를 구조체와 구조체 포인터를 이용해서 구현해보자.

```
#include <stdio.h>

struct student{
        int id;
        char name[20];
        int grade;
        struct student *next;
};

void printStudent(struct student* s){
        while( s!=NULL) {
                printf("%d %20s %d\n", s->id, s->name, s->grade);
                s=s->next;
        }
}

int main() {
        struct student me={103405, "HongGilDong", 1, NULL};
        struct student you={103422, "ByunHakDDo", 4, NULL};

        me.next = &you;
        struct student* start = &me;

        printStudent(start);

        return 0;
}
```

```
103405          HongGilDong 1
103422          ByunHakDDo 4
```

구조체 포인터 변수로써 다음 노드를 가르키는 역할을 한다.

printStudent( ) 함수는 연결 리스트를 따라가면서 마지막 항목까지 모두 출력하는 함수이다.

구조체 포인터 변수 s가 가르키는 것이 없으면(즉, 마지막 노드 출력을 마치면) 반복문을 종료한다.

다음 노드로 포인터를 옮긴다.

포인터에서의 NULL 값은 가르키는 대상이 없음을 의미한다.

이로써 구조체 포인터 변수 me 변수는 you 변수를 가르키게 된다. 위의 그림가 같은 형태를 띠게 된다.

s가 구조체 포인터 변수이니까 간접 멤버 참조 연산자 ->를 사용한다.

student 구조체 타입을 가르키는 구조체 포인터 변수 start는 연결 리스트의 시작 노드를 가르킨다.

총알 쏘기 구현

이제부터는 구조체를 이용하여 총알 쏘기를 구현할 것이다. 총알의 x, y축 좌표가 구조체의 멤버 변수가 된다. 아래의 총알 쏘기 프로그램은 조금 복잡하다. 그래서 아래에 사용되는 4개 함수의 개괄적인 설명을 먼저 살펴보자.

함수	설명
initBullet( )	총알 배열 데이터 초기화
updateBullet( )	총알의 위치 변경
addBullet(int x, int y)	발사된 새로운 총알의 좌표를 총알 배열에 보관
drawBullet( )	총알 그리기

아래의 코드는 지금까지의 코드에 추가해야 하는 부분이다. 기존의 코드는 잘 남기고 추가해보자.

기존의 벽돌 깨기 소스에 아래를 추가하자.

```
#include "ofApp.h"

struct bulletType {
        int x;
        int y;
        int visible;
};

struct bulletType bullet[100];

void initBullet();
void updateBullet();
void addBullet(int x, int y);
void drawBullet();

void ofApp::setup() {

        ~~~~
```

발사된 총알의 좌표를 저장하기 위한 총알 위치의 x축과 y축 좌표. 멤버 변수 visible은 총알이 화면에 보여야하는지 아니면 화면 밖을 벗어나서 더 이상 유효한 총알이 아닌지 여부를 저장한다. 무슨 말인지 어렵다면 일단 무시하고 넘어가자.

구조체 변수 선언. 배열의 크기는 100칸으로 잡았다. 화면에 보이는 총알이 최대 100개까지만 가능하다는 의미. 그럼, 총알을 최대 100개 밖에 사용하지 못한다는 말일까?

총알과 관련된 함수 선언(declaration)

나머지 부분은 수정하지 않고 총알 관련 부분만 마지막 부분에 추가한다.

```
        // setup( ) 함수 마지막에 initBullet( ) 함수호출
        initBullet();
}

//--------------------------------------------------------------------
void ofApp::update() {

        ~~~~
        // update( ) 함수 마지막에 updateBullet( ) 함수 호출
        updateBullet();
}

//--------------------------------------------------------------------
void ofApp::draw() {

        ~~~~
        // draw( ) 함수 마지막에 drawBullet( ) 함수 호출
        drawBullet();
}

//--------------------------------------------------------------
void ofApp::keyPressed(int key){
        addBullet(padX+padWidth/2, ofGetHeight()-RACQUETPOS);
}

// 총알 배열 변수 초기화
void initBullet() {
        int i;

        for (i = 0; i<100; i++) {
                bullet[i].x = 0;
                bullet[i].y = 0;
                bullet[i].visible = 0;
        }
}

// 총알의 좌표 변경 및 벽이나 벽돌과의 충돌 감지
void updateBullet() {
        int i, x, y;
```

keyPressed( ) 함수는 특정 키가 눌리면 자동으로 실행되는 openFrameworks 함수이다. 키보드의 키가 눌리면 addBullet( ) 함수 호출. 라켓의 위치의 x, y 좌표를 총알의 시작 위치로 설정한다. 현재는 아무 키나 누르면 총알이 발사된다.

총알 관련 데이터의 초기화 부분. 현재는 좌표값에 상관없이 visible이 0이므로 모두 유효하지 않은 총알이다. 아직 발사된 총알이 없는 상태이니까.

update( ) 함수에서 주기적으로 총알의 좌표를 업데이트하기 위해서 호출되는 함수이다. 총알을 조금씩 화면의 상단으로 옮겨주고, 총알이 화면의 상단을 벗어나면 더 이상 그려주지 않도록 visible[ ] 값을 0으로 저장한다.

```
        for (i = 0; i<100; i++) {
            if (bullet[i].visible == 1) {
                bullet[i].y -= 10;
                x = bullet[i].x;
                y = bullet[i].y;
                if (bricks[y/BRICKHEIGHT][x/BRICKWIDTH] == 1) {
                    bricks[y/BRICKHEIGHT][x/BRICKWIDTH] = 0;
                    bullet[i].visible = 0;
                }
                if (bullet[i].y < 0) {
                    bullet[i].visible = 0;
                }
            }
        }
}

// 키보드가 눌리면 총알 발사
void addBullet(int x, int y) {
        int i;

        for (i = 0; i<100; i++) { // 모든 총알에 대하여…
            if (bullet[i].visible == 0) {
                bullet[i].x = x;
                bullet[i].y = y;
                bullet[i].visible = 1;
                break;
            }
        }
}

// 모든 총알 중에서 활성화된 총알을 그린다.
void drawBullet() {
        int i;

        for (i = 0; i<100; i++) {
            if (bullet[i].visible) ofCircle(bullet[i].x, bullet[i].y, 3);
        }
}
```

모든 총알에 대하여

유효한 총알이면…

해당하는 총알을 위쪽으로 10픽셀 옮겨주고

총알이 벽돌에 맞으면…

벽돌을 깨고

총알을 비 활성화한다.

총알이 위쪽 벽에 닿으면…

총알을 비 활성화한다.

처음부터 총알은 100개를 사용할 수 있도록 배열을 지정하였다. 따라서 화면을 벗어난 총알을 위한 메모리 공간을 새로이 발사된 총알을 위해서 '재활용'하여 사용한다.

즉, 화면 상에 보이는 총알의 개수가 최대 100개 이하이면 이 프로그램은 무리 없이 돌아간다.

사용하지 않는 총알 저장 공간이면…

'break'라는 명령어는 for(;;), while, switch( ) 문을 벗어나는 명령어이다. 따라서, 이 경우에는 if 문의 조건이 만족하면 for(;;) 문을 벗어나서 addBullet 함수를 종료하게 된다

살아있는 총알이면…

실전 연습 문제 #12(구조체)

1. 구조체를 배우기 전에 앞에서 한번 다루었던 문제이다. 프로그래밍 교재에서 주로 다루는 연습 문제가 성적 처리 문제이다. 5명의 이름과 성적을 입력 받고, 이를 배열로 저장해서 평균, 최고 점수, 최저 점수 등을 구하시오. 이를 구조체를 이용해서 프로그래밍하시오. 구조체 배열을 사용해야 합니다.

2. 위의 1번 문제에서, 평균, 최고 점수, 최저 점수 등의 계산해서 반환하는 함수를 구현하시오. 파라미터로 구조체 배열을 call-by-reference(const로)로 넘겨주는 함수를 구현해야 합니다.

벽돌의 배치를 맵으로 만들자: 파일 입·출력

게임이 진행되는 경기장을 보통 게임 맵(game map)이라고 한다. 아래와 같이 대부분의 게임들은 사용자에게 게임 맵을 스스로 제작할 수 있는 기능을 제공하고 있다. 이런 프로그램을 게임 맵 에디터(game map editor)라고 한다.

현재 이 책의 벽돌 게임은 소스 프로그램 내부에서 2차원 배열로 맵을 관리하고 있다. 즉, 지금까지의 구현 방법으로는 아래와 같은 벽돌 초기화 루틴을 사용하기 때문에 벽돌을 자유롭게 배치하기 쉽지 않고, 지금은 2차원 사각형 모양으로만 벽돌을 배치할 수 있는 상황이다.

```
for (j = 0; j < BRICKLINE; j++) {
   for (i = 0; i < BRICKNO; i++) {
      bricks[j][i] = 1;
   }
}
```

아래의 그림을 보자. 아래 그림은 게임 시작 시에 조금씩 변형된 형태의 벽돌 배치를 보인다. 이런 벽돌 배치를 하려면 어떻게 하면 될까? 물론 위의 소스 코드를 그때그때 변경해서 프로그램을 다시 실행하면 된다. 그렇지만 이는 너무 번거로운 작업이다.

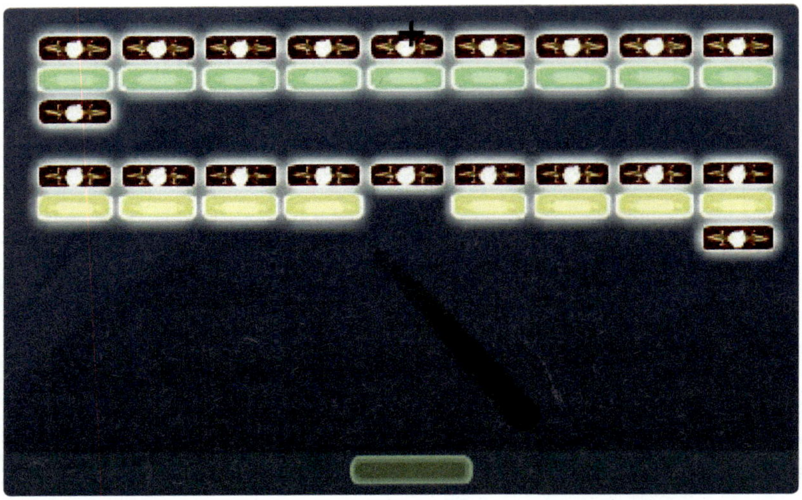

일반적인 상용 게임의 그래픽 게임 맵 에디터에는 못 미치지만, 텍스트 파일로 게임 맵을 구성하고, 프로그램이 시작할 때, 파일의 내용대로 벽돌을 배치해보자.

이를 위해서 C 언어를 이용한 파일 입력 기능을 공부해보자. 즉, 파일에 벽돌 배치와 관련된 게임 맵을 저장해두고 프로그램에서 이 맵을 읽어들여서 화면에 벽돌을 배치할 것이다.

표준 입·출력 정리

프로그래밍할 때는 기본적으로 데이터의 입·출력 기능이 필요하다. 이제까지 보았던 예제들은 소량의 데이터라서 키보드로 값을 입력받고, 모니터 화면으로 출력하는 프로그램이었지만, 실제는 파일로부터 한꺼번에 데이터를 입력받아 처리 및 출력하게 된다.

프로그램이 입·출력을 수행하게 되는 장치는 모니터, 키보드, 파일, 프린터 등 다양하게 있다. 다양한 입·출력 장치들마다 별도의 입·출력 방식을 사용한다면 불편할 것이다. 그래서 C 언어에서는 스트림(stream)이라는 개념을 사용하여 장치의 종류에 상관없이 동일한 방법으로 입·출력을 할 수 있게 해준다.

스트림(stream)

'스트림(stream)'이란 것은, 단어 뜻 그대로 "연속된 바이트(bytes)의 흐름"으로써 입·출력 장치와 프로그램을 연결하는 채널이라고 생각하면 된다. 스트림이라는 개념을 사용하는 이유는 컴퓨터의 주변 장치가 아주 다양하기 때문에, 모든 주변 장치에 대해서 일관된 하나의 논리적 개념으로 스트림을 정의함으로써 보다 간결하고 쉽게 처리하기 위해서이다.

다양한 스트림 중에서 "표준 입·출력 스트림(standard input/output stream: stdio stream)"은 프로그램이 시작될 때 자동으로 만들어지고 프로그램이 종료될 때 자동으로 소멸된다. 우리가 printf( ) 함수를 사용하면 표준 출력 스트림(stdout stream)을 사용하는 것이다.

- stdin: 표준 입력 스트림
- stdout: 표준 출력 스트림
- stderr: 표준 에러 스트림: 에러 메시지가 기본적으로 출력되는 스트림

아래의 스트림들은 stdout 스트림처럼 프로그램이 시작되면 자동으로 개방되는 스트림들이다. 따라서 이러한 스트림들을 이용한 입·출력은 별도로 스트림 사용을 개시하는 일을 할 필요없이 바로 사용하면 된다.

프로그램이 시작되면 자동으로 개방되는 파일 스트림

스트림 이름	입·출력 장치	입·출력 모드	스트림의 기능	윈도우 운영체제의 파일명
stdin	키보드 입력	텍스트	표준 입력	CON
stdout	모니터 출력	텍스트	표준 출력	CON
stderr	모니터 출력	텍스트	표준 에러	CON
stdprn	프린터 출력	이진(binary)	프린터 출력	PRN, LPT
stdaux	표준 보조 입·출력	이진(binary)	보조 입·출력	AUX, COM

표준 입·출력 함수 중에서 printf( ) 함수와 scanf( ) 함수는 많이 사용해보았다. 이외에도 '문자 단위의 입·출력 함수'와 '문자열 단위의 입·출력 함수'들이 있다. 아래를 참고하자. 간단한 예를 통해서 함수의 사용법을 알 수 있을 것이다.

표준 입·출력 함수

종류	입력 함수	출력 함수
문자 단위	int getchar() 예) char ch; ch = getchar();	int putchar(int c) 예) putchar('A');
문자열 단위	char *gets(char *buf) 예) char buf[100]; gets(buf);	int *puts(const char *buf) 예) char buf="Hello"; puts(buf);
포맷 입·출력	int scanf(const char *format [, argument] …)	int printf(const char *format [, argument]…)

6

텍스트 파일 입·출력 함수

파일에는 2가지 종류가 있고, 이 두 가지 파일의 입·출력 방법이 조금 다르다. 이 교재에서는 텍스트 파일 입·출력 방법만 살펴보자.

- 텍스트 파일(text file): 인쇄가 가능한 문자들로 구성된 파일이다. 텍스트 파일은 줄 바꿈 문자(\n)로 줄의 끝을 표현한다.
- 이진 파일(binary file): 일반 문서 편집기로는 볼 수 없는 형식의 데이터로 구성된 파일이며, 파일의 처음부터 끝까지 데이터가 연속적으로 연결되어 있다. 이진 파일 입·출력에는 fread( ) 함수와 fwrite( ) 함수를 사용한다. 실행 파일, 그림 파일 등이 이에 해당한다.

텍스트 파일 입·출력 함수는 다음과 같다. 표준 입·출력 함수와 유사한데, 이름이 조금씩 다르다.

함수들의 이름은 표준 입출력 함수와 유사하다. 제일 앞에 file을 의미하는 f가 붙고, 각 함수의 파라미터에 FILE 포인터 변수가 추가되는 것이 다르다. 자세한 사용법은 바로 이어진다.

텍스트 파일 입·출력 함수

종류	입력 함수	출력 함수
문자 단위	int fgetc(FILE *fp) 반환값: • success: 읽은 문자 개수(파일 끝을 읽으면 EOF(End Of File) 반환) • fail: 0	int fputc(int ch, FILE *fp) 반환값: • success: 쓴 문자 개수 • fail: 0
문자열 단위	char *fgets(char *buf, int n, FILE *fp) 반환값: • 파일의 끝에 도달하거나 오류가 발생하면 NULL	char *fputs(const char *buf, int n, FILE *fp)
포맷 입·출력	int fscanf(FILE *fp, …)	int fprintf(FILE *fp, …)

■ 파일 새로 만들어서 문자 쓰기

표준 입출력 스트림은 프로그램 시작과 동시에 자동 개방되지만, 파일을 이용한 입출력은 사용하기 전에 스트림을 생성해야하고, 다 사용한 후에는 스트림을 닫아야한다.

파일 입·출력을 위해서는 아래의 절차를 따라야 한다.

» 파일을 열기 위해서 스트림을 생성(fopen)하고,

» 파일에 입·출력 작업을 한 다음,

» 모든 입·출력이 끝나면 파일을 닫아야 한다(fclose).

```
FILE *fopen(const char *name, const char *mode);
```

mode: 파일 입출력 모드이다. 파일을 읽을지 쓸지 등을 결정한다.

기능:
파라미터로 넘겨받는 파일 이름(name)을 mode에 따라 파일 오픈한다.

FILE 입·출력 모드:

모드	기능	파일이 없을 경우
r	읽기 모드(read mode): 파일의 처음부터 읽기	에러
w	쓰기 모드(write mode): 파일의 처음부터 쓰기. 기존 파일이 있으면 기존의 내용은 지워짐.	생성
a	추가 모드(append mode): 기존 파일의 끝에 쓰기	생성
r+	읽기/쓰기 가능: 파일의 처음부터 읽기와 쓰기	에러
w+	읽기/쓰기 가능:	생성
a+	읽기/추가 가능: 기존 파일이 있으면 쓰기는 파일의 끝에 추가, 읽기는 rewind( ) 함수를 이용하여 파일의 처음부터 읽기.	생성

모드의 +기호는 읽기와 쓰기가 가능한 스트림을 형성함을 의미한다. 읽기와 쓰기가 모두 가능해서 편할 수도 있지만 권장하지 않는다. 읽거나 쓰는 위치가 헷갈릴수도 있고 메모리 버퍼를 비워줘야 하는 등의 작업이 필요하기 때문이다.

예제:

```
FILE *fp = NULL;

fp = fopen("sample.txt", "w");
…
…
fclose(fp);
```

FILE *fp = NULL: 파일 구조체 포인터 변수 fp를 선언하고 NULL로 초기화한다.

fopen( ): 스트림을 생성하는 함수

fclose( ): 스트림을 닫는 함수

아래의 코드는 새로운 파일을 생성하고, 파일에 문자를 출력하는 프로그램이다.

```
#include <stdio.h>

int main() {
	FILE *fp = NULL;

	//fp = fopen("sample.txt", "w");
	fopen_s(&fp, "sample.txt", "w");

	if (fp == NULL) {
		printf("파일 열기 실패");
		return 1;
	}
	fputc('a', fp);
	fputc('b', fp);

	fclose(fp);

	return 0;
}
```

FILE* fp: fp를 파일 포인터라고 한다. 파일 스트림을 가리키는 포인터 변수이다.

파일을 오픈한다. 새로 스트림을 생성하는 의미이다. Vusual Studio 2015를 사용하면 아래와 같은 에러가 나온다.

'fopen': This function or variable may be unsafe. Consider using fopen_s instead. To disable deprecation, use _CRT_SECURE_NO_WARNINGS. See online help for details.

보안상 fopen( ) 대신 fopen_s( )를 사용하라는 것이다. 아래와 같이 사용하자.

fopen_s(&fp, "sample.txt", "w");

scanf( ) 함수 대신 scanf_s( ) 함수를 사용하는 것과 동일한 이유다.

파일 오픈 실패

하나의 문자를 fp 스트림으로 출력한다.

스트림 종료

위와 같이 프로그래밍을 하고 실행한 후에, sample.txt 파일을 파일 탐색기에서 열어보자. 파일에 문자 ab가 적혀 있어야 한다.

■ 기존 파일 읽기

아래는 기존 파일을 읽기("r") 모드로 오픈하고, 하나의 문자씩 읽어서 화면에 출력하고, 그 이후에도 다양한 방법으로 파일을 읽어 들이는 예제이다. 잘 살펴보자.

```
#include <stdio.h>

int main() {
        FILE *fp = NULL;
        int c;
        int no;
        char line[100];

        fopen_s(&fp, "sample.txt", "r");
        if (fp == NULL) {
                printf("파일 열기 실패");
                return 1;
        }
        no = 0;
        while ((c = fgetc(fp)) != EOF) {
                putchar(c);
                no++;
        }
        fclose(fp);
        printf("The number of characters which are read is %d", no);

        fopen_s(&fp, "sample.txt", "a");
        fputs("This is fputs test 1.\n", fp);
        fputs("This is fputs test 2.\n", fp);
        fputs("This is fputs test 3.\n", fp);
        fclose(fp);

        fopen_s(&fp, "sample.txt", "r");
        while (fgets(line, 100, fp) != NULL) {
                puts(line);
        }
        fclose(fp);

        return 0;
}
```

파일로부터 입력받는 문자를 저장할 변수. fgetc( ) 함수는 문자를 문자형이 아닌 정수형으로 반환한다.

fgetc( ) 함수는 int 형을 반환한다.

표준 출력 장치에 문자 출력.

읽은 문자 수 카운트

EOF: End of File, 즉 파일 끝을 의미한다. 즉, 이 반복문은 파일 끝까지 하나의 문자씩 읽어서 화면에 출력한다.

다시 해당 파일을 추가 모드(a)로 오픈한다. 파일의 끝에 문자열을 추가한다.

파일에 문자열을 출력하는 함수

다시 해당 파일을 읽기 모드(r)로 오픈해서 문자열 단위로 읽어서 화면에 출력한다.

표준 출력 장치에 문자열을 출력하는 함수

fgets( )와 fputs( )는 파일을 이용한 문자열(string) 입·출력 함수.

■ 파일 입출력 다양한 활용 예제


```
#include <stdio.h>

int main() {
        FILE *fp = NULL;
        int c;
        int no;
        char line[100];

        fp = fopen("sample.txt", "w");
        if (fp == NULL) {
                printf("파일 열기 실패");
                return 1;
        }

        fprintf(fp, "This is fprintf test\n");
        fputs("This is fputs test 1.\n", fp);
        fputc('A', fp);
        fclose(fp);

        fp = fopen("sample.txt", "r");
        if (fp == NULL) {
                printf("파일 열기 실패");
                return 1;
        }

        fgets(line, 100, fp);
        printf("%s", line);

        while (fscanf(fp, "%s", line) != EOF) {
                printf("%s\n", line);
        }
        getchar();
        fclose(fp);

        return 0;
}
```

fgets( ) 함수는 공백 여부에 상관없이 한 줄을 읽어 들인다.

fscanf("%s", …)는 빈칸으로 구분되는 단어를 하나의 문자열로 입력받는다.

콘솔 창이 종료되는 것을 막기 위해서 사용한 함수(사용자의 문자 입력을 기다리면서 프로그램이 종료되지 않는다).

fgets( ) 함수에 의해 한 줄이 문자열로 입력되어서 화면에 출력된 결과.

```
This is fprintf test
This
is
fputs
test
1.
A
```

fscanf( ) 함수에 의해 각 단어별로 입력된 문자열의 화면 출력 결과

벽돌 게임에 접목

지금부터는 텍스트 파일로 벽돌들의 맵을 만들어 놓고, 프로그램이 시작할 때 맵 파일을 불러오는 방식으로 변경할 것이다.

C라는 글자를 의미하도록 맵을 만들었다.

[파일 입력을 통한 벽돌 맵 구성]

즉, 텍스트 파일을 작성한 후, 이를 프로그램에서 읽어 들여서 해당하는 곳의 숫자가 1이면 벽돌이 존재, 0이면 벽돌이 존재하지 않는 것으로 벽돌 배열을 초기화하는 기능을 구현해보자.

1. Visual Studio에서 텍스트 파일을 추가해보자: [솔루션 탐색기] → [소스 파일] → [오른쪽 마우스 클릭] → [추가] → [새 항목] → [Visual C++] → [유틸리티] → [텍스트 파일(.txt)] → [이름: map.txt] → [추가 버튼 클릭]

   이렇게 하면 솔루션 탐색기 창에 아래와 같이 map.txt라는 이름의 파일이 생성된 것을 확인할 수 있다.

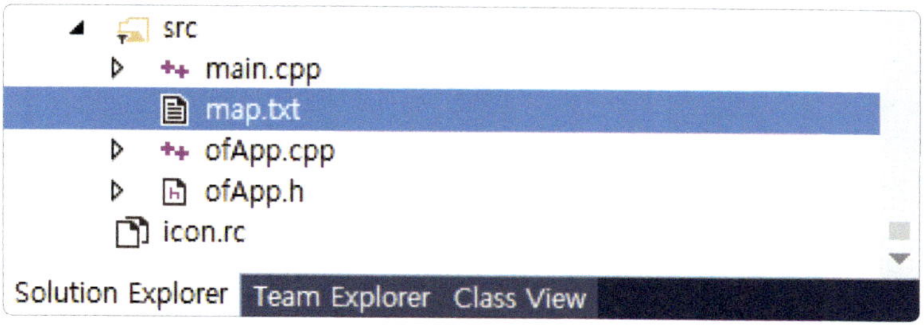

2. Visual Studio에서 map.txt를 클릭하면 Visual Studio에서도 편집 및 저장이 가능하다. 아래와 같이 8줄, 32칸을, 1 또는 0으로 벽돌을 배치해보자. 문자 사이사이에 공백을 넣지 않는다.

외부에서 메모장 등의 프로그램을 이용해서 map.txt 파일을 수정해도 된다.

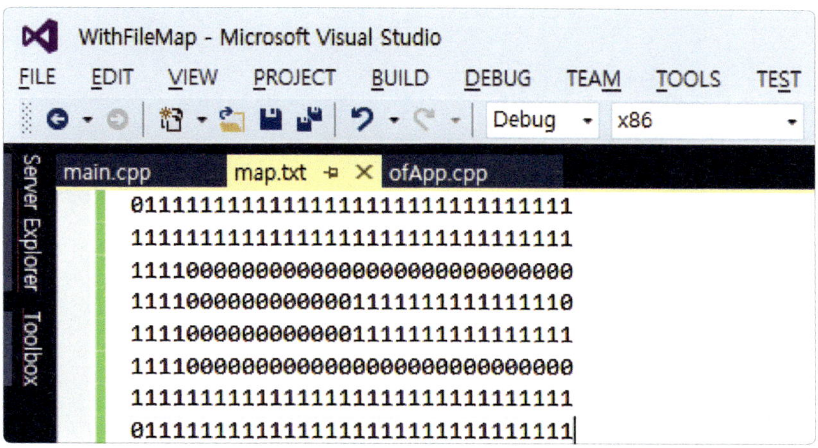

3. 이제 파일 입력을 이용하여 게임 맵을 읽어들이는 부분을 구현해보자. 아래의 프로그램은 "map.txt" 파일에 8줄에 걸쳐 적혀 있는 벽돌의 배치 모양을 읽어 들이는 부분이다. 아래의 mapRead( ) 함수를 ofApp.cpp 파일에 추가하고, setup( ) 함수의 후반부를 조금 수정하자.

파일 이름과 입력받은 문자를 저장할 정수형 2차원 배열변수를 파라미터로 받는다.

입력받은 문자 c에 48을 빼는 이유는 문자 '0'의 ASCII 값이 48이기 때문에 문자 '0'에서 48을 빼야지 숫자 0이 되기 때문이다. 문자 '1'의 ASCII 값는 49.

라인 끝의 줄 바꿈 문자를 읽어들이기 위해서, 한 줄의 끝에서 fgetc( )를 한다.

```
int mapRead(char *inputFile, int buffer[][BRICKNO]) {
        FILE *fp = NULL;
        int c;
        int i, j;

        fopen_s(&fp, inputFile, "r");

        if (fp == NULL) {
                printf("파일 열기 실패");
                return 1;
        }

        for (i = 0; i < BRICKLINE; i++) {
                for (j = 0; j < BRICKNO; j++) {
                        if ( (c=fgetc(fp)) == EOF) return 0;
                        else buffer[i][j] = c-48;
                }
                fgetc(fp);
        }
        fclose(fp);

        return 0;
}

void ofApp::setup() {
        int i, j;

        ofSetWindowTitle("2D Brick Break Out Game");
        ofSetWindowShape(1024, 768);
        ofSetFrameRate(40);
        ofBackground(ofColor::white);
        ofSetColor(ofColor::black);
        ofSetLineWidth(1);
        ofFill();
```

```
        xPos = ofGetWidth() / 2;
        yPos = ofGetHeight() / 2;
        xDir = yDir = ballSpeed;
        padX = 30;
        padWidth = 200;

        for (j = 0; j < BRICKLINE; j++) {
                for (i = 0; i < BRICKNO; i++) {
                        bricks[j][i] = 1;
                }
        }

        if (mapRead("map.txt", bricks) == 1) {
                printf("File read error !\n");
                exit();
        }

        initBullet();
}
```

프로그램을 종료하는 C 함수

수정된 부분. mapRead( ) 함수가 파일 읽기에 실패하면 1을 반환한다.

실전 연습 문제 #13(파일 입·출력)

일단 먼저 최소값 1개만 출력하는 프로그램을 먼저 완성해보세요.

1. 파일에서 10개의 서로 다른 숫자를 fscanf( )를 이용하여 읽어 들이고, 이 중에서 가장 작은 숫자 2개를 출력하시오. 이 2개의 숫자의 순서는 상관없다. 입력되는 숫자는 정수(음수 포함)이다. 또한 입력 데이터에서 이 최소값 2개를 제외한 합의 결과를 출력하시오.

   입력 파일 예) 12 13 –123 11 0 34 22 1 21 99

   출력 예) 출력은 아래와 같은 형식으로 모니터에 출력하시오.

   입력 데이터: 12 13 –123 11 0 34 22 1 21 99

   최소 데이터 3개: –123 0

   최소값을 뺀 데이터: 12 13 11 34 22 1 21 99

   최소값을 뺀 데이터의 합: 213

2. 위의 문제를 10개 숫자 모두를 오름 차순(숫자가 커지는 순서)으로 출력하시오. 이러한 문제를 일반적으로 정렬 알고리즘(sorting algorithm)이라고 한다. 쉬운 문제는 아니다.

3. 파일에서 아래와 같은 데이터를 입력받고, 입력받은 레코드들 중에서 미디어학부 학생의 레코드를 "먼저" 출력하시오. 입력 데이터의 개수는 가변으로 할 수 있어야 함. 즉, 입력되는 레코드의 개수는 변할 수 있다는 의미이다. 프로그래밍을 위해서 구조체(struct)를 꼭 사용하세요. 입력받는 레코드(항목)의 개수는 최소 10개 이상으로 본인이 파일로 만들어서 사용하세요.

   입력 파일 예) 학번, 이름, 학과이름

   ```
   110100  이하늘    컴퓨터학부
   120110  홍아무개  미디어학부
   100001  이바다    정통전
   120100  홍길동    미디어학부
   ...
   ```

6

출력 예) 출력은 아래와 같은 형식으로 모니터에 하세요.

```
120110  홍아무개  미디어학부
120100  홍길동    미디어학부
110100  이하늘    컴퓨터학부
100001  이바다    정통전
```

4. 위의 3번 문제를 아래와 같이 수정하시오.

A. 파일 입력을 마친 후 사용자에게 메시지를 출력하여서 어떤 항목으로 검색을 할지 묻는다.(예: 1은 학번, 2는 이름, 3은 학부이름으로 검색)

B. 그에 따라 사용자가 원하는 값을 입력하면(예, 이름으로 검색하는 경우 '미디어학부'를 입력하면 미디어학부 모두 출력)

C. 사용자가 원하는 레코드를 출력한다.

D. 위의 동작을 사용자가 종료하기를 원할 때까지 반복 수행한다.

이를 위해서는 5장에서 간략하게 소개된 strcmp( ) 함수를 사용해야합니다. 문자열끼리는 ==를 이용해서 동일여부를 판단할 수 없기 때문입니다.

CHAPTER

7

C 언어의 아직 소개되지 않은 것들

C 언어 문법의 거의 90% 정도를 소개하였다. 독자들의 느낌이 어떤지 정말 궁금하다. 지금부터는 이제까지 소개되지 않은 C 언어의 기능들을 여기에 모아서 간단하게 설명한다.

여기서부터는 어떤 기능이 있다는 내용 정도만을 소개할 예정이다. 지금부터 소개할 내용은 C 언어의 고급 기능으로써 처음 프로그래밍을 하는 사람에게는 자주 사용되는 기능은 아니다. 그렇지만 지금까지의 내용을 충분히 익힌 후에 새로운 기능이 필요할 때, 이 부분을 잠깐 찾아보고 필요한 내용이 있으면 인터넷 검색으로 채워 나가기를 바란다.

고급 기능이기는 하지만 하나하나 알아두면 효과적인 프로그래밍에 많이 도움이 되는 주제들이다.

7장에서 다룰 내용은 아래와 같다.

» 동적 메모리 할당
» 구조체 포인터 배열
» 파일 분할 및 헤더 파일 구성
» 열거형 데이터 형
» 비트 연산자의 활용
» 함수 포인터
» 이중 포인터

동적 메모리 할당(dynamic memory allocation)이란?

프로그램이 사용하는 메모리 구조에 대한 이야기를 변수를 설명하면서 간단하게 이야기했었다.

오른쪽 그림을 보면, 이제까지 배운 내용에서 우리가 사용하지 않은 메모리 영역이 있다. 바로 힙(heap) 영역이다. 이 영역은 프로그램 실행 시점에 동적으로 할당받아 사용하는 메모리 구간이다.

이제부터 힙 메모리 사용 방법에 간단하게 알아보자.

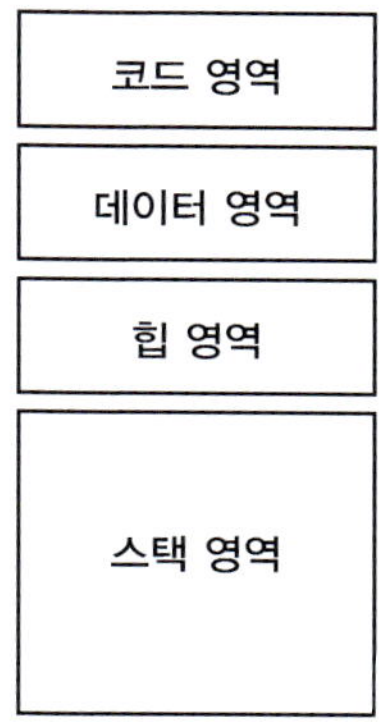

동적 할당: '동적'이라는 말은 '프로그램 실행 중'을 말하는 것이고, '할당'이라는 말은 운영 체제로부터 필요한 메모리를 제공받는다는 의미이다.

```
void* malloc (size_t size);
allocates a block of size bytes of memory, returning a pointer to the
beginning of the block.

void free(void *ptr);
deallocates the memory previously allocated by a call to calloc, mal-
loc, or realloc.
```

size_t 형은 unsigned int 형이다.

우리는 여기서 malloc( ), free( ) 함수의 사용 법만을 배울 것이다. 동적 메모리 할당을 위해서는 calloc( ), realloc( ) 함수도 있다. 필요하다면 이것들은 각자 공부해보자.

아래의 프로그램은 정수형 데이터(4바이트) 10개를 위한 메모리 공간을 동적으로 할당받아 사용하는 코드이다.

```
#include <stdio.h>
#include <stdlib.h>

int main() {
	int data1[10]={1,2,3,4,5,6,7,8,9,10};
	int *data2;
	int i;

	data2 = (int*)malloc(sizeof(int)*10);

	for(i=0; i<10; i++) {
		data2[i] = data1[i];
		printf("%2d ", data2[i]);
	}
	free(data2);

	return 0;
}
```

```
1  2  3  4  5  6  7  8  9 10
```

stdlib.h: standard library라는 의미이다. 동적 메모리 할당과 관련된 malloc( ), free( ) 함수가 선언된 헤더 파일

동적으로 할당받을 메모리를 가리킬 포인터 변수를 선언한다. 동적으로 할당받은 메모리의 주소를 저장할 때 이와 같이 포인터 변수가 사용된다.

할당받는 메모리에 어떤 데이터가 저장될지를 결정한다. malloc( ) 함수는 void*를 반환하기 때문에 (당연하게 운영체제가 메모리를 할당해 줄때는 어떤 자료형을 저장할지 알 수 없으므로…) 이를 원하는 데이터형으로 형 변환을 해서 사용해야 한다.

동적 할당 받은 메모리를 배열처럼 사용할 수 있다. 이는 1차원 배열과 포인터 변수 부분에서 이야기했었다. 또는 아래와 같이 사용할 수도 있다.

*(data2 + i) = data1[i];

malloc( ): memory allocation 즉 동적으로 메모리를 할당받는 함수이다. 파라미터에 할당을 원하는 바이트 숫자를 적으면 된다. 지금은 정수형(4바이트) 10개, 즉 40바이트를 할당받는다. 이 경우에는 할당받은 메모리의 시작 주소가 포인터 변수 data2에 저장된다.

정수형 변수 10개를 할당할 수 있는 메모리 할당받음. 총 40바이트.

할당받은 힙 공간을 해제. 파라미터로 할당받은 메모리를 가르키는 포인터 변수를 넘겨준다.

동적 메모리 할당이 필요한 경우

어떤 경우에 이와 같은 동적 메모리 할당 기법을 사용하면 좋은지 알아보자. 아래의 프로그램을 보자. inputName( ) 함수에서 문자열을 입력받고 이를 반환받아서 main( ) 함수에서 출력하는 프로그램이다. 그러나 결과가 이상하다.

```
#include <stdio.h>

char* inputName(){
	char name[100];

	scanf("%s", name);

	return name;
}

int main() {
	char* name;

	name = inputName();
	printf("%s", name);

	return 0;
}
```

```
입력: Hello
출력: (null)
```

문자열 출력에서 null이 출력된 것은 문자열이 아무것도 가르키지 않는 상황을 의미한다. 왜 이런 결과가 나올까? 입력받은 문자열을 저장한 name[ ] 배열은 inputName( ) 함수의 지역 변수이다. 그러나 이 지역 변수는 inputName( ) 함수가 종료되면 메모리에서 삭제되어 버린다. 지역변수이기 때문이다.

따라서 이 지역 변수의 주소를 반환받더라도 그 주소는 더 이상 유효한 주소가 아니다. 그래서 결과가 이상하게 나온 것이다.

그러나 아래의 프로그램은 정상적으로 동작한다. 위의 프로그램과 아래의 프로그램의 차이점은 무엇일까?

```
#include <stdio.h>

int inputNumber(){
	int number;

	scanf("%d", &number);

	return number;
}

int main() {
	int number;

	number = inputNumber();
	printf("%d", number);

	return 0;
}
```

```
입력: 100
출력: 100
```

위의 프로그램은 inputNumber( ) 함수가 정수값을 반환(정수값을 복사해서 반환)한다. 즉, 위 프로그램은 입력받은 정수값을 반환하고 그 값을 사용하기 때문에, 값을 반환받을 때(주소를 반환받는 것이 아니다)는 이와 같이 별 문제가 없다.

7

따라서 위에서 오동작하는 프로그램은 아래와 같이 수정해야 한다. 즉, 이와 같은 경우에 동적 메모리 할당이 필요하다.

함수 내에서 malloc( )를 통해서 할당 받은 메모리는 heap( )에 저장되기 때문에, 이 할당된 메모리를 함수 종류 후에도 계속 사용할 수 있다.

이와 같이 지역 변수로 사용하던 데이터의 주소를 반환 받을 때는 동적 메모리 할당을 받아서 사용하는 것이 일반적이다.

```
#include <stdio.h>
#include <stdlib.h>

char* inputName(){
      char *name;

      name=(char *)malloc(sizeof(char)*100);
      scanf("%s", name);

      return name;
}

int main(void) {
      char* name;

      name = inputName();
      printf("%s", name);
      free(name);

      return 0;
}
```

malloc( ), free( ) 함수를 사용하기 위해서 stdlib.h 파일을 include한다.

malloc( ) 함수는 파라미터로 넘겨받는 바이트 용량 만큼 할당해서 void* 타입으로 넘겨준다. 그래서 원하는 타입으로 형변환(예제에서는 char*)해서 사용해야 한다.

```
입력: Hello
출력: Hello
```

할당받은 메모리를 사용한 후에는 free( ) 해야 한다.

동적 메모리 할당이 필요한 또 다른 경우를 보자.

사용할 데이터의 개수를 미리 알 수 있다면 정적으로 배열을 선언해서 사용하면 된다. 그렇지만 사용자로부터 데이터를 입력받거나 파일에서 데이터를 읽어 들이는 경우는 데이터의 개수를 미리 알 수 없는 경우가 많다.

배열을 넉넉하게 공간을 잡아두면 되지만 메모리가 낭비될 수 있다는 단점이 있다.

```c
#include <stdio.h>
#include <stdlib.h>

int main() {
	int size;
	int* inputData = NULL;
	int i;

	printf("How name numbers do you want to enter?\n");
	scanf("%d", &size);

	inputData = (int *)malloc(sizeof(int)*size);
	if (inputData==NULL){
		printf("memory allocation failed.\n");
		return -1;
	}

	printf("Enter %d numbers.\n", size);
	for(i=0; i<size; i++){
		scanf("%d", &inputData[i]);
	}

	printf("You have entered %d numbers.\n", size);
	for(i=0; i<size; i++){
		printf("%d ", inputData[i]);
	}

	free(inputData);

	return 0;
}
```

사용자가 입력할 개수만큼 메모리 할당

메모리 할당이 정상적으로 이루어졌는지 확인하는 것이 안전하다.

동적으로 할당받은 메모리를 이용하여 입력받는다.

메모리 해제

```
How name numbers do you want to enter?
Enter 10 numbers.
You have entered 10 numbers.
4 3 2 6 7 9 3 1 6 4
```

7

구조체 포인터 배열

아래는 Student라는 이름의 구조체 자료형을 선언하고, 사용자로부터 데이터를 입력 받는 프로그램이다. 일반적인 구조체 배열을 사용하는 아래의 예를 살펴보자.

```
#include <stdio.h>

typedef struct student {
	char firstName[20];
	char lastName[20];
	float gpa;
} Student;

int main() {
	int i;
	Student myClass[3];

	printf("Enter student information");
	for(i=0; i<3; i++){
		printf("Enter first name: ");
		scanf("%s", myClass[i].firstName);
		printf("Enter last name: ");
		scanf("%s", myClass[i].lastName);
		printf("Enter GPA: ");
		scanf("%f", &myClass[i].gpa);
	}

	for(i=0; i<3; i++){
		printf("%s ", myClass[i].firstName);
		printf("%s ", myClass[i].lastName);
		printf("%f\n", myClass[i].gpa);
	}
	return 0;
}
```

```
Keechul Jung 4.200000
Honggil Dong 4.300000
Ryan Benjamin 4.500000
```

지금은 구조체 배열을 사용하면서 크기를 3으로 설정하였다. 만약에 입력 데이터의 개수를 예정할 수 없다면 배열의 크기를 100이나 1000 정도로 여유있게 잡아두어야 할 것이다. 그러나 이러한 방법은 메모리의 낭비가 생길수 있는 방법이다.

위의 프로그램은 아래와 같이 메모리가 정해진다. 구조체의 배열이다.

myClass[0]	myClass[1]	myClass[2]
Keechul	Honggil	Ryan
Jung	Dong	Benjamin
4.2	4.3	4.5

"구조체 배열"과 "구조체 포인터 배열"의 차이점은 아주 큰데, 아직은 감이 오지 않을 수 있다. 아래의 예제를 살펴보자.

위의 프로그램의 단점으로 이야기한 구조체 배열의 정적 할당의 단점을 극복해 보자. 이를 위해서 "구조체 배열" 대신 "구조체의 포인터 배열"을 사용한다.

아래에서 앞의 프로그램과 다른 부분을 찾아보자. 현재의 배열의 크기가 3이어서 효과가 적지만 배열이 커진다면 사용하는 메모리의 효율성은 아래의 방법이 훨씬 좋다.

구조체 포인터 배열이다. 이렇게 하면 구조체 포인터 변수를 위한 4바이트*3개, 즉 12바이트만 사용된다. 32비트(4바이트) 컴퓨터에서는 포인터 변수는 4바이트이기 때문이다.

필요할 때마다 동적으로 메모리를 할당받아서 사용한다.

구조체 포인터 변수를 이용한 참조는 간접 멤버 참조 연산자 ->를 사용

```
#include <stdio.h>
#include <stdlib.h>

typedef struct student {
        char firstName[20];
        char lastName[20];
        float gpa;
} Student;

int main( ) {
        int i;
        Student* myClass[3];

        printf("Enter student information");
        for(i=0; i<3; i++){
              myClass[i] = (Student *) malloc( sizeof(Student) );
              printf("Enter first name: ");
              scanf("%s", myClass[i]->firstName);
```

```
        printf("Enter last name: ");
        scanf("%s", myClass[i]->lastName);
        printf("Enter GPA: ");
        scanf("%f", &myClass[i]->gpa);
    }

    for(i=0; i<3; i++){
        printf("%s ", myClass[i]->firstName);
        printf("%s ", myClass[i]->lastName);
        printf("%f\n", myClass[i]->gpa);
    }

    for(i=0; i<3; i++){
        free(myClass[i]);
    }
    return 0;
}
```

다 사용한 후에는 메모리 해제는 필수! 포인터 배열이기 때문에 반복문을 통해서 하나씩 메모리 해제한다.

```
Keechul Jung 4.200000
Honggil Dong 4.300000
Ryan Benjamin 4.500000
```

위의 프로그램은 아래와 같이 구조체 포인터 배열이 동적으로 할당된 각 구조체 항목을 가르키는 구조이다.

이와 유사한 내용은 앞에서 포인터 배열 변수에서 이야기했었다. 기본 원리는 동일하다.

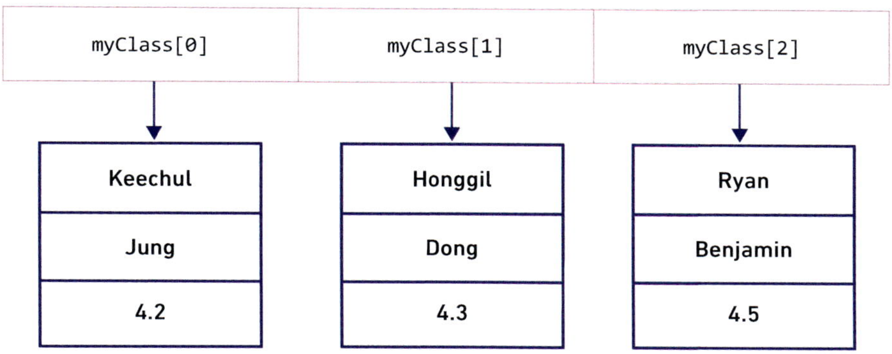

파일 분할 및 헤더 파일 구성

어느 정도 기능을 가진 프로그램을 작성하다 보면, 금방 100줄 이상의 프로그램이 완성된다. 그런데 이렇게 프로그램이 길어지면 프로그램 작성 중에 코딩 화면을 아래 위로 스크롤하는 일이 많아져서 코딩이 힘들어진다.

앞으로 C 언어를 더 깊이 배우고, 수백, 수천 줄의 프로그램을 작성하게 되면 파일을 수십개로 나누어서 프로그래밍을 해야 한다. 이러한 상황에서 파일을 분할하여 코딩하고 컴파일하는, 일명 '분할 컴파일'에 대해서 알아보자.

Visual Studio에서 소스 파일을 여러 개로 나누어서 코딩하려면 아래와 같이 '솔루션 탐색기'에서 파일을 추가하면 된다. 이제 하나의 프로그램을 2개의 C 소스 파일과 1개의 헤더 파일로 나누어서 작성해 볼 것이다.

아래와 같이 소스 파일(*.c) 2개와 헤더 파일(*.h) 1개를 생성하자.

- main.c
- arithmetic.c
- arithmetic.h

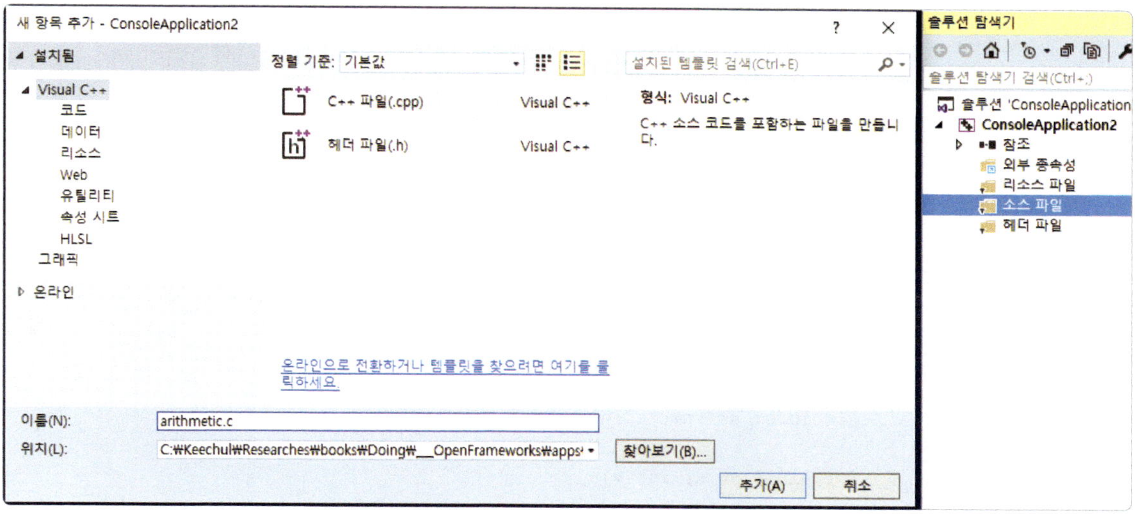
새 항목 추가 - ConsoleApplication2
설치됨
Visual C++
코드
데이터
리소스
Web
유틸리티
속성 시트
HLSL
그래픽
온라인
정렬 기준: 기본값
C++ 파일(.cpp) Visual C++
헤더 파일(.h) Visual C++
설치된 템플릿 검색(Ctrl+E)
형식: Visual C++
C++ 소스 코드를 포함하는 파일을 만듭니다.
온라인으로 전환하거나 템플릿을 찾으려면 여기를 클릭하세요.
이름(N): arithmetic.c
위치(L): C:₩Keechul₩Researches₩books₩Doing₩__OpenFrameworks₩apps
찾아보기(B)...
추가(A)
취소
솔루션 탐색기
솔루션 탐색기 검색(Ctrl+;)
솔루션 'ConsoleApplication
ConsoleApplication2
참조
외부 종속성
리소스 파일
소스 파일
헤더 파일

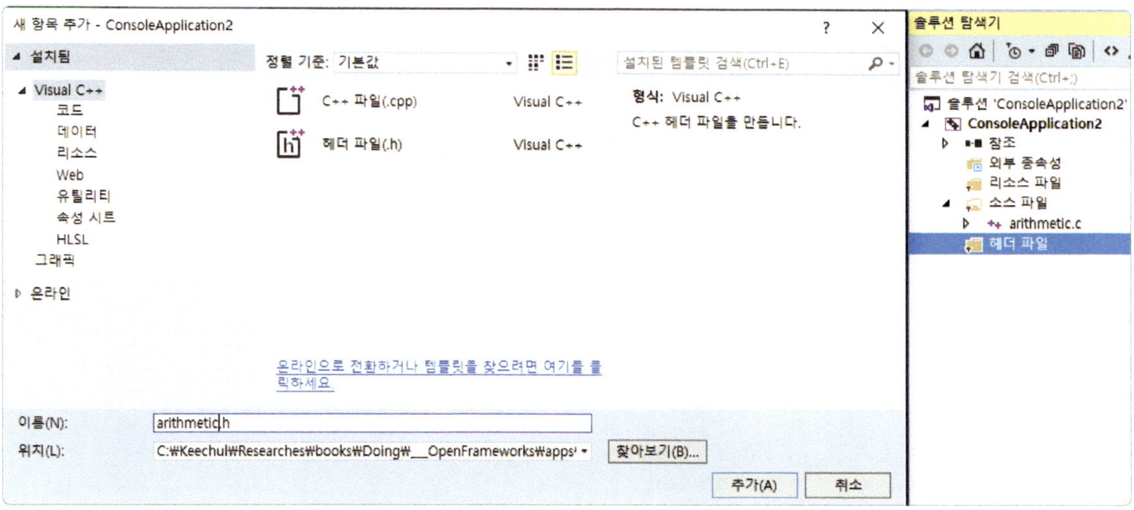
새 항목 추가 - ConsoleApplication2
설치됨
Visual C++
코드
데이터
리소스
Web
유틸리티
속성 시트
HLSL
그래픽
온라인
정렬 기준: 기본값
C++ 파일(.cpp) Visual C++
헤더 파일(.h) Visual C++
설치된 템플릿 검색(Ctrl+E)
형식: Visual C++
C++ 헤더 파일을 만듭니다.
온라인으로 전환하거나 템플릿을 찾으려면 여기를 클릭하세요.
이름(N): arithmetic.h
위치(L): C:₩Keechul₩Researches₩books₩Doing₩__OpenFrameworks₩apps
찾아보기(B)...
추가(A)
취소
솔루션 탐색기
솔루션 탐색기 검색(Ctrl+;)
솔루션 'ConsoleApplication2'
ConsoleApplication2
참조
외부 종속성
리소스 파일
소스 파일
arithmetic.c
헤더 파일

작성할 3개의 파일 내용은 아래와 같다. 3개의 파일 각각의 역할과 서로 간의 관계에 대해서 생각하면서 파일 내용을 살펴보자. 아래와 같이 3개의 파일을 작성하고 컴파일/실행하면 된다.

arithmetic.c의 헤더 파일. 헤더 파일에는 arithmetic.c에 정의된 '함수 선언'을 적는다.

arithmetic.h

```
int plus(int x, int y);
int minus(int x, int y);
```

산술 함수가 정의되어 있는 파일

arithmetic.c

```
#include "arithmetic.h"

int plus(int x, int y)
{
      return x + y;
}

int minus(int x, int y)
{
      return x - y;
}
```

arithmetic.c 파일에서 제공하는 함수를 사용하기 위해서 arithmetic.h 헤더 파일을 include 한다. 이렇게 해야만 main.c에서 plus( )라는 함수와 minus( )라는 함수가 다른 파일에 정의되어 있다는 것을 컴파일러가 알 수 있기 때문이다.

arithmetic.c에 정의된 함수를 호출해서 사용한다.

main.c

```
#include "arithmetic.h"
#include <stdio.h>

int main()
{
       int a = 10;
       int b = 20;
       int sum = 0, minus = 0;;

       sum = plus(a, b);
       printf("%d + %d = %d\n", a, b, sum);

       minus = minus(a, b);
       printf("%d - %d = %d\n", a, b, minus);

       return 0;
}
```

다른 예를 살펴보자. 아래는 구조체를 사용하는 경우이다. 이 경우에는 구조체의 정의를 헤더 파일에 넣어둔다.

헤더 파일에는 일반적으로 함수 선언(function declaration)과 구조체의 정의 등을 적는다.

coordinate.h

```
struct point {
	int x;
	int y;
};

void printCoordinate(struct point p);
int isSameCoordinate(struct point p1, struct point p2);
```

coordinate.c

```
#include <stdio.h>
#include "coordinate.h"

void printCoordinate(struct point p) {
	printf("%d,%d\n", p.x, p.y);
}

int isSameCoordinate(struct point p1, struct point p2) {
	if (p1.x == p2.x && p1.y == p2.y) return 1;
	else return 0;
}
```

main.c

```
#include <stdio.h>
#include "coordinate.h"

int main() {
	struct point p1, p2;

	p1.x = 10;
	p1.y = 10;
	p2.x = 10;
	p2.y = 20;

	printCoordinate(p1);
	printCoordinate(p2);

	if (isSameCoordinate(p1, p2)) printf("Same\n");
	else printf("Different\n");

	return 0;
}
```

이제 다른 파일에서 선언된 전역 변수를 사용하려면 어떻게 하면 되는지 알아보자.

coordinate.h

```
struct point {
        int x;
        int y;
};

extern struct point center;

void printCoordinate(struct point p);
int isSameCoordinate(struct point p1, struct point p2);
```

추가된 부분이다. extern으로 선언된 변수는 다른 파일에서 전역 변수로 선언된 변수를 사용할 수 있게 해준다.

coordinate.c

```
#include <stdio.h>
#include "coordinate.h"

struct point center = { 10, 10 };

void printCoordinate(struct point p) {
        printf("[%d] [%d]\n", p.x, p.y);
}

int isSameCoordinate(struct point p1, struct point p2) {
        if (p1.x == p2.x && p1.y == p2.y) return 1;
        else return 0;
}
```

center 변수는 coordinate.c 파일에 선언된 전역 변수이다. 이 전역 변수를 다른 파일에서 사용할 수 있도록 하기 위해서, 헤더 파일에 extern으로 선언해야한다. 여기서 궁금함이 생기는 독자가 있을지 모르겠다.

coordinate.c 파일에는 변수 center의 정의(definition)와 선언(declaration)이 모두 들어가 있는 셈이 된다.

coordinate.h 헤더 파일에 변수 center의 선언(declaration)이 있기 때문이다.

C 언어에서 변수나 함수의 정의는 한 번만 있어야 하지만, 선언은 여러 번 있어도 문제없다.

main.c

```
#include <stdio.h>
#include "coordinate.h"

int main() {
        struct point p1;

        p1.x = 10;
        p1.y = 20;

        printCoordinate(p1);
        printCoordinate(center);

        if (isSameCoordinate(p1, center)) printf("Same\n");
        else printf("Different\n");

        return 0;
}
```

다른 파일에서 선언된 전역 변수를 사용할 수 있다.

열거형 데이터 형

아래의 프로그램을 살펴보자. 아래는 사용자가 입력한 0…3 중의 숫자에 따라서 계절 이름을 출력하는 프로그램이다. 0은 봄, 1은 여름과 같은 순서로…

```
#include <stdio.h>

int main() {
	int choice;

	printf("Which season do you like best?\n");
	printf("Spring: 0\nSummer: 1\nFall: 2\nWinter: 3\n");

	printf("Please enter the number:\n");
	scanf("%d", &choice);
	printf("You like ");

	switch(choice){
		case 0: printf("Spring."); break;
		case 1: printf("Summer."); break;
		case 2: printf("Fall."); break;
		case 3: printf("Winter."); break;
	}

	return 0;
}
```

```
Which season do you like best?
Spring: 0
Summer: 1
Fall: 2
Winter: 3
Please enter the number:2
You like Fall.
```

위의 프로그램과 아래의 프로그램을 비교해보자. 아래는 #define 문을 사용하여서 프로그램을 조금 더 읽기 쉽게 하였다.

```
#include <stdio.h>
#define SPRING 0
#define SUMMER 1
#define FALL   2
#define WINTER 3

int main() {
       int choice;

       printf("Which season do you like best?\n");
       printf("Spring: 0\nSummer: 1\nFall: 2\nWinter: 3\n");
       printf("Please enter the number:\n");
       scanf("%d", & choice);

       printf("You like ");
       switch(choice){
              case SPRING: printf("Spring"); break;
              case SUMMER: printf("Summer"); break;
              case FALL:   printf("Fall");   break;
              case WINTER: printf("Winter"); break;
       }

       return 0;
}
```

```
An enumeration is a user-defined data type consists of integral
constants and each integral constant is give a name.

enum type_name{ value1, value2,...,valueN };
```

이제부터 열거형(enumeration type) 데이터 형을 사용하는 방법을 알아보자.

```
enum season { SPRING, SUMMER, FALL, WINTER };
```

위는 열거형(enumeration) 변수 선언이다. 실제로 이렇게 하면 season이라는 데이터 형의 변수는 0에서 시작하여 적혀진 순서대로 정수값을 가질 수 있다. 이 예에서는 0에서 3사이의 값을 가지게 되는데 SPRING==0, SUMMER==1, FALL==2, WINTER==3과 같은 방식이다.

```
enum season { SPRING=10, SUMMER=20, FALL=30, WINTER=40 };
```

또는 위와 같이 열거형 변수의 각 목록에 값을 명시적으로 지정할 수도 있다.

아래는 위의 프로그램과 유사한 효과를 열겨형 데이터 형(enum)을 사용하여서 프로그램하였다.

```
#include <stdio.h>

int main() {
        enum season { SPRING, SUMMER, FALL, WINTER};
        enum season choice;

        printf("Which season do you like best?\n");
        printf("Spring: 0\nSummer: 1\nFall: 2\nWinter: 3\n");
        printf("Please enter the number:\n");
        scanf("%d", &choice);

        printf("You like ");
        switch(choice){
                case SPRING: printf("Spring"); break;
                case SUMMER: printf("Summer"); break;
                case FALL:   printf("Fall");   break;
                case WINTER: printf("Winter"); break;
        }

        return 0;
}
```

열거형(enumeration) 변수 선언이다. 실제로 이렇게 하면 season이라는 타입의 변수는 0에서 3 사이의 값을 가진다(SPRING==0, SUMMER==1, FALL==2; WINTER==3).

변수 choice를 season 형으로 선언하였다.

변수 choice가 enum으로 season 형으로 선언되었기 때문에 season에서 선언한 문자열들을 사용할 수 있다.

비트 연산자 활용

2진수를 사용하는 컴퓨터에서는 실제로 모든 정보가 2진수로 저장되고 연산된다.

C 언어의 비트 연산자는 임베디드 프로그래밍에서는 여전히 많이 사용되고 있다.

C 언어를 만든 초창기에는 어셈블리어나 기계어로 하드웨어를 제어하던 부분을 대신하는 용도로 C 언어를 많이 사용했기 때문에, 비트 연산자를 많이 사용하였었는데, 요즘은 하드웨어 관련으로는 사용 빈도가 많이 줄어서 비트 연산의 필요성이 줄기는 했지만, 그래도 비트 연산자를 잘 사용하면 아주 효율적인 프로그래밍이 가능하게 된다.

실제로 비트 연산자는 어떤 용도로 활용하면 좋을까?

비트 마스크(bit mask)

비트 마스크란 데이터의 특정 위치의 비트를 원하는 값으로 남기거나 변환하는 것을 의미한다. 아래의 예를 살펴보자.

```
#include <stdio.h>

int main() {
        unsigned char mask1 = 0xf0;
        unsigned char mask2 = 0xff;

        unsigned char data = 0x33;
        unsigned char outAnd, outOr, outXor;

        outAnd = data & mask1;
        outOr  = data | mask1;
        outXor = data ^ mask2;

        printf("And: %#x\n", outAnd);
        printf("Or : %#x\n", outOr);
        printf("Xor: %#x\n", outXor);

        return 0;
}
```

```
And: 0x30
Or : 0xf3
Xor: 0xcc
```

data=0x33이라는 문장에 의해서 data는 2진수로 00110011의 값을 가진다.

비트 and. mask1에 의해서 상위 4비트의 값만 남긴다.

비트 or. mask1에 의해 상위 4비트는 1로 세팅되고 하위 4비트는 원래의 값 유지.

비트 xor. mask2에 의해서 모든 비트가 반전됨(바뀜).

포맷 문자로 %#x라고 하면 0xFF와 같은 형식으로 16진수로 출력된다. 즉, 출력 숫자 앞에 0x가 출력된다.

위와 같은 비트 마스크 연산은 데이터 통신(data communication), 영상 처리(image processing)등과 같인 비트열의 연산을 하는 분야에서 많이 사용된다.

물론 언어 자체에서 제공해주는 집합(set)을 위한 데이터 형을 제공해주는 언어들도 많지만, 간단한 경우는 이렇게 비트 연산을 이용해서 직접 구현할 수도 있다.

집합 개념 구현

아래는 1에서 10사이의 정수 중에서 2의 배수의 집합과 3의 배수의 집합 간의 합집합(union), 교집합(intersection), 차집합(difference), 여집합(complement) 등을 비트 연산으로 구현한 예제이다.

```
#include <stdio.h>

enum number { One=(1<<0),Two=(1<<1),Three=(1<<2),Four=(1<<3),F
ive=(1<<4), Six=(1<<5),Seven=(1<<6),Eight=(1<<7),Nine=(1<<8),T
en=(1<<9)};

int main() {
        unsigned short int twoMultiple = (Two|Four|Six|Eight|Ten);
        unsigned short int threeMultiple = (Three|Six|Nine);
        unsigned short int unionSet, intersectionSet;
        unsigned short int differenceSet, complementSet;

        // unionSet a+b = a|b
        unionSet = twoMultiple | threeMultiple;

        // intersectionSet a*b = a&b
        intersectionSet = twoMultiple & threeMultiple;

        // differenceSet a-b= (a&b)^a
        differenceSet = (twoMultiple & threeMultiple) ^ twoMultiple;

        // complementSet ac = 0x03FF^a
        complementSet = 0x03FF^twoMultiple;

        printf("a+b: %#.4X\n", unionSet);
        printf("a*b: %#.4X\n", intersectionSet);
        printf("a-b: %#.4X\n", differenceSet);
        printf("a complement: %#.4X\n", complementSet);

        return 0;
}
```

```
a+b: 0X03AE
a*b: 0X0020
a-b: 0X028A
a complement: 0X0155
```

함수 포인터

함수 포인터라는 기능은 아주 유용한 기능이다. 그러나 C 프로그래밍 초심자에게는 함수 포인터 기능을 사용할 이유를 접하게 되는 경우는 많지 않을 것이다.

함수 포인터는 어려운 내용이기는 하지만 유용성을 설명하는 것은 꼭 필요하다고 생각된다. 잘만 사용하면 정말 효율적인 프로그래밍이 가능하기 때문이다.

C 언어에서는 함수의 이름도 함수의 주소를 의미한다. 아래를 보자.

함수의 이름도 함수의 주소이다.

```
#include <stdio.h>

int add(int a, int b);

int main() {
        printf("The address of add function = %p\n", add);
        return 0;
}

int add(int a, int b){
        return ( a+b );
}
```

```
The address of add function = 0x80484b0
```

함수의 시작 주소를 알 수 있으니까, 이것을 바탕으로 함수를 가리키는 포인터 변수, 즉 함수 포인터를 선언해보자.

```
#include <stdio.h>

int add(int a, int b);

int main() {
        int (*pt)(int, int);
        int sum;

        pt = add;
        sum = (*pt)(10, 20);

        printf("sum = %d\n", sum);

        return 0;
}

int add(int a, int b){
        return ( a+b );
}
```

```
sum = 30
```

함수 포인터의 선언이다. pt는 정수형 파라미터 2개를 가지며, 정수형 값을 반환하는 함수를 가르킬 수 있는 함수 포인터이다. 함수 포인터 변수의 선언이 아주 어색하겠지만 적응해보자.

함수 포인터 pt는 add라는 함수를 가르킨다.

함수 포인터 pt를 이용해서 add 함수를 호출한다. 함수 포인터를 이용한 함수 호출 형식이 아주 낯설게 느껴질 것이다. 그러나 포인터 변수의 모양과 기능을 생각하면서 함수 포인터 사용 방법을 익혀두자. *(pt)는 바로 add 함수를 의미한다. 따라서 *(pt)(10,20);이라는 문장은 add(10, 20);이라는 문장과 동일하다.

아래의 프로그램은 연산자에 따라서 plus, minus, multiply, divide 4개의 함수 중에 하나를 선택해서 실행하는 프로그램이다. 이를 위해서 조건문(switch 문)을 사용하였다. 아래는 함수 포인터를 사용하지 않는 일반적인 프로그램이다.


```
#include <stdio.h>

int plus(int n1, int n2){
        return (n1+n2);
}
int minus(int n1, int n2){
        return (n1-n2);
}
int multiply(int n1, int n2){
        return (n1*n2);
}
int divide(int n1, int n2){
        return (n1/n2);
}

int main(){
        int operand1, operand2, result;
        int op;
        char* operation[4] = {"plus", "minus", "multiply", "divide"};

        op = 1;
        operand1 = 3;
        operand2 = 4;

        switch(op){
                case 0: result = plus(operand1, operand2);break;
                case 1: result = minus(operand1, operand2);break;
                case 2: result = multiple(operand1, operand2);break;
                case 3: result = divide(operand1, operand2);break;
        }
       printf("The result of %d %s %d is %d\n", operand1, operation[op], operand2, result);
       return 0;
}
```

op의 값이 1이다. 즉, 뺄셈 연산인 경우를 고려해보자.

```
The result of 3 minus 4 is -1
```

아래는 위와 동일한 기능을 수행하는 함수 포인터를 이용한 프로그램이다. 함수 포인터를 사용함으로써 훨씬 깔끔한 코드가 구현된 것을 확인해보자.

```
#include <stdio.h>

int plus(int n1, int n2){
	return (n1+n2);
}
int minus(int n1, int n2){
	return (n1-n2);
}
int multiply(int n1, int n2){
	return (n1*n2);
}
int divide(int n1, int n2){
	return (n1/n2);
}

int main(){
	int operand1, operand2, result;
	int op;
	int (*hanlde[4]) (int, int) = {plus, minus, multiply, divide};
	char* operation[4] = {"plus", "minus", "multiply", "divide"};

	op = 1;
	operand1 = 3;
	operand2 = 4;
	result = hanlde[op] (operand1, operand2);
	printf("The result of %d %s %d is %d\n", operand1, operation[op], operand2, result);
	return 0;
}
```

```
The result of 3 minus 4 is -1
```

함수 포인터의 배열이다. 함수 포인터도 이해하기 힘들텐데, 함수 포인터의 배열이다. 각각의 함수 포인터는 위에서 선언된 4개의 함수의 주소를 가진다. 함수 포인터도 힘든데, 함수 포인터의 배열을 이해하기는 쉽지 않다. 배열의 각각의 항목이 함수 포인터라서 "함수 포인터 배열"이라고 한다.

함수 포인터를 이용한 함수 호출이다.

이중 포인터

이중 포인터(double pointer)도 사용할 수 있다. 이중 포인터란 포인터 변수를 가리키는 포인터 변수를 의미하는데, 아래의 샘플을 보자.

이중, 삼중 포인터는 C를 배우는 사람들의 머리를 정말 아프게하는 요소이다. 프로그램 초보자에게는 별로 사용할 기회는 없다. 그러나 의미는 알아두자.

```
#include <stdio.h>

int main(){
        int i;
        int* p = &i;
        int** pp = &p;

        i = 100;
        printf("%d %d %d\n", i, *p, **pp);          100 100 100

        *p = 200;
        printf("%d %d %d\n", i, *p, **pp);          200 200 200

        **pp = 300;
        printf("%d %d %d\n", i, *p, **pp);          300 300 300

        return 0;
}
```

pp라는 변수는 이중 포인터이다. 즉, 포인터 변수를 가리키는 포인터 변수라는 의미이다. 이 예제에서는 포인터 변수 pp는 포인터 변수 p를 가르킨다.

**pp: 포인터의 참조 연산자인 *은 결합 우선 순위가 right-to-left이다. 따라서 **pp는 *(*pp)와 동일한 의미이다. 우리말로 풀어서 설명하면 포인터 변수 pp가 가르키는 곳의 내용물이 실제로 사용할 데이터의 주소란 의미.

위의 프로그램은 아래와 같은 형식으로 가르킨다.

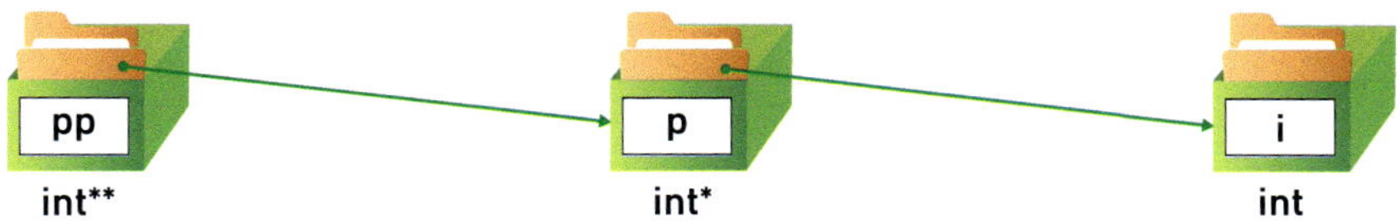

이러한 이중 포인터는 2차원 배열을 함수의 파라미터로 넘기거나 할 때 많이 사용된다.

사족

1980년대에 대학에서 컴퓨터를 처음 접했을 때의 기쁨을 나는 아직 잊을 수 없다. 컴퓨터는 나의 머리 속에 있는 아이디어를 그대로 실행해 볼 수 있는 나의 아바타였다. 수업 시간에 8시간에 걸친 실습 COBOL 프로그래밍 시험은 시험 그 자체가 나에게는 공부였으며 이제까지 내게는 유일하게 '재미있는 시험'이었다. 실습실에서의 밤을 새운 프로그래밍 경험은 공부로써도 나에게는 추억이었지만, 친구와 선배와 같이 한 그 시간은 나의 기쁨 자체였다.

그러나, 지금은 프로그래밍이 단순한 직업으로써의 의미만 부각되고 있다. 그 자체가 재미와 보람이 아니고, 단순한 생활을 영위하기 위한 직업으로써만 이야기되고 있는 것이 너무 아쉽다. 프로그래밍이 재미없어서 그쪽으로는 진로를 정하지 않겠다는 학생을 보면 마음이 아프다.

프로그래밍이 재미있고, 논리적인 생각을 키워나갈 수 있는 도구로써의 프로그래밍 수업이 되기를 바라는 마음에서 졸작이지만 이 책을 쓰게 되었다. 책의 출판을 앞두고서 내가 바랬던 그 목표에는 아직 너무나 멀지만, 프로그래밍 자체가 재미일 수 있기를 바라는 마음은 변함없다. 책을 마무리하고 출판을 결정하고 계속 내 머리 속을 맴도는 생각이 있다. 내가 처음에 기획한 책은 이런 것이 아니었는데, 여전히 이 책도 재미가 없구나! 어떡하지? 조금 더 다듬어 볼까? 출판사에 이 책을 넘기는 순간에도 나는 주저하고 있다.

수영을 배울 때가 생각난다. 우리나라에서는 수영 강습을 할 때 이것저것 많은 수영 방법 설명을 듣고 나서 시작한다. 외국에서는 먼저 물과 친하게 지내도록 한 후에 수영을 가르친다. 컴퓨터에서 워드 프로세서 등을 처음 사용할 때 일단 프로그램을 실행한 후 이것저것 해보면서 스스로!!! 익혀간다. 그런데 왜? 프로그래밍 공부는 그렇지 않을까? 그런 점에서 openFrameworks는 좋다!!! 지금 당장 openFrameworks를 실행한 후에 이것저것 입력해보자. 이 책도 보지 말고, 무작정 시작하자!!! 그렇게 한다고 컴퓨터가 고장나지 않는다.

프로그래밍은 재미있다!

찾아보기

저자 소개

정기철 E-mail: jungkeechul@gmail.com kcjung@ssu.ac.kr

컴퓨터공학을 전공하고 현재 숭실대학교 IT대학 미디어학부 교수로 재직 중이며, 인공지능, HCI 등의 분야를 공부하고 있다.

최근 학부에서 컴퓨터구조론, 인공지능, 프로그래밍 언어, 컴퓨터수학 등의 과목을 강의하면서, 급격하게 바뀌는 지금의 IT 환경에서 단순한 지식이나 기술의 전달 및 암기 위주의 공부 대신 기본적인 원리에 대한 이해, 문제 해결 방법 등이 더 중요하다고 느끼면서 이를 위한 수업 방법 및 저서 집필에 노력하고 있다.

정가 29,000원

게임을 만들며 배우는 C언어 –벽돌 깨기 게임–

2016년 10월 19일 초판 인쇄
2016년 10월 29일 초판 발행
저 자 : 정기철
발행자 : 우명찬 · 송 준
발행처 : 홍릉과학출판사
주 소 : 서울시 강북구 인수동 455-60
01093
등 록 : 1976년 10월 21일 제5-66호
전 화 : (02) 999-2274~5, 903-7037
팩 스 : (02) 905-6729
e-mail: hongpub@hongpub.co.kr
http://www.hongpub.co.kr
ISBN: 979-11-5600-468-4

저자와의 협의하에 인지생략